KB180633

인간의 영성을 일깨우는
문학과 사랑의 교육학

이 저서는 2014년 정부(교육부)의 재원으로 한국연구재단의 지원을 받아 수행된 연구임(NRF-2014S1A6A4025908).

인간의 영성을 일깨우는
문학과 사랑의 교육학

진선희

역락

문학으로 사랑을 더 잘 배울 수 있을 것이라고 늘 생각해왔다. 그 어느 때보다 사랑이 많이 필요해 보이는 요즘, 문학교육은 우리 안에 깊숙이 감추어진 사랑이 빛으로 드러나도록 돕는 역할을 해 줄 수 있어야 한다고 생각한다. 몇 년간 사랑에 대해 고민하면서 두려움 없이 원고를 썼다. 결국 초고를 완성해 놓고 드는 느낌은 말로 설명되기 어려운 것을 말로 내뱉었을 때의 그 위축감, 그 설명 못할 초라함이다. 살아 움직이는 것을 묘사하려다가 오히려 딱딱하게 굳은 박제로 만들어 놓은 안타까움이다. 언젠가 또 다른 노력이 더해져서 우리의 문학과 사랑이 살아 움직이는 데에 기여할 수 있기를 기도한다.

최근 우리가 껴안고 있는 고통은 우리가 인간으로서의 본성을 제대로 발현하며 살아가지 못하는 데서 비롯되었다. 분석적·객관적 과학기술주의를 기반으로 하는 근대 교육은 우리 인간이 지닌 존재론적이며 영적인 특징들을 모두 문학 등 몇몇 학과에 가둔 채 현실의 삶과 사랑과는 분리시켜버렸다. 학벌 중심의 경쟁사회에서 단절된 개체 간의 갈등과 대립, 무분별한 개발로 인한 생태계 파괴, 오직 미래에 집중하며 살아온 인간에게 닥친 불투명한 미래, 승리자나 패배자 모두가 겪는 정신적 공황과 소외, 자살과 테러의 문제 등 복합적으로 엉킨 문제를 푸는 실마리는 결국 우리 내면의 변화일 수밖에 없다.

인간 내면의 변화, 그 깨달음은 간단히 이루어지지는 않는다. 무엇보다도 현재의 교육을 그대로 유지하면서 우리 사회는 결코 바뀔 수 없다. 근대교육의 가장 큰 문제점인 총체성 상실을 극복하고 인간과 우주만물의 전일체성을 회복하기란 쉽지 않아 보인다. 이미 인간은 조각조각 해체되어 두뇌 등 생물학적 차원은 생물학에 갇혔고, 심리와 사회와 종교와 경제는 각각 분리되었고 서로 동떨어진 분야가 되었다. 인간의 모든 문제를 성찰하는 학문인 철학조차도 그저 철학을 다루는 폐쇄적인 영역이 되고 말았다.

문학교육계는 지금보다 훨씬 더 '사랑'과 '총체성'을 도모해야 한다. 문학교육은 인간이 영혼을 가진 존재임을 더 잘 기억해야 하고, 인간의 영성을 더 잘 알아야 하고 느껴야 한다. 문학교육으로 우리 안의 영혼을 일깨울 수 있다면 우리는 사랑을 온전히 드러내는 삶을 회복할 수 있다. 그때서야 우리는 사랑이 될 수 있다. 현대사회의 모순을 극복할 힘으로서 '사랑'은 그 자체로 삶이고 체험이고 진정한 자아의 발견이며 창조이다.

1부에서는 우리 교육과 사회의 문제를 점검하고 사랑에 대한 이해의 깊이를 함께 나누었다. 특히 인간의 영성과 사랑을 이해하기 위해서 인류를 이끌어온 성현들의 말씀을 중심으로 탐색하였다. 성경과 불경, 유가와 도가 등 동양의 경전들과 그에 대한 석학들의 해설 등을 살펴 영성과 사랑의 참 의미와 문학교육적 의의를 짚어보았다.

2부에서는 문학작품의 독자가 감동에서 비롯되는 사랑의 싹을 틔우고 확장해 나갈 가능성을 탐색하였다. 이를 위하여 구체적인 문학 작품을 들어 그 문학체험을 기술하였다. 문학 작품과 독자가 어우러져 문학체험을 이룰 때, 독자는 참자아의 삶을 향해 어떤 발걸음으로 나아갈 수 있을지 가늠하며 기술하려고 노력하였다. 특히 문학작품 속 상황을 중심으로 에고(ego)에만 갇혀 있는 것과 참자아의 삶을 누리는 것이 어떻게 다를 수 있을지 살펴보았다.

3부는 문학체험을 바탕으로 삶을 사랑하는 경험을 하도록 돕는 방법을 고민하였다. 구체적인 문학 작품과 독자의 만남이 진정한 삶으로 이어지도록 돕는 방법을 생각해보았다. 문학체험은 스스로 혹은 타인의 도움을 받으며 그 깊이를 더할 수 있다. 문학으로 서로 사랑하는 일의 구체적인 모습을 그려보았다.

문학교육과 우리의 삶과 사랑에 대해 골똘히 생각하며 몇 년을 보냈다. 함께 생각해주고 도움말을 해주신 여러분들 덕분에 책의 꼴로 마음을 모을 수 있게 되었다. 늘 격려와 성원을 아끼지 않으시는 나의 은사 한국교원대학교 명예교수이신 신헌재 선생님께 감사드린다. 인간의 영성과 사랑을 공부하는 데에 도움을 주신 <동양사상과 탈현대연구회> 정재걸 선생님과 홍승표 선생님, 그리고 김기태 선생님께도 감사의 말씀을 올린다. 바쁘신 가운데 초고를 읽고 도움말을 주신 경인교대 명예교수이신 박인기 선생님과 서울대학교 명예교수이신 우한용 선생님의 격려에 감사드린다.
마지막으로 책을 출판해 준 역락출판사 이대현 사장님과 직원들에게 감사드린다.

2018. 5.
저자 씀

차 례

머리말 / 5

제1부 현대사회와 사랑의 교육학

제1장 현대사회의 고통과 근대교육   15

1. 고통   **15**
   가. 드러나는 증상들   16
   나. 원자화   29
   다. 도구화   34
2. 고통과 근대교육   **38**
   가. 이성 편향   38
   나. 소유 지향   43
   다. 권위주의   49
3. 고통으로 얻게 될 축복   **54**
   가. 영성의 회복과 사랑   58
   나. 존재지향과 사랑   64
   다. 자유로운 개인의 회복과 사랑   68

제2장 사랑교육의 본질과 필요성   75

1. '사랑'의 스펙트럼   **75**
   가. 사랑의 수동적 적극성   76
   나. 사랑의 전체성   85
   다. 사랑의 무목적성   91
   라. 사랑의 충만성   97

2. '사랑교육'의 개념 및 의의   **106**

　가. 사랑교육의 개념   106

　나. 사랑교육의 의의   113

제3장 문학을 통한 사랑교육   **123**

1. 문학의 특성과 사랑   **125**

　가. 문학적 유토피아와 사랑   126

　나. 문학 언어와 사랑   128

　다. 문학의 기능과 사랑   130

　라. 문학체험과 사랑   133

2. 문학교육과 사랑교육   **136**

　가. 문학에 내재하는 사랑교육의 자질들   139

　나. 문학을 통한 사랑교육의 방향   149

제2부 문학과 사랑의 체험

제1장 진정한 자신을 찾는 사랑의 문학체험   **159**

1. 허구적 자아의 인식   **160**

　가. 분별심 : 가장 소중한 것을 잃는 일   161

　나. 자유의 감옥에 갇힌 삶   167

　다. 조건화된 자아, 에고(ego)를 알아채기   179

　라. 끊임없이 미끄러지는 삶의 시간   187

　마. 삶의 열정과 탐욕   190

　바. 삶을 망가뜨린 인류의 자각   196

　사. '초월적 나'의 인식 : 당신의 어린왕자는 어디에 있는가? 198

　아. 당신이 세계를 살아가는 방식   203

2. 참자아의 발견　　　　　　　　　　　　　206
　　가. 에고(ego)에 대한 문제의식　　　　　206
　　나. 에고의 혹성 탈출하기　　　　　　　212
　　다. 사랑을 회복한 사람　　　　　　　　215
　　라. 한 사람이 숨 쉬며 살아간다는 것　219
　　마. '죄'의 의미　　　　　　　　　　　　225
　　바. 참 자신으로의 변화　　　　　　　　235
　　사. 자기 자신이 되는 힘　　　　　　　242
　　아. '참 삶'으로 가는 길　　　　　　　　244
3. 동일성의 회복　　　　　　　　　　　　253
　　가. 영혼과 영혼의 사랑　　　　　　　　253
　　나. 참자아의 신화를 이루는 삶에서 배우는 보물　259
　　다. 발랄하게 꿈틀대는 내면의 소리　　267
　　라. 진정한 자신이 되는 삶　　　　　　269

제2장 빛을 드러내는 사랑의 문학체험　　273

1. 타인의 얼굴 마주하기　　　　　　　　274
　　가. 고통을 통하여 고통을 보기　　　　274
　　나. 다른 이를 사랑함으로써 나를 치유하기　277
　　다. 고통을 부르는 것　　　　　　　　285
　　라. 영혼의 대화　　　　　　　　　　　288
2. 타인의 얼굴 비추기　　　　　　　　　295
　　가. 사랑만이 삶이다　　　　　　　　　295
　　나. 사랑하기 위한 삶　　　　　　　　299

제3장 하나 되는 사랑의 문학체험　　　305

1. '피부 밑 자아(skin-encapsuled ego)'의 경계 허물기　306
　　가. 삶이 기적이다　　　　　　　　　　306
　　나. 삶과 사랑을 지키는 '지금 이 순간'　312

2. 하나됨의 완전성 체험　　　　　　　　　　　317
　　가. 진정한 평화　　　　　　　　　　　　　317
　　나. 하나 되는 삶의 기쁨과 떨림　　　　　　320
　　다. 깨어남의 새로움과 넉넉함　　　　　　　328

제3부 문학체험으로 하는 사랑교육

제1장 두려움의 극복 : 자신을 사랑하는 문학체험 교육　　333

1. 두려움의 문제와 문학체험　　　　　　　　333
2. 두려움을 극복하는 문학체험 교육　　　　　336
　　가. 참자아를 찾도록 돕기　　　　　　　　　337
　　나. 진정한 자신을 발견하도록 돕기　　　　　364

제2장 관계의 회복 : 타인을 사랑하는 문학체험 교육　　397

1. 관계의 문제와 문학　　　　　　　　　　　397
2. 관계의 회복을 위한 문학체험 교육　　　　401
　　가. 관계를 통해 치유하도록 돕기　　　　　401
　　나. 진정한 자신을 사랑하도록 돕기　　　　426
　　다. 사랑의 '넘쳐 흘러감'을 경험하도록 돕기　436

제3장 전일체적 세계 경험 : 세계와 하나 되는 문학체험 교육 451

1. 분열과 대립의 문제와 문학체험　　　　　　451
2. 세계와 하나 되는 문학체험 교육　　　　　454
　　가. 삶의 총체성을 실감하도록 돕기　　　　454
　　나. 전일체적 세계를 경험하도록 돕기　　　466

참고문헌 / 485
찾아보기 / 492

제1부

현대사회와 사랑의 교육학

우리 사회와 교육의 문제를 점검하고, 사랑에 대한 이해의 깊이를 함께 나눈다. 특히 인간의 영성과 사랑을 이해하기 위해서 인류를 이끌어온 성현들의 말씀을 중심으로 탐색한다. 성경과 불경, 유가와 도가 등 동양의 경전들과 그에 대한 석학들의 해설을 살펴 영성과 사랑의 참의미와 문학교육적 의의를 짚어본다.

—
제1장

현대사회의 고통과 근대교육

1. 고통

근현대사 속에서 한국 사회는 숨 가쁘게 달려왔다. 그때그때 최선을 다하여 앞으로 나아왔다는 느낌을 우리 모두가 가지고 있다. 그런데 언젠가부터 여기저기서 막아놓은 둑이 하나둘 터지는 소리가 들리더니 이제는 어디부터 어떻게 손을 써야 할지 알 수 없을 정도로 빠르게 무너지는 소리가 우리를 압도한다. 여기저기서 고통의 신음 소리가 커져만 간다. 먼저 현대 사회가 앓고 있는 이 고통의 모습을 제대로 응시하는 것이 우리의 최선일 터이다. 그리하여 이 고통으로부터 우리의 삶이 얻어야 할 것을 제대로 확인하고 나아가야 한다.

가. 드러나는 증상들

1) 우울한 사람들

전시회가 열리고 있는 창 없는 커다란 건물의 입구 앞에는 공원 같은 작은 녹지가 있다. 잔디는 짓밟히고 개똥에 뒤덮여 있으며, 작고 앙상한 나무들이 직사각형으로 이 녹지를 둘러싸고 있다. 이곳에는 정육면체의 시멘트 구조물 몇 개가 두 줄로 입구를 향해 늘어서 있다. 조그만 신문판 매대 크기 정도다. 이 구조물의 정면에는 낮고 작은 미닫이창이 달려 있고, 그 위에 입장권이라고 쓰여 있다.

남편이 가장 가까운 상자로 가서 창구를 들여다보는 동안 아내는 잔디 밭 벤치에 앉는다. 창구 안에는 바지멜빵을 한 아주 비정상적으로 뚱뚱한 대머리 남자가 입을 벌리고 자고 있다. 남편은 처음에는 유리창을 조심스럽게 두드리다가 나중엔 점점 세게 두드린다. 뚱보 남자는 눈을 뜨고 턱에 흐른 침을 닦고 조그만 창을 연다.

상대방이 알아듣도록 얘기하려 남편은 몸을 깊이 수그릴 수밖에 없다.

"어른 두 장 주세요. 얼마죠?"

뚱보는 생각에 잠겨 우두커니 앞을 바라본다. 그는 두어 번 끄덕이더니, 다시 창을 닫고 다시 잠에 빠져든다. (중략) 다음 시멘트 상자로 간다. (중략)

남편은 아직 그 정도로 쉽게 포기할 생각이 없다. 다음 상자 안을 들여 다보니, 아니나 다를까, 마찬가지로 뚱뚱한 젊은 남자가 앉아 있고, 그 다음 상자에는 남부럽지 않게 볼륨 있는 노파가 속옷바람으로 앉아 있다. (중략) 모두 남편이 한참을 노크한 다음에야 부스스 깨어나서, 작은 창을 열고, 용건을 듣고, 고개를 끄덕이고, 작은 창을 닫고, 다시 잠에 빠진다.

남편은 끈질기게 상자에서 상자로 옮겨간다.

(중략)

"여긴 정말 문이 없는 거니?"

남편이 묻는다.

"네가 드나들 수 있는 문 말이야."

"없어요."

(중략)

"그러면 사람을 먼저 가운데 두고 둘러싸서 상자를 만들었단 말이니? 그게 아니라면 어떻게 들어간 거지?"

뚱뚱한 여자 아이가 침울하게 끄덕인다.

"우리를 둘러싸서 만들었어요. 그런데 우리 몸이 모두 불어난다는 걸 계산에 넣지 않았죠. 우리는 한 가족이에요. 아마도 겉으론 그렇게 보이지 않겠지만요."

"그럼 너희 가족은 서로 얘기조차도 할 수 없잖니!"

아내가 동정을 하며 자기 생각을 말한다.

"뭐 그건 그렇게 안 좋은 일은 아니에요."

아이가 말했다.

"얘기를 할 수 있으면 우린 허구한 날 싸우기만 했을 테니까요. 가장 안 좋은 일은, 입장권을 파는 건 바로 우리들인데, 우린 전시회에 절대 들어갈 수 없다는 거예요. 우리가 없으면 아무도 안으로 들어갈 수 없잖아요."

(중략)

"(중략) 사방이 꽉 막힌 이 통은 그 어떤 커뮤니케이션도 절대 불가능하다는 것을 표현하고 있지요. 안의 것은 아무 것도 밖으로 나오지 못하고, 밖의 것은 아무것도 안으로 들어갈 수 없습니다. 이 예술가는 우리에게 전달의 가능성이 없다는 것을 매우 인상적인 방법으로 우리에게 전달하고 있습니다. 그리고 이런 전달 수단은 정말 설득력이 있습니다."

−미하엘 엔데, 『거울 속의 거울』 중 일부[1]

한 남편과 아내가 전시회에 간다. 입장권을 파는 창구는 출입구가 없는 상자이다. 상자 속마다 한 사람씩 뚱뚱한 사람들이 앉아 있다. 이 사람들은 서로 가족이지만 상자 속에서 꼼짝도 못한 채로 잠만 자고 있다. 잠자는 사람을 깨워 입장권을 겨우 구입해서 들어간 전시회에서도 부부는 커

---

[1] 미하엘 엔데/이병서 옮김(2008), 『거울 속의 거울』, 메타포, 187-199쪽.

뮤니케이션이 절대 불가능하다는 메시지를 전하는 '예술' 작품에 대해 설명을 듣는다. 모순으로 가득한 세계 속에서 출입구가 없는 상자 속에 각자 잠자고 있는 가족이 등장하는 이 이야기는 현대 사회의 삶의 모습을 매우 그로테스크하게 그리고 있다.

현대 문명에 대한 알베르트 슈바이처의 날카로운 지적은 오늘 동아시아 한국에서 제대로 입증되고 있다. 그는 서구 문명의 위기를 지적하면서 "누구의 눈에도 명백한 것은 우리가 문화적으로 자기 파괴의 과정에 있다."2)고 말하였다. 그가 산업사회의 인간은 인간성을 상실할 위험성이 있는 존재라고 말한 것을 그대로 증명해 보이듯이 최근 우리 사회는 스스로를 파괴하는 현상을 보인다.

우리 사회는 선진국의 대열에 들어섰다고 자부하면서도 우울하고 불행한 나라의 이미지를 더해가고 있다. 경제적 성장과 발전 속에서 불행의 극단적 모습을 많이 드러내고 있기 때문이다. 자살에 대한 통계 결과는 이를 직접적으로 드러낸다. 경제협력개발기구(OECD)회원 국가 중에서 자살률이 최고인 나라가 바로 대한민국, 우리나라이다. 2014년에 발표된 사망 원인 통계에 따르면 하루 39.5명이 자살하는 나라가 되었다.3) 특히 2007년 이후 지금까지 9-24세 청소년의 사망 원인 1위는 '자살'이며, 2003년 이후 2017년까지 OECD국가 중 압도적 1위의 자살률을 기록하고 있다. 인구 10만 명 당 자살률은 28.7명이다. 2008년에서 2014년까지 7년간 학생 965명이 자살하였고, 자살을 생각해 본 학생은 무려 1만 3천여 명에 이른다고 한다. 2014년도 학생 정서행동특성 검사 결과에 따르면 전

---

2) 에리히 프롬/최혁순 옮김(1999), 『소유냐 존재냐』, 범우사, 215쪽.
3) 2위인 헝가리가 표준인구 10만 명당 22.0명이 자살로 생을 마감하며 1위인 우리나라는 28.5명이 자살로 생을 마감한다고 한다. 2003년 이후 우리나라 자살률은 가파르게 상승하는 것으로 보도된다. 인구 10만 명당 자살률은 2003년에 22.6명, 2005년에 24.7명, 2011년에는 31.7명, 2013년 28.5명이라고 한다.

체 204만 9307명의 대상 학생 중에서 9만 1655명이 '관심군'으로 분류되
었다고 한다.

우리 사회의 모든 연령층의 삶이 불행과 우울로 얼룩져 있다. 복지부
'2013 아동 종합 실태 조사' 결과에 따르면, 우리나라 아동의 삶은 경제
협력개발기구(OECD) 회원 국 중에서 만족도가 가장 낮다. 아동의 삶의 만
족도가 가장 높은 네덜란드가 94.2점인데 한국 아동의 삶의 만족도는
60.3점으로 꼴찌이다. 유니세프에서 개발한 아동 결핍지수에서도 가장 높
은 지수를 보였다. 학업 스트레스, 학교 폭력, 인터넷 중독 등이 삶의 만
족도를 낮추고 있고, 학업과 여가의 불균형으로 결핍 지수도 높다는 해석
을 덧붙이고 있다. 구체적인 스트레스와 우울 요인은 다양한데, 학업, 교
육뿐 아니라 경제적 문제, 부모와의 갈등, 열등감, 외모 등에서 스트레스
를 받고 있는 것으로 보인다. 아동뿐만 아니라 청소년도 수면 부족, 학업
스트레스, 충동적 성향 등으로 인해 자살 및 자해를 시도 하는 경우가 많
다는 보도가 있었다. 남녀노소 빈부격차를 가리지 않는 한국의 자살자 수
는 매년 1만 명이 넘어 경제개발 협력기구 평균의 2배가 넘는다.

> 다른 나라들은 자살이 10-30대에 많다가 노인 세대에 접어들면 감소하
> 거나, 증가한다고 해도 아주 소폭이지만, 우리나라는 10대부터 계속 증가
> 하다가 65살 노인 세대에 이르면 증가의 기울기가 다른 나이 대와는 비교
> 할 수 없을 정도로 높아진다는 점이다. 심지어 10-30대에서는 우리나라가
> 노르웨이나 이탈리아보다 낮지만 60대에 접어들면 다른 나라들은 자살률
> 이 인구 10만 명당 20-40명 수준이지만, 우리나라는 100명을 훨씬 넘는다.
> 75살 이후로는 160명도 넘는 수준이다.[4]

---

4) http://blog.naver.com/PostView.nhn?blogId=hugvision&logNo=140162600563

그렇다면 무엇이 우리 사회의 모든 구성원을 우울하고 불행하게 만드는가? 왜 그들은 스스로를 파괴하는가? 경제적 성장의 지표는 매년 높아만 가고 국민소득도 높아지는데 왜 이들은 삶을 포기하지 않을 수 없는지 깊이 생각해볼 때이다. 잠을 자지 못하고 공부를 하고, 취업준비를 하고, 해외 유학을 하며, 서구 문명을 받아들이고, 세계 최대의 노동시간을 자랑하며 발 빠르게 개발과 성장 일로로 매진해왔는데 도대체 우리는 무엇을 제대로 하지 못했단 말일까?

자살에 대하여 톨스토이는 인간의 이성과 관련하여 설명하고 있다. 그는 자연의 생물 종 가운데 인간만이 가지는 이성적 능력이 인간을 스스로 죽게 만든다고 보았다.

> 인간 최고의 능력인 이성, 살아가기 위해서는 없어서는 안 될 이성, 자연의 폭력 앞에 의지할 곳 없는 벌거숭이 인간에게 생존의 방법과 쾌락의 방법을 가르쳐 주는 이성, 그 이성이 오히려 인간의 생활에 더할 나위 없는 해독을 끼치고 있는 것이다. 우리 주위의 생물들을 살펴보면 생물들이 갖고 있는 나름대로의 독특한 능력은 그들 모두에게 공통된 것이며 꼭 필요한 것으로 행복을 촉진시켜 주고 있다. 식물, 곤충, 동물들은 제각기 자신들의 생활 법칙에 따라 행복과 기쁨에 가득 찬 평온한 생활을 영위하고 있다. 그러나 인간의 경우에는 태어나면서부터 갖고 있는 저 최고의 능력이 오히려 인간을 참기 어려운 괴로운 상태로 몰아넣는 것이다. 그리하여 최고의 능력인 이성 때문에 생겨난 참기 어려운 내적 모순으로부터 벗어나기 위해, 또한 그러한 모순이 만든 불안으로부터 벗어나기 위해 사람들은 가끔(최근에는 점점 빈번해져 가고 있지만) 자살을 한다.[5]

그렇다면 우리 사회의 구성원을 이성적으로 생각하며 살아왔음에도 참

---

5) 톨스토이/박병덕 역(2012), 『톨스토이 인생론·참회록』, 육문사, 66쪽.

을 수 없는 내적 모순으로 불안과 우울과 자살로 몰아내는 것은 무엇일까? 근대교육 이후 높은 교육열로 이성적 능력을 계발해온 우리 사회 구성원들은 무엇을 견디지 못하고 스스로 죽음을 선택할 수밖에 없는 것일까?

2) 78만원세대-N포세대-혼족-Yolo족

우리 사회의 높은 교육열은 국가 성장의 밑거름이 되어왔지만, 요즘은 우울과 자살에 시달리는 아동과 청소년의 학업 스트레스의 주요인이 되고 있다. 아주 어린 아이도 어린이집과 유치원, 학원과 학교를 오가며 학력을 높여야 한다는 강박감에서 자유롭지 못하다. 아무리 어려도 놀이와 여가를 통한 자연스런 성장의 시간은 거의 주어지지 않는다. 어린이집, 유치원, 중고등학교와 대학교로 진학하기 위해 준비하고 경쟁하느라 시간은 늘 부족하다. 심지어 자살 충동을 느낄 정도로 수면 시간을 아껴가며 공부를 한다. 수면 시간과 자살률에 대한 연구 결과를 토대로 쓴 '잠 못 자는 청소년 자살률 높다'라는 기사가 있을 정도다(YTN, 2014. 08. 04).[6]

최근 "다음 생에는 공부를 잘하겠습니다. 미안합니다."라는 문자를 부모에게 남긴 20대가 나흘 뒤에 익사체로 발견되었다(2017년 6월). A씨는 고등학교 졸업 후 진학하지 않고 반도체 회사에 취직했었지만, 최근 실직한 것으로 알려졌다. 실직을 한 그에게 공부를 잘하지 못하여 대학에 가지 못한 것은 더욱 큰 장애로 느껴졌을 터이다. 취업의 어려움을 대학에 가지 못한 자신의 탓으로 돌리며 목숨을 포기한 안타까운 소식이다.

그토록 선망하던 대학을 졸업하고도 또 다른 강박에서 삶이 다시 옭죄어 드는 것은 마찬가지다. 대학이 순수한 학문의 전당이 되지 못한지는 오래다. 대학에 입학하자마자 엄청난 실업률을 계산하며 취업 준비를 해

---

6) http://www.ytn.co.kr/_ln/0103_201408040503222477

야 하기 때문이다. '공시생(공무원 시험 준비생)'과 '취업준비생'을 합하여 '공취생'이라는 말이 유행한다. 공무원과 일반 기업 등 가리지 않고 취업에 애쓰는 사람을 이르는 말이다. 취업을 준비하며 취업 불안감에 끊임없이 스펙 쌓기에 몰두하는 사람을 '호모 스펙타쿠스'라고 부른다. 그 외에도 '비계인',[7) '호모고시오패스'[8) 등 취업난을 대변하는 자조 섞인 신조어가 유행한다. 사실 우리나라 최고 일류 대학을 나와도 취업은 쉬운 일이 아니다. 명문대를 나오고도 취업 실패에 비관하여 자살하거나 거짓 취업으로 빚더미에 올라앉게 되자 자살하는 등 청년 실업자의 자살 보도가 잇따르고 있다.

청년층을 일컫는 말은 '88만원 세대'에서 'N포세대', '혼족', 'Yolo족'으로 변화해가며 유행하고 있다. 이들은 온갖 아르바이트로 월 88만원(2017년에는 78만원으로 보도되고 있다)의 수입으로 사는 세대라는 의미에서 시작하여, 경제적으로 어려워서 연애, 결혼, 출산 등 온갖 삶의 중요한 것을 포기한 세대, 결국 혼자서 밥 먹고, 술 먹고 혼자 살면서 단 한번 뿐인 '나'의 인생을 어떻게 즐기며 살아가야 할지 애쓰는 눈물겨운 세대를 의미한다. 한 시인은 우리 사회 젊은이의 이런 모습을 이렇게 노래하고 있다.

식빵 가루를
비둘기처럼 찍어먹고
소규모로 살아갔다.
크리스마스에도 우리는 간신히 팔짱을 끼고
봄에는 조금씩 선량해지고
낙엽이 지면

---

7) 인턴과 비정규직과 계약직을 반복하는 사람.
8) 치열하게 고시를 준비하며 예민해진 사람.

생명보험을 해지했다.
내일이 사라지자
어제가 황홀해졌다.
친구들은 하나둘 의리가 없어지고
밤에 전화하지 않았다.
먼 곳에서 포성이 울렸지만
남극에는 펭귄이
북극에는 북극곰이
그리고 지금 거리를 질주하는 싸이렌의 저편에서도
아기들은 부드럽게 태어났다.
우리는 위대한 자들을 혐오하느라
외롭지도 않았네.
우리는 하루 종일
펭귄의 식량을 축내고
북극곰의 꿈을 생산했다.
우리의 인생이 간소해지자
이스트를 가득 넣은 빵처럼
도시가 부풀어 올랐다.

－이장욱, 「소규모 인생계획」[9]

　이들에겐 '식빵 가루를 비둘기처럼 찍어먹고', '크리스마스에도 간신히 팔짱을 낄' 정도로 삶의 여유가 없다. 먹는 것에서부터 빠듯하여 삶의 모든 기본적인 보장을 담은 '생명보험'마저 깨어버린 삶이지만, 새싹이 돋고 꽃이 피는 봄이 오면 자연의 아름다움을 즐길 마음의 여유를 가지려고 애써 노력한다. 그렇지만 이들에게는 내일은 없다. 그래서 다 늙은 노인들처럼 지나간 '어제를 황홀해'하며 살아간다. 지구상에 벌어지는 분쟁과

---

9) 이장욱(2013), 『생년월일』, 창작과비평사, 143-144쪽.

고통도, 지구의 종말마저도 그저 '먼 곳에서' 울리는 '포성'이고 남극의
펭귄이나 북극의 북극곰의 일처럼 먼 일로 여겨진다. '싸이렌'을 울리는
위급함에 대해서도 저편의 일처럼 무감각하다. 종말을 걱정해야 하는 지
구에 남겨진 식량을 축내면서 하루 종일 허망한 꿈만 생산하며 살아간다.
시인은 젊은이의 인생이 이렇게 '간소'한 삶을 사는데도 점점 속이 텅 빈
빵처럼 부풀어 오르는 도시, 도시 문명을 꼬집고 있다.

　시에 표면적으로 드러난 것처럼 어느 한 세대의 실업에 대한 이야기이
기만 하다면 얼마나 다행일까? 이러한 표면적 삶의 이면에는 그 이전과
이후 세대와도 연관된 총체적 고통이 실재한다. 사회는 모든 구성원과 구
성 요소가 상호 의존하고 있어서 분리되어 존재하는 것이 아니기 때문이
다. 이들을 자식으로 둔 장년층과 노년층 세대의 허리 휘는 삶이 있고, 또
이들을 바라보며 자신의 삶을 꿈꾸는 청소년이 있다. 그런 의미에서 어느
초등학교 일학년 아이의 동시는 우리 사회가 안고 있는 고통의 사슬이 얼
마나 무거운지를 보여주는 단적 예이다.

　　나는 ○○ 초등학교를 나와서
　　국제중학교를 나와서
　　민사고를 나와서
　　하버드대를 갈 거다.
　　그래 그래서 나는
　　내가 하고 싶은
　　정말 하고 싶은
　　미용사가 될 거다.

　　　　　　　　　－부전초등학교 1학년 박채연, 「여덟 살의 꿈」[10]

---

10) 이오덕동요제를 만드는 사람들 엮음(2014), 『복숭아 한번 실컷 먹고 싶다』, 보리, 120쪽.

초등학교 1학년인데 벌써 학교에 진학할 계획을 제대로 세우고 있다고 대견해해야 할까? 들어가기 어렵다는 '국제중학교'에 진학하고, '민사고'와 '하버드대학'을 나오고 말겠다는 의지가 동시 속에 야무지게 표현된다. 그런데 그 유수한 학교를 나와야 하는 이유를 잘 모르고 있다. 초등 1학년생의 눈에도 국제중학교, 민사고, 하버드대가 무조건 가야하는 길이라고 여겨진다는 사실이 우리를 당혹스럽게 한다. 이 아이가 정말 하고 싶은 일은 미용사가 되고 싶은 일인가보다. 그래도 하고 싶은 일을 하고 싶다고 쓴 아이다운 마음이 동시에서 천진하고 진솔하게 드러난다. 우리 사회가 초등학교 1학년 아이에게 이런 동시를 쓰게 했다는 사실이 안타깝고 쓸쓸해진다.

3) 폭력과 따돌림

에리히 프롬이 『소유냐 존재냐』에서 적시한 불행 중에서 폭력적 파괴 또한 우리 사회에 만연한 고통 증상이다. 에리히 프롬은 현대 사회를 '유별나게 불행한 사람들의 사회'로 지적하였다. 그가 지적한 바대로[11] 현대인들은 고독하고, 불안하고, 억울하고, 파괴적이며, 남에게 의지하는 사람들, 그렇게 아끼려고 애쓰는 '시간'을 한편에서 낭비하며 낭비인 줄 모르고 기뻐하는 사람들이다. 즉 소유지향의 삶을 살고 있는 우리 사회의 대부분 사람들은 더 많은 외적 성취와 취득, 이익과 눈에 보이는 성과를 쫓아 살아가다보니 눈코 뜰 새 없이 바쁘다. 늘 시간을 절약하고 아끼며 성취와 이익과 소유를 계산하고 지향하며 쫓기듯 살지만, 진정한 인간으로서 존재하는 삶을 살지 못한다는 점에서 그것이 곧 엄청난 시간 낭비이며 인생 낭비인 줄을 알지 못한다.

---

11) 에리히 프롬/최혁순 옮김(1999), 『소유냐 존재냐』, 범우사, 24쪽.

우리 사회가 이익과 취득과 재산의 소유 원리를 지향하는 사회가 되면서 모든 사람은 이 소유 지향의 대열에서 벗어나지 못한다. 그것만이 살 길이라고 생각해서 벗어나지 못하거나, 무언가 잘못된 길임을 알아도 벗어나지 못한다. 대열에서 이탈하여 따돌림을 당하기를 원치 않기 때문이다. 인간은 죽음보다도 따돌림을 당하는 것을 더 두려워하는[12] 존재이다. 그리하여 모든 구성원이 소유를 향하여 달려갈 수밖에 없다. 대부분의 구성원이 소유를 지향하는 자로서 연대감을 갖지만 상호간에는 일체감이 아닌 적의로 가득하다.

이러한 적의들은 다양한 형태의 폭력으로 가시화 된다. 최근 우리 사회의 폭력은 말로 다 표현하기 어려운 다양한 형태로 끊임없이 매스컴에 오르내린다. 가정 내의 폭력이나 학교 폭력과 왕따, 직장 내 폭력 등의 일상의 갈등을 중심으로 일어나는 폭력의 대상이나 수법이 그 잔학성을 더해감은 물론이다. 일상 속 폭력 외에 그 대상이나 수법에서 무차별적 폭력을 행사하는 '묻지 마'식 폭력이 점점 더 늘어만 가고 있다.

4) 환경 파괴와 질병

현대 사회를 살아가는 사람들은 스마트폰으로 실시간 대기의 질을 알려주는 미세먼지 지수를 확인하면서 활동 반경을 결정한다. 미세먼지 지수가 높은 날은 특수 마스크를 착용하고 외출하거나 아예 집안에서 창문을 닫아걸고 생활하기도 한다. 그만큼 대기의 오염이 심각하기 때문에 호흡기 질환을 앓는 사람도 늘어났다고 한다. 예전에는 산업화로 인한 도시 주변의 공기 오염 때문에 깊은 산속이나 섬으로 휴양을 가는 것으로 해결할 수 있었지만, 요즘의 미세먼지는 깊은 산속이나 섬 지역이라고 봐주지도

---

12) 에리히 프롬/최혁순 옮김(1999), 『소유냐 존재냐』, 범우사, 147쪽.

않는다. 거대한 숲이 메말라 점점 확대되어 가는 몽골의 사막화는 중국과 우리나라, 일본까지 먼지로 뒤덮으며 피할 곳도 주지 않을 때가 많다.

환경의 파괴와 그로 인한 인류의 고통은 전 지구적이면서 개개인이 피부로 느낄 수 있을 만큼 심각하다. 지구에는 매년 한반도 절반 크기의 녹지가 사라진다[13]고 한다. 열대우림의 대규모 농지 개간, 산업화와 도시화에 따른 근교 개발, 지구온난화로 인한 사막화 등은 지구의 숲을 사라지게 만든다. 숲이 사라지면 그곳은 생명이 살기에 적합하지 않은 곳이 되고 만다. 인류사에서 거대한 문명들도 숲을 파괴함으로써 함께 멸망의 길을 걸었다. 메소포타미아, 인도, 마야 문명은 가뭄과 갈수로 사라졌고, 앙코르와트의 크메르 문명은 홍수에 무너졌다.[14] 이러한 자연 환경의 문제는 한두 가지가 아니다. 제레드 다이아몬드는 자연의 서식지 파괴, 바다 어류의 멸종, 유전적 다양성 훼손, 토양의 침식, 화석 연료의 고갈, 물 부족, 광합성 역량 감소, 환경오염, 외래종의 침입, 지구 온난화, 인구증가 등을 50년 이하의 도화선이 달린 시한폭탄에 비유한다. 인류가 지속 가능하지 않은 방향을 계속 고집한다면 세계의 환경 문제는 '전쟁, 대량학살, 아사, 전염병, 사회의 붕괴 등 바람직하지 않은 방향으로 해결'[15]될 수 있음을 지적하고 있다.

최근 환경 파괴로 인한 고통은 피부에 직접 와 닿는다. 구체적으로 느껴지는 환경 파괴의 문제는 블록버스터 영화의 배경으로도 자주 다루어진다. 프랑스 만화를 원작으로 한 영화 <설국열차>에서 인류는 지구 온난화를 막기 위한 화학물질 사용으로 빙하기를 맞게 된다. 그리하여 지구는 아무도 살아남지 못하는 설국이 된다. 끊임없이 열차선로를 회전하는

13) 박중환(2014), 『식물의 인문학』, 한길사, 105쪽.
14) 박중환(2014), 위의 책, 299쪽.
15) 재레드 다이아몬드/강주현 역(2011), 『문명의 붕괴』, 김영사, 680-681쪽.

설국열차의 탑승객만이 살아남은 인류라는 설정에서 영화의 이야기가 시작된다.

　세계적인 이론물리학자인 킵 손이 제작에 참여하였다는 영화 <인터스텔라>는 모래바람으로 파괴된 지구를 배경으로 한다. 인류는 식량이 고갈되어 멸망을 앞두고 있는 상황이다. 영화 <인터스텔라>의 주인공 쿠퍼는 가족을 남겨두고 인류가 살아갈 수 없게 된 지구를 떠나 새로운 삶의 터전을 찾아 기꺼이 우주로 떠난다. 우주에서 온갖 고난을 겪고 결국 인간이 살 수 있는 환경을 가진 혹성을 찾지 못한 채 쿠퍼는 블랙홀로 빨려 들어가게 되고 5차원의 세계로 들어간다. 인류를 구원할 방법은 바로 그 5차원의 세계임을 알게 된다. 사실 3차원의 지구 현실에서 쿠퍼와 머피 부녀는 머피 방 책장에 '유령'이 나타난다고 실랑이를 벌인다. 쿠퍼는 5차원의 세계에 도달하고서야 가족에게로 돌아오게 된다.

　흔히 <인터스텔라>를 우주 과학의 첨단을 보여준다고 말하기도 하지만, 이 영화의 본질은 오히려 인간의 영적 세계에 대한 담론이다. 5차원의 세계, 곧 쿠퍼가 블랙홀로 들어간 새로운 차원의 세계는 바로 '신의 차원', '영적 세계'이다. 인류를 구원할 수 있는 근본적인 힘은 우주의 다른 혹성이 아니라 바로 우리 자신의 내부에 있는 5차원의 세계 곧, 영적 세계를 의미한다. 우리 안의 사랑과 믿음이 인류를 구할 수 있을 것이라는 메시지를 전하고 있다는 점에서 현대 사회가 안고 있는 고통의 문제를 해결할 방향을 감동적으로 전달하는 영화이다.

　하지만, 무분별한 도시화와 개발로 숲이 파괴되고, 사막화가 진행되고, 대기의 질은 급속도로 나빠져 동식물이나 인간이 살아갈 수 없는 환경이 되어 가는 것은 영화 속의 이야기가 아니다. 우리 피부로 느끼는 지구의 환경이 지금 바로 그러한 상태이다. 숲은 식량과 기후 등 자연 조건과 밀접하게 관련되어 있어 인류 문명의 흥망성쇠를 좌우한다. 초원과 숲에 대한 무분별한 파괴는 지구온난화를 재촉하여 빙하를 녹이고 사막화를 초래하여 인류 문명에 위협을 가하고 있다. 지구상에서 가장 황폐한 땅인 사하라 사막에 가라만테스라는 문명이 존재했다고 한다. 이 문명을 포함해서 수메르, 잉카, 아즈택 문명 등이 사라진 것이 모두 무분별한 개간과 숲의 파괴 때문이라고 한다.

숲이 사라진 지구에서 현대 문명과 인류는 호흡기 질환 뿐 아니라 알지도 못하는 바이러스의 침투 등 질병과 사투를 벌이고 있다. 자연을 제대로 보존하지 못하고 생태 질서를 파괴함으로써 인간과 동식물이 함께 앓는 질병으로 고통 받고 있다. 얼마 전의 광우병 파동이 그러하고 최근의 조류독감(AI), 사스, 에볼라 등의 바이러스의 공격이 그러한 예이다.

나. 원자화

1) 따로따로 살아가는 사람들

현대인의 생활 모습을 가장 잘 드러내는 한 마디는 '원자화'다. 모든 개인들이 서로서로의 관계보다는 각자 자신의 일에 조바심을 내며 살아간다. 산업 사회 이후로 우리는 서로가 어떤 일을 하고 살아가고 있는지 잘 알지 못한다. 가족이나 이웃이 "어떤 일을 한다더라"는 말을 간혹 하지만, 그 일이 무엇인지 그 분야에서 그가 하는 일이 무엇인지에 대해서는 본인이 아니면 부모 자식 간에도 구체적으로 알지는 못한다.

그러면서도 전 세계가 더 가까워져 보이는 것도 사실이다. 인터넷이나 SNS(Social Network Service)을 통해 전 세계 어느 곳의 소식이나 정보도 아주 빠른 시간 내에 공유할 수 있게 되었다. 하지만 빠른 정보 공유에도 사람들 사이의 벽은 훨씬 더 높아졌다. 가족 간에도 대화는 줄어들었고, 폭력은 난무하며, 가족 자체가 해체된 상황이다. 여러 세대가 함께 살아가는 대가족이 거의 없어지고 핵가족도 점점 줄어들어 1인 가구가 급격히 늘어나고 있다. 혼자 밥을 먹는 사람들을 부르는 '혼밥'이라는 말이 유행하며, 혼자 간편히 먹을 수 있는 맥도날드 햄버거를 배달해주는 곳을 '맥세권'이라고 말하기도 할 정도이다. 그런 상황에서 마을이나 집단의 공동체 의식은 더욱 더 옅어지고 있다. 한 가족이 한 집에서 살아갈지라도 구성원 각자는 서로 다른 상황에서 따로따로 살아간다. 각자 자신의 자동차를 타고 개개인의 일을 하며, 각자 개개인의 방을 차지하고, 식사나 휴식 시간도 개인적이다. 함께 식사하거나 휴식할 때도 그들은 각자의 스마트폰 액정으로 다른 곳의 다른 이와 대화를 한다. 사무실에서는 각자의 컴퓨터 화면 앞에 앉아 있고, 아이들은 텔레비전이나 스마트 폰의 액정 화면 앞에서 자라난다.

자본주의 사회는 전통 사회에 비하여 여러 모로 인간의 자유를 확대하였다고 여겨진다. 실제로 개개인은 더 능동적으로 일하고 적극적이고 비판적으로 사회에 참여한다. 개인이 가고 싶은 곳으로 가고, 각자가 하고 싶은 일을 하며 자신의 일은 그 결과에 대해 스스로 책임지도록 맡겨졌다. 하지만 에리히 프롬은 이러한 형태의 자유가 개인 상호간의 유대를 끊음으로써 개인은 동료로부터 분리되어 고립되었다[16]고 지적한다.

2) 출산율과 1인 가구

출산율이 낮아 큰일이라고 걱정하는 뉴스가 연일 매스컴을 메우고 있다. 이대로 가다가는 얼마 후에 우리 민족이 지구상에서 사라질 것이라는 통계 결과가 나온다. 혼인하여 가정을 이루는 이는 그나마 나은 형편이다. 점점 결혼과 출산을 포기하는 사람이 많아져서 앞으로 더욱 심각해질 것

---

16) 에리히 프롬/원창화 옮김(2014), 『자유로부터의 도피』, 홍신문화사, 94쪽.

이라고 한다.

인간의 가장 기본적이고 본능적 사랑인 자녀의 출산과 양육마저 제대로 하지 못하는 삶이란 얼마나 삭막하고 또 사랑이 없는 삶인가? 사랑이 없는 삶이 고통스러운 것은 살아가면서도 삶의 의미를 찾기가 더욱 어려워지기 때문이다. 그래서 더욱 스스로의 삶이 불행하게 느껴지고, 그런 불행감은 정신 건강을 해치며 자살을 방조한다.

사람들은 취업을 제대로 하지 못해 제 한 입 먹고 살기도 힘든데, 어떻게 결혼을 하고 아이를 낳아 기르느냐고 항변한다. 그래서 일찌감치 포기한다. 1인 가구의 수가 점점 증가하고, 그저 혼자 사는 것이 아니라 방안에 들어앉아 소통을 거부하며 사는 사람들이 늘어났다. 2016년 6월 통계청의 발표에서 1인 가구는 2016년 기준으로 전체 약 1900만 가구 중의 총 27.8%인 527만 9000가구이다. 점점 증가하고 있어서 2035년에는 대략 760만 가구에 이를 것이라고 한다. 실업으로 경제적 어려움을 겪는 청년세대는 결혼과 출산을 포기하고 혼밥족, 혼술족, Yolo(you only life once)족, 포미(for me)족이 된다. 이들을 위한 경제 현상을 '일코노미'라고 부른다. 이들은 타인이나 미래보다는 '나'를 위해 살아간다. 그러니 일코노미는 바로 '각자도생(各自圖生)'의 시대 현상을 의미한다. '히키코모리(引きこもり)'라는 일본의 젊은이에 대한 이야기를 들은 지 그리 오래지 않다. 우리나라도 그와 같은 사람들이 많아져 그들을 위한 주택 단지를 마련하고 각 기업에서는 그들에 맞춰 마케팅 전략을 세운다고 한다. 하지만 그런 일들은 고통의 근본적인 치유와는 너무도 거리가 멀다.

현대 사회의 많은 사람들이 참 삶을 잃어버리고도 그 사실을 알지도 못한다. 모든 것을 돈으로, 경제로 측정하고 계산하며, 삶의 기쁨이나 삶의 행복조차도 경제로 설명한다. 아이를 낳고 기르는데 필요한 돈과 노력과 시간이 나를 불행하게 만든다고 생각한다. 아이가 나에게 돈을 주는 것도 아니고, 내 힘을 덜어주는 것도 아니라고 생각하기에 아이 양육은 그야말로 희생과 헌신이라고 생각하는 셈이다.

하지만, 사람의 삶은 사랑으로 이루어졌을 때에만 살아있는 삶이 된다. 사랑이 없을 때는 그것은 삶이 아니고 죽음이다. 살아 숨 쉬지만 죽어 있는 사람인 셈이다. 아이를 낳아 기르는 일은 숱한 동식물이 하는 종족 보존의 기본적 욕구, 본능적 사랑의 실현이다. 신은 최소한 자기 자식을 낳아 기르며 그 사랑을 실현하며 기쁨을 누리는 삶을 인간에게 선물하였다.

오늘 우리 사회는 그 본능적 사랑조차도 허락하지 않고 있다. 도대체 무엇이 이토록 심각한 억압의 지경을 불러왔을까? 이는 삶의 방향을 제대로 잡아나가도록 하지 못한 이 시대의 오류다. 개인 중심의 가치, 경제 중심의 가치, 이성 편향의 가치 등이 오늘 우리 삶의 방향을 이리로 몰고 오게 한 것이 아닌가? 참다운 삶에 대한 진지한 고민을 해보지 못한 세대들, 우리들의 방황은 어떻게 치유해야 할까?

3) 전문가와 전문적 바보

'한 우물을 파라'는 말은 오랜 격언이었다. 자라나는 젊은이들에게 어느 것 한 가지라도 열심히 해서 잘해야 번듯한 일을 하면서 세상을 살아갈 것이라는 도움을 주려는 말이었다. 그 덕분에 우리 사회 구성원 대부분은 각자 자신의 일을 눈이 빠지도록 들여다보며 준비하고, 그것으로 평생 안정되게 살아가려는 꿈을 꾸고 그 삶을 살아가려고 노력해 왔다. 그런데 한참을 그러다보니 어찌된 일인지 열심히 그 일을 하고 있는 사람은 더 이상 보이지도 중요하지도 않게 되었다.

근대 이후 사회는 인간이 살아가는 데에 필요한 여러 가지 일들을 그 어느 때보다도 잘게 나누어 '분업화'해 왔다. 고등학교에서부터 이과와

문과를 나누고 대학에 갈 때는 수백 가지의 전공 분야 가운데 한 가지를 선택하여 그것만을 집중적으로 교육하고 그 분야에서 일을 하며 살아가도록 삶이 설계되어 있다. 보통 한 사람은 평생 한두 가지 일만을 하면서 살게 된다. 사회는 한 분야의 일을 깊이 있게 이해하고 습득한 사람을 '전문가'로 존중해왔다.

요즘 우리 사회에서 전문가는 '전문적 바보'라는 비아냥을 듣는다. 전문가는 한 분야의 일에 대해 깊이 있는 식견과 경험을 갖춘 사람이지만, 바로 그 일에서 조금만 벗어난 일도 전혀 알지 못하는 사람이기 때문이다. 심지어는 한 분야의 일에 대한 식견이나 경험조차도 인간의 총체적 삶을 바탕으로 하지 않는 것이 없는데, 한 가지 일의 전문성에 집중하다 보니 삶의 총체성을 제대로 알지 못하는 사람들이 많다. 결국 전문가는 한 분야에 대해 지적인 식견과 경험을 갖추었다고 할지라도 '인간의 삶'이라는 총체적 바탕에 대한 경험과 이해를 갖추지 못하였기에 그 전문성을 제대로 발휘하지 못하게 된다. 전문적이긴 한데 삶의 문제를 제대로 해결하지 못하는 전문적 바보인 셈이다.

이런 전문가의 세상인 현대 사회는 여기저기서 좌충우돌의 소음을 내며 삐걱거린다. 오로지 따뜻하고 편리한 집을 짓는 일만을 생각해온 건축업자가 산을 허물고 물길을 막아서 호화롭고 편리한 집을 지었을 뿐이지만, 이미 그 산과 강의 생태계는 심각하게 훼손되었다. 인간의 식탁을 위해서 소고기의 육질을 연구하며 소에게 온갖 음식, 동물성 먹이까지 먹여 최고의 소고기를 얻었으나 전혀 듣지도 보지도 못한 병이 불쑥 나타나 인류를 공포에 떨게 한다.

오늘날 우리 대부분이 대학을 졸업하고 전문가가 되었지만 이 세계의 문제를 전문적으로 해결하지는 못한다. 오히려 우리 사회에서 일어나는 일이 어디서 무엇에 의해 어떻게 되어 가고 있는 것인지를 제대로 볼 수 있는 눈을 가진 자가 거의 없는 상황이다. 오랜 기간 자신의 분야 내에서 그것만을 집중적으로 바라보는 눈을 갖도록 길들여졌기 때문이다. 한 가지 눈빛에 길들여진 사람들 간의 충돌은 점점 더 잦아지고, 서로 다른 것만 보도록 길들여진 눈빛 간의 갈등은 걸핏하면 심각한 상처를 남기곤 한다. 인간의 삶이 가진 총체성, 이 세계와 자연 속에서 살아가는 인간의 '삶'이 가진 자연과 우주와의 전체성을 알 수 있는 넓고 큰 안목이 없기 때문에 일어난 일이다.

다. 도구화

잭 런던의 단편소설 「배교자」에는 사회의 도구로 전락하여 일하는 기계로 살아가는 주인공 '조니'의 삶이 그려진다. '조니'는 가난한 어머니와 동생들을 둔 가장이다. 어린 나이부터 여러 가지 공장에서 끊임없이 완벽하게 일을 하지만 몸과 정신과 인생이 점점 더 황폐해져 간다.

> 이제 나는 일하려고 일어난다.
> 내가 피하지 않기를 신께 기도한다.
> 밤이 오기 전에 내가 죽는다 해도
> 내 일은 괜찮기를 신께 기도한다.
> 아멘

이러한 기도로 시작된 소설 속 주인공 조니는 현대 사회를 살아가는 많은 사람들의 삶을 있는 그대로 혹은 비유적으로 보여주고 있다.

> 그는 완벽한 일꾼에서 완벽한 기계로 발전했다. 때로 일이 잘못되면 그것은 기계와 마찬가지로 잘못된 재료 때문이었다. 완벽한 못 금형이 불량

못을 낼 확률이 그가 실수할 확률과 비슷할 것이다.

이것은 그다지 놀라운 일이 아니었다. 그는 기계와 친밀한 관계가 아닐 때가 없었다. 기계는 거의 그의 본성이 되었고, 어쨌건 그는 기계 속에서 자랐다. (중략)

현장 감독은 그를 자랑스러워했고 손님이 오면 소개해 주었다. 열 시간 동안 3천 600개의 병이 그의 손을 지나갔다. 이것은 그가 기계 같은 정밀함을 익혔다는 뜻이었다. 낭비되는 동작은 하나도 없었다. 팔과 여윈 손가락의 모든 움직임이 빠르고 정확했다. 그는 매우 긴장한 상태로 일했고, 그 결과 불안해졌다. 밤이면 잠을 자면서도 근육이 뒤틀렸고, 낮에는 쉴 수 없었다. 그는 늘 긴장해 있었고, 근육은 계속 경직됐고, 얼굴도 누레지고, 기침이 심해졌다. 움츠린 흉곽 속 연약한 폐에 폐렴이 들어앉았고, 그는 유리 공장에서 해고되었다.

(중략)

그는 인생에 아무런 즐거움이 없었다. 그는 하루하루가 지나가는 모습을 보지 못했다. 밤 시간에는 무의식 속에 움찔거리며 잠을 잤다. 나머지 시간에는 일을 했고, 그때 그의 의식은 기계의 의식이었다. 그 정신 바깥에는 아무것도 없었다.[17]

오늘날 현대 사회에서 어떤 종류의 일이든 간에 높은 경쟁률을 뚫고 어렵사리 일자리를 차지한 사람들도 소설 속 '조니'와 같은 기계의 삶을 살아가고 있다. 아침부터 저녁까지 일하느라 발을 구르며 바삐 살아가지만 의미를 생각하고 느끼기는 어렵다. 복잡한 사회 속에서 점점 빠르게 일을 하지만 시간이 멈춘 듯 단조롭다. 왜 바쁜지 생각할 겨를조차 없이 자동적으로 바쁘게 달릴 뿐이다.

산업시대 이후로 우리는 서로가 하는 일에 대해서 알지 못할 뿐 아니라, 지금 자신이 하고 있는 일의 배후에서 어떤 상황이 벌어지고 있는지

---

17) 잭 런던/고정아 옮김(2015), 「배교자」, 『현대문학』 723권, 미래엔, 136-159쪽.

어떤 힘이 작용하고 있는지를 거의 알지도 느끼지도 못하는 상태로 살아
간다. 각자가 고도로 특수화된 일에 종사하면서 같은 분야에 종사하는 많
은 사람들과 경쟁을 한다. 잘게 나누어진 많은 분야가 있지만 어느 분야
나 많은 사람들과의 경쟁을 피할 수는 없다. 격렬한 경쟁의 대열에서 용
을 쓰면서도 그들의 삶을 지배하고 있는 경제적·정치적 상황이나 사회
문화적 상황을 스스로 파악하고 대응할 능력은 상실하였다. 에리히 프롬
은 이를 '거대한 기계의 크고 작은 톱니바퀴 같은 존재'[18]로 규정한다.

현대 사회의 개인은 무력하다. 그래서 더욱 큰 권위에 편입되기를 원하
지만 더 큰 권위 속의 일원이 된다고 해도 여전히 전체를 구성하는 미립
자일뿐 스스로의 독립적 중요성을 느끼지는 못한다. 그 큰 권위에서 살아
남기 위해 순응하는 과정에서 또다시 그 권위를 가진 거대한 조직의 작은
나사못으로 예속되며, 그 나사못은 언제든지 대체될 수 있다는 점에서 개
개인은 도구일 수밖에 없다. 빠른 속도로 변화하는 사회에서 그에 알맞은
속도와 능력을 갖추기 위한 경쟁을 하며 살아가는 개개인은 점점 더 거대
사회의 개인으로 매몰되어 갈 뿐이다. '우리의 인생이 간소해지자 이스트
를 가득 넣은 빵처럼 도시가 부풀어 올랐다'는 시의 한 구절은 거대한 빵
처럼 부푼 도시에 깔린 고독한 청춘의 고통스런 절규다.

요즘 한국의 대학을 상아탑이라고 부르는 일이 거의 없다. 대학은 속세
를 떠난 학문과 예술의 경지인 상아탑이 아니라, 개인이 사회라는 시장에
스스로를 팔기 위해 포장을 하는 기관으로 여겨지기 때문이다. 사회에서
삶을 이어갈 기본적인 일자리를 찾기 위한 준비를 한다는데 말릴 수조차
없는 안타까운 상황이다. 대학생에게 학점과 학업은 취업으로 연결되지
않으면 무의미하며, 강의와 독서보다는 취업을 위한 스펙을 쌓는 일이 더

---

18) 에리히 프롬/원창화 옮김(2014), 앞의 책, 108쪽.

중요한 일이 되었다. 오늘날 일은 많고 시간은 없다는 아우성은 '다사다
망(多事多忙)'으로 표현된다. 정말 시간 없다는 뜻으로 '타임푸어(time poor)'
라는 말이 쓰이기도 한다. 회사에서 일을 하며 가축처럼 지낸다는 뜻인
'사축', 그런데 월급이 들어오는 족족 카드빚과 세금으로 '월급 로그아웃'
되니 '텅장(텅빈통장)'이 되고 만다. 그래도 직장인이 낫다. 취준생은 맹렬
하게 지원서를 내지만 '광탈(빛의 속도로 탈락)'하여 멘탈이 찢어지는데(멘
찢), 탈락의 쓰라림을 재미있는 오락처럼 겪는다는 '탈락잼', 그리고 장기
미취업생인 '장미족'이 된다.

 일찍이 에리히 프롬은 현대 사회의 이러한 현상을 예견하였고, 사람들
의 이런 성격을 '시장적 성격'으로 규정하였다. 현대사회는 사람들이 자
신을 상품으로 경험하고 자기의 가치를 '사용가치'로서가 아니라 '교환가
치'로서 경험하는 데 바탕을 두고, 살아 있는 인간은 '퍼스낼리티 시장'에
나온 상품이 되는 사회이기 때문이다.

> 시장적 성격구조를 가진 사람에게는 단지 최대의 능률을 가지고서 움직
> 이고 일하는 것 외에는 아무런 목적도 없다. (중략) 그들은 인간은 '왜' 사
> 는가, '왜' 다른 방향으로 가지 않고 이 방향으로 가는가 하는 철학적이고
> 종교적인 물음에는 거의 관심이 (적어도 의식적으로는) 없다. 그들은 커다
> 란, 그리고 항시 변화하는 자아(ego)를 갖고 있지만 아무도 자기(Self), 핵심,
> 동일성의 의식을 갖지 못하고 있다. 현대사회에 있어서의 '동일성의 위기'
> 는 그 구성원이 자아를 갖지 않은 도구가 되고 그들의 동일성이 회사 '혹
> 은 다른 거대한 관료제 조직'의 일원이 됨으로써 빚어진 것이다. 진정한
> 자아가 없는 곳에는 동일성은 있을 수 없다.[19]

19) 에리히 프롬/최혁순 옮김(1999), 『소유냐 존재냐』, 범우사, 200쪽.

그런데 이마저도 제대로 통하지 않는 사회가 되고 있다. 인간은 로봇보다 더 튼튼하거나 저렴하지도 정교하지도 않은 나사못이기 때문이다. 인공지능(AI) 로봇 생산의 발달은 인간의 나사못으로서의 '성공' 기회조차도 축소하고 있다. 그리고 앞으로는 더 많은 사람들이 더 좁은 상품 시장에서 언제 대체될지 모르는 무력한 소도구로 살 수밖에 없도록 만든다.

2. 고통과 근대교육

가. 이성 편향

내가 감정이나 감상을 비난하거나 증오하지 않고 다음과 같이 자문한다는 점에서도 나는 현대적이지 못한 사람이다. 그러면 도대체 우리는 무엇으로 살아야하며, 우리의 감정이 아니라면 어디에서 삶을 느껴야 한단 말인가? 내가 아무것도 느끼지 못하고 내 영혼이 감동하지 않는다면, 가득 찬 돈주머니나 대단한 은행 계좌나 매끈한 바지 주름이나 아름다운 소녀가 내게 무슨 도움이 도는가?

－헤르만 헤세, 「뉘른베르크 여행」, 1925년[20]

최근 '감정노동(Emotional Labor)'이라는 말이 사회적 이슈가 되었다. 정치·경제적으로 복잡한 현대 사회의 업무 수행 상 필연적인 '거래' 상황에서 자신의 감정을 숨기고 친절한 미소를 띠고 상대를 대해야 하거나 이러한 행동을 상품으로 판매하는 직종을 일컫는 말이다. 특히 일상의 감정 조절 차원이 아닌 회사 등 사회생활에서 문서화된 계약에 따라 '친절과

---

20) 헤르만 헤세/폴커 미헬스 엮음/이재원 옮김(2012), 『헤세의 예술』, 그책, 108쪽.

미소'를 띠지 못하는 경우에는 해고될 수도 있는 직종에서 감정노동을 강
요한다. 백화점이나 식당 등의 점원이나 상담원 등은 이러한 일의 수행을
위해 특별한 훈련과 교육 프로그램을 이수하기도 한다. 이 직종에 종사하
는 사람들은 개인이 자신의 감정에 대한 통제 주권을 갖지 못하도록 하고
강제한다는 점에서 정신적 스트레스가 매우 높으며 우울증 등 정신 질환
이나 자살에 이르는 고통을 겪기도 한다.

　근대적 교육은 본질적으로 합리주의를 바탕으로 하는 이성 편향의 교
육을 지향하며 개체의 자발적 감정을 억압해왔다. 자발적인 감정의 억압
나아가서는 순수한 개체성 발달의 억압은 아주 이른 시기에, 사실상 아이
들의 초기 훈련과 더불어 시작된다.21) 아동기의 교육은 자신의 감정을 잘
이해하고 소중하게 여기는 활동보다는 사회적 상황에 맞추어 친절하고
명랑하게 미소 짓도록 하는 데에 더 많은 시간과 노력을 들인다. 가정 내
에서는 물론 어린이집, 유치원, 학교 교육에서 개개인의 감정과 관련 없이
특별한 친절과 명랑한 감정을 가지도록 사회화 교육을 받는다. 감정노동
자가 아니더라도 대부분의 현대인들이 스스로 상투적인 제스쳐를 하고
있다고 느낄 때가 많다. 어릴 때부터 이러한 '의무적인 감정'에 길들여지
게 되면 '자발적인 감정'과 구별조차 힘들어지고, 감정적으로 위축되어
생기를 잃은 인간이 된다. 결국 이러한 사고나 감정이나 의사에 대한 사
회화에서 요구되는 거짓행위는 참자아(Self)가 에고(ego)로 대치되는 일이다.
참자아(Self)22)란 정신적인 여러 활동의 창조자인 자아이며, 이에 비해 자

---

21) 에리히 프롬/원창화 옮김(2014), 앞의 책, 201쪽.
22) 참자아(Self)는 인간에게 내재하는 신성(神性)을 말한다. 일반적으로 인간이 일상에서 의식
　　하는 자아(ego)는 개개인의 안위와 욕망에 기반 한다. 참자아는 인간이 의식하지는 못하지
　　만 인간에게 내재한 신적 능력이다. 에고(ego)는 인간 행위에서 겉으로 어떻게 나타나든
　　간에 모두 남들보다 돋보이고 특별해 보이고 지배권을 가지려는 욕구, 더 많은 힘을 갖고
　　더 관심을 끌려는 욕구, 남들과 분리감을 느끼려는 욕구, 즉 반대편과 적을 만들려는 욕구

아(ego)는 타인으로부터 기대되는 역할을 하고, 주관적으로는 그 역할에서 자기는 '자신'이라고 확신하는 자아이다.[23]

근대교육의 이성 편향에 대해 여러 학자들이 그 심각성을 지적해왔다. 과학자 다윈(Charles Darwin)은 근대적 삶이 우리 본성의 정서적인 부분을 약화시킴으로써 아마도 지성을 해칠 것이며, 더 정확하게는 도덕적 성격을 해칠 것이라고 보았다. 에리히 프롬은 근대교육의 결과로 대부분의 사람들이 '정서적 생활은 촉진되지도 필요치도 않거니와 오히려 최적의 기능에 방해가 된다고 여겼기 때문에 어린이의 수준 이상으로 발달하지 못했다'고 지적했다. 톨스토이도 과학과 예술은 마치 폐와 심장의 관계처럼 서로 굳게 결부되어 있어 한쪽 기관이 고장 나면, 다른 한쪽도 정상적인 활동을 할 수 없다[24]고 보았다.

오늘날의 인간에 대한 모든 학문은 인간이 합리적 에고이스트라는 가정 하에 만들어졌다. 경제학, 정치학뿐만 아니라 심리학, 교육학, 사회학 등도 마찬가지이다. 교육학의 경우에는 콜버그의 도덕성발달이론이 그 대표적인 사례이다. 이는 합리성을 최고로 높이면 가장 도덕적인 사람이 된다는 가정 하에 만들어진 이론이다.

를 동기로 숨겨두고 있다. 인간의 현실은 이원적 분리의 세계이지만 인간의 본성은 이원적 분리의 세계뿐만 아니라 전일체적 세계의 만물과 하나인(oneness) 존재로서 무조건적 사랑의 존재이기도 하다. 인간이 현실 생활에서 의식하고 자신을 지키고 분리된 개체로 살아가는 데에는 에고가 기여하기도 하지만, 지나치게 에고가 확장되거나 에고만이 자신의 전부라고 의식할 때에는 이기적인 존재로 살게 된다. 그래서 흔히 에고를 참자아를 회복하는 데에 방해가 된다고 말한다. 그렇지만 인간의 에고는 억누르고 방어하면 더욱 강력한 힘으로 폭발하게 된다. 오히려 자신의 에고를 인정하고 수용하되 그것만이 자신의 전부가 아니며, 무조건적 사랑의 존재로서 참자아를 가진 존재임을 알아차리는 것이 인간의 현실적 삶에서 균형을 유지하는 방법이다. 또 에고가 현실에서 개체성을 발현하는 데에 필요한 것임을 인정할 필요도 있다.

23) 에리히 프롬/원창화 옮김(2014), 앞의 책, 172쪽.
24) 톨스토이/유상우 옮김(2012), 『톨스토이 인생론(참회록 · 예술론)』, 홍신문화사, 470쪽.

한편 근대 교육에서 감정과 정서에 대한 폄하 및 이성 편향의 교육은 '과학적'이라는 말의 잘못된 해석에 의해 더욱 가중화되었다. 과학적인 사고는 인간의 열정이나 관심이 아닌 객관적인 눈으로 세계를 볼 때만 가능한 것으로 이해되었다. 과학적 탐구는 언어의 정확하고 객관적인 의미 및 사용만을 지향하고, 투명하고 명징한 사실로 입증될 수 있는 것만을 의미하는 것으로 오해되었다. 설명할 수 없거나 명확하지 않은 '느낌'이나 '기분' 등은 과학적 사고를 방해하는 불균형적 과잉 감정이거나 미신적 소산으로 치부되었다. 학생들은 인간 개체로서 총체적으로 세계를 바라보고 판단하고 사고하는 것이 아니라, '과학적'이라고 여겨질 이성적 두뇌의 사용에 따른 판단만을 강요받았다. 그 결과 많은 학생들은 스스로 독창적으로 생각하고 사물과 세계에 관심을 갖기 보다는 여러 가지 사실과 정보를 기억하고 저장하며 계산하는 능력만을 기형적으로 확대하게 되었다.

근대 이후 오늘날까지 초·중·고등학교에서 대학교 등 여러 학교 교육에서 가장 많은 시간과 노력을 들여 공부하고 있는 내용과 방법을 살펴보면 대부분 사실에 대한 지식 및 정보의 습득에 치중하고 있다는 것을 누구도 부인할 수 없다. 학교 및 학원 교육의 주요 활동은 여러 가지 교과에서 필수적이라고 여겨지는 산발적 지식들이다. 그 지식이나 정보는 삶의 맥락과 실제적으로 맞닿아 있지 않을 뿐 아니라 분리된 교과목의 내용으로서 단편화된 사실 및 정보인 경우가 많다.

바로 이러한 단편적 지식과 정보의 학습을 위해서 학생들은 잠을 충분히 자지 못하고 우울증이나 각종 정서적 문제를 앓고 있기도 하다. 이들은 삶의 대부분 시간을 이런 학습으로 채우고, 그래서 진정한 앎을 획득하는 기쁨을 경험할 시간을 빼앗기고 만다. 그마저도 대학 입시나 취업을 위한 경쟁에서의 효율성을 따져가며 학원과 학교를 오가기 때문에 그들에게서 삶의 기쁨을 찾아보기란 어렵다. 다가올 미래 언젠가에 맞이할 '성공'을 목적으로 삶을 유보하고 또 유보하는 이러한 젊은이들에게서 개체로서의 완전성에서 비롯되는 독창적이고 생기발랄한 창조력을 기대하는 것은 무리이다.

이성 편향의 근대 교육은 이성 중심의 언어와 사고 교육으로 삶에 대한 진정한 이해와 통찰 능력을 잃은 인간을 길러내었다. 톨스토이는 <참회록>에서 이성적 추론의 결과로 삶이 아무런 의미가 없으며 따라서 자살이 최선의 길이라고 말한 적이 있다. 물론 생명을 유지하려고 하는 동물적 본능에 의해 자살을 하지는 않았지만, 그는 스스로 '신'을 발견하기 전까지는 끊임없는 자살 충동에 시달렸다고 고백한다. 그러나 '진정한 이성'을 통해 톨스토이는 '신을 아는 것과 사는 것은 동일한 것이다. 신은 곧 생명이다'25)라는 것을 깨달았다고 고백하고 있다. 대문호 톨스토이의 이러한 언급에서도 이성 편향의 교육이 인간의 '영성'을 파괴하고 삶의 기쁨을 느끼지 못하도록 고통스러운 삶으로 몰고 갈 수밖에 없음을 확인할 수 있다.

우리나라 근대 교육 및 사회의 이성 편향은 신학에서마저 이성과 영성을 분리하여 버린 서구 사상의 유입에 따른 것이기도 하다. 종교개혁 이후 서구 신학-적어도 개신교 신학-에서 계시와 이성이 날카롭게 대립하며 다른 길을 가야했고, 데카르트 이후 근대철학에서 영성과 지성이 이질적인 것이 되어 버렸다26)는 사실은 근대 교육의 이성 편향을 가중화했다. 중세의 신학자이자 신비주의자였던 엑카르트는 동양의 전통 사상에서와 마찬가지로, 인간에게 주어진 다양한 능력과 길은 한결같이 하나의 뿌

---

25) 톨스토이/유상우 옮김(2012), 『톨스토이 인생론(참회록 · 예술론)』, 홍신문화사, 323쪽.
26) 길희성(2003), 『마이스터 엑카르트의 영성 사상』, 분도출판사, 33-35쪽.

리로부터 왔으며 그것이 다시 우리를 이끌어 주는 힘이고, 구별되지만 하나의 진리를 증언하는 것[27]이라고 하였다.

과학적이고 객관적이며 상황분리적인 정확한 언어를 통한 이성적 사고만으로는 사람들이 삶의 진리를 알거나 체험하지 못한다. 일찍이 노자는 진리(道)를 말로 하면 말로 된 진리(道)가 진리(道) 그 자체는 아니며, 이름을 붙이면 이름이 곧 이름의 주인은 아니라[28]고 했다. 언어는 '달을 가리키는 손가락'과 같아서 '말 그대로', '문자 그대로'가 아니라 그 의미를 깨닫고 나서는 부정될 수도 있는 도구에 불과하다. 그럼에도 이성적 논리에 따라서만 세계를 읽고 삶을 살아가는 사람들은 객관적으로 주어지는 진리만을 추구하느라 문자에만 사로잡혀 살아간다. 그러나 인류의 성현들은 한결같이 삶의 진리는 우리 자신과 무관하지 않음을 역설하고 있다.

나. 소유 지향

당신들은 돈으로 하늘을 살 수 있다고 생각하는가?
당신들은 비를, 바람을 소유할 수 있다는 말인가?
내 어머니가 옛날 내게 이렇게 말씀하신 적이 있다.
이 땅의 한 자락 한 자락 그 모든 곳이 우리 종족에게는 성스럽다고.
전나무 잎사귀 하나 물가의 모래알 하나
검푸른 숲속에 가득 피어오르는 안개의 물방울 하나하나,
초원의 풀 하나 하나
웅웅거리는 곤충 한 마리 한 마리
우리 종족의 가슴 속에 그 모두가 성스럽게 살아있는 것들이라고.

---

27) 길희성(2003), 위의 책, 33-35쪽.
28) 道可道, 非常道, 名可名, 非常名. 『도덕경』 제1장.

언젠가 내 아버지가 내게 이렇게 말씀하신 적이 있다.
나는 나무들 몸속에 흐르는 수액이라고
내 혈관을 흐르는 피처럼 잘 알고 있노라고.
우리는 이 땅의 일부이고 이 땅은 우리의 일부라고
대지 위에 피어나는 꽃들은 우리의 누이들이라고
곰과 사슴과 독수리는 우리의 형제라고.
바위산 꼭대기, 널따란 들판
그 위를 달리는 말들
그 모두가 한 가족이라고.
(후략)

−수잔 제퍼스, 『시애틀 추장』29) 중에서

원주민을 사살하고 땅을 빼앗았던 미국 정부가 시애틀 추장에게 '땅을 팔라'고 제안한 것에 대한 답변으로 쓴 '시애틀 추장의 편지' 중의 일부이다. 이 편지에서 '땅'을 바라보는 두 관점, 나아가서 삶에 대한 두 관점의 차이를 명확하게 느낄 수 있다. 소유지향의 가치관을 드러내는 땅에 대한 소유의 관점과, 땅을 땅이 됨으로 바라보는 아메리카 원주민의 관점이다. 이는 에리히 프롬의 '존재양식'의 삶의 관점이며 노자가 말한 "이신관신(以身觀身) 이가관가(以家觀家)",30) 즉 몸이 되어 몸을 보고 집이 되어 집을 본다는 말과 통한다. 자연과 인간은 하나이며 분리된 주체와 대상의 관계가 아니라, 자연과 어우러진 인간의 '살아있음'이 진정한 본성이요 실재라고 보는 관점이다.

'소유양식'의 삶은 세상과 내가 소유의 관계로 이루어진다. 이러한 삶의 양식에서는 나는 나 자신을 포함하여 모든 사람, 모든 물건을 나의 소

---

29) 수잔 제퍼스/최권행 옮김(2015), 『시애틀 추장』, 한마당.
30) 『도덕경』 54장.

유물로 만들고 싶어 한다. '존재양식'의 삶은 '살아있는 것'이고 나와 세계의 관계가 진정으로 결부되어 있음 그 자체이다. 소유양식의 삶을 지향하는 사람들은 소유하고자 하는 물질적 가치를 중시한다. 물질적 가치를 중시하는 사람들은 친밀한 인간관계를 맺을 줄 모르고 관용이 부족하며 주변 사람들의 복지에 별다른 관심을 보이지 않는다.[31] 그들에게는 동물이나 식물, 자연도 순전히 도구이며 개인의 이기적이고 편의적 소유물일 뿐이다.

이미 소유양식에 너무나 익숙한 현대 대다수의 사람들은 '존재(being)'의 삶을 잃은 지 오래이다. 『시애틀 추장』의 편지에서 미국 정부는 아메리카 원주민의 땅을 대상화하여 바라보고 있다. 그 대상이 누구의 소유가 되어야 하는가에 집착하고 있다. 그 땅을 소유하기 위하여 '팔라'는 제안을 하고, 총칼을 휘둘러서라도 소유하고 싶은 욕망을 가지고 있다. 그에 비해 원주민의 관점은 땅은 누구의 소유가 아니라 그 곳에 존재하고 있는 수많은 동식물과 인간의 '살아있음' 자체를 이루는 것이기에 땅만을 분리한 관념을 가질 수가 없다. 땅과 동식물과 햇살과 비와 강물과 공기 등 모든 것은 하나로 어우러져 살아있음, 곧 삶을 이루고 있기 때문이다. 땅과 동식물, 땅과 햇살, 땅과 사람으로 분리하여 바라보는 관점은 애초에 없기 때문에 팔려고 해야 팔 수가 없다.

현대 사회를 누구보다 날카롭게 적시하였던 에리히 프롬은 그의 『자유로부터의 도피』에서 근대 이후에는 자본이 오히려 인간을 소유한 주인이 되었음을 지적하였다.

중세적 조직에서 자본은 인간의 하인이었지만, 근대적 조직에서 자본은

---

31) 제러미 리프킨/이경남 옮김(2010), 『공감의 시대』, 민음사, 627쪽.

인간의 주인이 되었다. 중세사회에서 경제활동은 목적에 대한 수단이었고, 그 목적은 인생자체였다. 또는 - 가톨릭교회가 설명한 바와 같이 - 인간의 정신적인 구원이었다. (중략) 자본주의에서는 경제적 활동과 성공, 그리고 물질적 획득 그 자체가 목적이 된다. 경제적 조직의 발전에 대한 기여와 자본을 축적하는 일이 자기 행복과 구제라는 목적을 위해서가 아니라, 목적 그 자체로서 행하는 일이 인간의 운명이 된다. 인간은 거대한 경제적 기계의 한 톱니바퀴 - 많은 자본을 가진 인간은 중요한 톱니바퀴이고 자본을 갖지 않은 인간이라면 무의미한 톱니바퀴일 뿐이다.[32]

이후 그는 『소유냐 존재냐』에서 '소유'를 선택한 현대 사회의 삶의 문제를 날카롭게 파헤쳤다. 특히 근대 이후의 교육이 '더 깊이 알아야 하는 것'으로서 지식을 '더 많이 소유하는 것'으로 교육하고 있음을 비판하였다.[33] 자본주의 사회에서 지식의 소유는 이후 그들이 갖게 될 재산과 사회적 위신의 양과 비례하는 것으로 인식되기 때문임을 말하고 있다.

오늘날 사회는 취득, 이익, 재산을 원리로 하는 사회이다. 이는 프롬이 말한 바, 전형적인 소유 지향 사회의 성격이다. 사회 구성원은 재산과 이익과 명예를 소유하기를 바라며 그 대열에서 추락하기를 원치 않는다. 오늘날은 경제적 소유가 삶의 모든 것을 이루어준다고 믿기 때문에 '돈이 신이 된 사회'로 일컬어진다. 대부분의 사람은 학벌과 재산과 돈과 명예를 소유하는 것을 삶의 목적으로 삼고 있으며, 교육도 그 삶의 목적에 합당하게 소유양식으로 이루어지고 있다. 성경에 나오는 우상 가운데 '바알'이라는 신이 있다. '바알'이라는 말 자체가 '소유자' 또는 '주민'을 뜻한다[34]는 점은 돈이 신이 된 현대 사회를 말해주고 있다. 오늘날 대부분의

---

32) 에리히 프롬/원창화 옮김(2014), 앞의 책, 98-99쪽.
33) 에리히 프롬/최혁순 옮김(1999), 『소유냐 존재냐』, 범우사, 69쪽.
34) 하비 콕스/이상률 옮김(2010), 『세속도시』, 문예출판사, 108쪽.

사람들이 바로 이 소유자로서의 삶을 추구하고 있는 것은 성경에서 '바알'이라는 소유의 우상을 섬기는 것과 다름이 없다.

근대 이후 학교교육에서 강조하는 것은 삶의 맥락에서 유리된 채 기억, 즉 지식을 소유하는 일이다. '암기 공부'는 각종 시험을 위한 준비의 필수 불가결한 것이다. 각 학교 급에서의 평가와 상급학교 입시와 취업과 고시 등 모든 수험생들은 지식을 암기하기에 바쁘다. 삶의 맥락 속에서 '깊이 아는 것'에 초점을 둔 공부를 하는 것이 아니라 맥락에서 떨어져 나온 교과 지식을 '기억하고 소유하는 것'에 그들 삶의 대부분의 시간을 보낸다.

공자는 진정한 공부는 자신의 삶에 대한 태도, 가치관, 인격의 성숙이 이루어지는 것이라고 하였다. 이를 '위기지학(爲己之學)'이라고 하여 남에게 보이기 위한 위인지학(爲人之學)과 구별하였다.[35] 근대 이후 교육이 공부를 지식의 소유에 두는 것으로 보게 된 것은 오늘날 인간이 삶의 진정성을 잃어가고 있는 상황을 야기하였다.

에리히 프롬은 소유양식의 기억과 존재 양식의 기억을 비교하여 말한다. 소유양식의 기억은 단어와 다음 단어의 결합이 그 결합이 이루어지는 빈도에 의해서 확립될 때와 같이 그 결합이 완전히 '기계적'이라고 보았다. 아니면 서로 상반된 것의 결합, 또는 어떤 한 점에 집중하는 개념의 결합, 또는 시간·공간·크기·색채와의 결합, 혹은 어떤 주어진 사상 체계 속에서의 결합과 같이 그 결합이 순전히 '논리적'일 수도 있다고 한다. 그에 비해 존재 양식의 기억은 '능동적'으로 말·관념·광경·회화·음악 등을 생각해낸다고 한다. 즉 기억해야할 단일 데이터와 그것이 결부되는 다른 많은 데이터를 결부시키는 것이다. 존재양식의 경우에 결합은 기계적이지도 않고, 순수하게 논리적이지도 않으며, 그것이 살아있다[36]고

---

35) 子曰 古之學者 爲己 今之學者 爲人, 『논어』, 「헌문憲問, 제14」.

설명한다.

이렇듯 지식을 기억하고 소유하는 교육을 받은 현대인은 자신이 가진 지식의 양으로 자신의 가치를 결정하는 삶을 살아간다. 그들이 지식을 축적하고 교육을 받는 이유는 오로지 사회에서 자신의 교환 가치를 높이기 위한 방편이기 때문이다. 에리히 프롬은 개인이 자신을 상품으로 경험하며 '사용가치'가 아닌 '교환가치'로 경험하는 이러한 현상을 시장적 성격이라고 명명하였다. 그에 따르면 시장적 성격 구조를 가진 사람에게는 단지 최대의 능률을 가지고서 움직이고 일하는 것 외에는 아무런 삶의 목적도 없다. 그들은 커다란, 그리고 항시 변화하는 자아(ego)를 갖고 있지만 아무도 자기(Self), 핵심, 동일성의 의식을 갖지 못하고 있다. 현대사회에 있어서의 '동일성의 위기'는 그 구성원이 자아를 갖지 않은 도구가 되고 그들의 동일성이 회사 '혹은 다른 거대한 관료제 조직'의 일원이 됨으로써 빚어진 것이다.[37]

프롬의 이러한 주장이 빗나가지 않았음은 오늘날 신문 지상을 메우는 기사들만 보아도 증명되고 있다. 현대 사회의 신문지상에는 승진 명단에서 탈락한 것을 비관하여 자살하는 어른이나, 학업 성적에 좌절하여 목숨을 끊는 극단적 선택을 하는 아이들의 이야기가 실려 있다. 그런 극단적 사례가 아니더라도 오늘날 많은 사람들이 자신과 타인의 가치를 연봉이나 경제적 수입에 따라 비교하는 것을 당연시한다는 것은 '교환 가치'로 인간을 판단하는 소유 형식의 사회에서 소유 지향의 교육에 의한 결과이다.

소유지향의 사람들은 어느 누구와도 진정으로 친밀하지 않으며, 자기

---

36) 에리히 프롬/최혁순 옮김(1999), 앞의 책, 56쪽.
37) 에리히 프롬/최혁순 옮김(1999), 위의 책, 200-201쪽.

자신과도 친밀하지 않기 때문에 유대감을 결여한 고립적 삶을 산다. 그들은 물건마저도 소비의 대상으로 보기 때문에 소유하지만 깊은 애착을 갖고 있지는 않다. 스스로 소외된 삶을 살면서 자신이 사회 체제 속에서 잘 '기능'하고 있는지에만 관심을 가지고 살아간다. 이들은 자신이 가진 것을 잃을까 노심초사하며 불안해하게 된다. '도둑을, 경제적 변동을, 혁명을, 병을, 죽음을 두려워하고 사랑을, 자유를, 성장을, 변화를 그리고 미지의 것을 두려워한다. 만성 우울증에 걸려 건강을 잃을까, 소유하고 있는 다른 것들도 잃을까 두려워서 끊임없이 걱정하며 살게 된다. 더 잘 보호받기 위해서 더 많이 소유하려는 욕망 때문에 나는 방어적이 되며, 경직되고, 의심이 많아지고, 외로워진'38) 삶을 살게 된다.

인류의 위대한 성현들은 '소유'를 인간이 진정한 삶을 살아가는 데에 가장 큰 장애물로 말해왔다. 석가모니는 무소유를 설법하였으며, 예수는 "누구든지 자기를 위하여 목숨을 구원하려고 하는 사람은 잃을 것이요, 누구든지 나를 위하여 자기 목숨을 잃는 사람은 구원을 받을 것이다. 사람이 온 세계를 얻고도 자기를 잃거나 망치면 무엇이 유익하겠느냐"(누가복음 9 : 24-25)고 가르쳤다. 근대 이후의 우리나라 교육은 이러한 위대한 성현들의 가르침과는 정반대의 방향으로 이루어져 왔고 지금도 갈 길을 제대로 찾아내지 못하고 있다.

다. 권위주의

"저 애들이 지금 무얼 하고 있는지 아니?

그러자 그 애벌레가 말했습니다.

---

38) 에리히 프롬/최혁순 옮김(1999), 위의 책, 36쪽.

　　"나도 방금 도착했어.
　　아무도 설명해 줄 시간이 없나 봐.
　　올라가려고 애쓰느라 바쁘거든."

　　호랑 애벌레가 또 물었습니다.
　　"저 꼭대기에 뭐가 있는데?"

　　"그건 아무도 몰라.
　　하지만 모두 저기에 가려고
　　서두르는 걸 보면 아주 멋진 곳인가 봐.
　　나도 빨리 가봐야겠어! 잘 가."
　　(중략)
　　호랑애벌레도 기둥 속으로 밀고 들어갔습니다.
　　산더미 같은 애벌레들 틈에 들어간 뒤 처음 얼마 동안은 충격에서 헤어
　　날 수가 없었습니다. 호랑 애벌레는 사방에서 떠밀리고 차이고 밟혔습니다.

–트리나 플러스, 『꽃들에게 희망을』[39] 중에서

　근사한 삶을 살기 위해 모든 애벌레들이 기둥 위로 몰려든다. 그들 중
누구도 기둥의 꼭대기에 올라가 보지는 않았지만, 많은 애벌레들이 몰려
드는 것을 보고 '멋진 곳'일 거라고 여긴다. 그리고 '남들이 다 그렇게 하
는 그대로' 기를 쓰고 남을 밟고 밀며 기둥의 꼭대기를 향하여 올라간다.
호랑애벌레가 기둥으로 올라간 뒤에 혼자 남은 노랑애벌레는 두렵고 불
안하다. 무엇이 잘 사는 삶인지 확신할 수가 없었기 때문이다.
　근대 이후 교육에서 자주 사용하는 용어 중 하나는 '경쟁력을 갖춘 인
재 양성'이다. 전통적 속박에서 자유로워진 자본주의 사회의 개인에게 요

---

39) 트리나 플러스/김석희 역(1999), 『꽃들에게 희망을』, 시공주니어.

구되는 것은 '경쟁'에서 이길 수 있는 능력을 갖추는 일이 되었다. 자유롭게 일하고 능동적으로 삶을 설계하고 사회를 비판할 수 있는 자유를 얻었지만, 아주 어린 나이부터 '경쟁'에서 이기기 위한 교육을 받는다. 더 나은 주거 공간, 더 나은 옷, 더 나은 일감과 더 많은 돈, 더 많은 사람을 얻기 위하여 아침부터 저녁까지, 한 평생 동안 여러 가지 경쟁의 대열에서 앞으로 나아가기 위해 노력하고 준비하며 모든 수단을 동원하는 삶을 살고 있다. 대다수의 사람들은 경쟁력을 갖추어 많은 것을 획득하고 소유하는 것에 인생 전부를 거는 삶을 살아간다. 그 대열에서 이탈하는 자는 생각해볼 필요도 없이 치명적인 '낙오자'로 여겨진다.

에리히 프롬은 근대 이후 이러한 사회 체제가 인간의 진정한 자유를 빼앗았다고 역설하고 있다.[40] 그의 『자유로부터의 도피』에서 현대사회의 개인은 '자기 자신이 됨'을 그쳤다고 말한다. 즉, 현대 사회의 개인은 일종의 문화적인 양식에 의해 부여되는 성격을 완전히 받아들이고, 다른 모든 사람들과 전적으로 동일한, 그리고 다른 사람들이 그 자신에게 기대하는 그런 상태로 변화되었다고 보았다. 개인적인 자아를 버리고 사회문화 속에서 '자동인형'이 되어 주위 수백만의 다른 자동인형과 동일해질 때에만 인간은 고독과 불안감을 느끼지 않는다고 지적한다.

현대 사회에서 살아가는 사람들의 이러한 자동순응성은 인간이 개인적 자아의 독립을 포기하는 데서 비롯된다. 그리하여 개인적 자아의 결여된 힘을 얻기 위해 외부의 사람이나 사물에 스스로를 융합시키고자 하는 권위주의적 삶을 살아가게 된다. 이러한 권위주의적 삶에 자신을 예속시킨 자들은 스스로의 삶을 통제하거나 느끼며 '존재'하는 삶을 살아가지 못한다.

40) 에리히 프롬/원창화 옮김(2014), 앞의 책, 121-122쪽.

특히 오늘 현대사회를 살아가는 사람들이 겪는 고통은 인간 외적인 권위나 내적인 권위가 아니라 개인의 이성과 양심과 의지로 교묘하게 위장한 '익명의 권위'[41]이다. 그것은 상식, 과학, 정신적 건강, 정상성 또는 여론으로 가장되어 있다. 이 익명의 권위는 명령도, 명령하는 자도 눈에 보이지 않는다. 현대 사회의 삶은 눈에 보이지 않는 적에게 포격을 받는 일과 마찬가지로 대항하고 맞서야 할 대상조차 존재하지 않는다.

익명의 권위에 종속된 삶은 자기 자신을 진정으로 사랑하지 못한다. '이러저러 해야 한다', '이런 저런 것을 할 수 있어야 한다' 등의 기준에 자신을 맞추어보며 이런저런 것을 할 수 없는 자신을 부족하게 여기고 부끄럽게 여기거나 미워하게 된다. 결국 자신을 사랑하지 못하면 결코 타인을 사랑할 수 없으며, 우울하고 힘든 정서적 문제를 가진 삶을 살게 된다.

한병철은 『피로사회』에서 '성과사회는 자기 착취의 사회다. 성과주체는 완전히 타버릴 때까지 자기를 착취한다', '자아는 자기 자신과 전쟁을 치른다. 모든 외적 강제에서 해방되었다고 믿는 긍정성의 사회는 파괴적 자기 강제의 덫에 걸려든다'고[42] 말한다. 그는 프로이드의 초자아(super ego)를 이상 자아로 대체하는데, 초자아는 억압적이지만 긍정자아는 긍정적 강제력을 발휘하는, 그래서 스스로는 자유라고 착각하며 능동적이고 긍정적으로 활동하는 자아이다. 현대 사회를 살아가는 사람들은 자유롭다고 느끼며 능동적으로 살아가지만 현실 자아와 이상 자아의 간극만큼 스스로를 학대하며 현실 속에 존재하지 못하고 떠도는 삶을 살아간다.

권위주의적 삶을 살아가도록 조건화된 현대인들은 감정과 사고 및 의지적 행위에서도 독창성을 결여하고 있다. 이들은 수많은 무질서한 정보

---

41) 에리히 프롬은 '외적 권위', '내적 권위', '익명의 권위'를 구분하여 설명하고 있다. 에리히 프롬/원창화 옮김(2014), 앞의 책, 142-143쪽.
42) 한병철/김태환 옮김(2013), 『피로사회』, 문학과 지성사, 28쪽.

속에서 길을 잃고 자신의 사고 능력에 대한 자신감을 잃어버린 채 전문가
의 권위에 전적으로 자신을 맡기게 된다. 그것마저 여의치 않을 때는 모
든 것에 대해 냉소적으로 대하게 된다. 또 그들의 모든 정력은 스스로가
바라는 것을 획득하기 위해 소진된다. 하지만 그들은 자신이 추구하는 목
표가 그들 자신이 진정으로 바라고 있는 것인지를 생각하지 않는다. 결국
'자유'의 명목 아래 인간의 삶은 저마다 분리되어 전체로서의 의미를 결
여한 채 작은 조각들로 이루어지고 소외된다.

권위주의적 삶의 또 다른 일면은 다른 사람들로부터의 인기에 연연하
거나 스스로의 인격의 성공에 매달리는 모습이다. 자신을 사랑하지 못하
고 자아가 허약할수록 다른 사람의 평가에 의해서 스스로의 가치를 매기
게 된다. 현대인들은 스스로를 필요하고 쓸모 있는 인간으로 자각하기 위
해서 사회생활에서의 원만함이나 명성과 권력, 더 많은 재산의 소유 등으
로 자아의 상실을 보상하고자 한다.

근대 이후의 고통은 사회문화 체제 속의 교육이 이러한 권위주의적 삶
을 강제하는 교육을 행함으로써 가속화되었다. 근대식 집단적 교육은 거
대한 세계 조직의 구성원으로서 적응과 생존 경쟁 논리를 중심으로 이루
어져 왔다. 표면적으로 훨씬 더 자유로운 판단과 자유로운 삶을 영위하고
있다고 느끼지만, 현대사회를 살아가는 사람들을 지배하는 것은 사회문화
적 힘과 권위에 의해 조건화된 삶일 뿐이다. 그들은 기둥의 꼭대기로 올
라가는 애벌레들처럼 능동적으로 경쟁의 대열에 뛰어들어 살아가지만, 결
국 개인적 자아를 포기하며 큰 조직의 대열에 기댐으로써 힘을 얻은 것으
로 착각하며 살아간다. 기둥의 꼭대기까지 떨어지지 않고 오르고 또 오르
기 위해서 남을 밟고 차고 나아갈 힘과 권위를 끊임없이 추구해야하는 욕
망의 노예가 된다.

유난스럽지 않게 타인의 기대에 순응함으로써 개인의 동일성에 대한 회의는 가라앉고 일종의 안정감이 주어진다. 그러나 그러기 위해 지불되는 대가는 크다. 자발성과 개체성을 포기하는 것은 삶의 좌절로 이어진다. 한 인간이 심리적으로 자동인형인 것은 설사 삶의 활동을 하고 있다 해도 그의 삶은 모래알처럼 손가락 사이로 흘러버린다. 만족과 낙천주의를 가장하고 있으나, 실제로는 그 배후에서 심각한 불행에 빠진 채 근대인은 절망의 벼랑 끝에 서 있다. 그는 개체성이라는 개념에 절망적으로 매달린다. (중략) 근대인은 삶에 굶주려 있으나, 자동인형이 되었으므로 자발적인 활동이란 면에서 삶을 경험할 수는 없다. 그래서 대용품으로서 어떤 종류의 흥분이나 전율-음주, 스포츠, 또는 영화에 나오는 가공인물을 대신하여 경험하는 흥분이나 전율-라도 취하게 된다.[43]

3. 고통으로 얻게 될 축복

하나님이시여 나로 하여금 내 자신에 대하여 절망하게 하여 주시옵소서.
그러나 당신께 대하여서 만큼은 절망치 말게 하여 주시옵소서.
나로 하여금 나그네의 온갖 비탄을 맛보게 하여 주시옵시고
은혜의 불꽃이 나를 휩쓸게 하여 주시옵소서.
나로 온갖 모욕을 겪게 하여 주옵시고
내가 스스로 견디어 나가는 것을 도와주지 마시옵소서.
내가 발전하는 것도 거들어 주지 마옵소서.
그러나 나의 모든 고집이 꺾어지거든
그렇게 하신 분이 당신이었다는 것을 깨닫게 하여 주시옵소서.
하나님께서 그 불꽃과 그 고뇌와 그 아픔을 낳아 주셨다는 것을
하나님이 그렇게 하신 것임을 알게 하여 주시옵소서.
나는 즐겁게 멸망하고 즐겁게 망하고 즐겁게 죽겠사오나

---

43) 에리히 프롬/원창화 옮김(2014), 앞의 책, 212쪽.

다만 당신의 품에서만 죽을 수 있기 때문입니다.

-헤르만 헤세, 「기도」

근대 이후의 교육이 이성 편향, 소유지향, 권위주의로 이루어졌으며, 그로 인하여 우울과 자살, 폭력, 환경파괴와 질병 등의 고통을 낳았다는 인식은 우리에게 뼈아픈 일이다. 하지만, 축복이 될 수도 있다. 고통을 고통으로 인식할 때 비로소 우리의 삶은 존재의 문으로 들어갈 수 있기 때문이다. 인간의 자아(ego)[44]는 진정한 삶, 곧 존재로서의 삶에서 우리를 멀리 떼어 놓는다. 우리가 우리의 자아(ego)를 알아채고 그것을 내려놓을 수 있을 때 참자아(Self)의 삶을 살 수 있게 된다. 광야의 고통을 거치지 않고서는 젖과 꿀이 흐르는 땅을 볼 수 없는 것과 마찬가지로, 우리는 오늘의 고통을 제대로 보고 겪은 후에 전혀 다른 삶을 살아갈 수 있을 것이다.

헤세는 「기도」에서 '내 자신에 대해 절망하게 하여 주시옵소서'라고 기도한다. 뜨거운 불꽃과 모욕을 겪게 하시고, 고뇌와 아픔을 겪게 해 달라고 기도한다. 그가 고통을 달라고 하나님께 기도하는 것은 바로 참자아 (Self)를 온전히 살고 싶은 마음 때문이다. 오직 '하나님 당신께 대하여만은 절망치 말게'해 달라는 기도는 바로 참자아로 내 안에 살아있을 하나님을

---

44) 융은 인간 마음의 핵심을 '자기(Self)'라고 불렀는데, 이는 동양사상에서 말하는 인간의 '참자아(眞我)'를 의미한다. 인간의 마음은 참자아와 대비되는 '자아(ego)'를 포함하고 있는데, 궁극적으로 참자아는 자아(ego)를 포괄하지만 과일의 껍질이나 사람의 피부처럼 참자아와 구별되는 성격을 가진다. 인간은 본성을 발현하며 살아가야 하는데, 그 본성이 자아(ego)에 가려 제대로 발현되지 못할 때 고통과 불행을 느끼게 되고, 참다운 삶을 살지 못하게 된다. 인간은 참자아로 연결된 하나의 전체이면서 저마다 다른 개체성을 가진 에고이기도 하다. 어느 뇌과학자는 좌뇌를 다친 상태에서 오직 전일체적 참자아(Self)로서 경험만을 겪었음을 이야기한다. 그녀에 따르면 좌뇌는 언어나 계산 등 매우 분석적이고 이원론적 사고를 담당하고, 우뇌는 느낌이나 직관 등 비이원론적 인간 경험을 담당하고 있다고 한다. 진선희(2015), '아동문학과 인성교육의 방향'『청람어문교육연구』제55호, 청람어문교육학회, 24-25쪽. 유튜브, '어느 뇌과학자의 깨달음' 참조.

믿는 삶에 대한 강한 희구이다. 그는 '나의 모든 고집' 즉 자아(ego)가 '망하고', '죽을 때'에만 참자아의 삶, 즉 하나님이 주신 삶을 온전히 살 수 있음을 알고 있다. 그에게 고통은 참자아의 삶으로 들어가는 좁은 문이며 축복의 통로인 셈이다.

여기서 잠깐 인간에게 고통을 가져오는 자아인, 에고(ego)에 대하여 알아보자. 에고는 다른 말로 '피부 밑 자아(skin-encapsuled ego)'라고 하는 것으로 인간의 일상적 마음 상태에 포함되어 있는 정신적 기능 장애, 혹은 정신 이상이라고 보이는 요소를 말한다. 이는 실제로 존재하지 않는 허상인데 인간이 그것이 존재한다고 확신하고 그것에만 따라 행동하고 살아가게 되면 진정으로 존재하는 참자아를 인식하지 못하게 된다. 하지만 대부분의 일상인은 자신의 정신 상태가 '기능 장애' 혹은 '정신 이상'이라는 자각을 하지 못한다. 불교에서는 이를 '두카(dukkah)'라고 부르며 인간 조건의 특징이라고 본다. 기독교에서도 인류의 집단무의식 상태를 '원죄'라고 부른다. 죄를 짓는다는 것은 과녁에서 빗나감을 뜻하는데 부주의하고 눈이 먼 채로 살아가며 고통을 겪고 고통을 일으킨다. 힌두교에서는 이것을 '마야(환상)'이라고 부르며 집단적 정신질환의 형태로 보는 시각에 가장 가까이 다가 서 있다.[45]

이러한 정신적 기능 장애를 자각하는 것은 '깨어남'의 가장 중요한 일이다. 에고는 생각으로 이루어져 있어 늘 인간의 머릿속에 맴돌고 있다. 에고라는 무자각의 상태는 대상과 결합을 통해 자신을 극대화하려는 충동을 가지고 있다. 에고는 소유와 존재를 동등하게 여기며, 다른 사람의 눈에 자신이 어떻게 비치는지를 중요하게 여긴다. 에고는 욕망으로 가득한데, 늘 채워지지 않는 결핍감으로 불편함, 불안감, 지루함, 걱정, 불만족

---

45) 에크하르트 톨레/류시화 옮김(2008), 『NOW(A New Earth)』, 조화로운삶, 17쪽.

속에 살아간다. 또 에고는 자신을 육체와 동일시하도록 하며, '나', '나의 것', '내가 원하고', '내가 가져야만 한다'는 생각과 '더 많이 원하고', '아직 충분하지 않다'는 생각으로 드러난다. 이러한 특징들은 에고의 구조적 특성이다.[46) 에고가 겉으로 어떤 행위로 나타나든 그 속에 숨은 동기는 모두 같다. 남들보다 돋보이고 특별해 보이고 지배권을 가지려는 욕구, 더 많은 힘을 갖고 더 관심을 끌려는 욕구, 그리고 남들과 분리감을 느끼려는 욕구, 즉 반대편과 적을 만들려는 욕구이다.[47) 결과적으로 에고는 인간의 두려움과 권력욕 같은 것을 만들어낸다. 인간은 지속적 반복적 강박적으로 머릿속에 흐르는 생각인 에고를 자신과 완전히 동일시하기 때문에 그 기능 장애를 자각하지 못한 채 고통을 당하게 된다.

여러 종교나 영적 전통에서 에고에 대하여 일치하는 통찰을 보인다. 바로 인간의 '정상적인' 마음 상태는 근본적인 결함을 가진 에고에 의해 망가져 있다는 점이다. 그리하여 이것을 자각하고 변화를 가져오는 것을 불교에서 '깨달음', 기독교에서의 '구원'이라고 부른다.

헤세가 저토록 갈망하여 마지않는 참자아(Self)의 삶은 바로 인간에 내재한 신성(神性)이 발현되는 삶이다. 이는 곧 인간이 가진 본성으로서 순수 존재인 참자아를 느끼고 실현하는 삶이며, 인간으로 실재하며 진정한 존재로서의 삶을 영위하는 것이다. 인간에 내재한 신성이란 곧 '사랑'을 의미한다. 신은 사랑의 다른 이름이다. 이후에 자세히 살펴보겠으나, 우리가 인간으로서 완전한 삶을 누리는 길은 '사랑' 밖에서는 찾을 수가 없음을 고대로부터 인류를 이끌어온 성현들이 역설해 왔다.

지금까지 성글게나마 현대 사회에서 인간이 겪고 있는 고통과 인간을

---

46) 에크하르트 톨레/류시화 옮김(2008), 위의 책, 60-61쪽.
47) 에크하르트 톨레/류시화 옮김(2008), 위의 책, 97쪽.

고통으로 몰고 간 근대 교육에 대해 간략히 살펴보았다. 근대 이후 인류가 겪고 있는 이러한 고통들이 이제 사랑으로 충만할 수 있는 길을 열어주는 통로가 될 것이다. 사랑으로 충만한 삶의 방향을 항목화하여 설명하기는 어렵지만, 중요한 몇 가지를 중심으로 살펴보기로 한다.

가. 영성의 회복과 사랑

"그런데 사랑하기가 왜 그리 힘든 거지?"

"왜냐면 우리 가슴 안에는 사랑을 방해하거나 우리의 감정을 억제하는 보이지 않는 장벽이 있기 때문이야."

"그게 뭐야?"

"바로 '자아'야. 자기 자신에 대한 잘못된 생각이지. 만일 이러한 자아가 잘못 커지게 되면 다른 사람보다 자기 자신이 더 중요하다고 느끼게 돼. 이런 자아는 다른 사람을 낮추어 보고 다른 사람에게 상처를 주거나 지배하고 이용하라고 부추기는 거지. 결국엔 자기 자신의 삶까지도 이런 식으로 대하게 돼. 이런 자아는 사랑에 대한 장벽이기 때문에 연민이나 애정을 느끼게 하는 것을 방해하고…… 즉, 자아는 삶을 제대로 느낄 수 없게 만들고 결국 잘못된 생각에 의해 눈덩이처럼 커져만 가는 거야. (중략) 사랑을 키워 나가기 위해선 인간의 진보가 이러한 자아를 얼마만큼이나 줄일 수 있느냐에 달려 있어."

―『별을 찾아 떠난 여행』[48] 중 일부

위 이야기에서 저자가 하고 싶은 말은 사랑이 되기 위해서는 사랑을 방해하는 자아를 줄여야 한다는 것이다. 자아, 즉 에고는 인간의 진정한 사랑을 방해하는 장애물일 때가 많다. 특히 이 자아가 자신의 전부라고 생각하는 경우에는 더욱 그러하다. 우리 삶을 손바닥에서 흐르는 모래처럼

---

48) 엔리케 바리오스/황성식 옮김(1991), 『별을 찾아 떠난 여행』, 1991, 111쪽.

빠져나가도록 만드는 것이 바로 허구적 자아인 에고이다.

우리가 삶의 고통을 자각함으로써 얻을 수 있는 축복 가운데 가장 첫 번째는 인간의 본성인 참자아(Self)를 회복하는 삶을 살 기회를 맞이하는 일이다. 인간이 가진 본래의 핵심적 성정은 이성, 정서나 감성 등으로 구분하여 부르긴 하지만 그것으로 다 표현하기 어려운 총체성을 지닌다. 그 가운데 근대 이후 사회가 이성 편향적 삶을 살아오면서 불러온 고통들을 극복하는 길은 인간의 온전한 전체성을 회복하는 일로서 그동안 비과학적이라거나 증명하기 어렵다는 이유로 폄하되어오고 무시된 인간의 '영성' 회복에 있다.

'영성'이라는 말은 흔히 '종교성'이라고 불리거나 종교적 개념으로 사용되기도 하지만, 최근에는 종교를 넘어선 인간 본성(本性)의 논의에서 자주 사용되는 말이다. 영성(Spirituality)은 본래 '하나의 존재 속에 있는 신비롭고 신성한 비물질적 요소나 본질적인 것' 또는, '존재를 살릴 수 있는 힘'으로써 종교의 개인적인 정신 측면과 절대자의 권능을 타나낼 경우에 사용되었다. 그러나 우주관과 인식 세계의 변화에 의해서 영성은 종교에 대신하는 어떤 생명의 원리 같은 것을 나타낼 경우에도 사용하게 되었다.[49]

영성은 그 말이 사용되는 문맥에 따라 의미 차이가 있기는 하지만, 대체로 '인간의 의식(정신)이 최상수준에 도달한 가장 완벽한 상태'를 의미한다. 즉 인지적으로는 '초합리적인 지각', 감정·정서적으로 사랑(agape)이나 자(慈), 비(悲) 등, 자기초월(self-transcendence)의 상태 등을 포괄하는 인간 본성을 의미한다.

캔 윌버는 영성은 비이원적 의식을 가진다고 본다. 그에 따르면 영성의

---

49) 정인석(2009), 『트랜스퍼스널심리학』, 대왕사, 404쪽.

발달라인은 유아기 또는 그 이전의 바르도[50]나 분만 전의 시기부터 시작되어 점차로 확대·심화되어 가는 '의식의 층상구체'를 구성하면서 최종적으로는 '깨달음의 위대한 해방'을 맞이하게[51] 된다.

톨레는 『Now(A New Earth)』에서 인간의 의식은 2,500년 전 예수와 부처, 공자에 의한 의식의 찬란한 발현 이후 간헐적 진화가 있었지만 아직 본격적인 진화에는 이르지 못했다[52]고 보았다. 인간의 이성 발달에 따른 거대한 생산력과 낮은 의식수준에 머물러 있음이 현재의 상황이다. 인간의 영성은 낮은 수준에 머물러 있는데, 생산력은 인류뿐만 아니라 지구상의 모든 생명체를 소멸시킬 만큼 비대해졌다. 톨레는 이런 절박한 상황이 의식의 진화에 압력으로 작용할 것이라고 주장하고 있다. 현대의 이런 상황을 샤르트르는 '출구 없는 방(no exit)'이라고 표현했다. 에고(ego)만으로는 해결할 수 있는 답이 없다는 뜻이다.

『장자』에도 이와 비슷한 이야기가 있다. 장자는 유학(儒學)의 인의(仁義)를 말라가는 늪 속의 물고기가 입을 뻐끔거리며 주위에 있는 물고기에게 거품을 품어 몸을 적셔주는 것에 비유했다. 장자는 말라가는 웅덩이에서 물고기가 서로에게 거품을 품어 적셔주는 것이 맑은 강물에서 서로를 잊고 살아가는 것보다 못하다[53]고 보았다. 결국 장자는 인의를 에고에서 비롯된 도덕적 감정이라고 생각해서 그것이 인간 의식의 문제를 진정으로 해결하지는 못한다고 보았던 것이다. 톨레는 낮은 단계의 의식이 변화하는 상황에 제대로 대처하지 못하는 것을 의식의 기능장애라고 불렀다.

---

50) 「티벳사자의 서」에 나오는 말로 불교의 윤회사상에서 죽음과 새로운 탄생 사이를 말한다. 파드마 삼바바/류시화 역(1995), 『티벳사자의 서』, 정신세계사.
51) 정인석(2009), 앞의 책, 404쪽.
52) 에크하르트 톨레/류시화 역(2012), 앞의 책, 29-30쪽.
53) 泉涸 魚相與處於陸 相呴以濕 相濡以沫 不如相忘於江湖, 안동림 역주(1993), 『莊子』, 현암사, 187쪽.

의식의 진화는 진리에 접근하는 일이다. 근대 이후 인간의 이성 편향이 가져온 고통의 제 증상들이 난무하는 오늘날, 중세시대 신학자 엑카르트의 사상이 주목되고 있다. 엑카르트에게 진리는 자신과 무관한 객관적 진리가 아니라 자신의 영혼에 관한 진리이며 그에게 있어서 인식과 존재는 하나 였으며, 인간 영혼의 근저에서 이루어지는 완벽한 신인합일(神人合一)을 그의 핵심 사상으로 기술하고 있다. 그의 관심은 인간이 어떻게 하면 진정한 인간성을 발휘하는 본질적 삶을 살 수 있는가 하는 실천적 영성에 있었다.

엑카르트에게 인간의 인식 능력은 동물적 지각, 지성적 인식, 그리고 신적 인식의 세 가지 종류이다. 하스는 이를 스콜라 철학의 술어로 각각 지각, 지성, 직관적 지성으로 부르기도 하였다. 동물적 지각이나 지성적 인식은 '외적 인간'에 속하는 것이고, 신적 인식은 '내적 인간'에 속한다. 하스는 지성을 '저급한 이성'으로, 직관적 지성을 '고등 이성'으로 본다. 결국 하스에 의하면 이 고등이성·직관적 지성·신적 인식은 동일한 것이다. 이 직관적 지성 혹은 신적 이성은 외부사물의 인식과는 아무런 관련이 없고, 오로지 영혼 자체만을 직관하는 순수한 지성이다. 상을 매개로 하는 지각이나 지성은 결코 아무런 상이 없는 영혼의 근저를 인식하지 못하고 신적 지성과 같이 오직 자기 자신만을 향하는 고등 이성, 즉 직관적 지성만 그것이 가능하기 때문이다.54)

중세는 아직 이성과 감성, 그리고 영성의 차별적 사고에 사로잡히지 않은 시기라는 점에서 그의 사상은 오늘날 더 큰 보탬이 된다. 엑카르트의 사상은 인간의 본성을 조각조각 나누는 이성 편향으로 치달아 인간의 본성을 파괴하며 고통을 치르고 있는 우리에게 축복으로 나아갈 길을 비춰 준다. 그는 영성으로서 '사랑'을 강조한다.

---

54) 길희성(2003), 『마이스터 엑카르트의 영성 사상』, 분도출판사, 135-138쪽.

사랑으로써 그대는 그것(육)을 가장 빨리 극복하며, 사랑으로써 그대는 그것에 가장 무거운 짐을 지운다. 그러므로 하느님이 우리를 겨냥해 노린 것 가운데 사랑만한 것이 없다. 왜냐하면 사랑은 바로 낚시꾼의 낚시와도 같기 때문이다. 낚시꾼은 고기가 낚시에 걸리기까지는 잡을 수 없다. 일단 낚시에 걸렸다 하면, 고기를 잡는 것은 보장된 일이다. 이리 꿈틀 저리 꿈틀 아무리 버둥대 봤자, 낚시꾼은 전혀 끄떡없고 고기는 빠져 나갈 수 없다. 사랑도 이와 같다고 나는 말한다. 사랑에 의해 잡힌 자는 가장 강한 사슬을 끌고 다니지만 하나의 즐거운 짐을 진 자이다. 이 달콤한 짐을 진 자는 사람들 모두가 할 수 있는 그 모든 참회의 행위와 고행을 통해서 보다도 더 많이 그리고 더 멀리 도달할 수 있다. 그에게 일어나는 모든 일을 즐겁게 감내하고 견딜 수 있으며, 사람들이 그에게 어떤 악을 행해도 너그럽게 용서할 수도 있다. 이 사랑의 달콤한 유대만큼 그대를 하느님께 가까이 가져다주고 하느님을 그대의 것으로 만드는 것은 없다. 이 길을 발견한 자는 다른 길을 찾을 필요가 없다. 이 낚시에 매달려 있는 자는 손과 발, 입, 눈, 가슴 그리고 사람이 가진 것 전부가 언제나 하느님의 것이 될 수밖에 없도록 사로잡혀 있는 것이다.[55]

동양사상에서는 더 오랜 전부터 인간의 영성으로서 '사랑'을 강조해왔다. 노자 『도덕경』에서는 도(道)를 우주 만물의 근원적 실재이며, 만물의 모태, 혹은 유(有)를 산출하는 무(無)로 보았다. 노자는 말하기를 "나에게 세 가지 보물이 있어서 소중하게 지니는데, 그 첫째를 사랑"[56]이라고 했다. 여기서 '사랑(慈)'은 자애로운 어머니가 젖먹이를 기르듯이 만물을 감싸 안고 덮어 기르되 빠뜨리는 것이 없음을 의미한다. 성경에도 이와 같은 의미가 드러나는데, '하나님의 본질은 모성'[57]이라는 점이다. 이는 성경에서 "하나님은

---

55) 길희성(2003), 위의 책, 292쪽.
56) 我有三寶 寶而持之 一曰慈, 노자 『도덕경』, 67장.
57) 김이곤(2011), 「성서와 영성」, 장회익 외, 『생태적 삶을 추구하는 영성』, 동연, 206쪽.

사랑이심이라"(요한1서 4장 8절, 16절)고 말한 구절과 상통한다. 사도 바울은 "만물이 그로부터, 그를 통해서 그리고 그를 향해 존재한다"(로마11, 36)고 하였으며, 하느님은 우리가 그 안에서 '살고 움직이고 존재하는'(사도 17, 28) 그런 실재라고 하였다. 곧, 성서적 의미로는 타락하기 전의 원형적인 인간, 그런 인간의 모습을 회복하는 것이 영성의 회복이라는 의미이다.

이러한 세계관에서는 우주만물과 그 궁극적 실재 사이에는 이원적 대립이나 차이 못지않게 일원적 일치와 비이원적 연속성이 중시된다. 영성은 인간 삶의 모든 영역들을 '거룩하게 변화시키는 통합성'[58]을 가진다. 영성은 현대인이 세계를 바라보는 방식인 (모든 것이 따로 분리되어 있다는) 분리의 꿈에서 (모든 것이 하나라는) 하나임의 진실로 깨어나는 것[59]을 의미한다.

카톨릭 사제인 안젤름 그륀도 영성으로서 '사랑'을 강조하였다.[60] 그는 영성을 일종의 자기 보호이자 자기 사랑에서 비롯되고 완성되는 것으로 보았다. 그는 현대인들에게 영성을 통해 스스로를 보살피고, 내면의 샘물에서 오로지 자기 자신만을 위해 존재하며, 오직 자신(Self)에게 유익한 세상으로 걸어 들어갈 것을 권했다. 그리고 그곳에서 스스로를 위로하고 세우는 힘을 얻으며 기쁨과 사랑의 감정을 만날 수 있다고 말하였다.

기형적이고 저급한 이성 편향의 현대사회가 안고 있는 고통스러운 상황은 오히려 이런 영성을 촉발하는 기회가 될 것이다. 우리가 고통을 고통으로 자각할 때, 잃었던 인간의 영성을 회복하여 진정한 인간 본성으로서 사랑을 온전히 누릴 수 있는 세계로 나아갈 것이다.

---

58) 이정배(2011), 「신과학 시대의 기독교 영성」, 장회익 외, 『생태적 삶을 추구하는 영성』, 동연, 253쪽.
59) 아디야 샨티/심성일 옮김(2016), 『참된 명상』, 침묵의 향기, 34쪽.
60) 안젤름 그륀·얀 우베 로게/장혜경 옮김(2012), 『아이들이 신에 대해 묻다』, 로도스, 52-53쪽.

나. 존재지향과 사랑

인생은 여인숙
날마다 새 손님을 맞는다

기쁨, 낙심, 무료함
찰나에 있다가 사라지는 깨달음들이
예약도 없이 찾아온다

그들 모두를 환영하고 잘 대접하라
그들이 비록 네 집을 거칠게 휩쓸어
방안에 아무것도 남겨두지 않는
슬픔의 무리라 해도, 조용히
정중하게, 그들 각자를 손님으로 모셔라
그가 너를 말끔히 닦아
새 빛을 받아들이게 할 것이다

어두운 생각, 수치와 악의가
찾아오거든 문간에서 웃으며
맞아들여라

누가 오든지 고맙게 여겨라
그들 모두 저 너머에서 보내어진
안내원들이니

-루미, 「여인숙」[61]

---

61) 마울라나 젤랄렛딘 루미/이현주 옮김(2014), 『루미시초—내가 당신이라고 말하라』, 늘봄, 17쪽.

루미는 말한다. 삶의 매순간은 '새 손님' 같은 것이라고. '기쁨, 낙심, 무료함' 등 어떤 종류의 감정이거나, 그 감정을 만들어내는 어떤 순간의 모든 삶은 '새 빛'을 주는 고마운 것이니 날마다 매 순간마다 맞이하는 온 삶을 새로운 '손님'으로 새로운 눈빛으로 맞이하라고 말하고 있다. '손님'은 내게 머물다 곧 떠나갈 모든 것이다. 감정이 그렇고, 세상 만물이 그러하며, 내 호흡마저 그렇다. 하늘이 그렇고, 햇살이 그렇다. 하늘은 매일매일 그 모양을 바꾼다. 늘 새로운 하늘빛을 보여준다. 햇살은 또 매 순간 얼마나 다른 빛깔을 보이는가? '손님'을 손님으로 대접하지 못하고 늘 함께 있는 것으로 생각하면 새로운 눈빛을 갖기 어렵다. 여전히 과거에 집착하고 있어서 오늘의 새로움을 보지 못하는 것과 같다.

소유지향의 삶을 사는 사람들은 오직 그들이 소유하고자 하는 대상에만 관심을 가질 뿐이다. 실제로는 그 대상조차도 분명하게 알지 못하면서 그것을 소유하기 위한 강한 욕망에 사로잡혀 살아간다. 그들에게 삶은 대상을 취득하거나 목적한 바에 도달하는 등 목적에 이르기 위한 수단일 뿐이다. 그들의 삶은 온통 에고(ego)의 욕망에 사로잡혀 참자아(Self)의 빛을 알지도 드러내지도 못한다.

거기에 비해 존재지향의 삶은 모든 순간순간이 목적이다. 삶의 매 순간 혹은 삶의 과정 그 자체가 있는 그대로 완전하고 소중하다. 작은 일상에서도 삶의 기쁨을 만끽하고 작은 몸짓과 손짓에도 삶의 진정한 빛을 느낀다. 그래서 헤르만 헤세는 고개를 들면 '한그루의 나무나 최소한 멋진 하늘의 한 부분을 어디서나 볼 수 있다. 결코 푸른 하늘이 아닐지라도 어떤 식으로든 태양의 빛을 언제나 느낄 수 있을 것이다. 매일 아침 잠시 동안 하늘을 쳐다보는 습관을 가져라. 그러면 불현듯 당신들 주위의 공기, 잠과 일 사이에서 당신들에게 베풀어질 신선한 아침의 입김을 감지하게 될'[62] 것이니 거기서 삶의 기쁨을 누리라고 말한다.

성경의 시편에는 '호흡이 있는 자마다 여호와를 찬양할 지어다'(시편 150 : 6)라는 구절이 있다. 이 말은 숨을 쉬며 살아가는 삶의 매 순간순간이 신에 대한 찬양 그 자체라는 말이다. 세상 만물은 하나를 이루어 살아 호흡하는 것 자체로도 있는 그대로 신에 대한 찬양인데, 무엇인가 다른 것을 찾고 구하고 있으니 찬양할 것이 눈에 보이지 않게 된다. 존재로서의 삶은 세상에 존재하는 것 자체로 우주만물과 하나의 완전함을 이루는 일이다.

소유 양식의 삶과 대비되는 존재 양식의 삶은 고대로부터 불가(佛家)의 부처나 예수가 말해온 '깨어있는 삶'을 의미한다. 유학에서는 가장 중요한 수행 방법을 경(敬)이라고 하여, 이를 '항상 깨어있음(常惺惺)'63)이라고 하였다. '깨어있음'은 우리의 일상생활에서 에고(ego)가 감각하는 것이 있는 그대로의 진실이 아님을 아는 것에서부터 시작된다. 진정한 인식은 있는 그대로의 근원까지, 나아가서는 원인에까지 도달하기 위해 표면을 꿰뚫어 보는 것을 의미한다. 진정한 인식은 진실을 기억하고 소유하는 것이 아니라, 현실을 있는 그대로 '보는' 것이다. 부처는 물질의 소유가 행복을 가져온다는 환상에서 깨어나라고 설법했다. 예수가 말한 '진리를 알지니 진리가 너희를 자유케 하리니'(요한복음8 : 32)라는 말은 소유욕에 '사로잡혀' 삶의 모든 순간을 제대로 알지도 보지도 못하는 데서 벗어나, 존재로서의 삶을 누릴 때에만 진정한 자유를 얻을 것이라는 말이다.

존재로서의 삶을 살아가는 사람들은 진정한 자아(Self)의 빛을 드러내며 살아간다. 그들은 삶의 어떤 순간일지라도 살아있음 자체를 감사하고 기뻐하는 사랑의 삶을 누린다. 심지어 고통의 순간마저도 소중하게 여기며

---

62) 헤르만 헤세/오희천 옮김(2009), 『행복』, 종문화사, 17쪽.
63) 이황/이광호 역주, 『성학십도』, 제9장 敬齋箴圖 및 제10장 夙興夜寐箴圖 참조.

살아있음을 누린다.

엔소니 드 멜로 신부는 '살아있음'의 세 가지 조건[64]을 말하며 이 세 조건이 충족되지 못하면 살아도 살아있는 것이 아니라고 말한다. 첫 번째가 자기 자신이 되는 것이고, 두 번째가 지금 있는 것이고 세 번째가 여기에 있는 것이다. '자기 자신이 되는 것'은 모든 사회문화적 조건화에서 벗어나는 것을 의미한다. 과거 사람이 한 말과 과거의 경험에 원격 조종을 받으면서 살아가지 않는 일이다. 사회의 통념에 맞추느라 자신을 억압하며 얽매인 삶을 사는 일이다. 예수가 "내게 오는 자가 자기 부모와 처자와 형제와 자매와 더욱이 자기 목숨까지 미워하지 아니하면 능히 내 제자가 되지 못하리라"(누가복음 14 : 26)고 말한 것도 바로 부모와 사회를 통해 부여받은 조건화된 삶, 조건화된 자아(ego)의 삶을 벗으라는 말이다. 조건화된 자아의 삶을 벗어나는 길은 오직 진정한 자신 곧, 예수 그리스도의 심장을 이식받은 자로 살아가는 일이다. '지금 여기'를 살라는 말은 삶의 매 순간을 '존재'로서 살아야 함을 강조한다. 우리의 생각은 끊임없이 과거와 미래를, 그리고 여기가 아닌 저기와 거기를 옮겨 다닌다. 멜로는 생각을 멈추고 느낌에 집중하라고 말한다. 결국 루미의 시에서처럼 매 순간 '찰나에 있다가 사라지는 깨달음'을 손님처럼 정중하고 잘 맞이하는 삶이 참자아로 살아가는 길임을 의미하는 말이다. 진정한 사랑은 '존재로서의 삶'에서 드러나는 빛이다. 어떠한 사랑이라도 진정한 자신의 본질을 살아가는 일에서 비롯되지 않은 것은 사랑이 되지 못한다.

---

64) 엔소니 드 멜로/이현주 옮김(2012), 『행복하기란 얼마나 쉬운가』, 샨티, 72쪽.

다. 자유로운 개인의 회복과 사랑

가벼운 교통사고를 세 번 겪고 난 뒤 나는 겁쟁이가 되었습니다. 시속 80킬로미터만 가까워져도 앞좌석 등받이를 움켜쥐고 언제 팬티를 갈아입었는지 어떤지를 확인하기 위하여 재빨리 눈동자를 굴립니다.

산 자도 아닌 죽은 자의 죽고 난 뒤의 부끄러움, 죽고 난 뒤의 팬티가 깨끗한지 아닌지에 왜 신경이 쓰이는지 그게 뭐가 중요하다고 신경이 쓰이는지 정말 우습기만 합니다. 세상이 우스운 일로 가득하니 그것이라고 아니 우스울 이유가 없기는 하지만.

-오규원, 「죽고 난 뒤의 팬티」[65]

인간에게 가장 두렵고 해결되지 못하는 문제는 죽음이다. 위 시의 화자는 그 두렵고 무서운 죽음보다 더한 '부끄러움' 때문에 '신경이 쓰'인다며 스스로를 '우습기만'하다고 한탄한다. 가만히 생각해 보면, 팬티가 더러워지는 것은 인간의 생리적 현상에서 비롯되는 일이니 누구에게나 있는 일이며 결코 부끄러운 일이 아니지만, 우리 사회문화권의 공통되고 이상화된 가치관은 속옷을 자주 갈아입는 청결함을 요구한다. 그 사회 속의 구성원은 누구나 그 이상화된 가치관에 맞추지 못함으로써 당할 '부끄러움'과 망신을 두려워하며 이상화된 삶에 자신을 끼워 넣으려 안달한다.

위 시 속의 화자도 그런 조건화된 삶을 살아가다 문득 화들짝 놀란다. 죽음 앞에서도 다른 사람이 자신을 향하여 팬티가 청결하지 않다고 손가락질을 할 것을 두려워하는 자신을 발견한 것이다. 화자는 씁쓸하게 너털웃음을 웃는다. 그렇지만 여전히 사회의 모든 구성원은 인간의 생리적 현상으로 더러워지는 팬티에 대해서는 짐짓 전혀 모르는 일처럼 살아간다.

---

65) 오규원(2016), 『이 땅에 씌어지는 서정시』, 문학과지성.

그것이 어디 '팬티'에 한정된 문제이기만한가?

멜로 신부는 살아있음의 가장 중요한 첫 번째 조건을 '자기 자신이 되는 것'[66]이라고 했다. 사회문화적으로 길들여져 의식 없이 조건화 되어 살아가는 대부분의 사람들 사이에서 자기 자신이 되어 산다는 것은 다른 사람과 다르게 산다는 것은 아니다. 조건화된 삶은 과거 사람이 한 말과 과거의 경험에 원격 조종을 받으면서 살아가는 일이다. 그렇지만 우리 대부분은 사회문화적으로 길들여진 조건화에서 벗어나는 일이 쉽지는 않다.

앞에서도 언급했듯이 에리히 프롬은 외적 권위, 내적 권위, 그리고 익명의 권위에 의존하여 살아가는 현대인을 '자동인형'이라고 불렀다. 그들은 진정한 자아(Self)에 따라 자신의 삶을 사는 것이 아니라 사회와 문화의 여러 가지 권위에 순응하여 스스로는 자신과 세계에 대해 제대로 보지도 알지도 판단하지도 않고 살아간다. 오늘날 우리 사회의 여러 분야에서 사회문화적 조건화에 순응하며 살아가는 모습을 찾기는 매우 쉽다. 큰 범주로는 교육 분야에서 누구나 이유 불문하고 대학에 가야한다는 풍조가 그렇고, 심지어 연애나 결혼, 행복에 대한 의식이나 결정도 개인의 자유로운 판단처럼 보이지만, 그 판단의 기준은 사회문화적으로 조건화된 것에 맞추어져 있다. 여자는 이래야 한다는 관념이 그렇고, 최근에는 남녀가 평등하니 여성도 남성처럼 되어야 한다는 생각도 문화적 조건화에 의한 관념이다.

스스로의 삶에 대해 사회문화적으로 조건화된 잣대를 들이대면서 완벽하게 통제하고자 하는 자는 결국 자기 자신의 삶을 잃고 만다. 그는 자신의 두려움에서 자유로워지는 것을 유일한 목표로 생각하며 항상 자신의 두려움을 응시하게 된다. 자기 자신, 그리고 자기의 문제에 대해 끊임없이 매달리는 사람은 또한 스스로에게 상처를 입힌다. 모든 것을 다 통제하려

---

66) 엔소니 드 멜로/이현주 옮김(2012), 앞의 책, 72쪽.

는 사람은 외부의 통제를 받는 삶 속으로 빠지게 된다. 자유로운 개인의 자아 상실 및 포기는 그들로 하여금 사회문화적 조건화에 갇혀 참자아를 바탕으로 하는 존재로서의 삶을 살지 못하도록 한다. 이러한 사회문화적 익명의 권위에 의해 조장된 에고(ego)의 삶은 결국 살아있으되 살아있는 것이 아니라 죽은 것과 다름없이 손바닥에서 모래가 흘러 나가듯 인생을 흘려버리게 만든다.

마이스터 엑카르트는 "내적으로 서 있는 사람은 모든 장소에서 그리고 모든 사람 곁에서 똑바로 서 있다. 그러나 내적으로 똑바로 서 있지 않은 사람은 모든 장소에서 그리고 모든 사람 곁에서 똑바로 서 있지 못한다."[67] 고 했다. 참자아의 지배를 받는 사람은 "자기 능력 밖에 있는 것을 갈망하지 않고 아무것도 두려워하지 않는다." 그는 "자기 자아를 가까이 하기 어렵고 정복하기 어려운 요새로 만든다. 그 요새는 자유, 평정, 부동심, 불변, 행복, 한마디로 충만한 기쁨이 지배하는 곳[68]이다." 이와 같이 참자아를 통해 얻는 것은 사람이 신을 인식함으로써 얻는 것과 같다.

멜로 신부는 우리 안에 있는 어떤 영역도 나쁜 것으로 떼어 놓아서는 안된다고 말한다.[69] 그것이 가령 성(Sex)이나 공격성 같은 것일지라도 나쁜 것으로 분리하면 안된다고 말한다. 불교 선종의 3조인 승찬(僧璨)은 『신심명(信心銘)』에서 '지극한 도(道)는 어렵지 않으니, 다만 가려서 선택하지만 말라'[70]고 하였다. 이는 분별(分別)심을 경계하는 말이다. 많은 그리스도인들이 하느님과 세상을 신성(神性)과 세속성이라는 완전히 상반된 의미로 해석하였지만 그것은 잘못된 생각이라고 강조한다. 자기 자신을 반대

---

67) 안젤름 그륀/한연희 옮김(2008), 『너 자신을 아프게 하지 말라』, 166-169쪽. 재인용.
68) 안젤름 그륀/한연희 옮김(2008), 위의 책, 22-24쪽.
69) 안젤름 그륀/한연희 옮김(2008), 위의 책, 166-169쪽.
70) 至道無難 唯嫌揀擇, 김태완 역주(2008), 『깨달음의 노래』, 무사인, 105쪽.

하는 거친 금욕주의는 결국 스스로에 대한 두려움과 공격성을 낳았고 자신에게 깊은 상처를 입히게 되고, 이는 인간이 가진 창조적인 에너지의 큰 부분을 잃게 만든다고 보았다. 다만 중요한 것은 스스로 자신 안의 공격성의 실체를 깨닫고 적절한 방식으로 표현할 줄 아는 것이 필요하다고 본다.

권위에 의존하여 조건화된 삶을 사는 사람들은 외적 잣대에 맞춰 살아가면서 끊임없는 두려움과 공포에 시달리게 된다. 두려움에서 벗어나기 위해서 더욱 자신을 공격하고 상처 입히는 삶을 살게 된다. 자신을 미워하고 사랑하지 않게 되니 결코 다른 이를 사랑할 빛을 드러내지 못한다. 그 누구라도 외적 권위적 잣대로 자신을 보면 자신이 결코 완전하지가 않기 때문이다. 오늘날 많은 사람들이 우울증에 시달리고 폭력과 자살에 이른다. 이는 권위 의존적 삶을 사는 현대인들에게는 이미 예견된 당연한 결과이다.

결국 권위에 의존하여 살아가는 사람들의 공포를 치유하고 참자아를 세우기 위한 가장 좋은 방법은 바로 '사랑'이다. 불교의 세 가지 보시71) 가운데 가장 뛰어난 보시가 바로 두려움을 없애주는 무외시(無畏施)72)인데, 두려움을 없애주는 가장 좋은 방법은 사랑을 표현하는 것이라고 한다.

에리히 프롬은 개인이 자기 자신이기를 포기하고 소극적인 자유만으로 살아갈 때 결국 고립되고, 개인 혹은 세계와의 관계를 신뢰할 수 없어지며, 그들의 자아는 약화되어 줄곧 위협 받는다고 보았다. 그는 현대인이 잃어버린 개체로서의 온전성을 아이들에게서는 찾아볼 수 있다고 하였는

---

71) 다른 사람에게 아무런 조건 없이 베풀어 주는 일.

72) 무외시(無畏施)란 불가에서 말하는 세 가지 보시 가운데 '두려움을 없게 하는' 복을 짓는 일이다. 다른 이의 마음을 편하게 해주는 일이 여기에 속한다. 상대를 따뜻한 눈빛으로 바라보는 것, 웃는 얼굴로 대하는 것에서부터 여러 가지 상황이나 형태로 상대방의 두려움을 없애는 행위가 이 무외시의 복을 짓는 일이다.

데, 아이들은 자기 것을 느끼고 생각하는 능력을 가지고 있기 때문이다.

인간의 동일성을 희생하지 않고 고립감의 공포를 극복하는 길은 자발성이다. 사람은 참자아(Self)의 자발적인 실현에서 그 자신을 새롭게 외부 세계와-인간이나 자연, 또는 자기 자신과-결부시키기 때문이다. 사랑은 이와 같은 자발성을 구성하는 가장 소중한 요소이다. 사랑은 자아를 상대 속에 용해시키는 것도 아니고, 상대를 소유하는 것도 아니며, 상대를 자발적으로 긍정하며, 개인적 자아의 보존을 바탕으로 하여 그 개인을 다른 사람과 결합시킨다. 사랑의 역학적인 성질은 바로 이러한 양극성 속에 있다. 곧, 사랑은 분리를 극복하려는 욕구에서 생겨나며, 일체로 이끌지만, 개체성을 배제하지 않는다.[73]

융은 신(God)의 모상을 자신 안에 지닐 때 인간이 참자아에 이르게 된다고 보았다. 이러한 견해는 성경에 나오는 '하나님의 형상을 따라' 사람을 만들었다는 구절(창세기 1 : 26)과 통한다. 하나님은 눈으로 보이는 형상을 갖고 있지 않다. 그 보이지 않는 하나님의 형상으로 사람을 만들었다는 말은 사람의 '영혼' 속에 하나님이 있다는 말과 같다. 결국 사람은 하나님의 형상을 세상에 드러내는 역할을 하도록 창조되었다. 신은 사람의 깊은 내면에 있으며, 사람은 그 신성으로 참자아에 이른다는 말이 된다.

안젤름 그륀 신부는 사회제도로서 여러 종교나 경전을 통한 영성 회복이 아닌 자기 자신의 내면을 통한 영성 회복을 '아래로부터의 영성'이라고 말하였다. 그는 신이 우리 자신을 통해, 우리의 생각과 느낌들, 우리의 육체와 이상들, 우리의 상처와 나약함들을 통해서 하는 말을 잘 들을 것을 요구하였다. 에바그리우스 폰티쿠스(Evagrius Ponticus)는 "만약 네가 하

---

73) 에리히 프롬/원창화 옮김(2014), 앞의 책, 216-217쪽.

느님을 알고 싶으면 먼저 너 자신에 대하여 알도록 해라"74)는 말로 아래
로부터의 영성을 강조하였다. 이들은 모두 권위 의존적 삶에서 받은 상처
를 회복하고 치료하는 길이 교회나 성경에서부터가 아닌 자기 자신 안의
신성, 곧 사랑을 발견하는 것에서 이루어질 수 있을 것으로 보는 관점을
가지고 있다.

  결국 인간이 진정한 자기 자신으로 자유롭고 온전하게 살아가는 일이
사랑이 되는 일이다. 외적 권위에 종속되고 조건화된 것을 의식하지도 못
한 채 자신을 미워하고 닦달하고 억압하는 일은 에고(ego)만이 자신이라고
여기며 살아가는 현대인의 모습 그 자체이다. 하지만 현대인의 지금 이
고통은 에고에 대한 인식을 확대하고 진정한 자신의 자유로운 빛인 참자
아를 알아내고 자신을 사랑하며 존재 그 자체로 누구에게나 사랑이 되는
삶으로 나아가는 축복의 통로가 될 수 있다.

---

74) 안젤름 그륀/마인라드 두프너/전현호 역(1999), 『아래로부터의 영성』, 분도출판사, 7쪽.

—
제2장

사랑교육의 본질과 필요성

1. '사랑'의 스펙트럼

모든 것이 그러하지만, '사랑'의 의미를 말로 온전히 표현하는 것은 불가능하다. 말은 분절적이고 이성적인 불완전한 도구이기 때문이다. 일찍이 노자는 말의 한계를 인식하고 "도(道)를 말로 하면 말로 된 도(道)가 도(道) 그 자체는 아니다. 이름을 붙이면 이름이 곧 이름의 주인은 아니다. 이름 없는 것에서 하늘땅이 비롯되고 이름 있는 것에서 만물이 태어난다. 그러므로 언제나 보고자 하는 마음 없이 보면 보이지 않는 것을 보고, 보고자 하는 마음으로 보면 껍데기 현상을 본다. 이 둘은 같은 것으로 나타나매 이름을 달리 한다."[1]고 말했다. 사랑도 도(道)와 꼭 마찬가지여서 말

---

1) 道可道, 非常道, 名可名, 非常名. 無明, 天地之始, 有名, 萬物之母. 故常無欲以觀其妙, 常有欲以觀其徼, 此兩者同, 出而異名, 노자, 『도덕경』 제1장.

로 설명하다보면 사랑의 겉껍데기만 늘어놓게 된다. 말은 진정한 사랑을 온전히 표현하지도 보지도 못하게 하는 것이다.

이 장에서는 사랑교육이 무엇인지에 대한 논의를 위한 바탕으로, 먼저 사랑에 대한 이해를 공유하기로 한다. 이를 위하여 사랑이 무엇인지에 대한 설명이 불가함을 알면서도 불가피하게 사랑을 말로 설명하고 묘사하지 않을 수 없다. 여기서는 '사랑'의 의미에 대하여 인류를 이끌어온 성현들의 설명을 중심으로 몇 가지 특징적 요소별로 정리함으로써 '사랑'의 의미 범주를 공유하며 그에 대한 이해의 깊이를 더하고자 한다.

가. 사랑의 수동적 적극성

몇 세기 전 동양의 어느 밀림 속 동굴에서 일곱 명의 수도승이 수행을 하고 있었다. 이 수도승들은 무조건적인 사랑을 깊이 이해한 사람들이었다. 그 일곱 명 속에는 수도원장과 그의 동생, 그리고 수도원장의 가장 가까운 친구가 있었다. 하지만 네 번째 수도승은 수도원장의 적이었다. 어떤 이유로든 두 사람은 전혀 친하게 지낼 수가 없었다. 이 공동체의 다섯 번째 수도승은 매우 늙은 사람으로 나이가 많아 언제 세상을 떠날지 모르는 사람이었다. 여섯 번째 수도승은 병자였다. 너무 중병이라서 이 수도승 역시 언제 죽을지 모르는 운명이었다. 그리고 마지막 일곱 번째 수도승은 도무지 쓸모가 없는 사람이었다. 명상시간이 되면 언제나 코를 골았고, 염불도 할 줄 몰랐으며 염불에 참여한다 해도 음정과 박자가 엉망이었다. 하지만 다른 수도승들은 그를 잘 참아내면서 오히려 인내심을 가르쳐 주는 그에게 감사해했다.

어느 날 한 떼의 강도가 이 수도승들이 사는 동굴을 급습했다. 마을에서 멀리 떨어져 있고 거의 사람들의 눈에 띄지 않았기 때문에 강도들은 그 동굴을 자신들의 은거로 삼고 싶어 했다. 그래서 그들은 그 장소를 알고 있는 수도승 모두를 죽이기로 결정했다.

다행히 동굴 수도원장은 말솜씨가 뛰어난 사람이었다. 그는 강도들을 설득해 한 사람만 남기고 모두 풀어주되, 그 한 사람은 나머지 수도승들이 누구에게도 동굴의 위치를 발설하지 않도록 경고하는 의미에서 언제든 목숨을 빼앗아도 된다는 협상을 이끌어 냈다. 그것이 수도원장이 강도들과 논쟁해서 얻어낼 수 있었던 최상의 결론이었다. 이제 수도원장은 몇 분간 홀로 앉아서 다른 수도승들의 목숨을 구하기 위해 누구를 희생시킬 것인가를 놓고 고통스런 결정을 내려야 했다.[2]

위 이야기에서 수도원장은 누구를 남기기로 결정할까? 여러 가지 대답이 나올 수 있겠으나, 이야기 속 정답은 "수도원장은 누구도 선택할 수가 없었다."이다. 무조건적 사랑을 깊이 이해한 사람이라면 자신을 희생해야 하지 않을까? 하는 의문이 드는데, 불교계의 존경받는 명상 스승인 아잔 브라흐마는 이 이야기를 통해 사랑은 그런 것이 아니라고 말한다. 자기 자신을 사랑하는 법을 배우지 못한 우리 문화권의 사람들에게 먼저 자신을 사랑하라는 말을 하고 싶어 한다. 그는 성경까지 인용하면서 "네 이웃을 네 자신과 같이 사랑하라"(마태복음 22장 39절)는 가르침은 자기 자신보다 더 많이도 말고, 자기 자신보다 더 적게도 말고, 자신을 사랑하는 것만큼 사랑하라는 것이라고 설명하고 있다. 그만큼 자신을 진정으로 사랑해야만 사랑이 될 수 있다는 말이다.

사랑에 대한 성현들의 가르침을 살펴보면 본질적으로 사랑은 '수동적 적극성'을 띤다. 의도적으로 작심을 하고 사랑하겠노라고 다짐한다고 되는 일이 아니기에 수동적이다. 흔히 사랑을 작심하고 실천하는 동안 오히려 진정한 사랑이 아닌 사랑이라는 이름으로 포장된 집착이나 소유욕이 되는 경우가 허다한 것도 바로 이런 이유이다. 그렇다고 사랑을 위해 아무 것도 하지 말라는 말도 아니다. 진정한 사랑을 위해 적극적으로 노력

---

2) 아잔 브라흐마/류시화 옮김(2013), 『술 취한 코끼리 길들이기』, 연금술사, 53-54쪽.

해야 할 것은 바로 참자아를 찾아내고 참된 자신이 되는 일이다.

에리히 프롬은 '오직 다른 사람밖에 사랑하지 못하는 사람은 전혀 사랑할 줄 모르는 사람3)'이라고 말했다. 자기 자신을 좋아하지 않거나 스스로를 부정하는 사람은 내적 평안을 지니지 못하게 되며, 그렇기 때문에 오히려 자기 자신을 염려하고 자신을 위해 무언가를 획득하려는 탐욕을 지니게 된다는 것이다. 반대로 겉으로 자기도취적인 사람은 스스로를 매우 긍정하는 것처럼 보이지만, 이 또한 자기애를 결여한 보상 심리라는 것이 그의 논지이다. 진정한 사랑의 사람은 자신에 대한 긍정과 호의를 가지고 있다. 자신에 대한 사랑만이 내적 평안으로 자신과 다른 사람을 사랑할 수 있게 해 주기 때문이다.

인류의 성현들은 한결같이 인간의 본성(本性)은 '사랑'이라고 설파한다. 마음이 곧 부처임을 말하는 선불교는 불성(佛性)은 문자 그대로 부처님의 성품, 부처님의 순수한 마음 바탕으로서 모든 중생이 본래부터 갖추고 있는 마음이라고 말한다. 누구든 이 마음을 깨달으면 부처가 된다는 것이 선(禪)의 요지이다. 불성은 인간의 참마음(眞心)이고, 본래의 성품(本性)이며, 제법(諸法)의 실상(實相)이고 성품(法性)으로서, 사물의 실재 혹은 '있는 그대로(眞如)'이다.4)

유학에서도 인간의 본성을 인(仁), 즉 '사랑'이라고 말한다. 그래서 인한 사람(仁人), 즉 사랑의 존재가 된 사람은 사랑이라는 틀로 세상을 본다고 말한다.5) 플라톤은 모든 존재의 근원을 '사랑'으로 보고 에로스에 대해 논했는데, 그에게 에로스는 욕망하는 사랑이 아니라 모든 것을 결합하고 일치시키는 강력한 힘이다.6) 성경에서도 '하나님은 곧 사랑이시라'고 말

---

3) 에리히 프롬/원창화 옮김(2014), 『자유로부터의 도피』, 홍신문화사, 101쪽.
4) 길희성(2003), 『마이스터 엑카르트의 영성 사상』, 분도출판사, 161-162쪽.
5) 仁者安仁 知者利仁, 『논어』里仁편 제4.

하는데, 사도 바울이 노래한 '사랑'7)도 본질적으로는 남녀 간의 사랑도, 이웃에 대한 사랑도, 자신에 대한 사랑도, 하느님에 대한 사랑도 아닌 인간 내면에 있는 능력이자 힘을 이야기한다. 안젤름 그륀은 사도 바울의 '사랑'에 대해 설명하면서 하느님이 예수 그리스도를 통해 당신의 영을 인간에게 선사한 '성령'이고, 이 영은 사랑의 영8)이라고 설명하였다. 이는 기독교에서 말하는 성령은 곧 '사랑'이라는 의미이다.

엑카르트에게 인간의 영혼은 두 가지 얼굴을 가지고 있다. 하나는 '외적 인간'이 갖는 세상과 관여하며 세상을 향하는 영혼이다. 다른 하나는 '내적 인간'을 구성하는 정신적 영혼으로 신과 영원한 세계를 향하는 영혼이다. 전자는 저급한 이성과 동물처럼 성내고 욕구하는 기능을 가진 저급한 힘으로 육체의 종말과 더불어 소멸하지만, 후자는 기억과 고급 이성과 의지 등 고급의 힘으로 플라톤 철학의 전통에 따라 불멸하는 것으로 간주된다. 앞에서도 언급하였듯이 엑카르트는 내적 인간의 영혼은 하느님의 모상으로서 삼위일체 하느님을 반영한다고 보았다. 그는 인간의 인식 능력을 동물적 지각, 지성적 인식, 그리고 신적 인식의 세 가지로 구분하였는데, 이는 스콜라 철학의 용어로는 각각 지각, 이성, 직관적 지성이다. 결국 고등이성, 직관적 지성, 신적 인식은 동일한 것으로 엑카르트가 말하는 인간 '영혼의 근저로서의 지성'9)이 그것이다. 영혼의 근저로서의 지성은 오로지 영혼 자체만을 직관하는 순수한 지성으로 영혼의 근저를 인식한다. 외부의 상(相)을 매개로 하는 지각이나 지성은 상(相)이 없는 영혼의 근저를 결코 인식하지 못한다. 즉 신적 지성과 같이 오직 자기 자신만을

---

6) 안젤름 그륀/이종환 옮김(2013), 『사랑, 언제까지나 스러지지 않는』, 분도출판사, 12쪽.
7) 「고린도전서」 13장은 바울이 노래한 사랑장으로 널리 알려져 있다.
8) 안젤름 그륀/이종환 옮김(2013), 앞의 책, 14-15쪽.
9) 길희성(2003), 앞의 책, 135-138쪽.

향하는 고등 이성, 즉 직관적 지성만이 영혼의 근저를 인식할 수 있다.

에리히 프롬도 인간의 "의식은 사회적 인간, 즉 개인이 처한 역사적 상황에 의하여 가해지는 우연한 한정을 나타내고 있다. 무의식은 우주에 뿌리를 내린 보편적 인간, 완전한 인간을 나타낸다. 그것은 그의 내면에 잠재해 있는 식물을, 동물을, 정신(靈)을 나타낸다."[10]고 역설했다.

이러한 무의식, 곧 영혼의 근저를 이해하고 발견한다는 것은 지성적 행위가 아니다. 말로 표현하기 어려운 경험인데, 이는 이성적으로 의도하거나 작정하고 계획한다고 발견할 수 있는 것이 아니라 '저절로' 혹은 '우연히' 깨닫는 것이기도 하다. 이를 불가(佛家)에서는 '돈오(頓悟)'라 부른다. 이러한 우연한 깨달음을 우연에서 그치게 하지 않는 것, 곧 '돈오' 이후에도 적극적인 노력으로 사랑이 되어가는 것이 불가(佛家)의 용어로는 '점수(漸修)'라고 한다.[11] 돈오점수(頓悟漸修)는 사랑의 수동적 적극성에 비견되는 말이다.

성경에서 "오직 그리스도로 옷 입어라"(로마 13 : 14)는 바울의 말은 이성과 감성 등의 욕구와 인식에 의해 영혼의 근저를 가리고 있는 외적 인간을 모두 벗어버리고 순수한 인간 본성의 옷을 입으라는 말이다. 선(禪)에서 말하듯, 불성(佛性)이 번뇌에 가려 있고, 진심(眞心)이 망심(妄心)에 의해 덮여 있는 것이다. 이러한 번뇌와 망상을 제거하고 일체의 피조물, 일체의 상(象)을 우리 마음에서 덜어 버린 무상(無常), 무념(無念), 무심(無心)의 순수성을 되찾아 숨겨져 있던 영혼의 근저를 드러내어야만 사랑으로 빛나게 된다. 이것을 바울은 "이제는 내가 사는 것이 아니요 오직 내 안에 그리스도께서 산다"(갈라디아 2 : 20)고 말하였다.

---

10) 에리히 프롬/권오석 옮김(2012), 『사랑의 기술』, 홍신문화사, 205쪽.
11) 돈오점수(頓悟漸修)란 결국 깨달음으로 사랑의 존재가 바로 되는 것이 아니라 깨달음 이후 끊임없는 노력으로 에고(ego)에의 집착을 소멸시켜야 함을 말한다.

무념, 무상, 무심의 순수성을 되찾는 일은 마음을 살찌우는 일이 아니라 마음의 짐을 풀고 내려놓는 일이다. 인간의 에고(ego)는 '얽음', '살찌움'의 방향으로 프로그램 되어 있다. 그에 반해 사랑, 곧 영혼의 근저에 있는 무의식은 '허용', '내려놓음', '초탈'의 방향으로 작동한다. 이는 물 속에서 발버둥치거나 손사래를 치면 물에 뜨기 어렵고, 오히려 힘을 모두 빼고 고요히 있음으로 물 위에 더 잘 뜰 수 있는 것과 유사하다.

'모든 생명에게 친절'하고자 하는, 혹은 존재하는 전부의 신성함을 존중하고자 하는 결정은 연민과 기꺼이 용서하려는 자발성, 분별하기보다는 이해하려는 마음과 더불어 영적 진화를 드러내는 태도들이다. 지속적인 내맡김을 통해, 지각은 본질의 식별 속으로 녹아든다.

호킨스는 '의식수준과 카르마[12]적 성향이 과거의 의지적 행위들의 귀결이라는 사실을 각성하는 것은 중요하다'[13]고 말한다. 에고에 의한 보통의 세속적 삶에서 보상은 이득, 성취나 획득을 증명하여 보이는 것에 바탕을 둔다. 그와 달리 '허용', '내려놓음'과 '초탈'은 수동적으로 보이면서도 실제로는 가장 영혼의 근저에 근접하려는 가장 적극적인 사랑의 자세이다.

사랑은 너그러운 마음으로 드러난다. 단숨에 판단하고 평가하는 것이 아니라 오래 기다린다. 그리스어로는 '참고 기다리다'는 '마크로티메이(makrothymei)인데, '인내하다', 그리고 넓고 넉넉한 성품, 너그러운 마음이라는 뜻이다.[14] 사랑 곧 너그러운 마음은 사랑받지 못한 자가 또다시 상처받지 않으려고 편협과 자폐로 퇴행한 것을 깨뜨리고 마음을 연다.

이처럼 성현의 말이나 경전에서 찾아볼 수 있는 인간의 본성은 바로

---

12) 업(業), 자아(ego)의 말과 생각과 행동이 지어내는 씨앗을 의미한다.
13) 데이비드호킨스/백영미 역(2008), 『내안의 참나를 만나다』, 판미동, 67쪽.
14) 안젤름 그륀/이종환 옮김(2013), 앞의 책, 47-53쪽 참조

'사랑'이다. 인간이 그저 자신의 본성을 드러내며 편안하게 산다면, 그 삶 자체로 '사랑'인 셈이니 사랑은 억지로 이루어지는 일이 아닌 수동성을 지 닌다. 그런데도 사랑을 위해서 인간이 노력해야 하는 적극성은 무엇일까?

그것이 필요한 이유는 현실적으로 인간이 자신의 본성을 무시하고 표 피적 자아인 에고에 사로잡혀 영혼의 근저, 영혼의 내면을 상실한 채, 현 상적 세계의 잡다한 사물들에 휘둘리며 살아가기 때문이다. 사랑을 본성 으로 가진 인간이지만 신앙생활조차도 표피적 자아(ego)에 휘둘려 '우상' 을 만들며 신을 자기 마음대로 조작하고 종교의 이름으로 억압과 폭력을 행사하기도 한다. 바로 이러한 허구의 세계에서의 삶을 벗어나려는 적극 적 노력이 필요하다. 이러한 적극적 노력이 인간에게 진정한 사랑을 회복 하도록 한다는 점에서 사랑은 '수동적이면서도 적극성'을 가진다.

'적극성'의 다른 한 가지 면은 사랑하지 않는 것이 어렵다는 점이다. 사 람이 자신의 참자아(Self)를 회복하고 살아갈 때에는 다른 사람을 사랑하지 않으면 오히려 마음이 아프고 힘이 든다. 억지로 사랑할 수는 없지만, 자 기를 사랑하게 되면 다른 사람도 저절로 사랑하게 된다. 바이런 케이티는 '억지로 남을 사랑할 수 없듯이, 억지로 남을 사랑하지 않을 수도 없다'[15] 며 누군가를 진정으로 사랑할 때 사랑은 보여주거나 증명할 수 있는 것이 아니라 스스로가 되는 일이라고 말한다.

안젤름 그륀은 바울 사도가 말한 '사랑은 오래 참고'라는 구절로 사랑 의 수동적 적극성을 설명하고 있다. 그에 따르면 바울 사도는 사랑의 속 성을 언급하면서 인간 안에 '잠재하는 능력과 자질로서 사랑'을 말하고 있다. 즉 '오래 참음'이란 인간이 자신 안에 내재한 사랑을 다른 동기나 영혼의 다른 속성으로 은폐하기 일쑤여서, 그것이 드러나기까지는 노력과

---

15) 바이런 케이티/김윤 옮김(2014), 『기쁨의 천 가지 이름』, 침묵의 향기, 108쪽.

참음의 너그러움이 필요함을 의미한다. 사랑을 가리는 그 장애물과 대화하고 그것을 직시하며 자신의 편협함을 겸허히 인정해야 하고, 너그러운 마음을 발견하기도 하며 노력하고 기다린 후에야 사랑에 이끌리게 된다는 의미이다.

결국 사랑의 수동적 적극성은 여러 성현들의 말과 같이 에고(ego)를 깨뜨림으로써 진정한 사랑을 드러내는 일로 표현된다. 노자는 『도덕경』에서 "제 몸으로써 천하와 동일하게 귀히 여기는 자에게는 천하를 맡길 수 있고, 제 몸으로써 천하와 동일하게 사랑하는 자에게는 세상을 맡길만하다."16)고 했다. 여기서 자신을 천하와 동일하게 귀히 여기는 자는 자신을 깊이 성찰하여 '무아(無我)'의 경지에 처한 자를 의미한다. 에고에 터하여 사는 자는 모든 일들마다 흥분하고 휘둘리지만, 에고에만 얽매이지 않고 깨어나 '무아'의 경지 곧, 우주만물과 자신이 하나임을 깨달은 자는 같은 희로애락에 살고 있으되, 그것에 휘둘리지 않으며 진정한 자신(Self)을 실현하며 살아가게 된다. 이에 대하여 엑카르트는 다음과 같이 말하고 있다.

'죽으면 살리라!'라는 엑카르트의 명령은 결국 "인간이여 본질적이 되어라, 그대 자신을 알고 자신이 되어라, 즉 그대의 가장 내적이고 진실한 본질을 채우고 완성하라!"는 것 외에 무슨 뜻이겠는가? 초탈과 초연의 길을 타고 그대의 작은 '나'의 불모의 껍질과 각질을 돌파하여 그대 자신의 깊은 존재의 근저로 내려가라. 그러나 거기 저 밑 그대 영혼의 근저에는 신적인 것이 거하며 하느님 자신의 힘이 놓여 있다. 이 하느님의 힘과 하나 되는 가운데서 그대는 본질적 활공을 향한 강한 충동을 경험할 것이며, 그대는 창조자가 되어 의로운 자로서 그대의 덕 하나하나로부터 하느님이 탄생할 것이며 기뻐할 것이다. "그리고 덕 하나하나뿐 아니라, 의로운 자

---

16) 貴以身爲天下者 可以寄天下 愛以身爲天下者 及可以託天下, 『도덕경』 13장.

를 통해 의 가운데서 행해지는 의로운 자의 일 하나하나가 아무리 사소해도 그의 근저에는 기쁨으로 어쩔 줄 모르는 것 외에 아무것도 없기 때문이다."17)

외적 인간을 죽이고 영혼의 근저로서 진정한 자신의 내적 인간을 회복한 사람은 자신의 본성을 통해 '자유롭게' 이 세상에 사랑의 빛을 비추게 된다. 애써 사랑하겠노라는 결심을 하거나 사랑하고 있다는 의식조차 없이 순수하게 사랑으로 살아가게 된다. 완전한 사랑(caritas perfecta)은 인간이 '더 이상 두려워하지 않고, 남에 의해 좌우되거나 지배되지 않으며, 타인의 기대 또는 상승하려고만 하는 내 안의 초자아의 요구들을 채워나가는 것에 연연해하지 않게'18)한다.

안젤름 그륀은 '내적 자유는 우리가 자신에게 끊임없이 상처를 가하지 않기 위한 전제조건19)이라고 보았다. 내적 자유를 누리지 못하는 사람은 진정한 사랑이 되지 못한다. 진정한 자신, 곧 사랑을 드러내지 못한 사람들은 외적 인간의 틀에서 벗어나지 못하고 그 낡은 틀로 자신을 힘들게 하고 억압하며 실재에 대해 잘못된 생각을 하게 한다. 온갖 자기경직에서, 자신과 욕망의 모든 굴레에서 풀려나 자유로울 때 진정한 사랑을 드러내게 된다. 외부적 압력이나 강요에 의해서는 결코 사랑이 될 수 없다. 우리를 강요하는 것은 사랑이 아니다. 사랑은 한 관계에서 녹초가 됨에도 불구하고 자유로운 것이며, 자신의 한계를 그을 줄도 알고 옳다고 느끼면 거절할 줄도 아는 것이다.

---

17) 길희성(2003), 앞의 책, 293-294쪽.

18) 안젤름 그륀·마인라드 두프너/전현호 역(1999), 『아래로부터의 영성』, 분도출판사, 54쪽.

19) 안젤름 그륀/한연희 옮김(2008), 『너 자신을 아프게 하지 말라』, 성서와 함께, 2008, 105쪽.

다른 사람들을 돕는 것을 가장 중요하게 여기는 사람들도 있지만
가장 중요한 일은 자신의 삶을 진지하고 열심히 사는 것이며
자신의 참 본성을 더 깊이 이해하기 위해 노력하는 것이다.
그대가 자신의 참 본성을 알아차렸을 때만
진실로 남을 도울 수 있다.[20]

-우 조티카

나. 사랑의 전체성

강원도 평창군 미탄면 청옥산 기슭
덜렁 집 한 채 짓고 살러 들어간 제자를 찾아갔다
거기서 만들고 거기서 키웠다는
다섯살배기 딸 민지
민지가 아침 일찍 눈을 비비고 일어나
말없이 손을 잡아끄는 것이었다
저보다 큰 물뿌리개를 나한테 들리고
질경이 나싱개 토끼풀 억새……
이런 풀들에게 물을 주며
잘 잤니, 인사를 하는 것이었다
그게 뭔데 거기다 물을 주니?
꽃이야, 하고 민지가 대답했다
그건 잡초야, 라고 말하려던 내 입이 다물어졌다
내 말은 때가 묻어 천지와 귀신을 감동시키지 못하는데
꽃이야, 하는 그 애의 말 한마디가
풀잎의 풋풋한 잠을 흔들어 깨우는 것이었다

-정희성, 「민지의 꽃」[21]

---

20) 아잔 브라흐마/류시화 옮김(2013), 『술 취한 코끼리 길들이기』, 연금술사, 240쪽.
21) 정희성(2001), 『詩를 찾아서』, 창작과비평사.

민지에게 시골집 마당에 난 모든 풀들은 '꽃'이다. 산골짜기로 '덜렁 집한 채 짓고 살러 들어간' 제자의 집을 찾아간 화자는 민지에게는 할아버지뻘일 것이다. 대부분의 인간이 에고(ego)에 휘둘리며 오랜 세속의 삶을 사는 동안 좋은 것과 나쁜 것, 중요한 것과 중요하지 않은 것, '갑'과 '을', 높음과 낮음, 옳음과 그름을 뚜렷하고 명확하게 구분하는 의식을 갖게 된다. 화자도 당연하다는 듯이 깊은 산골에서 만난 온갖 자연물 앞에서 '잡초'를 구분하여 의식한다. 잡초는 그야말로 결코 물을 주거나 보살펴야할 식물이 아니다. 화자는 무심코 화들짝 놀란다. 어린 아이 민지가 그 작고 이름조차 미미한 '잡초'를 '꽃'으로 부르며 정성껏 물을 주는 모습 때문이다. '잡초'는 물을 주거나 보살필 필요가 없는 존재라는 생각에 젖어있는 자신을 발견하였기 때문이다. 화자는 '잡초'를 포함한 우주 만물이 인간의 에고에 의해 자기 마음대로 구획되기 이전에, 있는 그대로 신의 창조물로서 온전한 존재임을 그대로 보는 어린 아이를 통해 문득 자신을 깨달으며 놀라고 있다.

인간은 에덴동산에서 선악과를 따먹고 죄에 빠져 에덴동산에서 쫓겨난다는 성경 속 이야기는 인간의 속사람으로서의 참자아(Self)가 겉사람으로서의 에고(ego)에 물들어 낙원을 잃게 된다는 이야기다. 인간이 선악을 구분하는 이성에 얽매이게 되고 인간과 인간, 자연과 자연이 일체성을 잃고 분리되어 서로를 남으로 의식하게 됨 그 자체가 '죄'이다. 인간은 낙원을 잃고 이성과 자의식에 의한 이원론적 사고[22]에 길들여지는 삶을 살게 되

---

22) 이원론적 사고는 주체와 대상을 분리하여 바라보는 세계관이다. 선과 악, 좋은 것과 나쁜 것, 중요한 것과 중요하지 않은 것 등을 명확히 구분하여 바라본다. 그에 반해 비이원론적 사고는 주체와 대상이 같지 않음을 인정하면서도 명확하게 구분하여 바라보지는 않는다. 그것의 '하나 됨'에 주의하여 전체적 시선으로 바라본다. 일원론과 비이원론의 차이는, 일원론은 이를테면 신과 인간을 동일하게 보지만 비이원론은 신과 인간이 하나인 동시에 다름을 인정하는 관점이다.

는데, 이는 그 삶 자체가 '지옥'이다. 이를 두고 불가(佛家)에서는 인생을 '고(苦)'라고 말한다. 장자의 '혼돈설화'도 이와 비슷한 내용이다.

남해의 임금을 숙(儵)이라 하고 북해의 임금을 홀(忽)이라 하며, 중앙의 임금을 혼돈(渾沌)이라 한다. 숙과 홀이 때마침 혼돈의 땅에서 만났는데, 혼돈이 매우 융숭하게 그들을 대접하였으므로, 숙과 홀은 혼돈의 은혜에 보답할 의논을 했다. 「사람은 누구나 눈·귀·코·입의 일곱 구멍이 있어서 그것으로 보고 듣고 먹고 숨 쉬는데 이 혼돈에게만 없다. 어디 시험 삼아 구멍을 뚫어주자.」 그래서 날마다 한 구멍씩 뚫었는데, 7일이 지나자 혼돈은 그만 죽고 말았다.[23]

장자도 인간적인 유위(有爲)의 행동, 즉 좋고 나쁨의 분별이 본래의 순박함을 파괴한다는 것을 상징적으로 말하고 있다. 숙과 홀은 혼돈을 있는 그대로 바라보지 않고 구멍이 있음을 좋은 것으로 보고 없는 것을 나쁜 것으로 여겨 마음대로 혼돈에게 구멍을 뚫어 죽게 만들었다.

사랑은 인간을 분별의 지옥, 고(苦)에서 구하는 유일한 통로이다. 에리히 프롬은 인간에게 '자기중심적인 분리가 기본적인 죄라면 그 죄를 보상하는 길은 사랑의 행위'[24]뿐임을 역설한다. 그는 보상(atonement)'이라는 말의 어원은 중세 영어로 합체를 나타내는 at-onement에서 유래하고 있기때문에 그 자체로 자기중심성에서 벗어나 세계와 '하나'됨을 의미한다고 말한다.

인류의 오랜 스승들은 모두 다 사랑은 이러한 자기중심적 분리, 분별심에서 벗어나는 것이라고 말하고 있다. 노자는 '세상 모든 사람들이 이것

---

23) 안동림 역주(1996), 『장자(莊子)』, 현암사, 235-236쪽.
24) 에리히 프롬/최혁순 옮김(1999), 『소유냐 존재냐』, 범우사, 169-170쪽.

이 아름다운 거고 따라서 저것은 더러운 것이라고 이른바 미와 악을 가려서 고집하고 마찬가지로 이것은 선이고 저것은 불선이라고 선과 불선을 가려서 한쪽을 고집하는데, 바로 그것이 더러움이요 선하지 못한 일'이라고 했다.25) 또 불가에서는 분별지(分別智)에 갇혀 이것과 저것을 따로 나누어서 보는 것을 경계하였다. 성경에서 사도 바울도 '사랑은 모든 것을 믿는다'고 말했다. 여기서 모든 것을 믿는다는 의미는 '사랑은 악하고 냉혹한 구석을 간과하지 않지만, 오히려 그것을 가로질러 신적 본질을, 선에 대한 깊디깊은 갈망을 응시'한다는 뜻이다.

이렇듯 에고(ego)의 지각은 모든 것의 차이를 보고, 또 모든 것을 분리하여 바라보지만, 참자아(Self)에 의한 지각은 전부를 다 포함하는 전체성에 초점을 둔다. 자기중심적인 인간적 지각에 의한 가치를 투사하여 세상을 보는 것이 아니라, 존재하는 모든 것이 전부 다 고유한 아름다움의 빛을 발하고 있음을 본다. 사랑은 일체를 다 소중하게 여기는데, 그 일체가 나의 '소유'이기 때문이 아니라, 그것이 '존재'하기 때문이다.

종종 삶을 오래 살아와 온유한 노인들 가운데에서 사랑의 전체성을 더 잘 관찰할 수 있는 능력을 가진 것을 볼 수 있다. 그들은 자신을 있는 그대로 살아간다. 사물이나 다른 사람에 대해 판단하고 금지하거나 배제하지 않는 경향을 보인다. 안젤름 그륀은 이를 '온유가 노인을 완성한다'26)고 말한다. 그에 따르면 온유한 노인들은 자기 영혼의 다양한 범주와 다양한 성격을 받아들이고, 그 삶의 이야기 가운데 그 어떤 것도 제외하지 않는다고 한다. 이러한 온유함도 사랑의 전체성을 보여주는 좋은 사례이다. 노자도 사랑의 전체성으로서 비이원론적 시각을 보여주는 말을 했다.

---

25) 天下皆知美之爲美 斯惡已 皆知善之爲善 斯不善已, 『도덕경』, 제2장.
26) 안셀름 그륀/윤선아 옮김(2014), 『황혼의 미학』, 분도출판사, 115-116쪽.

『도덕경』에는 "그 날카로움을 무디게 하여 엉클어진 것을 풀고, 그 빛을 희미하게 하여 먼지와 하나 되게 한다"[27)는 구절이 있다. 이는 날카롭게 사리분별을 하면 할수록 엉클어진 것이 더 혼란스러워지니 무디게 하라는 말인데, 지나치게 강력하게 의도를 관철하지 말고 적당히 자연에 맡겨 저절로 해결되게 하라는 말이다. 노자의 이러한 생각도 세상만사에 대한 믿음을 토대로 하는 사랑의 전체성을 보여주는 예이다.

이러한 사랑의 전체성은 희망과 관련된다. 프랑스 철학자 가브리엘 마르셀은 『희망의 철학』이라는 책에서 '희망'은 특정한 기대를 가지는 것이 아니라, 사랑의 관계에서 생겨난다고 보았다. 즉 희망은 '나' 혹은 다른 사람 안에 있는 선한 본질이 발휘될 때까지 '결코 포기하지 않는 사랑'을 의미한다. 베른하르트 벨테는 사랑은 다른 사람이 은폐하고 거부하는 것을 뚫고 들어가서, '엉클어진 삶의 가시덤불 아래에서 겁먹고 두려워하지만, 그럼에도 아름다운 희망이 있는, 멋진 가능성을 지닌 '너'를 발견한다'[28)고 말한다.

사랑은 있는 그대로의 현실을 인식한다는 점에서 전체성을 지닌다. 사랑은 진실을 분석적으로 나누어서 조각조각 해석하여 찾지 않으며 있는 그대로의 현실을 직시한다. 사랑의 눈은 평가하거나 판단하여 어떤 것은 사랑하고 어떤 것은 덜 사랑하지 않는다. 인간이 자신의 진실을 보기 위해서는 사랑의 눈으로 있는 그대로 보아야 하고, 다른 사람의 진실을 보기 위해서도 평가와 판단의 눈이 아닌 있는 그대로 존재를 바라보는 사랑의 눈이 필요하다. 성경에서 바울은 '사랑은 진리와 함께 기뻐한다'(고린도전서 13 : 6)고 말하였다. 이 말에 대해 안젤름 그륀은 마르틴 하이데거의

---

27) 挫基銳 解基粉 和基光 同基塵, 『도덕경』, 제4장.
28) 안젤름 그륀/이종환 옮김(2013), 앞의 책, 86-100쪽.

말을 빌려 '진실은 존재의 비은폐성' 곧, '있는 그대로'를 보는 것이며, 진실의 그리스어인 '알레테이아(aletheia)'는 현실을 가린 장막을 걷어낸다는 의미이니, 있는 그대로 바라보고 그것을 기뻐하는 것이라고 설명하고 있다.[29]

사랑은 '지금 여기' '있는 그대로'의 영원한 경험이며 완전함이라는 점에서 전체성을 가지고 있다. 사랑은 인간의 지성적 행위가 아니라 경험이고, 완전한 존재로서의 인간만이 경험한다는 점에서 전체적 경험이다. 에리히 프롬은 '사상가가 사상(思想)을 기록하는 행위는 시간 속에서 일어나지만, 그것을 마음에 품는 것은 시간 밖에서 일어나는 창조적 행위인 것처럼 사랑의 경험도 지금 여기서 일어나는 시간을 초월한 것'[30]이라고 하였다. 인간이 일상에서 '지금 여기'에 존재하는 사랑 속에 있을 때만 영원하고 완전한 삶을 산다. 완전한 삶은 사랑 속에서 지금 여기에 존재하는 것이고 이는 곧 영원한 삶이다.

사랑의 '지금 여기에 있음'으로서 전체성을 드러내는 말은 『논어』에서도 발견할 수 있다. 인(仁), 즉 사랑에 대한 한 가지 해석으로 '내 마음이 지금 여기에 있음'을 말하고 있다. 인은 충(忠)과 서(恕)의 두 가지 의미를 갖는데, 충(忠)이란 파자(破字)하여 '중심(中心)'인데 이는 내 마음이 시공간적으로 가운데, 즉 '지금 여기'에 있음을 뜻한다. 또 서(恕)는 파자(破字)하여 '여(如) 심(心)'인데, 곧 나의 마음이 너의 마음과 같음, 즉 '공감'을 뜻한다.[31] 사랑하는 사람의 마음은 항상 '지금-여기'에 있어서 완전한 전체성을 지닌다.

---

29) 안젤름 그륀/이종환 옮김(2013), 위의 책, 81-85쪽.
30) 에리히 프롬/권오석 옮김(2012), 앞의 책, 211쪽.
31) 吾道一以貫之 曾子曰 唯 子出 門人問曰 何謂也 曾子曰 夫子之道 忠恕而已矣. 『논어』里仁편 제4.

다. 사랑의 무목적성

아이는 지금 춤이다
춤추는 게 아니고 춤이다

아이가 식탁머리에서 밥 먹다가 문득 멈추고
뭣에 겨운지 겨운 웃음을 탱탱히 머금고
제 엄마와 아빠를 번갈아 바라보며 두 눈을 빛내다
이윽고 손짓 몸짓 더불어
쟁반의 구슬 굴러간다는 꼭 그런 목소리로 말문을

너무 신기해
어떻게 이 손이 이렇게 쭈욱 나가 반찬을 집고
어떻게 이 손이 입속에다 이렇게 밥을 넣을 수 있어
내가 그러려고 생각하지도 않았는데
이 손이 저절로 그러는 거야 글쎄
너무 신기하지 않아, 정말 신기해

아이는 새 나라를 마셨다
신기함이라는 새 나라
밥 뜨고 반찬 집다가 저를 느닷없이 받쳐올려서
식탁머리에 앉은 채로 공중점프했다
숟가락과 젓가락이 부딪는 그 한가운데에서
아이는 불꽃 되어 계속 타올랐다

오직 신기함만이 일하는 시간, 춤
오직 존재의 불꽃만이 활발발 일하는 시간, 춤

－이진명, 「춤」[32]

예수가 말한 "어린아이들이 내게 오는 것을 금하지 말라. 하나님의 나라가 이런 자의 것이니라. (중략) 누구든지 하나님의 나라를 어린 아이와 같이 받들지 않는 자는 결단코 그곳에 들어가지 못하리라"(마가복음 10 : 14-15)는 성경 구절이 생각나는 시이다. 아이는 자신의 존재 자체가 신기하고 새로워 웃음을 탱탱하게 머금고 두 눈을 빛낸다. '어떻게 이 손이 이렇게 쭈욱 나가 반찬을 집고', '어떻게 이 손이 입속에다 이렇게 밥을 넣을 수 있어?' 자신의 손짓, 몸짓 하나하나가 모두 신기하고 새로워 살아 숨 쉬며 존재하는 그 순간순간이 경이(驚異)이고 완전(完全)이다. 아이는 생명의 '불꽃' 그 자체로 무엇이 되기 위함도 아니고, 무엇이기 위함도 아니고, 그 자체로 신이고 창조이다. 춤을 춘다는 의식도 의도도 전혀 없는 그냥 완전한 춤 그 자체인 삶을 산다. 아이는 결국 천국에 들어가기 위한 수행을 하고 있는 것도 아니고, 지금 있는 그대로 천국에 살고 있다. 천국에 산다는 마음도 없이 그대로 천국이다. 예수는 이 아이처럼 사는 삶, 존재 그 자체가 완전함임을 가르치려 하였다. 이런 어린아이의 마음으로 살아간다면 인간이 서 있는 상황이 어디이고 어떤 상황이든지-고통이나 질병이나 장애를 겪는 상황 등을 포함하여 어떤 세계에 놓여 있더라도-그 곳이 바로 에덴이다.

어린아이는 자기 자신을 즐긴다. 자신의 단순한 삶의 기쁨, 자신이 세상에 존재하며 느끼는 기쁨, 유쾌함을 즐긴다. 자신의 매 순간순간을 즐겁게 체험한다. 프리츠 리만은 인생의 초기에 이런 삶의 기쁨을 경험하고 그것이 배고픔, 추위, 고통 같은 불가피한 불쾌한 상황들을 압도하는 것이 매우 중요하다고 말한다. 그것만이 인간에게 생존과 삶에 대해 무한히 긍정할 수 있는 마음을 부여하기 때문이다.[33] 또 인간은 그런 경험으로 세

---

32) 이진명(2008), 『세워진 사람』, 창작과비평사.

상을 점차 바람직하다고 느끼고 세상과 접촉하고 싶어지며, 헌신의 즐거움 곧 '쾌락과 사랑(Lust und Liebe)'을 연결시킬 수 있게 된다고 말한다.

사랑은 목적이 없다. 그 자체로 목적이면서 존재이다. 진정한 사랑이 된 사람은 존재 그 자체로 사랑이면서 사랑이라는 의식조차 가지고 있지 않다. 인류를 이끌어온 여러 성현들은 사랑은 누가 사랑하라고 해서 하는 것도 아니고 스스로 사랑해야겠다고 생각해서 하는 것도 아니라고 말한다. 사랑은 '자기의 유익을 구하지 않는다'(고린도전서 13 : 5)고 사도 바울은 말했다. 안젤름 그륀은 이 말이 대단히 많은 오해를 산 구절이라고 하면서 사랑은 늘 타인과 관계되어 있고 동시에 사랑은 타인을 자신의 행복으로 받아들인다고 설명한다. 그러니 사랑하는 사람은 그 속에서 자신을 새롭고 행복하게 누리게 된다는 말이다. 사랑을 정작 사랑하는 자신에게 유익하지 않고 해로운 일을 하는 것으로 오해하는 것은 이원론적이고 자기중심적 에고(ego)에 젖어있는 사람들의 계산에서 나오는 일이다. 사랑은 그 자체로 힘들고 어려운 행동이나 감정을 포함한다고 하여도 그것은 기쁨이고 행복이다. 진정한 사랑이 안에서부터 샘솟아 나오는 그 순간에는 자기 자신과 자신에게서 떠오르는 생각으로부터 자유로워진다.

현실 속에서 자기중심적으로 살아가는 인간은 사랑을 통해 무언가 얻으려고 한다. 이것은 진정한 사랑이 되지 못한다. 스스로 만족감을 느끼고 싶고, 스스로의 욕심을 비우고 참자아를 되찾았다는 성취감을 얻으며 행복해지려고 한다. 또 사랑을 받고 싶어서 사랑하려고 한다. 이런 마음이 일어나는 것은 진정한 사랑이 아니지만, 그것마저도 없어질 때까지 사랑을 시작하지 않는다는 의식을 가지는 것은 옳지 않다. 인간은 언제나 완전한 참자아로만 살아갈 수 없으며, 이러한 자기중심적 생각이 자주 슬그

---

33) 프리츠 리만/조경수 옮김(2008), 『사랑하는 능력』, 북폴리오, 87쪽.

머니 섞여들기 마련이기 때문이다. 안젤름 그륀은 예수가 말한 '알곡과 가라지 비유'(마태복음 13 : 24-30)에서 '곡식'은 사랑에, '가라지'는 슬며시 끼어드는 자기중심적 성취감이나 만족감 등에 해당한다고 설명하였다. 그러므로 현실에서는 오히려 스스로가 이러한 자신의 욕구를 자각하며 살아가는 것이 알맞다고 보았다. 사랑은 본래 목적이 없지만, 인간이기에 이러저러한 의도와 목적을 가진 채 사랑하는 스스로를 알아채기만 한다면 진정한 사랑에 다가가는 길 위에 있게 된다.

사랑은 사랑으로 무엇을 얻고 되려는 것이 아니기 때문에 자신을 우월하게 여기거나 교만하지도 않는다. 자신이 신적 원형과 동일해졌다는 무의식적 욕구에 차 있거나, 자신이 누군가를 위해서 헌신하였다거나, 누구의 상처를 치유하였다거나 희생하였다는 마음이 들면 그것은 마음속의 '가라지'임을 자각(自覺)할 필요가 있다. 진정한 사랑의 빛에는 그런 마음까지도 일어나지 않는다. 진정한 사랑으로 충만할 때, 다른 사람에게 헌신하거나 치유하거나 희생하기도 하지만 그저 그뿐이다. 신선하고 복된 즐거움을 누리는 존재로서의 삶이 있을 뿐이다.

에리히 프롬은 오직 타인만을 위해 살아가는 신경증적 이타주의에 대해 진정한 사랑이 아니라고 단호히 말한다. 그들은 오직 남을 위해 살지만 스스로는 불행하다고 느낀다. 신경증적 이타주의의 이면에는 '나는 이런 사람' 임을 증명하려는 강한 이기주의가 숨어있다. '나는 사랑받아 마땅한 사람인데 왜, 이래도 사랑하지 않을 거냐?' 하는 삶에 대한 적개심을 표현하는 것이기도 하다. 자신은 오직 남을 위해 살아간다는 만족감에 사로잡혀 있을 뿐 아니라, 끊임없이 사랑받지 못한 자신을 보상하고자 하는 사랑받고 싶은 욕망에 사로잡혀 있다.

그렇다면 사랑한다는 의식도 없이 사랑하는 것은 과연 어떻게 가능할까? 성현들은 마음을 '비움', '내려놓음', '무위(無爲)'로 가능하다고 답한

다. 엑카르트 연구의 대가 퀸트는 엑카르트의 말을 빌려 '초탈'하라고 말
하고 있다.

  영혼의 불꽃은, 수천 가닥으로 자기를 구하고 피조물에 묶여 매달리고
포로가 된 나를 겹겹이 누르고 있는 층들 밑에 당분간 은폐되고 막혀 있
다. 인간이 신비주의에서 말하는 죽음 혹은 해체를 통해 시간과 공간·자
신의 육체·이기심·[영혼을] 산만하게 하고 저해하는 잡다한 피조물들의
'우연성'에 관계된 '왜'라는 '목적'과 '수단'의 속박으로부터 풀려나 자기
와 세계를 놓아버림으로써, 신비주의자들이 그들의 특징적 언어로 '초연'
'초탈'이라고 부르는 상태에 도달할 수 있다면, 인간 영혼의 근저 깊이에
있는 신의 불꽃인 최고의 지성은 다시 '비고 자유롭고 묶임이 없이' 되어
신비적 합일 속에서 신적 '지성'과 '하나'가 되고 '동등'해져서 신적 지성
의 유입과 각인과 출산을 경험하면, 영혼에는 말씀 혹은 아들의 탄생이 이
루어진다. 실로 이 탄생이 삼위일체 내의 과정으로서 '영원한 현재' 속에
일어나듯, 바로 그렇게 '아무런 차이도 없이' [우리 영혼의 근저에서] 일어
난다. 따라서 이 영혼 안에서 말씀의 탄생이 발생하려면, 먼저 영혼의 근
저를 덮고 있는 층들을 제거해야만 하는 것이다.[34]

  엑카르트는 텅 빈 마음으로 자유롭게 신적 지성, 곧 참자아(Self)로 살아
갈 때 사랑이 된다고 말한다. 자기와 세계, 곧 에고(ego)를 놓아버림으로
초탈한 상태가 됨으로써 영혼의 근저에 있는 신적 '지성'에 따라 사는 사
랑이 될 수 있다. 먼저 에고에만 매여 있는 자신을 자각하고 이를 깨뜨려
야 한다. 이러한 초탈은 세상사로부터의 도피나 은둔이 아니다. 아무것도
하지 않는 것이 아니라 진정한 존재로서의 삶, 생명의 기쁨으로 가득 찬
삶을 전개하는 원동력이 곧 '초탈'이다.

---

34) 길희성(2003), 앞의 책, 181쪽.

존재로서의 삶을 사는 사람, 생명의 기쁨을 느끼며 사랑이 되는 사람은 외부로부터 주어지는 특정한 동기나 목적 없이 산다. 오직 참자아로부터 드러나는 자기 자신에 의해 살아간다. 엑카르트는 이러한 삶을 두고 '하느님 자신의 삶'이라고 불렀다. '하느님은 생명 그 자체로서, 하느님이야말로 아무 이유 없이 사는 존재'35)이기 때문이다.

이렇듯 사랑의 텅 빈 마음을 강조한 동양의 성현은 노자(老子)이다. 『도덕경』 11장에서 노자는 '바퀴살 서른 개가 바퀴통에 모여 있으되 거기가 비어서 수레를 쓸 수 있고, 그릇도 비어 있어서 쓸 수 있으며, 방도 비어 있어서 쓸 수가 있으니 쓸모가 있으려면 그 속이 비어 있어야 한다'36)고 말했다. 이 말은 사사로운 욕심 없이 살라는 말이다. 에고(ego)에 휩싸여 사는 사람들은 형태나 있음에 사로잡혀 살지만, 텅 비어 있지 않은 그릇이나 방이 쓸모가 없듯이 사사로운 욕심으로 가득 찬 마음은 사랑이 되지 못한다. 사랑이 되기 위하여 우선 마음을 비울 것을 강조하는 말이다. 불가(佛家)에서 말하는 공(空)의 개념과도 같은 의미이다.

텅 빈 마음은 사심(私心)을 버린 마음이다. 이를테면 잘못을 범하지 않고 완벽하게 살고자 하는 마음, 오직 남을 위해서 살겠다는 마음, 완전한 사랑의 경지에 이르렀다는 마음까지도 모두 다 사심이다. 안젤름 그륀 신부는 이러한 사심으로 가득 차 마음을 비우지 못한 이들을 향하여 이렇게 말한다.

많은 이상주의자들이 자신의 영혼 안에 들어있는 가라지들에만 신경을

---

35) 엑카르트 신비주의 전통에 서 있는 시인 안젤루스 실레시우스(1624-1677)는 '장미는 이유를 모른다. 장미는 피기 때문에 핀다./장미는 자신에게 관심 없고, 누가 자기를 보는지 묻지도 않는다'라고 노래하였다. 길희성(2003), 앞의 책, 278-279쪽.

36) 三十輻共一轂, 當其無, 有車之用. 埏埴以爲器, 當其無, 有器之用. 鑿戶牖以爲室, 當其無, 有室之用. 故有之以爲利, 無之以爲用.

쓰고 그것을 뽑아 없애버리는 일에만 지속적으로 관심을 두면서 헤어 나오지 못하여, 그들의 삶은 이러한 작업에 의해 상당히 고통을 받는다. 완벽함을 추구한 나머지 다른 일을 위한 마음이나 힘 또는 고생을 짊어질 여유가 없는 것이다. 가라지는 우리에게 불편한 것, 우리의 척도에 맞지 않는 것들을 모조리 밀어 집어넣은 어두운 그림자에 해당될 수 있다. 그것은 바로 우리 안에 언제나 존재하는 것이다. 가라지 씨가 밤에 뿌려졌다는 것은 가라지가 바로 우리의 무의식 세계에 존재한다는 의미이다. 우리를 의식하고 있는 낮 동안에는 모든 부정적 요소들과 어두운 것들을 거슬러 싸워나갈 수 있으나, 밤에는 가라지씨가 뿌려지는 일이 여전히 생겨나는 것이다. 그러므로 우리는 가라지와 화해해야 한다. 그렇게 할 때 우리 삶의 밭에서 밀이 자랄 수 있는 것이다.[37]

라. 사랑의 충만성

어둠이 사라지고 새벽이 옵니다
새벽이 오면 나는 매일매일
버려진 것들을 주우러 길을 나섭니다

새벽의 길 위에서 수레를 끌며 천천히 걸으면
수많은 불빛이 환하게 반기며 밝히고
가고자 하는 목적지까지 갈 수 있도록 인도해주고
나는 원하는 '파지, 철, 알루미늄 깡통'을 길에서 얻게 됩니다

그리고 그 길을 되돌아오면서 다시 걸으면
무거워진 수레가 더 고맙고
내일 새벽에도 오늘 새벽처럼 꼭 오늘만 같기를 바라게 됩니다

---

37) 안젤름 그륀·마인라드 두프너/전헌호 역(1999), 앞의 책, 26-27쪽.

새벽을 흔들어 깨우며 나를 건강하게 움직이게 해주시고
빛, 길, 고물을 선물해주시는 신에게 감사하고

고물을 보물처럼 고물도 보물처럼
새벽의 길 위에서
감사합니다
이제야 이 말을 더 제대로 배웠습니다
십년 뒤에도 그 후에도 이 말을 절대 잃어버리지 않을 겁니다

—김인수, 「새벽의 길 위에서」

시의 화자는 깊은 어둠이 사라지는 '새벽'마다 '버려진 것', '고물'을
주우러 길을 나선다. '고물'은 다른 사람에게는 전혀 소중하지 않고 하찮
은 것들이다. 화자에게도 과거에는 하찮고 시시하여 거들떠보지 않던 것
이었다. 긴 어둠을 뚫고 새벽이 올 때 그 '버려진 것'을 주우러 천천히 길
을 걷는다. '무거워진 수레'마저 더 고맙고, 어둠을 이긴 새벽 빛을 주시
고, 천천히 걸을 길을 주시고, 수레를 무겁게 하는 '고물'을 주신 신께 감
사한다. '내일 새벽에도 오늘 새벽처럼' 꼭 오늘 이 고마운 마음 그대로
충만한 기쁨을 누리게 되기를 기도한다. 이제 화자의 마음에는 고물이 보
물 같다. 고물만 보물이 아니라 모든 것이 보물 아닌 것이 없다. '감사합
니다'라는 말의 진정한 의미도 모른 채 상투적으로 써 왔는데, 제대로 감
사한 것이 어떤 것인지 배우고 나니 영원히 이 마음을 간직하고 싶다. 이
마음을 주신 신께 감사한다. 아마도 화자는 긴 어둠 속의 인생을 살아왔
나보다. 화자는 그 어둠의 터널에서 빠져나와 모든 사소한 것, 버려진 것
조차도 얼마나 고맙고 감사한 지를 깨닫게 되었다.

1) 고통을 뚫고 나오는 사랑

고통과 어둠의 터널에서 견뎌낸 사랑은 아주 사소해 보이던 것조차 소중하고 고맙고 아름답다. 위 시의 화자가 그런 것처럼 고물이 보물이니 모든 것이 보물 아닌 것이 없다. 이런 마음으로 세상을 바라보니 어찌 기쁘고 행복하지 않을 수 있을까? 기독교에서 고통을 축복의 통로라고 부르는 것이나, 불가에서 번뇌(煩惱)를 통한 아상(我相) 소멸(消滅)이 곧 '깨달음'임을 말하는 것과 같다.

고통을 뚫고 나오는 사랑에 대하여 성경에서는 비유적 이야기로 설명하고 있다. 어떻게 하면 영생을 얻을 수 있느냐는 율법교사의 질문에 대해 예수는 '강도 만난 자'가 되라고 대답한다. 길에서 강도를 만나 옷을 빼앗기고 매를 맞아 거의 죽음에 이른 자는 그를 불쌍히 여기는 선한 사마리아인에게서 은혜를 입어 살아난다[38]. 이때 '선한 사마리아인'은 바로 예수 그리스도를 상징하며 '강도 만난 자'는 고통 속에서 에고(ego)가 무너진 사람들을 의미한다. 스스로 아무 것도 할 수 없는 고통으로 길바닥에 쓰러진 자, 자신이 아무 것도 할 수 없다는 것을 깨닫는 바로 그때 예수의 사랑을 깨달을 수 있다. 그는 바로 선한 사마리아인의 사랑을 받으며 그의 심장을 이식받을 수 있게 되고, 그 이식 받은 예수 그리스도의 심장으로-사랑으로-살아갈 수 있게 된다. 강도를 만나 길바닥에 쓰러지는 고통이 '불쌍히 여김'을 받을 수 있고 새로운 심장을 이식 받을 수 있는 고귀한 경험이 된다.

성경의 사랑 장에서 사도 바울은 '사랑은 모든 것을 견디어'(고린도전서 13 : 7) 낸다고 말하는 데 이것은 매우 복합적인 의미를 가지고 있다. 모든 것을 견딘다는 것은 고통과 고난 앞에서 달아나지 않고 그것 받아들이며

---

38) 누가복음 10 : 25-37.

'하나님을 기다리는 것' 곧 '히포메네인(hypomenein)'이라는 그리스말로 하나님을 지향하는 것을 의미한다고 한다.[39] 이것은 희망과 매우 가까운 의미이다. 사랑으로 충만한 사람은 모든 부정적인 요소들을 그대로 바라보고 인정한다. 이를테면 자신의 허약하고 허영에 찬 마음을 그대로 본다. 하지만 그것을 거부하고 은폐하고 미워하지는 않는다. 타인의 불쾌한 점이나 악하고 냉혹함을 그대로 본다. 그렇지만 그 부정적인 것을 감추고 무시하는 것이 아니라, 따뜻하고 다정하게 쓰다듬어 덮어준다. 사랑은 자신이나 다른 사람의 악하거나 약하거나 차가운 모든 부정적인 것을 보지 않는 것이 아니다. 그것을 그대로 인정하되 그 안에 감춰져 있을 신적 거룩함을 바라보는 믿음을 가진다. 그리하여 인간과 세상 만물에게서 그 신적 거룩함, 곧 사랑이 발현되기를 기대하고 바란다. 사랑으로 충만한 사람은 남이나 자신에게서 은폐되고 거부되는 것을 넘어 사랑이 빛으로 넘쳐나오기를 견디고 기다리고 희망한다.

고통이나 고난은 인간의 에고(ego)에 의해서 경직된 마음이 낳은 것이다. 인(仁), 곧 사랑이 무엇인가를 묻는 안회(顔回)의 질문에 공자(孔子)는 "자기를 극복하여 예로 돌아가면 인이 된다."[40]라고 대답하였다. 사랑(仁)은 자기, 곧 에고를 극복해서 예(禮)로 돌아가야만 가능한 경지이다.[41] 자기극복은 고통스러운 과정이다.

사랑은 충만성으로 자기를 극복한다. 사랑의 '충만성'은 인간 영혼의 근저에 있는 사랑이 장애물을 걷어내고 그 빛을 사방으로 비추는 것을 말한다. 맹자는 내 마음의 가득 찬 사랑의 샘물이 흘러넘치는 것이라고 하였다. 인간은 누구나 마음속에 무한한 용량을 가진 사랑의 샘을 가지고

---

39) 안젤름 그륀/이종환 옮김(2013), 앞의 책, 86-100쪽.
40) 顔淵問仁 子曰 克己復禮爲仁 一日克己復禮 天下歸仁焉, 『논어』, 顔淵편 제12.
41) 정재걸 외(2014), 『동양사상과 마음교육』, 살림터, 25쪽.

있다. 일단 그 샘물이 솟아나기 시작하면 주변에 있는 구덩이를 채우고 들판을 적시고 넓은 바다로 흘러간다.[42]

나를 통해 흘러나오는 사랑은 치유하고 해방하며 행복하게 한다. 나와 상대방은 우리를 변화시키고 신선하고 즐거운 풍미를 선사하는 생명의 특성을 체험케[43] 된다. 사랑은 언제나 서로를, 사랑하는 사람과 사랑받는 사람 모두를 사랑으로 물들인다. 이러한 사랑의 충만성은 사랑하는 능력과 남에게 주는 능력을 증대시킨다. 진정으로 사랑하는 사람은 특정한 인물에 대한 그 혹은 그녀의 사랑에 의해서 전 세계를 사랑하는 것이다.[44] 그리하여 한 사람을 사랑함으로써 세상 만물을 사랑하게 된다.

2) '있는 그대로 자신'에게서 비롯되는 사랑

사랑의 충만성은 먼저 자신의 내면에 대한 깊은 이해에서 비롯된다. 자신의 행복과 생명과 영혼의 근저에 대한 깊은 이해와 사랑이 자신 밖의 생물의 생명과 행복이 어떤 것인지를 이해할 수 있게 만들기 때문이다. 톨스토이는 나 자신의 행복과 생명이 어떤 것인지 모르면서 다른 생물의 행복과 생명을 알 수는 없다고 했다. 이는 그가 사랑의 충만성에 대해 이해하고 있었음을 드러낸다. 안젤름 그륀도 사랑으로 충만한 사람에 대하여 이와 유사한 말을 했다. 지혜롭고 평화로워져서 다른 이들에게 축복이 되려면 어떻게 살아야 할까? '지혜로운(sapiens)'을 뜻하는 라틴어는 '맛을 아는(sapere)'이라는 단어에서 왔다. 자신을 음미하기 좋아하는 사람, 그리하여 자기가 만난 사람에게 좋은 맛을 남기는 사람이 지혜로운 사람[45]이

---

42) 『孟子』, 「離婁章句 上」.
43) 안젤름 그륀/이종환 옮김(2013), 앞의 책, 54-64쪽.
44) 에리히 프롬/최혁순 옮김(1999), 앞의 책, 144쪽.
45) 안젤름 그륀/윤선아 옮김(2014), 앞의 책, 28쪽.

라고 한다.

충만한 사랑은 좋은 관계가 아니라 '존재'로서의 삶의 상태 그 자체를 의미한다. 자신을 있는 그대로, 처한 그대로 긍정하고 사랑하는 사람만이 자신과 자신의 삶이 지닌 맛을 알 수 있다. 유학에서는 이를 '자득(自得)'이라고 표현한다. '자득'이란 현재의 처지에 따라 행하고 그 밖의 것을 바라지 않음으로써 마음이 충실함과 평화로움으로 가득함을 뜻한다. '자득'한 사람은 부귀한 자리에 있으면 부귀한 사람으로서의 도리를 행하고, 빈천한 자리에 있으면 빈천한 사람의 도리를 행하며, 오랑캐의 땅에 있으면 오랑캐의 도리를 행하고 환난을 당하였으면 환난을 당한 사람으로서의 도리를 행한다.46) 성경에도 이와 유사한 구절이 있는데, 사도 바울은 '나는 비천에 처할 줄도 알고 풍부에 처할 줄도 알아 모든 일 곧 배부름과 배고픔과 풍부와 궁핍에도 처할 줄 아는 일체의 비결을 배웠노라 내게 능력 주시는 자 안에서 내가 모든 것을 할 수 있느니라(빌립보서 4장 12절)'고 말한다. 충만한 사랑을 사는 사람은 자신의 아픔이나 실패나 상처를 알지만 삶을 한탄하거나 저항하지 않는다. 자신을 있는 그대로 영혼 근저의 사랑의 샘으로 감싸고 쓰다듬으며 믿음으로써 마음의 평안을 얻는다. 자신을 제대로 감싸고 받아들이지 못한 사람은 삶을 제대로 살아가지 못한다. 자신의 삶과 전 실재를—부정조차도—무조건 긍정하지 않는 사람은 사랑으로 충만할 수 없다. 삶을 그냥 흘려버리고 만다. 이러한 사람들을 두고 안젤름 그륀은 '노년에 들어서야 그들은 자신이 한 번도 정말 산 것이 아니라 늘 허상만 좇아왔다는 사실을 뼈아프게 깨닫는다'47)고 안타까워한다.

---

46) 君子 素其位而行 不願乎其外 素富貴 行乎富貴 素貧賤 行乎貧賤 素夷狄 行乎夷狄 素患難 行乎患難 君子 無入而不自得焉,『중용(中庸)』제14장.
47) 안셀름 그륀/윤선아 옮김(2014), 앞의 책, 33쪽.

사랑으로 충만한 '깨어있는 삶'을 초인격 심리학에서는 '의식하고 있음'이라고 표현한다. 이는 참된 실재와 현재를 의식하는 것이며, 매순간 온전히 현존하는 것을 의미한다. 미국의 심리학자 부켄탈은 인간의 참된 해방은 '인간이 내적 고향과 만나는 것'이라고 했다. 그는 '우리가 지니고 있는 근심과 곤경의 원인 중 많은 부분은 우리가 내적 고향인 주관적 경험의 세계에서 추방당한 사람으로 살아가는 탓'[48]이라고 본다. 그는 인간이 내적 고향 곧 영혼의 근저를 발견하고 사랑으로 충만할 때 진정한 창조적인 삶을 살아가게 된다고 말한다.

프리츠 리만은 '사랑한다는 것은 원래 자신에 대한 사랑을 남에게 전하는 것'[49]이기에 예수가 '네 이웃을 네 몸 같이 사랑하라'(마태복음 22 : 39)고 가르친 것처럼 자신이 받은 대로 이웃을 사랑하라고 요구할 수밖에 없다고 말한다. 결국 언젠가 스스로 자신을 사랑스럽다고 느꼈던 경험이 이웃을 사랑할 수 있는 힘이라는 말이다. 이는 마치 온 우주가 들숨과 날숨을 쉬듯이 모든 생명의 사랑이 서로서로의 삶을 지탱해 주고 있다는 점을 상상케 한다. 우주만물 상호간의 이런 상호작용에서 우리가 모든 생명 과정에서 항상 주체인 동시에 객체, 즉 비이원적 세계 속에 산다는 것을 깨달을 수 있다.

3) 흘러넘치는 샘물

사랑으로 충만한 사람의 삶의 모습에서는 언제 어떠한 상황에서라도 '감사'하는 모습을 볼 수 있다. 앞의 시 「새벽의 길 위에서」의 화자처럼 '고물도 보물처럼' 보인다. 고통과 아픔조차도 감사할 일이 되니 감사하

---

48) 안젤름 그륀/한연희 옮김(2008), 앞의 책, 140-141쪽.
49) 프리츠 리만/조경수 옮김(2008), 앞의 책, 56-57쪽.

지 않은 것이 없다. 아침에 눈을 떠서 잠을 자는 순간까지 하나하나의 감
각에 와 닿는 모든 것이 감사하다. 호흡하는 순간순간 감사에 싸여 있다.
사랑으로 충만하지 못한 때의 사람과는 완전히 다른 사람이 된다. 온 세
상에 대해 자기 중심적 자아(ego)의 마음에 맞는 것만 바라보고 느끼던 그
때와는 다른 사람이 된다. 자기중심적 자아는 많이 가지기를 원하고, 사랑
받기를 원하고, 칭찬받기를 원하고, 이기기 원하기 때문에 조금이라도 그
렇지 못한 상황이나 사건에 처하는 것을 고통스러워한다. 그리고 그 고통
을 벗어나기 위해 애쓴다. 참자아(Self)는 모든 것에 감사하다. 심지어 자신
이 가진 장애나 가난조차도 감사하게 된다. 그것이 사랑이 충만한 존재로
서의 삶이다.

헨리 나우웬은 가장 깊은 의미에서의 감사는 '삶을 고마운 선물'로 받
아 살아가는 일이라고 말한다.50) 좋은 일, 즐거운 일만을 감사하는 것이
아니라 힘들고 괴로운 일을 포함하여 삶의 전부를 감사하는 일이다. 좋은
일과 궂은 일, 슬픔과 기쁨을 분리하는 것은 에고의 마음이다. 우리의 삶
은 그 자체로 분리되지 않는 '춤'이기 때문이다.

진정한 자아(Self)의 삶은 존재 그 자체로 감사하고 기뻐한다. 엑카르트
는 "하느님이 모든 피조물들 안에서 하실 수 있는 가장 고귀한 것은 존재
이다."라고 말했다. 그는 우주 만물이 심지어 지옥의 유다 이스가리옷도
천국에서 다른 존재가 되기보다는 자기 존재를 유지하기 원한다51)고 보
았다. 우주 만물은 신(神)으로부터 존재를 빌리는 한, 그 자체의 존재성이
전혀 없음에도 불구하고, 아니 바로 그렇기 때문에, 고귀하고 신적 아름다
움으로 눈부시게 빛난다. 이러한 엑카르트의 시각은 생사즉열반(生死卽涅槃)

---

50) 헨리 나우웬/윤종석 옮김(2013), 『삶의 영성』, 두란노, 86-87쪽.
51) 길희성(2003), 앞의 책, 113-115쪽.

을 말하는 대승불교적 경지와 유사하다. 불가(佛家)에서는 색즉시공(色卽是空) 공즉시색(空卽是色)이라[52] 말한다. 색즉시공은 인간의 에고에 의한 삶의 모든 형태를 부정하는 것이고, 공즉시색은 인간의 참자아(Self)로서의 진정한 존재에 대한 긍정의 의미이다.

장일순은 『도덕경』 해설에서 '사랑으로 용감할 수 있다(慈故能勇)'[53]고 하였다. 사랑으로 충만하면 아무것도 두려워하지 않는다. 사랑으로 충만하면 어떤 상황이나 어떤 상대에 대해서도 감사하고 사랑하니 두려움이 생기지 않는다. 모든 것이 감사하니 더 귀하거나 더 거룩하고 덜 거룩한 것이 없다. 있는 그대로 모든 것에서 감사할 수 있으니, 소중하거나 덜 소중한 것이 따로 없다. 참자아로 사는 것, 곧 사랑이 충만한 삶은 종교에서 말하는 '은총', '은혜'의 상태로 살아감을 의미한다. 이 세상의 모든 것이 감사하여 그 마음이 넘쳐 흘러내리게 된다. 바이런 케이티는 '이 감사는 너무나 넓어서 흐려질 수도 없고 덮일 수도 없는 자기와 사랑에 빠진 마음'[54]이라고 말한다.

사랑의 충만성은 겸손으로 드러난다. 겸손은 '자신의 능력과 장점은 물론 실수와 약점까지도 인정할 수 있는 용기'[55]이다. 참자아로 삶을 살아가는 사람은 에고가 관념으로 쌓아놓은 장애물을 모두 치우고 완전히 열린 마음이 된다. 에고에 사로잡힌 삶으로서 자신은 아무 것도 아님을 깨닫게 되고, 모든 다른 이들 또한 깊은 영혼의 근저에 신적 사랑이 숨겨져 있음을 믿게 된다. 자신만이 소중하거나 대단하다는 생각이 없으며 불완전한 자신을 있는 그대로 받아들이고 인정하게 된다. 그래서 겸손해진다.

---

52) 『반야심경(般若心經)』.
53) 장일순(2012), 『무위당장일순의 노자이야기』, (주)도서출판 삼인, 621-622쪽.
54) 바이런 케이티(2014), 앞의 책, 57-58쪽.
55) 안젤름 그륀 · 얀 우베 로게/장혜경 옮김(2012), 『아이들이 신에 대해 묻다』, 로도스, 36-37쪽.

그래야만 진심으로 모든 것을 사랑할 수 있게 되기도 한다.

성 베네딕도는 '겸손'을 완전한 사랑으로 나아가기 위한 훈련 과정으로 보았다. 완전한 사랑(caritas)은 신에 대한 사랑과 덕행으로 특징지어진다. 그가 말하는 덕행이란 윤리적 차원이 아니라 인간이 신에게서 부여받은 힘을 의미한다.[56] '겸손'은 인간을 비하시키는 것(humiliatio)이 아니라 인간을 참자아의 빛을 드러내도록 이끌어 간다.

2. '사랑교육'의 개념 및 의의

가. 사랑교육의 개념

현대 사회와 그 안에서 살아가는 개인이 처한 고통은 해결의 실마리를 잘 보이지 않고 있다. 세계와 인류의 파국을 우려하는 여러 분야의 학자나 사상가들은 멈출 수 없이 죽음을 향해 달리는 열차에 올라탄 인류의 미래를 걱정하기도 한다. 인류와 지구의 종말과 관련된 내용을 다루는 <기억전달자>, <혹성탈출>, <설국열차>, <매트릭스>, <주피터 어센딩> 등 문학 작품[57]이 블록버스터 영화가 되는 것도 대다수 일반 대중들에게도 파국으로 치닫는 현대 사회의 상황이 피부로 와 닿기 때문일 것이다.

'사랑교육'은 '사랑'이 현대의 이러한 고통으로부터 얻어야 할 축복임을 믿는 희망을 전제로 한다. 사랑교육은 인류로서 개개인이 가지고 있는 본성(本性)을 충분히 발현하도록 돕는 일을 하는 교육을 의미한다. 앞에서

---

56) 안젤름 그륀/마인라드 두프너/전현호 역(1999), 앞의 책, 44-45쪽.

57) <기억전달자>는 로이스 로리의 『The Giver』라는 아동문학 작품이다. 유명한 <혹성탈출>은 피에르 불의 소설, <설국열차>는 뱅자맹 르그랑 외의 만화이다.

우리는 개개인의 본성, 곧 참자아(Self)로 살아가는 존재로서의 본성은 바로 사랑임을 인류의 스승들로부터 확인하였다. 인간 개개인에게 주어진 본성(本性)으로서 사랑, 사람마다 본성적으로 가지고 있는 사랑의 능력(能力)을 발현할 수 있도록 스스로를 돕고 서로를 돕는 것이 바로 '사랑교육'이다.

앞에서 살펴본 바, 사랑은 수동적 적극성을 띠고 있다. 이는 먼저 스스로가 사랑이 되어야만 함을 의미한다. 또 사랑은 스스로 자기중심성에서 벗어나 참자아의 삶을 사는 전체성을 지닌다. 사랑은 있는 그대로 존재로서의 삶 그 자체인 무목적성(無目的性)을 특징으로 하며, 사랑은 감사와 고요한 기쁨과 겸손의 빛으로 드러나고 샘물처럼 흘러넘치는 충만성(充滿性)을 지닌다.

이러한 사랑의 의미 스펙트럼에서 발견할 수 있는 특징이 있다. 어떤 사람이 진정한 사랑의 의미를 개념적으로 말하고 이해할 수 있다고 해도, 사랑을 진정으로 '안다'거나 '사랑이 되었다'고 말할 수가 없다는 점이다. 이점은 과연 '사랑'을 교육할 수 있는가라는 의문을 갖게 한다.

오늘 우리 사회의 여러 가지 고통과 혼란은 오랫동안 지적되어 왔다. 이와 관련하여 교육계에서는 '인성교육'이나 '창의성 교육'이라는 이름으로 여러 가지 정책적 교육 프로그램을 제시하고 강조해 왔다. 그보다 더 오래 전부터 '윤리'나 '도덕'이라는 이름의 교과목이 학교 교육이나 사회 교육에서 이루어져 왔다. 그런 많은 노력이 있었음에도 점점 더 문제는 복잡해지고 고통은 가중되기만 하는 상황이다. 왜 이런 결과가 왔는가? 이전의 이러한 노력들과 '사랑교육'은 어떻게 다른가?

한마디로 간단히 말하자면 '사랑교육'은 먼저 인간 본성의 발현을 목표로 한다는 점에서 이전의 노력과 구별된다. '도덕'이나 '윤리'라는 이름의 오래된 교과목은 인간의 본성의 발현보다는 인간의 '선의지'를 강조한다.

인간으로서 마땅히 해야 할 선(善)을 결정해두고 개개인의 의지로 그것에 도달하고 이루어가도록 갈고 닦아 노력하는 데 초점을 둔다. '선의지'는 인간의 실천 이성에 의하여 만들어진다. 인간의 실천 이성의 판단에 따라 옳고 나쁜 것을 가르고, 그 가운데 옳은 것을 적극적으로 실천하려는 의지가 선의지이다. 인류 역사상 칸트와 볼테르 등 많은 계몽주의자들이 실천이성을 통한 도덕적 선의지로 보다 바람직한 사회를 건설하고자 하였다. 그것의 결과가 프랑스 대혁명과 러시아 혁명이다. 하지만 인간의 도덕적 선의지는 허약하다. 선의지는 인간의 본능적 이기심과 충돌할 때 결코 그 힘을 발휘하지 못한다.58) 이는 결과적으로 모든 혁명이 실패하는 이유이다.

김형효는 '세상이 진리의지와 선의지59)의 판단으로 정화될 것 같지만, 실제로 그렇게 되지 않는다. 깨끗한 빛은 더러운 먼지가 있음으로 반사되어 빛나는 것이다. 세상은 인간이 인위적으로 선택해서 좋아지는 것이 아니다'60)라고 하였다. 그는 인간이 세상에 대해 가진 이원적 가치관을 벗어나 '초탈'할 것을 강조하며, '지성에서 본성으로'61)의 마음 혁명을 주장하고 있다. 칸트는 그의 『도덕형이상학의 기초』에서 도덕 법칙을 인간의 본성이나 주변세계에서 찾아서는 안 된다고 하였다. 인간과 결부된 지식, 예를 들어 인류학 등에서 빌려올 수 있는 것은 무엇이 되었건 아무런 쓸

---

58) 정재걸 · 이현지(2014), '유학의 본성과 탈현대 교육', 『초등도덕교육』 제44집, 한국초등도덕교육학회, 407-432쪽.
59) 진리의지는 칸트의 순수이성에 해당하며 선의지는 실천이성에 해당한다.
60) 김형효(2007), 『마음혁명』, 살림, 290쪽.
61) 그는 '본성의 소리는 당위적인 도덕 명령이 아니라, 본능처럼 마음이 스스로 하고자 하는 기호적 욕망' 가운데 하나로 보았다. 그는 기호적 욕망을 두 가지로 구분하였는데, 하나는 '본능적 소유욕'이며 다른 하나는 '본성의 존재론적 욕망'이다. 본능적 소유욕은 이기배타적 욕망이며, 본성의 존재론적 욕망은 그리스도성이나 불성(佛性)이 욕망하는 것이므로 자리이타(自利利他)적 욕망이다. 김형효, 위의 책, 331쪽.

모없으며, 실제로 그런 지식을 머리로 받아들여 인간 본성의 특별한 구조에서 우리의 도덕적 원리의 실재를 추론해 내려 해서는 안 된다고 보았다. 이는 진정한 마음의 혁명이 이성에 바탕을 둔 선의지로는 결코 이루어질 수 없다는 점을 강조하는 말이다.

영성적 차원에서 바라보아도 '높은 이상적 요소들을 추구하면서 자신을 높은 수준으로 들어 높이려고 시도하는 사람은 필연적으로 자신의 어두운 부분과 대면하게 된다'[62]고 판단한다. 이상적 요소보다도 인간으로서 자신 안의 본성에서 벗어날 수 없고, 본성의 터전 위에서 살아가야하고, 본성의 압력을 받게 되어 본성에 의해 다시 땅으로 끌어내려지고, 작은 존재가 될 수밖에 없을 때, 인간은 에고(ego)에 대한 집착을 벗고 사랑이 될 수 있다. 물론 높은 이상적 요소를 향한 추구가 삶에서 긍정적인 기능을 가지고 있음도 분명하다. 그렇지만 그것이 인간의 실제 삶의 상황과의 연관성을 잃어버릴 때 오히려 인간을 병들게 하기도 함을 기억할 필요가 있다.

사랑교육은 인간의 본성을 '사랑'으로 보는 교육이다. 인간의 영혼 깊은 곳에 있을 사랑을 그대로 발현할 수 있도록 장애물을 제거하는 데 도움을 주고자 하는 활동이 사랑교육이다. 일상에서 인간은 대부분 에고만이 자신이라고 여기며 참자아(Self)를 깨닫지 못한다. 사랑교육은 스스로의 참자아를 깨닫도록 돕는 일이다. 인간의 참자아, 곧 본성인 사랑이 드러나도록 자아에의 집착을 벗어버리는 일은 진정한 교육이 학습자에게 무언가를 전해주는 것이 아닌 것과 상통한다. '교육이란 말의 의미는 '집어넣는 것'이 아니라 '끄집어내는 것', 모든 참된 교육은 이미 있는 것을 학생들에게서 *끄집어내는 것*'[63]이라는 점에서 사랑교육 또한 교육이다.

---

62) 안젤름 그륀/마인라드 두프너/전현호 역(1999), 앞의 책, 46쪽.

사랑교육은 주체와 대상이 명확히 분리되는 교육이 아니다. 사랑교육은 참여자 모두가 다 주체이면서 대상이다. 사랑교육이 이루어지려면 먼저 자기 자신에 대한 끊임없는 이해와 성찰을 바탕으로 자기의 참자아를 발견하려고 노력하여야 하기 때문이다. 사랑교육은 바로 이 점에서 수행적 성격을 띤다. 수행은 배우는 자와 가르치는 자가 구분되기도 하지만, 스스로 가르치고 배우지 않으면 안 된다. 사랑교육은 가르치는 자와 배우는 자가 같은 자기 교육의 성격을 강하게 띠고 있다. 가르치는 자와 배우는 자가 다른 상황에서도 배우는 자의 본성에 대한 깊은 이해와 통찰을 바탕으로 이루어져야하기 때문에 가르치는 자의 역할은 그저 '돕는' 정도에 머물 수밖에 없다. 무엇보다도 가르치는 자 스스로도 끊임없이 사랑을 학습하는 자, 즉 자신의 본성의 발현을 지향하고 있는 과정에 있는 자이기 때문에 명확한 것을 제시하는 역할을 하지는 못한다. 교육학자 카타리나 마르틴과 헬무트 베첼은 "우리는 어디엔가 도착하기 위해 발걸음을 떼는 것이 아니다. 움직이기 위해 발을 옮겨 놓는 것이다. 목적을 위해 길을 희생하는 건 삶을 희생하는 것과 같다. 교육도 이와 같다."[64]고 하였다. 결국 사랑교육에서의 배움은 길이지 목표가 아니다. 사랑이 되는 과정으로서 삶을 살아가는 것 자체가 사랑교육이다.

사랑교육은 모든 일상에서 이루어진다. 특별한 시간이나 공간, 일상의 맥락과 분리되거나 삶과 분리된 교육이 아니라, 삶 자체가 사랑교육의 시간이고 공간이다. 그렇지만 '교육'이라는 점에서 스스로 혹은 다른 사람과 더불어 진정한 자아를 발견하거나 드러내려고 노력하고 지향하게 된다. 삶에서 경험하는 모든 것이 사랑교육이 될 수 있다. 그 경험을 통해

63) 닐 도널시 월시/이현정·조경숙 옮김(2001), 『신과 나눈 교감』, 한문화, 127쪽.
64) 안젤름 그륀·얀 우베 로게/장혜경 옮김(2012), 앞의 책, 26-27쪽.

자신을 깊이 통찰하고 사랑이 되고자 하는 노력이 있다면 바로 사랑교육
이 진행 중인 셈이다. 자신의 삶에서 어떤 생각이나 느낌을 가지고 있는
지, 무엇을 두려워하고 기뻐하는지 스스로 바라보고 알아보려고 노력하는
자세가 필요하다. 이를테면 엔소니 드 멜로는 시험을 잘 못 보아 자살한
학생에 대해 '시험의 실패가 그를 죽인 것이 아니라 자신의 실패에 반응
하는 그의 방식이 그를 죽인 것이다'[65]라고 말한다. 사랑교육은 자신을
바라보고 자신이 세상을 어떻게 바라보고 있으며 그것이 참자아(Self)의 시
선인지를 통찰하도록 한다. 사랑교육은 이 세상의 모든 것을 습관적으로
바라보고 상투적으로 생각하는 에고에서 벗어나 참자아의 눈으로 있는
그대로 새롭게 - 세상의 모든 것은 새롭다. 같은 것은 아무 것도 없다. -
보려는 마음가짐을 가지도록 한다.

사랑교육에서는 원천적으로 경쟁이 있을 수 없다. 개개인의 본성의 실
현은 다른 사람과 비교할 수 있는 것이 아니다. 이미 모든 사람의 본성은
사랑이다. 그것을 발현하는 것은 저마다 다른 자신으로 존재하는 것이기
에 경쟁이란 성립되지 않는다. 사랑교육의 이러한 특성은 경쟁에 시달리
는 현대의 모든 사람들에게 진정한 평정과 자신의 삶이 가지는 기쁨을 누
릴 수 있게 도울 수 있다.

현대 사회의 교육제도는 개인 각각의 성취만을 평가하고 가르친다. 모
든 교육에서 개인의 성취에 초점을 맞추고 있기 때문에 모두가 상대보다
앞서서 우월해지고 싶은 욕망에 빠질 수밖에 없다. 취업을 앞둔 1,842명
의 대학생을 상대로 벌인 한 설문조사에서는 학생들에게 가상의 직무 분
석표를 보여줬는데, 팀워크나 협력을 언급한 직무 분석표는 모두 거부했
다고 한다.[66] 누구나 자신이 두드러지기를 원하고 개인의 우수성을 입증

---

65) 엔소니 드 멜로/이현주 옮김(2012), 『행복하기란 얼마나 쉬운가』, 샨티, 132쪽.

하기만을 좋아한다는 것을 알 수 있다. 현대인의 이러한 증상은 오랜 근대교육의 결과이다. 사랑교육은 어떠한 형태의 경쟁도 될 수 없다는 점에서 본질적으로 경쟁으로 고통스러운 삶에서 벗어나는 길을 모색하는 교육이다.

사랑교육은 죽음에 이르기까지 끊임없이 이루어지고 이루어져야 할 교육이다. 누구도 자신의 내면에 살아있는 본성으로서 완전한 사랑을 온전히 발현하기 어렵다. 인간 개개인의 본성으로서 사랑을 온전하게 발현하는 것은 지향하여야 할 바이지 도달하기는 어려운 경지이기 때문이다. 자신을 제대로 살아가는 일, 곧 깨어있는 삶은 끊임없는 사랑의 본성 발현에 대한 열망과 추구에 의해서 이루어질 수 있다. 귀머거리를 라틴어로는 "수르두스(Surdus)"라고 한다. 심하게 귀먹은 사람은 어리석어지는데(absurdus), 이말은 귀머거리라는 어휘와 밀접한 관련을 보인다. 이를 들어 헨리 나우웬은 '어리석은 삶이란 더 이상 듣지 않는 삶, 귀가 얇아져 늘 온갖 음성에 휘둘리는 삶, 자신이 사랑받는 자라는 진리를 잃어버린 삶이다'[67]고 말한다. 영적으로 귀가 먹었다는 것은 자신의 본성에 가득한 사랑을 알지 못하는 자를 말한다. 또 자신이 본래 사랑이며 사랑받고 있음을 알지 못하고 살아가는 자이다. 그래서 늘 다른 사람의 평가에 휘둘리고, 성공해야만 사랑을 받는다고 생각하고, 다른 사람을 통제하는 권력을 가지는 것이 사랑이 되는 일이라고 생각한다. 이런 휘둘림이나 잘못된 생각은 모두 에고만이 자신이라고 여겨 사로잡힌 결과이다. 사랑교육은 자신의 정체성을 명확히 인식하도록 내면의 본성에서 나오는 소리를 잘 듣기 위한 노력의 과정이다.

---

66) 마가렛 헤퍼넌/김성훈 옮김(2014), 『경쟁의 배신』, 불광출판사, 325쪽.
67) 헨리 나우웬/윤종석 옮김(2013), 앞의 책, 49-52쪽.

나. 사랑교육의 의의

1) 현대 사회의 구조적 고통 극복

현대 사회는 구성원 개개인이 그 문제를 극복하기 어려운 구조적 차원의 고통에 처해 있다. 이성 편향적, 소유 지향적 삶이 가져온 경쟁과 우울과 실직 등의 문제, 환경 파괴에 의한 질병으로부터 오는 불안, 권위주의에 의한 도구화와 원자화된 삶의 문제는 개인이 그것을 고통스럽게 인식하여도 어떻게 극복할 수 있을지를 알 수가 없다. 또한 전 세계가 다 함께 하지 않는다면 해결되기 힘든 일이다. 현실적으로 기계문명의 발달과 소유를 지향하는 삶을 살아온 인류는 어디서 어떻게 멈출 수 있는지를 알지 못한다. 문제를 의식한다고 해도 그것을 해결할 방안은 쉽게 보이지 않는다.

사랑교육은 현대 사회의 고통을 극복할 근본적인 해결책이 될 수 있다. 인간은 저마다 자연적 본성인 사랑을 영혼의 깊은 곳에 지니고 있다. 인간의 이성이나 감성은 이미 개인의 자기중심적 소유욕에 물들어 있지만, 인간의 깊은 내면에 있는 영성으로서 사랑을 회복하는 것이 바로 현대 사회의 문제를 근본적으로 해결하는 일이다.

물론 속도가 아주 느릴지도 모른다. 그렇지만 전 세계의 인류가 자연의 일부로서 인간의 본성적 참자아를 회복하는 삶을 누리기 위해 노력해야 한다. 그래야만 이 수많은 고통을 낳은 이성 중심, 소유지향의 문명에서 벗어날 수 있다.

인간의 본능적 이기심에 사로잡힌 이성과 감성에만 의존한 고통 문제의 해결은 불가능하다. 이는 이성적 판단에 따른 이상적 옳고 그름을 정해두고 그것에 따르도록 인간을 억압하는 방식으로 문제를 해결하려고 시도한다. 하지만 인간의 선의지나 도덕의지는 결코 본능적 이기심을 이

길 수 없기에 결국 문제를 해결할 수 없다. 장일순은 노자의 『도덕경』을 해설하면서 '문명의 이기라든가 기술이라든가 법령 따위가 모두 사람들에게 좋은 것이라고 여겨지지만 그런 것들 때문에 오히려 자연에서 멀어지고 그래서 결과는 갈수록 고약해진다'[68]고 설파한다. 그는 더 좋게 만들겠다는 생각이 작위를 낳고 결국 작위로써는 또 다른 문제를 부른다고 보고 있다. 작위(作爲)가 아닌 무위(無爲)로 돌아가야 하는데, 무위는 인간의 참자아에 의한 삶을 의미한다. 이것을 가능하게 하는 것이 본성의 실현이고 바로 사랑교육이다.

대문호 괴테는 "자연이 창조한 모든 것 하나하나가 자신의 개성을 갖고 있지만 모든 것은 결국 하나이다."[69]는 말을 했다. 우주의 모든 피조물이 고유한 본성을 가지고 있지만 우주라는 하나의 통일된 전체 안에서 서로 연결된 존재라는 사실을 말하고 있다. 개개인의 본성으로서 삶의 실현, 곧 사랑을 드러내는 일이 전 세계의 구조적 문제를 해결하는 가장 빠른 길이 될 수 있음을 확인할 수 있는 말이다.

2) 개인의 고통 치유

현대사회에서 수많은 개인들은 우울과 소외에 시달리고 있다. 소유로서의 삶은 개인에게 모든 면에서 자신을 증명하기를 강요한다. 현대사회의 사람들은 다른 사람들의 평가와 판단에 매우 민감하게 반응하며 살아간다. 자신의 존재로서의 가치가 아니라, 세상의 한 부분에 소속된 나사못이 되기 위해서 자신을 포장하고 상품화한다. 다른 사람의 판단이나 평가에 좌우되어 그것에 맞추기 위해 안간 힘을 쓰면서 삶의 대부분을 소비한다.

---

68) 天下 多忌諱 民多利器 國家滋昏. 장일순(2012), 앞의 책, 534-535쪽.
69) 제레드 다이아몬드/강주현 역(2011), 『문명의 붕괴』, 김영사.

바쁘게 내달리며 살다보니 진정한 자신, 참자아를 고요히 들여다보는 일은 거의 없다. 바쁘게 쫓기듯이 사는 것이 유능함이고 훌륭함이라고 착각하기도 한다. 이런 점에서 현대사회에서 정상적으로 보이는 수많은 개인들은 오히려 진정한 자아에서 한 발 더 멀어져 있는지도 모른다. 그들은 멈출 이유를 인식하지도 찾아내지도 못하기 때문이다.

현대사회의 거대한 바쁜 발걸음 속에서 자신의 정체성을 찾지 못하고 헤매며 고통을 느끼는 자는 오히려 참자아에 한 걸음 더 가까이 다가선 것일 수 있다. 고통을 느낀다면 무엇이 문제인지를 들여다 볼 기회를 얻을 것이기 때문이다. 그들을 치유하는 역할을 사랑교육이 할 수 있다. 가진 것이 없고, 능력이 없고, 아무 권위도 증명하지 못한다고 생각하는 자들은 스스로를 낙오자로 여기며 우울의 그늘로 빠져든다. 자신이 사회에서 맡은 역할을 잘하고 있지만 마음이 불안하고 삶을 잃은 회의감에 사로잡힌다. 이들은 자주 권태와 무력감과 정서 불안에 시달린다. 그들 개개인이 당하고 있는 고통은 이들이 자신의 진정한 본성을 제대로 파악하고 세계를 제대로 바라볼 수 있는 능력을 가질 때에야 모두 극복될 수 있다.

예수에게 '너는 내 사랑하는 자라'라는 하나님의 음성이 들린 직후에 또 다른 음성이 들려왔다. "네가 사랑받는 자임을 증명해보라. 뭔가 보여주라. 이 돌을 빵이 되게 하라. 유명해지라. 성전에서 뛰어내리라. 그러면 네 명성이 자자해질 것이다. 권력을 잡으라. 그러면 진짜 영향력이 생길 것이다. 너는 영향력을 원하지 않느냐?"(마태복음 4 : 1-11) 그러자 예수는 아무것도 입증하지 않고, '나는 이미 사랑받는 자다'라고 말하였다[70]고 한다. 이 이야기에서 예수의 태도는 현대사회의 많은 사람들이 자신의 가치를 입증하고 증명하려고 발버둥 치며 살아가는 모습과 대조적이다. 현

---

70) 헨리 나우웬/윤종석 옮김(2013), 앞의 책, 41-43쪽.

대인들이 사랑교육을 통해 스스로의 본성 속에 '사랑'이 내재함을 발견하고 의식하게 된다면 그들의 삶은 완전히 변화할 것이다. 아무것도 입증하지 않아도 진정한 자신을 사랑할 수 있을 것이고, 자신을 사랑하는 마음으로 주변을 사랑할 수 있게 된다.

개개인이 모두 사랑을 깨닫는 일만이 세상의 삶에서 인간이 느끼는 생존의 위협이나 분리와 상실, 자존감과 정체성의 혼돈 등 수 많은 실존적 불안을 근본적으로 치유할 수 있다. 프리츠 리만은 '사랑이 불안을 치유한다'[71]고 말한다. 특히 유아기에 다른 사람으로부터 사랑받은 경험이 불안의 강도나 극복가능성에 결정적 영향을 준다고 한다. 그에 따라서 어떤 불안에 더 잘 사로잡히거나 더 잘 저항할 수 있는 힘이 생기기도 한다는 것이다. 진정한 사랑은 자신의 영혼의 근저에 있는 사랑을 이해하고 발견하는 데서부터 비롯된다. 그것이 자신에 의해서이든 타인의 도움을 받아서이든 자신의 본성에서 사랑을 보는 일은 사랑교육의 주요 활동이다.

사랑교육은 개개인이 자신의 마음과 내면을 성찰하는 활동을 중요하게 다룬다. 자신의 마음을 잘 들여다보는 것은 자신의 마음에 동일시하는 것이 아니다. '목격하고 관찰하는 것의 이로움은 지각의 세계에서의 감정적 관여와 이해득실을 다투는 참여에서 벗어나게 해주는 것', '분리된 위치에서 마음을 바라보는 것'[72]을 통해서 그 감정에 휘말리지 않으며, 집착하지 않으며, 자신의 창조성을 펼치는 자율적 자연적 삶을 회복하게 한다.

다른 사람의 반응에 집착하며 자신을 잃은 삶을 사는 것이 아니라 자신의 중심을 온전히 회복하기 때문에 자신의 삶을 자유롭게 살게 된다. 안젤름 그륀은 '다른 사람이 자신에게 상처 입히는 것을 허용하는 것은 그

---

71) 프리츠 리만/조경수 옮김(2008), 앞의 책, 26쪽.
72) 데이비드 호킨스/백영미 역(2008), 『내안의 참나를 만나다』, 판미동, 72쪽.

누구의 책임도 아닌 바로 자신의 책임이다. 왜냐하면 온전히 자기 자신으로 있으면, 즉 자기 중심을 가지고 서 있으면, 어느 누구에게서도 상처받지 않기 때문이다'라고 말한다. 자신의 본성에 내재한 사랑을 회복한 사람은 자신만의 고유한 본성을 사랑하면서 타인의 그것도 사랑하며 세상의 모든 것을 사랑하게 된다.

사랑교육은 현대 사회의 개개인에게 내적으로 자유로움을 맛보게 한다. 외부로부터 어떠한 상처를 주는 공격이 와도 그저 자신으로 존재하는 능력을 지녔기에 상처를 받지 않는다. 에픽테토스는 "사람들이 사건 때문에 혼란에 빠지는 것이 아니라 스스로 만든 사건에 관한 표상으로 인해 혼란에 빠진다'[73]고 했다. 사람들을 고통에 빠뜨리는 것도 그들이 고통을 느끼는 그 사건 자체가 아니라, 그 사건에 대한 해석과 태도가 그들을 고통으로 몰아넣는다. 즉 있는 현실을 그대로 바라보는 것이 아니라, 그것과 다툼을 벌이기에 고통스러운 것이다. '이런 일이 있어서는 안 돼', '반드시 이렇게 되어야 해'라는 에고(ego)의 목소리에만 집착하고 매달리기 때문에 그들은 고통을 받는다. 사랑교육은 에고에서 벗어나는 활동을 통하여 개개인의 고통을 치유하고 참자아를 회복하여 자유로운 삶을 살도록 인도한다.

3) 개인의 참자아 실현

사랑교육은 개인의 참자아(Self) 실현으로 진정한 자신으로 살아가도록 돕는다. 현대 사회에서 대부분의 사람들은 진정한 자기 자신으로 살아가지 못한다. 그들은 사회문화적으로 조건화된 에고만을 자신으로 알고 살아가며, 사회로부터 인정받기를, 더 많은 것을 소유하기를, 자신의 환경을

---

73) 안젤름 그륀/한연희 옮김(2008), 앞의 책, 22쪽.

지금보다 더 낫게 만들기를 끊임없이 스스로에게 강요하며 살아간다. 에고만을 자신으로 알고 살아가는 사람들은 그것을 위해 전력 질주를 한다. 시인 커밍즈는 "그대를 다른 사람으로 만들어 놓으려고 안간힘을 다하는 이 세상에서 누구도 아닌 자기 자신이 된다는 것은, 인간이 하게 될 가장 힘든 전쟁을 시작해서 그 싸움을 죽을 때까지 결코 멈추지 않는 것을 뜻한다."74)고 말한다. 현대사회에서 자기 자신이 되어 '나'로 살아가는 일이 얼마나 어렵고도 중요한 것인지를 잘 말해준다.

사랑교육은 개인의 본성에 내재한 사랑이 드러나도록 돕는 교육이므로 현대 사회의 개인들에게 자기 자신이 되는 전쟁에서 이길 수 있게 돕는다. 에고의 목소리만을 따라 사는 것은 살아있지만 진정한 살아있음은 아니다. 그에게는 에고를 넘어 진정한 자신인 참자아가 영혼의 근저에 있기 때문이다. 현대사회의 수많은 사람들이 '살아있으되 죽은 삶을 살고 있다'는 주장은 바로 이러한 차원에서 사실이다. 안젤름 그륀은 '오늘날 아주 많은 사람들이 사회에서 한 가지 역할을 맡기 위하여 동분서주하다 지치는데, 그 분주함은 흔히 공허해진다. 왜냐하면 사회에서 인정을 받지만 우리의 본질에서 벗어나서 살아가면, 그것은 우리에게 아무런 쓸모가 없기 때문'이라고 말한다. '사람이 만일 온 천하를 얻고도 제 목숨을 잃으면 무엇이 유익하리오'(마태복음 16 : 26)라는 예수의 말에서 '제 목숨을 잃으면'의 의미는 실제로 목숨이 끊어지는 일 뿐만 아니라 자기 영혼에 해를 끼치는 일을 의미한다. 이는 세속에 있는 온갖 권력과 부와 명예와 안락을 다 소유하였더라도 자신의 영혼에 내재한 진정한 자아를 찾아내고 실현하지 못하면 '목숨을 잃은' 것이라는 의미이다.

저명한 심리학자 매슬로우는 처음에 인간의 욕구를 5단계75)로 발표하

---

74) 잭 콘필드/이균형 옮김(2011), 『깨달음 이후의 빨랫감』, 한문화, 297쪽.

였다. 여기서 최고의 단계인 '자기실현의 욕구(self-actualization needs)'는 자신만이 할 수 있는 고유한 방식으로 삶을 살고자 하며 자신의 가능성을 최대한으로 실현시키고자 하는 욕구를 의미한다. 이후 매슬로우는 이러한 5단계 모델의 한계점을 인정하고, 자기실현의 욕구를 뛰어 넘는 '자기초월의 욕구(transpersonal needs)'가 존재함을 밝혔다.76) 여기서 자기초월의 욕구는 인간의 자기실현(self-actualization)을 초월할 수 있는 가능성을 발견한 것으로 정신적·영적 측면을 첨가한 내용이다. 매슬로우의 5단계 자기실현(self-actualization)은 인간의 본능적 이기심을 바탕으로 한 것이기에 진정한 살아있음의 경지가 아직 아닌 것이었다.

진정한 자기실현은 참자아의 빛을 드러내는 삶의 실현이다. 에픽테토스는 '의롭게 산다는 것'을 '자기 자신에게 상처를 입히지 않기', '자기 자신에게 해를 끼치지 않기', '자신의 내적 질서에 거슬러 살지 않기'로 보았다.77) 부겐탈은 자신의 내적 본성에 거슬러 사는 사람은 자신에게 상처를 입히고 자기 자신의 희생물이 되어 모든 것이 헛될 것이라고 하였다. 여기서 '자기 자신'은 바로 참자아이다. 자신의 본성인 참자아에 상처를 주고 억압하고 은폐하며 사는 삶은 헛되고 무의미하다는 말이다.

사랑교육은 우리의 본성인 참자아를 가로막고 있는 장애물인 '에고에만 얽매임'을 벗어버리는 것을 돕는 활동이다. 눈에 장애가 없어야 앞의 것을 보게 되듯, 마음의 장애를 벗어버리고 모든 것을 사랑하게 되는 진정한 삶을 살도록 돕는 일이다. 진정한 살아있음은 인간의 영혼의 근저에

---

75) 생리적 욕구, 안전의 욕구, 소속의 욕구, 인정의 욕구, 자기실현의 욕구 5단계이다.
76) A. H. Maslow, Toward a Psychology of Being, New York : Van Nostrand, 1968. 정인석(2003)에서 재인용. '자기실현의 욕구(self-actualization needs)'에서의 'self'와 진정한 자아를 의미하는 'Self'는 구별되는 것으로 대문자 S로 표기한다.
77) 안젤름 그륀/마인라드 두프너/전헌호 역(1999), 앞의 책, 26-27쪽.

있는 참자아의 목소리에 따라 살아가는 것이다. 참자아의 빛으로 사는 사
람들은 결코 흔들리지 않으며, 허무하지 않으며, 현실적으로 어떠한 상황
에 처하더라도 완전한 기쁨과 사랑으로 살아간다. 그리고 온 세상을 그
기쁨과 사랑으로 충만하게 물들인다.

사랑교육은 바로 그 완전한 기쁨과 사랑의 삶을 살아가도록 돕는 교육
이다. 성 베네딕투스는 '모든 인간에게서 예수를 봐야 한다'[78]고 말했다.
이때 '예수'는 인간의 유일하고 진정한 자아, 참자아(眞我)를 상징한다. 사
랑교육은 바로 모든 인간이 스스로 혹은 다른 사람에게서, 다른 생명체에
게서 예수나 부처를 발견하고 사랑하며 살아가는 참 삶을 살도록 돕는 일
이다.

4) 인류가 지향해야 할 삶의 추구

사랑교육은 인류 사회가 무엇을 추구해야 할지를 찾아내도록 돕는다.
인류 문명은 진보를 향한 끊임없는 노력을 해왔다. 결과적으로 고대와 중
세와 근대 이후 문명들이 인류의 삶을 진보시켰는지는 명확하지 않다. 현
대사회는 여러 가지 고통스러운 증상을 드러내고 인류의 멸망을 우려해
야 하는 상황에 와 있다. 무엇보다 여전히 온 인류가 고통을 극복하고 더
나은 삶을 살아가기 위해 지향해야 할 바를 제대로 알고 있지 못한 채 혼
란 속에 있음이 문제의 심각성을 더한다.

에리히 프롬은 인간의 사회적 성격은 타고난 '종교적 요구'도 충족시켜
야 한다고 보았다. 여기서 그는 자신이 사용하고 있는 '종교'라는 용어는
신의 개념이나 우상과 관련된 체계를 가리키는 것이나 종교로서 의식되
는 체계를 가리키는 것이 아님을 분명히 말하고 있다. 종교적 요구란 '집

---

78) 안젤름 그륀/마인라드 두프너/전현호 역(1999), 위의 책, 26-27쪽.

단이 공유(共有)하는 사상과 행위의 체계로서 개인에게 지향구조(frame of orientation)와 헌신의 대상을 제공하는 모든 것'[79)]을 가리킨다. 인류의 모든 문명은 공통되는 종교적 요구를 충족하며 건설되었다. 현대사회가 더 나은 사회로 나아가기 위해서 건설할 새로운 문명은 이 점에서 그 지향할 바를 분명히 탐색하지 않으면 안 된다.

인류의 더 나은 삶을 위한 가장 큰 전제 조건이 '사랑'이 되어야 한다는 점은 누구나 인정하지 않을 수 없다. 다만 무엇이 사랑이고 어떻게 사랑하는가에 대한 이견이 있을 뿐이다. 물론 인간 개개인으로서 '나'는 인간 일반이 아니다. 미하일 바흐찐은 '삶은 추상적인 것이 아니라 자신의 구체적이고 유일한 크로노토프(chronotope) 안에서 타자에 반응을 보이며 행동을 수행하는 장소'[80)]라고 하였다. 그에게 '나'는 인간 일반이 아니라 바로 '이 사람'이었다. 이러한 '유일자'로서 삶을 살아가면서 타자에 반응하는 전체성으로서 인류의 삶의 지향점을 탐색하는 것을 돕는 것이 사랑교육이다.

사랑교육은 사랑을 깨닫도록 돕는 교육이다. 사랑은 바로 온 우주가 하나임을 깨닫는 일에서 비롯된다. 비온 뒤에 나뭇잎과 가지에 매달린 물방울들이 반짝이며 서로서로 비추듯이, 온 우주의 만물들은 작은 유리구슬처럼 빛난다. 유리구슬 하나하나를 들여다보면 온 우주가 그 작은 구슬에 비쳐 들여다보인다. 수없이 많은 유리구슬들이 자신 속에 다른 모든 것을 서로 비추며 전체와 연결되어 하나를 이룬다. 이것이 우주이다. 모두가 하나로 연결되어 있고, 하나 안에 전체 우주 만물이 들어있다. 모든 작은 물방울 각각에 온 우주가 비치어 다 들여다보이듯이, 우리 개개인 안에는

---

79) 에리히 프롬/최혁순 옮김(1999), 앞의 책, 183쪽.
80) 이득재(2003), 『바흐찐 읽기―바흐찐의 사상·언어·문학』, 문학과학사, 95쪽.

온 우주가 다 들어있다. 온 우주의 모든 사람과 생물과 무생물과 하늘과
땅, 바람과 구름, 별과 달 등 무엇 하나 개인과 상관없는 것이 없다. 하물
며 주변 사람들이야 더 말할 것이 없고, 내 방에 놓인 작은 화초와 한 그
루 나무 화분은 가족 같은 존재이다. 이것을 깨닫는 일이 사랑의 출발이
다. 나의 날숨이 그들의 들숨이 되고, 그들의 날숨이 내가 들이쉬는 호흡
이 된다. 우리는 서로 분리되어 있지 않다. 오늘날 생태계의 교란으로 개
개인의 삶에서 드러나는 질병들만 보아도 너무나 명확하게 그 전체성의
예를 확인할 수 있다. 불교 화엄사상에서는 이를 '하나가 여럿을 서로 포
용하지만 같지 않음'[81]이라고 말한다.

인류는 분리된 개인이 아닌 전체로서의 하나와 그 안의 개인으로 살아
가지 않으면 결코 미래를 기대할 수 없다. 오늘날 지구 환경의 문제, 도구
화와 원자화의 문제, 이성 편향의 자기중심주의에서 비롯되는 문제 등은
모두 다 자신에게 잠재해 있는 사랑의 빛을 제대로 발현하지 못한 결과이
다. 이는 각각의 구슬이 이물질에 가리어 빛을 내지 못하자, 우주의 유리
구슬들이 서로를 비추지 못하고 어둠 속에서 분리되고 소외된 형국과 마
찬가지이다.

사랑교육은 개개인의 참자아를 드러내고, 그 참자아는 온 우주에 연결
된 것임을, 온 우주 만물이 하나로 존재함을 깨닫고 살아가도록 돕는 교육
이다. 이는 개개인의 참자아만을 드러내는 것이 아니라, 인류가 살아가야
할 우주만물이라는 전체의 참자아를 드러내는 일이다. 이를 위해 우리 인
류가 무엇을 어떻게 노력해야 하는지 그 지향할 바를 깨닫는 일이 된다.

---

81) 一多相容不同, 『화엄오교장』.

제3장

문학을 통한 사랑교육

사랑은 인간의 삶의 목적이고 인간의 존재 의미이다. 인간의 매 순간이 존재로서 자신의 본성이 가진 빛을 드러낼 때, 인간의 참자아(Self)가 발현되는 그 순간이 바로 '사랑'이다. 삶은 존재함 그것 자체로 족하다. 사랑이 다른 무엇의 수단이 아니라 그 자체로 바로 삶이 된다고 말하는 이유는 바로 이 때문이다.

인간의 언어로 표현된 창조적 산물로서 문학은 있는 그 자체로 목적이다. 달리 말하면, 문학은 다른 무엇을 위한 수단이 아니라는 뜻이다. 다른 무엇의 수단이 아니라는 말은 삶을 위해 존재하는 것이 아니라는 말은 아니다. 이는 문학이 인간이 만든 이데올로기의 도구가 아니라는 의미이다. 물론 역사적으로 문학은 이데올로기의 도구로 오용되기도 하였고, 그러한 시도가 많았던 것이 사실이다. 하지만 문학의 본래 특성은 문학은 그 자체로 진리를 드러내는 '목적'인 언어이다. '그 자체로 목적'이라는 말은 그 자체로 '삶'이라는 의미와 같다. 삶은 지금 여기의 '존재'

그 자체를 일컫는다. 문학이 지향하는 바도 바로 작가나 독자의 '지금 여기의 삶'으로서 '존재'가 되는 일이다. 이를 두고 헤르만 헤세는 다음과 같이 말하였다.

> 예술은 이념에 봉사하는 것이 아니라 삶에 봉사하는 것입니다. 예술은 잠과 꿈과 같은 기능들입니다. 예술은 인간의 윤리적 지도자(이러한 기능은 종교와 도덕 설교자들이 분담하고 있지요)가 아니라 생물학적 요구에 봉사하는 것입니다.
>
> —크리스토프 슈렘프에게 보낸 편지, 1932년 2월[1]

여기서 헤세가 하고 싶은 말은 예술(곧, 문학)이 삶 자체라는 말이다. 예술이 '삶에 봉사하는 것'이라는 말의 의미는 예술은 '잠과 꿈'같은 역할을 한다는 말이다. 인간의 삶에서 '잠과 꿈'은 본능적이고 본질적인 '삶' 자체이다. 잠과 꿈이 삶의 수단이 아니라 삶 자체이듯이, 예술은 인간의 본성인 '생물학적' 삶 그 자체이다.

이러한 점에서 예술은 인간의 본성의 실현인 사랑에 가장 근접한 인간 활동이다. 문학은 문학이 아닌 다른 어떤 종류의 언어적 창조물에 비해 훨씬 더 사랑과 밀접한 관련을 가진다. '문학을 읽는 것은 우리 자신의 존재의 뿌리들과 살아 숨 쉬는 교류를 회복하는'[2] 일이다. 문학이 사랑교육과 밀접한 관련을 맺는 것은 바로 이 지점에서이다.

---

1) 헤르만 헤세/폴커 미헬스 엮음/이재원 옮김(2012), 『헤세의 예술』, 그책, 78쪽.
2) 테리이글턴/김명환 외 역(1986), 『문학이론입문』, 창작과 비평사, 51쪽.

1. 문학의 특성과 사랑

진정한 예술은 유토피아를 지향한다. 유토피아, 낙원은 인간의 본성적 삶의 근원적 세계를 의미한다. 인간의 본성이 실현되고 그 빛을 온전히 드러낼 수 있을 때 인간의 삶은 유토피아를 회복하게 된다. 현실적 삶에서 오늘이 고달프게 느껴질수록 인간은 더욱 강렬하게 진정한 영혼의 안식, 낙원을 열망하게 된다. 헤세는 현실 속에서 '인간 정신의 구원을 모색하는 것이야말로 가장 중요한 가치'3)라고 보았다. 즉 물질적 가치와 에고 (ego)의 욕망에 휩쓸려 살아가는 인간에게는 참자아를 회복하는 정신적 구원의 길이 곧 유토피아를 되찾는 일이라는 말이다. 그리고 그는 예술이 그 역할을 담당할 수 있고, 그래야만 한다고 보았다. 예술은 인간의 자기성찰 그 자체이면서 인간으로 하여금 자기 자신의 삶을 들여다보게 하는 성찰의 기능을 한다. 이러한 자기성찰, 자신의 삶에 대한 깊은 이해와 깨달음만이 인간의 정신을 구원할 수 있다고 보기 때문이다. 인간의 자기성찰은 자신 속에 감추어져 있는 혹은 자신 속에 들어와 있는 신의 모습을 볼 수 있게 한다.

예술은 오늘날 이원론적 대립의 시각으로만 세계를 바라보는 인간의 가치 갈등과 인간 소외 현상으로부터 인간을 구할 수 있다. 자연과 문명, 선과 악, 삶과 죽음 등의 극단적이고 대립적인 시각의 가치관은 인간의 에고가 만든 허상일 뿐이다. 있는 그대로의 실재를 제대로 볼 수 없고, 보지 못함을 알지도 못하는 인간의 정신은 결코 구원에 이르지 못한다. 예술은 인간에게 감추어져 있는 신적 형상을 드러내는 활동이다. 신적 능력은 결코 이원적 대립적 인식이 아니라 있는 그대로의 실재로서 조화로 드

---

3) 헤르만 헤세/폴커 미헬스 엮음/이재원 옮김(2012), 앞의 책, 200쪽.

러난다.

현대 인간의 욕망은 예술과 문학마저도 분석과 해석의 대상이요, 정복의 대상으로만 바라보고 있다. 하지만 인간의 진정한 정신적 구원은 그런 욕망의 대상으로서 예술에 의해서는 이루어지지 못한다. 인간이 음악이나 미술을, 그리고 문학을 수준 높은 사상이나 사회적 경향의 이해를 위한 교훈적 내용의 취득을 위한 것으로 알고 거기에 매달리면 결코 정신적 해방과 영혼의 기쁨을 누리지 못한다. 인간에 내재한 신적 형상을 드러내는 활동으로서 예술의 참된 가치를 제대로 얻을 수 없게 된다.

여기서는 문학이 가진 여러 가지 특성들이 인간의 삶에서 사랑을 회복하는 데에 어떠한 역할을 할 수 있는지 살펴보고자 한다.

가. 문학적 유토피아와 사랑

언어로 된 예술인 문학 또한 낙원을 지향한다. 문학 작품 하나하나가 분리된 요소의 집합이 아니라 온전한 세계로서의 총체성을 갖추고 있는 유일한 삶, 삶 자체를 구체적으로 보여주고 있다. 문학이 낙원을 지향한다는 말은 문학이 묘사하고 있는 세계가 구체적으로 어떤 모습이든 간에 그것을 통해 인간에게 현실에 대해 자각하게 하고, 그것을 통해 더 나은 세상에 대한 통찰을 열어 보인다는 뜻이다. 문학을 창작하거나 수용하는 일은 인간과 인간의 현실에 대한 깊은 자각과 통찰을 통해 참자아의 삶이 무엇인가에 대한 깨달음을 드러내는 일과 다르지 않다. 참자아의 삶이 무엇인지 방향성이 드러남, 그것이 문학이 지향하는 바이고, 그것이 인간의 삶 속에 온전히 구현되었을 때 그곳이 바로 낙원이다.

문학을 통한 참자아의 드러남은 정서적·정신적 자유를 가져온다. 정서나 감정, 혹은 정신은 인간의 삶을 뿌리째 변화시킬 수 있는 힘을 가지고 있다. 문학은 주로 인간 삶의 뿌리를 총체적으로 다루고 있다는 점에서 현대 사회에서 발휘되는 힘이 크다. 누구나 문학을 통해 우리, 그리고 자신을 잘 인식하게 되지만, 그것에 사로잡혀 휘둘리거나 비틀거리지 않는다. 어떤 상황이나 어떤 상태에서도 스스로의 삶을 선택하는 자유를 얻는다. 성경의 이야기, 불경의 이야기, 고대의 서사시에서부터 세익스피어의 작품들, 오늘날의 소설과 시, 영화 등에서 인간의 삶과 자신의 삶을 인식하고 들여다보게 된다. 그리고 자신의 삶을 이해하고 전망하며 선택하게 된다. 만약 문학의 표면적 감정에만 휘둘린다면 진정한 문학체험이 아니다. 문학체험을 통한 자신의 삶에 대한 깊은 이해와 전망의 자유로운 선택이라는 점에서 진정한 문학은 유토피아를 지향하는 활동이다.

문학의 유토피아 지향성은 인간의 삶을 사랑으로 인도한다. 인간이 문학을 하면서 자신의 존재에 대한 깊은 성찰을 바탕으로 유토피아를 추구할 때 자연스럽게 자신과, 자신이 존재하고 있는 세계와, 타인에 대한 깊은 이해와 상호 결합, 그리고 '하나임'을 알게 되기 때문이다. 톨스토이는 「예술론」에서 예술의 사명을 '사람들의 행복이 그 상호결합에 있다고 하는 진리를 이성의 영역에서 감정의 분야로 옮기고, 현재 지배하고 있는 폭력 대신에 신의 나라, 즉 우리들 모두에게 인간 생활의 최고 목적이라고 여겨지고 있는 사람들의 나라를 수립하는 일'4)이라고 하였다. 그가 말하는 '신의 나라'는 바로 '사랑의 나라'이다. 흔히 종교에서 말하는 '신의 나라', '천국'이나 '극락'은 시공간적으로 사후 세계만을 의미하는 것이 아니다. 그것은 인간이 에고(ego)의 장애를 극복하고 우주만물이 하나임을 깨닫고 참자아(Self)를 드러내며 사랑의 삶을 사는 나라를 지칭하는 말이다.

---

4) 톨스토이/유상우 옮김(2012), 『톨스토이 인생론(참회록·예술론)』, 홍신문화사, 480쪽.

러시아의 철학자 미하일 바흐찐은 '존재한다는 것은 교류하는 것', '존재한다는 것은 다른 사람을 위해, 다른 사람을 통해, 자신을 위해 있다는 것'5)이라고 하였다. 결국 존재한다는 것은 주체와 대상, 즉 세계가 분리되어 있는 것이 아니라 하나로 연결되고 교류된 삶을 의미한다. 문학으로 존재하고 교류하는 인간은 문학으로 자신과 세계가 하나를 이루는 유토피아를 꿈꾸게 된다. 진정한 문학은 존재로서 자신과 세계를 함께 보기 때문에 항상 주변에서 자신을 보고, 타인을 통해서 자신을 보며, 타인을 보게 된다. 이는 바로 문학이 인간의 존재로서의 삶, 곧 사랑의 실현에 기여하는 바이다.

나. 문학 언어와 사랑

인간은 언어로 사고하고 언어로 문화를 형성하며 언어로 세계를 본다. 그런 점에서 언어는 인간이 세계와 대면하거나 세계를 이해하고 세계를 이루어가는 가장 중요한 도구이다. 하지만 언어는 그 자체로 한계를 가지고 있다. 언어가 세계 자체는 아니기 때문이다. 특히 인간이 사용하는 '언어는 (전문가적 허장성세와 함께) 분석력에 있어서는 어느 정도 효과가 있지만, 분석되는 대상 자체를 지칭하거나 그에 대한 존중과 배려, 애정, 헌신을 표현하는 데는 무능하다.'6) 일상 언어생활에서는 대부분의 사람들이 언어와 세계의 빗나감이나 차이에 깨어있지 못하지만 불편을 크게 느끼지 못한다. 이런 일상생활 속의 언어에 익숙하게 되면 편리하게 살아가지만, 언어의 상투성에 파묻히어 세계를 피상적으로 바라보고 '자동화'된 삶을 살게 된다. 이것이야말로 에고(ego)의 눈으로 틀을 지어 세계를 보는

---

5) 제레미 리프킨/이경남 옮김(2010), 『공감의 시대』, 민음사, 185쪽.
6) 웬델 베리/박경미 옮김(2006), 『삶은 기적이다』, 녹색평론사, 17-18쪽.

조건화된 삶이다.

문학 언어는 이러한 언어의 한계를 극복하고자 하는 언어이다. 일상 언어와 달리 문학 언어는 '낯설게 하기' 위한 언어이다. 일상 언어와 같은 모습을 하고 있지만, 문학 언어는 언어가 드러내는 세계를 매우 강렬하고 압축적으로 새롭게 바라볼 수 있게 만든다. 문학 언어는 독자가 훨씬 더 감각적으로 세계를 느낄 수 있도록 언어를 사용한다. 이때 문학의 독자는 피상적으로 바라보던 그 세계를 새롭게 볼 수 있고, 세계를 생생하게 느낄 수 있으며 자신의 습관적 인식을 벗어나 '진리', '실재'에 한걸음 다가서게 된다. 훨씬 더 생생하게 세계 속에 살아있게 되는 셈이다. 이는 일상 언어로 진리와 실재를 보지 못하는 인간에게 문학 언어를 통해서 '상투성'이라는 장애를 벗겨내어 진리와 실재를 볼 수 있도록 한다는 의미이다. 일상 언어의 상투성을 벗겨내는 다양한 '계획적 일탈'의 언어 장치들을 갖는다는 점에서 문학 언어는 특수하다. 문학 언어는 이러한 '일탈'의 언어를 통해서 삶을 강렬하게 경험할 수 있도록 한다. 이는 마치 한 순간 에고에의 집착을 벗어내고 참자아의 눈으로 세계를 보는 것과 유사하다.

이러한 일탈의 언어도 거기에 익숙해지면 또다시 새로운 상투성 속으로 침잠한다. 그래서 문학 언어는 끊임없이 무너지고 파괴되는 특성을 지닌다. 문학의 형식이 그러하고, 문학적 장치가 그러하고, 문학적 언어 자체가 그러하다. 이러한 점도 문학의 유토피아 지향적 특성을 드러내기도 한다. 진리를 제대로 보기 위한 노력, 참자아의 눈으로 세계를 보기 위한 끊임없는 노력이 곧 문학 언어이기 때문이다.

노자는 '불언지교(不言之敎)'[7]를 말하였다. 말로서 도(道)를 가르칠 수 없다는 말인데, 그렇다고 말을 사용하지 말라는 뜻은 아니며 그럴 수도 없

---

7) 『도덕경』 43장.

다. 인류의 성현들도 결국 말로 진리를 전하고 있다. 성경이나 불경 등 경전이 그러하고, 위대한 문학작품이 모두 말로 이루어져 있다. 인간은 한계를 가진 것이나마 말로 가르침을 주고받지 않을 수 없기 때문이다. 비유나 상징의 언어로 이루어진 문학은 인간의 언어가 가진 상투성을 피하고 어떠한 시대에도 새로운 깨달음을 전할 가장 좋은 방법이다. 하지만 말에만 붙들리어 상투화된 의미를 붙들고 있다면 성경에 나오는 '바리새인'과 다를 바 없다.

문학은 인간에게 유토피아, 즉 사랑의 나라를 깨닫도록 하고 경험하도록 가르치는 기능을 한다. 문학은 삶의 다양한 국면이나 시대에 맞게 사랑을 끊임없이 새로운 깨달음으로 구성하고 다시 구성하도록 하는 언어로 이루어진다. 그렇지만 문학은 결국 '사랑을 가리키는 손가락'이다.

다. 문학의 기능과 사랑

현대사회에서 문학은 그저 언어 사용의 특수한 한 형태로 치부되기도 한다. 문학을 즐거움과 교훈을 동시에 얻을 수 있는 교양적 차원의 도구로 바라보기도 한다. 또한 소유지향의 현대사회를 살아가는 사람에게는 '자기 증명' 차원에서 문학을 증명의 도구나 대상으로 여기기도 한다.

오랜 세월 문학은 인간이 그것에 대해 어떤 인식을 갖고 있던지 간에 인류에게 중요한 기능을 해 왔다. 테리 이글턴은 '많은 사회에서 문학은 종교적 기능과 같은 매우 실제적 기능을 했다'[8]고 말한다.

이를테면, 문학은 산업자본주의에 의해 사라진 창조적 가치들이 긍정될 수 있는 영역들 중의 하나였다. 산업자본주의는 인간의 노동을 소외시켰

---

8) 테리이글턴/김명환 외 역(1986), 앞의 책, 18쪽.

다. 인간은 일하는 도구로 전락하였으며, 자신의 일에 대한 전혀 창조적 가치를 느낄 수 없었다. 그와 달리 문학은 인간의 '상상력에 의한 창조'였으며, 이는 기계적 노동과는 달리 소외되지 않은 노동의 이미지를 가지고 있다. 산업자본주의 이후, 사람들은 자신을 포함하여 사물을 상품화하거나 시장경제의 거래 대상으로밖에는 볼 수 없게 되었다. 이들은 개별 사물의 고유성과 감각적 구체성을 무시하였으며, 세계 속의 주체와 대상은 극단적으로 분리하여 인식하게 되었다. 주체와 대상, 우주만물은 서로 하나로 연결된 총체성을 띠고 있다는 점을 전혀 인식하지 못하게 되었다. 이러한 때에 문학이 가지는 상징성은 '움직임과 정지, 혼란한 내용과 유기적 형식, 정신과 세계를 융합하였다. 상징의 물질적 동체는 절대적인 정신적 진실을 전달하는 매체로서 비평적 분석이라는 애먹이는 과정에 의해서가 아니라 직접적인 직관에 의해 인식'[9]되는 것으로 기능하였다. 한때 문학은 종교의 역할을 대신할 것을 요구받기도 하였다. 옥스퍼드대학의 초기 영문학 교수인 조지 고든(George Gordon)은 병든 영국을 구할 것은 문학이라고 보았다. 그는 문학이 "우리를 즐겁게 해주고 우리에게 교훈을 주는 기능은 여전하지만 그밖에도 무엇보다도 우리의 영혼을 구하고 국가를 치유할 기능도 갖게 되었다."[10]고 역설하였다.

역사적으로 드러나는 이러한 일들은 문학의 기능적 특성을 잘 설명해 준다. 바로 문학이 인간의 정서적 즐거움과 치유, 정신 및 영혼의 구원, 진정한 사랑과 관련되는 일을 은연중에 담당하여 왔다는 사실이다. 문학이 이러한 기능을 할 수 있도록 한 것은 첫째, 문학이 인간의 삶을 이성과 지성, 감성, 영혼으로 구분하지 않고 융합된 삶 자체로 다루고 있다는

---

9) 테리이글턴/김명환 외 역(1986), 위의 책, 33쪽.
10) 테리이글턴/김명환 외 역(1986), 위의 책, 35쪽.

점에서 가능하다. 문학은 삶의 진리를 분절적으로 설명하거나 지적하지 않고, 있는 그대로 유기적 형상으로 보여주며 전망을 선택하도록 도와준다. 둘째, 문학은 구체적 삶을 제시하되 형상화하여 '가능 유일의 세계'를 창조한다는 점에서 삶과 닮아 있기에 가능하다. 독자는 독자적 유일 세계인 문학작품을 전체로 바라보게 된다. 인간의 존재로서의 삶은 '같은 강물을 두 번 건널 수 없다'는 말에서처럼 매 순간이 유일한 세계이며, 우주 만물 속의 인간은 하나이면서도 개별적인 삶, 유일한 크로노토프(chronotope) 안에서의 삶을 살아간다. 셋째, 문학의 상징성은 구체적으로 형상화된 삶의 개별성에 그치는 것이 아니라, 그것을 초월하여 온 인류와 자연이 서로 연결된 하나임을 인식하도록 하는 기능을 해 왔다. 많은 종교 경전이 문학 언어로 이루어져 있다는 점은 이를 증명하는 일이다. 일상 언어로는 결코 인류가 발견한 핵심적인 영원한 진리를 전달할 수 없다. 문학적 언어, 상징적 언어가 아니고는 영원하면서도 개별적인 진리를 표현할 수 있는 말이 없기 때문이다.

궁극적으로 문학의 기능은 인류의 삶을 사랑으로 이끌어가는 데에 기여하지 않을 수 없다. 특히 문학은 종교처럼 주로 인간의 정서와 체험을 통해 작용한다. 현대사회에서 힘을 잃은 종교가 담당할 수 없는 이데올로기적 직무를 수행하도록 이용되기도 하였다. 정서와 체험은 그만큼 인간을 통째로 움직일 수 있는 힘을 가지고 있다. 사랑은 이데올로기가 아니다. 이데올로기는 인간의 에고(ego)에 의해서 생산된 사고의 결과이지만, 사랑은 인간의 참자아(Self)에서 우러나오는 존재로서의 삶에서 비롯되기 때문이다. 문학이 이데올로기의 수단이 되는 것은 문학의 존재 의의에 맞지 않지만, 문학이 인간에게 사랑을 가르치는 것은 본연의 존재 가치이다.

라. 문학체험과 사랑

문학은 체험된다. 문학이 '체험'된다는 의미는 주체와 대상이 분리되지 않는다는 말이다. 이는 특히 수용미학의 여러 학자들이 주장하는 바에서 잘 드러난다.

가다머는 문학에 대한 모든 이해는 항상 새롭고 생산적이며 현재적이라고 보았다. 그에 따르면 독자의 '지평'이 문학작품의 '지평'과 융합될 때만 진정한 이해에 도달한다. 그와 동시에 융합된 지평을 끌어들여 독자 자신의 존재에 대한 더 완벽한 이해에 도달한다고 보았다. 문학의 체험적 특성을 잘 드러내는 말이다. 대상으로서 존재하는 문학이 아니라, 독자가 문학과 하나 되고 자신을 더 깊이 이해하게 되는 체험적 성격을 가진 문학을 강조하는 말이다.

수용미학의 대가 이저(Wolfgang Iser)도 문학작품을 읽는 독서는 결과적으로 '자신을 읽는 것'이라고 하였다. 그가 생각하는 가장 효과적인 문학은 '독자로 하여금 자신이 습관적으로 취하게 되는 약호들과 예상들을 새로이 비판적으로 자각할 수밖에 없도록 해주는'[11], 독자로 하여금 깨어있게 해주는 작품이다. 그리하여 독자가 문학을 읽는 일은 자신의 상투적 인식 습관을 깨뜨리고, 자신의 진정한 존재적 정체성을 자각하는 일이다. 이 또한 문학이 가지는 체험적 특성을 말하고 있다. 독자가 문학작품을 보면서 자기 자신을 읽는다는 것은 문학을 체험하지 않고는 이루어질 수 없는 일이기 때문이다.

문학의 체험적 특성은 문학을 대상화하며 분석하고 거리를 두어서는 결코 제대로 문학을 이해할 수 없다는 점에서 더 명확하게 확인된다. 하

---

11) 테리이글턴/김명환 외 역(1986), 위의 책, 101-103쪽.

이데거는 문학을 해석하는 일은 인간이 하는 것이 아니라 '저절로 일어나는 일'이라고 보았다. 이는 독자가 수동적으로 텍스트에 자신을 열어젖히고 체험함으로써 이해가 일어난다는 말이다. 문학작품의 해석은 독자의 의식뿐만 아니라 체험을 통해 무의식적 영역까지 총체적으로 이루어지는 일이기도 하다. 이는 '존재'를 주객 양자를 포함하는 것으로 본 하이데거 철학의 핵심과도 통한다.

헤르만 헤세는 문학을 이해하는 것에 대하여 결코 이론적 연구를 통해서 알 수 없다며 문학의 체험적 특성을 강조했다. 그는 '네가 좋아하는 나무나 꽃을 식물학 교과서에서 알게 된 것이 아니듯이, 너는 네가 좋아하는 책들을 문학사나 이론적 연구를 통해 알 수는 없을 것'[12]이라고 하였다. 이 또한 좋아하는 것과 이해하는 것은 모두 '체험'에서 비롯되며 문학은 체험되는 것임을 강조한 말이다.

문학의 체험적 특성은 문학 읽기를 '창조적 행위'로 만들어 준다. 인간의 삶은 '참자아(Self)'를 알고 체험하는 일이다. 존재로서의 삶이 갖는 매 순간은 늘 새롭게 창조되는 기쁨을 누리지 않을 수 없다. 인간의 삶은 '체험 자체가 반응이 아닌 행위'이며, 삶은 '소유물이 아닌 창작물'[13]이다. 문학의 체험은 마치 이러한 삶의 창조적 행위와 유사하다. 문학을 읽는 일도 매번 새로운 창작이며 새로운 글쓰기이다. 모든 문학작품은 무의식적이긴 하지만 그것을 읽는 독자에 의해 '다시 씌어진다.'[14] 어떤 독자가 같은 작품을 여러 번 읽을 때라도 그때마다 새로운 이해에 도달하는 창조적 행위일 수밖에 없다. 이는 체험이 갖는 창조성을 문학이 갖고 있음을 보여준다.

---

12) 헤르만 헤세/폴커 미헬스 엮음/이재원 옮김(2012), 앞의 책, 125쪽.
13) 닐 도널드 월시/이현정·조경숙 옮김(2001), 『신과 나눈 교감』, 한문화, 139쪽.
14) 테리이글턴/김명환 외 역(1986), 앞의 책, 22쪽.

창조적 행위란 결과적으로 매우 능동적 행위라는 의미를 포함한다. 문학을 읽는 행위는 이해가 저절로 일어나는 수동적 행위이기도 하지만, 새로운 독창적인 의미의 창조를 이루는 능동성을 가지고 있다. 한편의 문학을 체험하는 것은 독자를 '내적 능동성의 상태'에 이르게 한다. 내적 능동성을 에리히 프롬은 자기 자신을 깊이 의식하고 있는 사람, 혹은 한 그루의 나무를 그저 쳐다보는 것이 아니라 진실로 '보는' 사람, 혹은 시를 읽고 시인이 언어로 표현한 감정의 움직임을 자신의 내부에서 경험하는 사람 속에서 진행되고 있는 과정-그 경과는 아무 것도 '생산'하지 않지만 매우 생산적일 수 있다15)라고 말하였다. 이러한 내적 능동성의 상태를 문학의 수용과 생산에서 체험하게 된다.

문학의 체험이 인간의 신적 형상을 발견해 나가는 일임을 드러내는 헤세의 말은 매우 의미심장하다.

사람들이 스스로 체험한 것, 혹은 체험한 것 중에서 내면의 재산으로 남은 것에 대해 서로 이야기하는 일은 지상에 삶이 존재하는 한 결코 중단되지 않을 것이다. 그리고 이러한 사람들 중에서 자신이 체험한 것을 태곳적부터 내려온 세계 법칙의 표현이자 상징으로 만드는 사람들, 무상한 것 속에서 영원을 보고 변화하고 우연한 것 속에서 신적이고 완전한 것의 흔적을 보는 그런 사람들이 계속해서 존재할 것이다.16)

문학의 체험적 특성은 문학이 '존재로서의 삶'을 위해 기능할 수 있음을 잘 보여준다. 문학의 체험은 결국 자기 이해와 자기 인식의 깊이를 더해가는 일이며, 참자아의 발현에 몸을 맡기는 수동성을 지니면서도 유일

---

15) 에리히 프롬/이철범 옮김(2011), 『소유냐 존재냐』, 동서문화사, 129-130쪽.
16) 헤르만 헤세/폴커 미헬스 엮음/이재원 옮김(2012), 앞의 책, 118쪽.

세계로서의 삶을 창조하는 일이다.

문학체험의 창조성과 내적 능동성은 독자를 사랑으로 이끈다. 창조성과 내적 능동성은 결코 에고(ego)에 집착하여 휘둘리면서 누릴 수 있는 삶이 아니다. 인간의 창조적 기쁨이나 내적 능동성의 상태는 참자아(Self)의 드러남에 의해 이루어지는 일이다. 인간의 본성적 근원인 참자아는 바로 '사랑'이다. 인간의 창조적 기쁨이나 내적 능동성은 어린아이들의 자발성에서도 발견할 수 있다. 에리히 프롬은 어린아이의 자발성은 에고에 의한 고립의 공포심을 극복할 수 있다고 하였다. 그는 사람은 자아의 자발적 실현에서 자신을 인간이나 자연 또는 자기 자신과 결부시킨다고 보았다. 또 '사랑은 자아를 상대 속에 용해시키는 것도 아니고, 상대를 소유하는 것도 아니며, 상대를 자발적으로 긍정하며, 개인적 자아의 보존을 바탕으로 하여 다른 사람과 결합시키는 것'으로 '분리를 극복하려는 욕구에서 생겨나며, 일체로 이끌지만, 개체성을 배제하지 않는'[17] 것이라고 하였다. 이러한 점은 문학의 체험적 특성이 독자를 사랑의 체험으로 안내함을 알 수 있게 한다. 독자는 문학을 통해 자신의 내적 세계를 더 많이 체험함으로써 사랑을 알아가고 자신과 타인과 자연을 사랑할 수 있는 힘을 얻는다.

2. 문학교육과 사랑교육

문학교육도 인간을 인간답게 살아가도록 하는 교육 가운데 하나이다. 근현대 교육이나 근현대 문학교육이 앞에서 논의한 여러 가지 고통을 치유하고 진정한 인간으로서의 삶을 이끌어 내는 데에 제대로 기여하지 못

---

17) 에리히 프롬/원창화 옮김(2014), 『자유로부터의 도피』, 홍신문화사, 216-217쪽.

한 점을 인정하지 않을 수 없다. 근현대 교육 패러다임에서 나름의 기여를 하였다고 볼 수 있지만, 앞으로 탈현대 사회의 문학교육으로 적합하기 위해서는 더 많은 변화가 필요하다. 특히 '고통'의 치유를 넘어서서 진정한 인간으로서의 삶을 누리도록 돕는 교육이 되어야 한다.

미래사회의 문학교육은 패러다임의 변화 속에서 스스로의 역할을 찾아내어야 한다. 인공지능의 발달에서 비롯되는 4차 산업혁명의 시대는 산업만을 바꾸는 것이 아니라 교육과 정치와 문화와 예술 등 삶의 전반을 획기적으로 변화하게 할 수 밖에 없다. 특히 현대가 가지고 있는 이성 중심, 감정 중심, 인간의 욕망을 중심으로 하는 직업교육과 삶의 틀을 통째로 변화시켜 인간의 진정한 '속사람'의 삶으로서 본성을 실현하는 방향으로 전환될 수밖에 없다. 문학교육도 인간의 진정한 본성으로서 '참나의 노래'를 문학과 더불어 향유 '하는' 사람을 기르는 교육이 되어야 한다. 문학을 '향유한다'는 말은 자신과 세계와 문학이 하나 되어 자신을 바라보고, 타인을 바라보며, 세계를 바라보는 일을 의미한다. 이는 문학으로 삶을 체험하고, 누리고, 성찰하고, 소통한다는 뜻이다. '문학을 향유하는' 것은 문학을 어떤 객관적 대상물로 여기는 것이 아니어야 한다. 문학은 분석하고 해부하고 탐구하여 축적하고 익혀야 할 객체가 아니기 때문이다. 문학을 한다는 말은 인간이 문학작품과 하나 되어 인간의 진정한 '존재로서의 삶'을 추구하고 참나를 살아가며 영위하는 것이다. 문학교육은 이런 문학 '향유하는' 일을 돕는 교육을 의미한다.

'문학 향유하기'가 세계 속에서 문학과 독자가 하나 되는 '체험'을 통해 삶을 바라봄으로써 '존재로서의 삶'을 살도록 한다는 점에서 사랑교육과 접속하게 된다. 사랑교육은 인간이 자신의 본성(本性)인 사랑, 참나(眞我)를 회복한 삶을 살도록 돕는 일이다. 사랑교육은 세계와 분리되고 세계로부터 소외된 인간에게 '세계와 하나 되는 삶'을 경험하도록 도와줌으로써 에고(ego)를 벗어버리고 참자아를 회복하도록 돕는 교육이다. 이 사랑교육의 과정에서 문학은 매우 효과적이다. 특히 '세계와 하나 되는 경험'을 즐겁고도 효율적으로 체험 '하도록' 도울 수 있는 것이 문학이다.

현대 학문은 대부분 인간의 이성을 바탕으로 합리적으로 자신의 이익을 추구하는 인간을 전제하고 있다. 잘게 쪼개어진 현대 학문을 깊이 공부하면 할수록 더욱더 합리적이고 이기적인 인간이 될 수밖에 없다. 이러한 현대의 인간 욕망 중심의 관점에 바탕을 둔 문학교육은 인간의 고통을 치유하지 못할 뿐만 아니라 미래사회의 문학교육으로서 적합하지도 않다.

제4차 산업혁명은 인간에게 훨씬 더 인간다운 삶을 향유할 수 있는 여건을 조성하여 제공할 가능성이 크다. 노동이나 지식의 축적에 대한 부담을 덜고 진정한 인간으로서 '참나'를 자각하고 인간의 본성을 발현하며 진정한 사랑을 회복한 삶의 여건을 열어 나가야만 될 시점에 와 있다. 이제 제4차 산업혁명으로 노동의 큰 두 가지 축인 근력과 두뇌 가운데 근력은 기계화로, 두뇌는 인공지능으로 분담하게 되면서 인간의 노동은 더 이상 필수가 아니고 선택도 아니다. 탈현대 사회는 인간의 욕망을 넘어서 진정한 인간이 무엇이며 '참나'로서의 삶이 무엇인가에 대한 자각과 실천으로 이어질 것이다. 문학을 비롯한 예술은 인간 이성이나 합리성보다는 감성이나 정서, 영혼과 관련되기 때문에 현대 학문의 이러한 맹점을 극복할 뿐만 아니라 미래사회에서 '참나'의 삶을 자각하고 실현하는 데에 기여할 바가 크다. 그 가운데도 문학은 인간의 삶에 대한 자기 성찰적 기능을 가지고 있어서 인간의 사랑을 회복하는 일을 돕는 데에 근본이 될 수 있다고 본다.

가. 문학에 내재하는 사랑교육의 자질들

1) '체험'

인간이 온 세상 사람의 삶을 다 알 수는 없다. 삶은 오직 경험을 통해서만 알 수 있기 때문이다. 삶은 언어로 다 표현되기 어렵다. 언어는 주체와 대상을 구분하고 대상을 분석하고 지시하는 데에 더 유용한 도구이기에 삶을 있는 그대로 표현하는 데는 한계가 있기 때문이다. 특히 언어로 표현할 수 없는 것을 표현하기 위한 인간의 노력이 문학을 탄생시켰다. 문학은 역시 언어로 이루어지긴 하지만 삶을 '경험'할 수 있도록 언어화한다. 비록 그것이 완벽하지 않더라도, 문학작품은 독자로 하여금 삶의 총체성을 경험하도록 다양한 장치를 해 놓은 예술이다.

인간은 문학을 경험함으로써 실제 현실에서의 삶보다도 더 깊은 체험을 할 수 있다. 그것은 문학이 인류에게 줄 수 있는 가장 큰 선물 가운데하나이다. 우선, 문학은 인간의 시공간적 한계를 뛰어넘는 '체험'을 가능하게 한다. 단순히 인간이 갈 수 없는 시공간을 상상으로 다녀올 수 있다는 의미가 아니다. 문학의 언어는 바로 그 상상력을 자극한다. 인간의 삶은 개체로서 한 인간이 살아가고 있는 '지금 여기'를 넘어선 세계와도 연결된 하나이기 때문이다. 오늘 여기서 일어나고 있는 일들은 다른 공간이나 시간에서의 일들과 관련을 맺고 있다. 문학의 시공간은 이런 인간이 현실에서 체험할 수 있는 시공간적 한계를 넘어서 있다. 두 번째는 여러 문학적 언어 장치의 사용이 인간의 현실 체험보다 문학체험을 더 깊이 있게 한다. 문학 언어는 일상 속에 파묻힌 인간이 거의 아무런 감각조차 없이 바라보던 세계를 화들짝 놀라며 깨어나서 다시 들여다보게 만든다. 바로 문학의 '낯설게 하기'가 그것이다. 문학을 통한 체험은 일상생활과 다른 삶을 살아보는 것이 아니라, 일상의 인간 삶을 '유심히' 들여다보고 체험할 수 있도록 한다는 점에서 실제보다 더 총체적인 체험을 가능하게 한다.

삶의 체험은 인간으로 하여금 사랑으로 한 걸음 더 다가서게 한다. 삶을 경험한다는 것은 뭔가를 '알아내거나' 이해하는 것이 아니라, 삶 속에서 고통 받는 것이며, 동시에 있는 그대로 삶을 기뻐하는 것[18]이다. 인간은 삶을 경험하면서 자신을 이해하게 되고 자신을 기뻐하게 된다. 그리고 자신의 존재를 사랑하게 된다. 자신의 존재를 사랑한다는 말은 바로 세계를 사랑한다는 말이다. 헤르만 헤세는 '사람들은 서로 사랑하지 않는 한 서로를 이해하지 못한다. 그리고 외적인 것보다 자기 자신 안에서 세계를 더 많이 체험할 때만 서로를 사랑할 수 있다'[19]고 말했다. 외적인 체험보다는 '자기 자신 안에서 세계를 더 많이 체험' 할 때 서로 사랑한다는 말은 곧 세계 속의 자신과 타인의 존재 전체를 더 많이 체험하고 이해하고 사랑하게 될수록, 더 사랑이 많은 존재가 된다는 말이다. 이는 바로 문학이 사랑교육에 가지는 의의이다.

2) 공감(empathy)

인간은 본성적으로 공감(empathy)하는 능력을 가지고 있다. 이성적 판단이나 계산에 의한 공감이 아니다. 인간의 참자아는 자신과 타인의 '하나 됨'을 살기 때문이다. 맹자는 '인(仁)의 샘물론'[20]을 주장하였다. 그는 사

---

18) 웬델 베리/박경미 옮김(2006), 『삶은 기적이다』, 녹색평론사, 18-19쪽.
19) 헤르만 헤세/폴커 미헬스 엮음/이재원 옮김(2012), 앞의 책, 9쪽.
20) 유학의 인(仁)은 곧 사랑을 의미한다. 공자는 '자기를 극복하여 예로 돌아가면 인(仁)이 된다(克己復禮爲仁)'고 하였다. 맹자는 인간은 누구나 자신의 마음속에 무한한 용량을 가진 사랑의 샘을 가지고 있으며, 한 번 그 샘에서 물이 솟아나기 시작하면 주변의 구덩이를 채우고, 흘러 넘쳐 들판을 적시고 넓은 바다로 흘러간다고 하였다. 문제는 이 샘의 입구를 막고 있는 바위가 있는데, 그 이름이 곧 '나'라는 하는 생각이다. 극기복례란 바로 그 바

람은 우물에 빠지려는 어린아이를 보면 누구나 달려가 그 아이를 끌어안
는다는 것을 증거로 들었다. 이때 중요한 것은 아이를 끌어안는 사람은
타인의 칭찬이나 비난을 생각하고 아이를 구하는 것이 아니라는 점이다.
즉 아이를 구하는 일은 이성적으로 옳은 일이라고 판단하여 이루어지는
일이 아니라는 것이다.[21] 인간의 본성 깊은 곳에 있는 사랑이 무의식적으
로 아이를 끌어안아 구하도록 한다는 말이다.

사랑의 철학자라고 불리는 레비나스는 타인의 얼굴에 응답하는 것이
진정한 사랑이라고 말한다. 즉 세계 안의 인간은 자아(moi)가 자기자신
(soi-même)이라고 여기며 살아가지만, 진정한 사랑의 존재는 '자아와 자기
의 관계'를 깨뜨리는 '초월'[22]을 통해 살아간다. 인간에게 '초월'을 통한
사랑의 삶을 가능하게 하는 것은 바로 '타자의 얼굴'에 응답하는 일이다.
성경에 나오는 가난한 자, 과부와 고아, 이방인에게 응답하는 것이 바로
타자의 얼굴에 응답하는 일이다. 그들에게 응답하여 '자기 자신에게 이익
이 되지 않는 수고'를 하는 것은 개인이 자아와 자기 자신의 관계를 '벗
어나' 초월적 삶을 사는 길이다. 이때 '타자의 얼굴'은 내가 소유하고 지
배하려는-나의 이익으로 환원하려는-힘을 무력화하고 나의 이익이 없
는 수고를 하도록 하는 신의 계시와도 같은 것이다.

동서양의 두 사상가의 사랑에 대한 이야기에서 공통되는 점은 바로 이
해관계를 떠난 인간적 깨어남을 통한 '공감(empathy)'이 사랑을 이룬다는

위를 치우면 예로 돌아갈 수 있고 그것이 인(仁)이 되는 길이라는 말이다.
21) 정재걸·이현지(2014),「유학의 본성과 탈현대교육」,『초등도덕교육』, 한국초등도덕교육학
회, 412쪽.
22) 그의 철학에서 '벗어남', '무한한 미래의 도래', '존재와 다르게'됨, '무한자로의 초월'은
모두 '초월'을 표현하는 말인데, 이는 엑카르트의 '초탈'과 다르지 않아 보인다. 에마뉘엘
레비나스/서동욱 옮김(2003),『존재에서 존재자로』, 민음사. 강영안(2005),『타자의 얼굴』,
문학과 지성사 참조

점이다. 맹자는 자신에 대한 칭찬이나 비난과 관계없이 위험한 아이를 공감하는 마음으로 구하는 것을 '인(仁)' 곧 사랑이라고 말한다. 레비나스도 자기 자신의 이익을 따지지 않는 수고로 타자의 얼굴에 공감하여 응답하는 것을 '초월' 곧 사랑에 이르는 길이라고 말한다. 영어의 공감(empathy)의 어원은 독일어 아인퓌룽(einfürung)이고 이는 '—속으로 들어가서 느끼다'는 뜻23)이다. 우리말로는 '감정이입'이라는 말로 불리기도 한다. 인간의 참자아(Self)는 서로 하나로 연결되어 있기 때문에 의도적으로 공감하려고 노력하지 않아도 저절로 느끼게 된다. 다만, 그 참자아를 막아선 에고에의 집착을 벗어버리는 일이 필요할 뿐이다. 이는 곧 공감 능력을 확대하는 일이 된다. 문학은 참자아를 가리고 있는 에고에의 집착을 벗을 수 있는 기회를 마련한다.

톨스토이는 예술은, 예술 그 자체로서 사람들을 연결시키는 특성을 가지고 있다고 말했다. '어떤 예술이나 예술가에 의하여 전달된 감정을 받아들이는 사람들을 먼저 예술가와, 그 다음으로는 같은 인상을 받은 모든 사람들과 정신적으로 일치시키는 일'을 예술이나 문학이 한다고 보았다. 공감은 '상상력을 발휘해 다른 사람의 처지에 서보고, 다른 사람의 느낌과 시각을 이해하며, 그렇게 이해한 내용을 활용해 당신의 행동지침으로 삼는'24) 일이기 때문일 터이다.

문학은 이러한 인간의 '공감' 능력에서 비롯되며 그 공감 능력을 기른다. 문학에서의 공감은 이성에 호소하는 설득에 의해서만이 아니라, 감성이나 영혼에 호소하는 감동을 통해 이루어진다는 점에서 그 힘이 더욱 크다. 특히 문학작품 속 인물이나 작가에 대해 이러한 공감을 느끼는 것은

---

23) 로먼 크르즈나릭/김병화역(2014), 『공감하는 능력』, 더퀘스트, 51쪽.
24) 로먼 크르즈나릭/김병화역(2014), 위의 책, 12쪽.

영혼을 소통하는 과정이다. 다른 사람들과 공감하고 다른 사람을 자신과 동일시하는 행동, 타인의 얼굴을 보는 일은 사회적 신분이나 각종 차별을 초월하는 것으로 현실의 삶을 사랑으로 인도할 수 있는 힘을 가진다. 실제로 세계나 타인을 과학적인 방법으로 관찰하고 분류하는 사람은 결코 그들과 하나가 되지는 못한다. 진정한 통찰력은 오히려 다른 사람이나 대상과 공감하며 합일을 이룰 때에 제대로 얻을 수 있다. 문학하기는 다양한 세계 속의 사람을 만나고 공감하며 진정으로 통찰하는 힘을 길러준다. 그리하여 사랑의 빛을 드러낼 수 있게 도와준다.

3) 성찰

문학은 자신과 세계를 들여다보도록 만드는 성찰적 예술이다. 사랑교육이 문학체험을 통해 이루어질 때 독자에게 가장 먼저 가장 흔히 하는 활동은 자신의 삶을 잘 들여다보고 탐구하게 하는 일이다. 문학체험을 '거울과 유리창'에 빗대어 말하기도 한다. 거울은 보는 사람의 모습을 비추어 보여준다. 유리창은 투명한 바깥 세계를 보여주지만 결국 바깥 세계와 더불어 보는 자의 모습도 유리창에 비춰진다. 문학작품을 읽는 일을 거울과 유리창에 빗대어 표현하는 이유는 문학작품의 세계를 읽는 동안 독자 자신이 무엇을 느끼고 어떻게 반응하는지를 '바라볼' 수 있기 때문이다. 문학작품 세계와 일상 세계는 같지 않지만 닮아있기에 일상의 내 삶을 비추어 볼 수 있다. 일상의 세계에서 일어나는 일에 대한 이러저러한 태도와 마음을 문학작품 세계에서 상상으로 느껴보고, 실제의 느낌과 대조해 보기도 하며, 자신만이 아닌 다른 사람의 마음과 세계의 다른 사물까지 살피며 '살아볼' 수 있다.

문학은 자기성찰(自己省察)로 자신의 안과 밖을 동시에 바라보는 삶을 살아볼 기회를 준다는 점에서 사랑교육을 하기에 가장 적합한 것 가운데 하나이다. 유학에서 인(仁)은 자신의 안과 밖을 되비추어보는 깨어있음에서 비롯된다고 하였다. 안을 비추어 봄으로써 자신의 본성이 사랑임을 깨닫고, 밖을 비추어 봄으로써 우주 삼라만상이 사랑 속에 있음을 깨닫게 된다는 말이다. 그래서 유학에서는 외부에 대해 민감하게 깨어있지 못함을 불인(不仁), 즉 마비(痲痺)라고 한다. 예수의 사랑도 자기성찰적 깨어있음에서 그 빛이 드러난다. 예수도 십자가에 못 박히며 인간적인 고통으로 괴로워했다. 무엇이 참자아의 삶인지에 민감하게 깨어있던 그는 자신의 못 박힘이, 자신의 죽음이 곧 진정한 삶이요 사랑의 완성임을 알았다. 에고(ego)에만 휩쓸려 살아가지 않는 참자아(Self)의 깨어있음이 바로 사랑이다.

결국 자기성찰에서 궁극적으로 얻으려고 하는 것은 사랑이다. 사랑은 참자아에 의해 사는 삶에서 드러난다. 안젤름 그륀은 '신이 인간을 다스려야지 에고가 인간을 다스려서는 안 된다. 신이 다스릴 때 인간은 타인의 요구와 판단에서 자유로워질 수 있다. (중략) 신을 자기 인식의 틀에 끼워 맞추려 하면, 나는 결코 신이 만든 유일한 인간이 될 수 없다'[25]고 말했다. 그가 말하는 '신'이란 바로 우리 자신의 영혼의 근저에 있는 '참자아'를 말한다.

종교교육학자 헬가콜러-슈피켈은 아이들이 성경 속 이야기를 통해 '혼자 있어도 외로움에 병들지 않은 채 잘 견딜 수 있고, 세상이 던지는 임무와 도전에 당당히 맞서며 희망을 잃지 않도록 도와주는 상징적 공간을 창조한다'[26]고 말한다. 문학 속의 상징적 공간과 형상은 그곳으로 가는 사람에게 위로를 주고 상실을 견딜 수 있게 해주며 참자아를 느끼고

---

25) 안젤름 그륀 · 얀 우베 로게/장혜경 옮김(2012), 『아이들이 신에 대해 묻는다』, 215쪽.
26) 안젤름 그륀 · 얀 우베 로게/장혜경 옮김(2012), 위의 책, 77-79쪽.

창조할 수 있는 기회를 준다. 좋은 문학작품, 진정한 문학하기는 삶의 고통과 기쁨 등 다양한 감정이나 정서를 '있는 그대로' 잘 느끼게 해준다. 그것으로부터 억압받거나 도망치거나 현혹되는 것이 아니라 신중하고 사려 깊게 대면하면서 자신의 '참자아'를 탐색하고 그 삶을 사는 방법을 깨달을 수 있는 기회를 준다.

4) '지금-여기'의 완전성

사랑교육은 인간의 매 순간이 사랑이 되도록 돕는 일이다. 매 순간 사랑이 되는 삶이란 매 순간 '자기 자신'을 사는 삶에서 이루어진다. 진정한 자기 자신이 되지 않고 여러 가지 거짓된 자신에 휘둘릴 때 사랑을 잃을 뿐 아니라 자신이 소외된 삶을 살게 된다. 삶을 두려워하게 된다. 사랑은 한 사람이 온전히 '지금-여기'의 삶을 살아갈 때 더 잘 드러나게 된다.

문학은 언제나 지금-여기의 삶을 바탕으로 해석되고 체험된다. 문학의 가장 큰 특징은 읽는 이에 따라서 문학체험이 달라지며, 같은 이가 읽어도 언제 어떻게 읽었느냐에 따라서 새로운 체험을 하게 된다는 점이다. 시공간을 초월한 절대성보다는 다양한 상징적 의미로 이루어져 지금-여기에 알맞은 체험이 된다는 점에서 문학은 읽는 이의 구체적 삶에 따라, 문학을 읽을 때마다 지금-여기로 돌아오게 한다. 결국 지금-여기의 자신을 잘 살펴보게 하고, 성찰하게 하며, 지금-여기의 삶을 새롭게 창조하는 일이 문학체험에서 이루어질 수 있다.

이는 매우 구체적인 피조물로서 유일자인 인간의 삶의 경험을 가능하게 한다. 과학이나 분리된 교과가 관념적 유형과 표본으로 실제 삶을 축소하고 해설하며 형식화된 지식을 제시하는 것과는 매우 대조적이다. 문학은 독자에게 개념과 추상화된 범주를 제시하는 것이 아니라 고유한 생명과 세계를 지닌 구체적 인간으로서 삶의 체험을 제시한다. 웬델 베리는 우리가 사랑하는 것을 옹호하기 위해서는 구체화하는 언어를 구사할 필요가 있다고 주장한다. 인간은 구체적으로, 개별적으로 아는 것을 사랑하게 되기 때문이다. '과학적 언어는 특정한 사물을 알고 또 확실하게 알도록 우리를 도울 수 있지만, 궁극적으로 가치 있는 것들을 보호하는 것은 친숙함과 경외, 애정 같은 언어'27), 즉 문학 언어이다.

문학 언어는 언어의 한계를 뛰어 넘고자 하는 언어이다. 일반 언어는 세상 삼라만상이 갖는 매 순간마다의 창조성을 구체적으로 포착하지는 못한다. 온 세상의 모든 피조물은 매 순간 같은 모습이 아니다. 하늘은 매 순간 다르지만 '하늘'이라는 한 언어로 사용한다. 온 세상에 셀 수도 없이 많은 모든 은행잎은 똑같지 않다. 모양이나 크기나 색깔 등 어디가 달라도 다르다고 한다. 그런데도 '은행잎'이라는 하나의 낱말로 표현할 뿐이다. 언어는 기호이기 때문에 어떤 형태로건 유형화하고 개념화한다. 문학 언어는 바로 그러한 언어의 상투성을 벗어난 언어 사용으로 구체적인 매 순간의 반복될 수 없는 세상을 경험하도록 의도한다. 문학 언어의 끊임없는 무너짐은 바로 그 반복될 수 없는 새로운 세상, '지금 여기'의 새로움을 드러내기 위해서는 불가피하다.

'문학하기'에서는 문학작품을 창작하는 작가만이 창조적인 것은 아니다. 읽는 이도 같은 문학작품을 읽을 때라도 자신의 삶에 새로운 지평을 열게 된다. 그는 살아가는 매 순간순간을 유일한 크로노토프(chronotope) 안에서 바라보기 때문이다. 문학작품을 읽을 때마다 새로운 자신을 만나게 되고, 새로운 자기 자신을 발견하고 창조하는 활동을 하게 된다.

사랑은 '참자아의 삶'일 뿐, 결코 절대적 · 개념적으로 정의되지 않는다.

---

27) 웬델 베리/박경미 옮김(2006), 앞의 책, 66쪽.

마찬가지로 제대로 문학을 체험하는 일은 언제나 세계와 문학하는 이와 더불어 하나의 온전한 삶을 이루는 일이다. 문학으로 자신을 새롭게 해석하고 창조하면서 그 힘으로 세상을 새롭게 바라보고 새롭게 체험하며 살아갈 수 있다. 그리고 삶의 매 순간 '체험 자체가 반응이 아닌 행위임을, 너희의 소유물이 아닌 창작물'[28]임을 깨닫는 온전한 사랑이 될 수 있도록 사랑교육이 안내할 수 있다.

5) 학교 문학교육의 극복

문학을 통한 사랑교육은 현행 학교 문학교육의 문제를 극복하는 데에 도움이 될 수 있다. 현행 학교교육으로서 문학교육은 근대교육이 안고 있는 구조적 결함을 그대로 안고 있다. 이성 편향 교육의 한 분과로서 문학교육은 참여자, 즉 문학교과 전문가나 교사, 학생, 학부모 모두가 '교과로서' 문학교육을 인식하고 있어 진정한 문학체험을 하는 기회를 오히려 빼앗는 경우를 보이기도 한다.

우선 국민공통교육과정에 따른 현행 문학교육의 가장 큰 목표는 '총체적 삶의 이해'와 '심미적 정서와 상상력'을 기르는 데 있다.[29] 이들 목표는 모두 인간의 기능을 기르는 데에 초점을 두고 기술되고 있다. 그 기능을 길러서 궁극적으로 어떤 인간이 되기를 지향한다는 말인지는 모호하다. 문학이 이데올로기의 도구가 되어서는 안 되겠지만, 삶의 도구인 것만은 틀림없다. 삶에 기여하지 않는 문학을 많은 시간과 노력을 들여서 할 필요는 없기 때문이다. 현행 학교교육의 교과들은 잘게 나누어지고 분리된 교과로 실행되다보니 참여자로 하여금 삶의 방향을 생각하지 못하고

---

28) 닐 도널드 월시/이현정·조경숙 옮김(2001), 『신과 나눈 교감』, 한문화, 139쪽.
29) 교육부 교시 제 2015-74호 [별책5], 국어과 교육과정, 123쪽.

분절적 교과로서의 문학교육 안으로 침잠하게 만들고 있다. 문학교육에서 문학을 대상화하고 잘게 나누어 학습하도록 하는 것은 진정한 문학체험에 이르지 못하도록 만든다. 주체와 대상이 분리된 문학 활동만으로는 결코 삶으로 이어지는 문학체험에 이르지 못한다.

학교 문학교육의 이러한 왜곡 상태는 문학교육이 가진 사회 및 평생교육으로서의 기능까지도 상실하게 만들었다. 학교 문학교육에서 진정한 문학체험 기회를 놓친 현대인 대부분은 무언가 쫓고 쫓느라 자기 자신을 잃어버리고 살아간다. 자신을 잃어버린 현대인에게는 문학은 아무런 소용이 없는 것으로 여겨진다. 그들이 쫓고 있는 것, 에고(ego)의 확장에 기여하는 일과는 아무런 관련이 없는 것으로 보이기 때문이다. 문학을 그저 즐거움과 교훈을 얻을 수도 있을 읽을거리에 불과하다고 여기기 때문에 그 가치를 제대로 인식할 기회조차 얻기가 쉽지 않다.

그렇다면 학교 문학교육은 그것을 통해 어떤 인간을 기르고 싶은 것인가? 학교 문학교육의 목적이나 목표가 제시하지 못하고 있는 것이 바로 생명으로서 인간의 삶의 방향이다. 숟가락과 같은 도구의 존재 목적은 음식물을 먹는 것으로 설정할 수 있지만, 거실 화분 속에 살고 있는 벤자민의 존재 목적을 거실을 아름답게 하기 위해서라고 말해서는 곤란하다. 생명체의 삶의 목적이나 목표는 특정한 기능의 습득이거나 다른 것의 수단일 수는 없기 때문이다. 유학에서 공자는 교육은 '인(仁)'한 존재가 되도록 하기 위한 것이라고 말했고, 예수는 '사랑'이라고 말하였다. 성경에서 지향하는 '성령이 충만함'은 인간 속에 숨겨져 있는 신의 형상을 제대로 드러내는 일을 의미하고, 그것이 바로 '사랑'이다. 간디는 '내일 죽을 것처럼 살고 영원히 살 것처럼 배우라'고 했다. 간디도 삶이 곧 교육임을 역설하고 있다. 인간은 존재 자체로 목적이면서, 삶은 또 '인간의 본성을 드러내는 여정'이라는 말이다. 교육이 사회에 필요한 인적 자원으로서 어떤 기능을 가진 인간을 기른다는 데에 한정되는 발상은 잘못되었다. 이는 인간을 숟가락 같은 도구와 동일시하는 형국이며 기능주의의 폐해이다.

문학은 인간이 사랑을 깨달아 가고 사랑이 되는 데에 기여할 수 있고, 문학교육은 인간이 문학으로 사랑을 깨닫고 실현하도록 도와야 한다.

나. 문학을 통한 사랑교육의 방향

1) 자발성의 실현

사랑은 인간의 본성으로서 저절로 드러난다. 다만 인간의 본성인 사랑이 발현되지 못하도록 가리고 있는 '바위'가 있을 따름이다. 억지로 사랑이 되라고 강요해서도, 강요할 수도 없는 것이 사랑교육이다. 문학 또한 억지로 할 수 없는 것 중의 하나이다. 문학작품의 글이나 그림을 보기만 하고 소리 내어 읽기만 한다고 해서 문학체험을 보장하는 것은 아니다.

문학을 통한 사랑교육이 이루어지기 위해서는 능동적 자발성에 의한 문학체험이 이루어져야 한다. 문학을 읽으며 자신 스스로를 느끼고 생각할 수 있어야 하며, 그것이 진지하게 자신을 사로잡고 있어야 한다. 자유로운 문학 활동이어야 사랑의 경험으로 다가갈 수 있음을 의미한다. 자유롭게 느끼고 자유롭게 생각하고 자유롭게 대화하여야 한다. 어떠한 강제나 틀에 얽매인 느낌과 생각을 어떤 방향으로 '해야 한다'고 여기지 않도록 도와주어야 한다.

학교 문학교육에서 흔히 발견하는 것은 상투적 질문과 상투적 반응이다. 문학체험에서 해야 할 말과 그렇지 않은 말, 더 중요한 느낌이나 사소한 느낌이 따로 존재한다고 여겨 경직된다면 결코 진정한 문학체험을 할 수가 없다. 그것은 곧 문학이 사랑이 되도록 도와주지 못함을 의미한다.

에리히 프롬은 '사람은 자아의 자발적인 실현에서 그 자신을 새롭게 외

부 세계와—인간이나 자연, 또는 자기 자신과—결부시킨다'30)고 했다. 그
는 사랑이란 자아를 상대 속에 용해시키는 것도 아니고, 상대를 소유하는
것도 아니며, 상대를 자발적으로 긍정하며, 개인적 자아의 보존을 바탕으
로 하여 그 개인을 다른 사람과 결합시킨다고 말한다. 문학하기는 자신의
삶을 거울에 비춰보는 일이며, 사랑하기 또한 진정한 자신을 드러내는 일
이므로 자발성이 가장 중요한 전제가 된다. 문학을 통한 사랑교육에서 모
든 활동은 참여자의 자발성에 의한 문학체험이 되어야 한다.

  문학을 통한 사랑교육의 참여자는 스스로 자기 자신을 교육하는 자기
교육을 하는 것이 가장 합당하다. 문학작품 속의 인물과 사건, 문학작품
속의 장면과 정서를 상상하면서 그에 비치는 자신의 태도, 자신의 정서,
자신의 사고, 자신의 경험을 통찰하며 특정 사건이나 장면에 대해서 자신
의 참자아는 어떤 태도를 취하고 있는지, 자신이 휩쓸리고 있는 자아(ego)
는 어떤 생각을 하는지 투명하게 들여다보려고 노력해야 한다. 무엇을 두
려워하는지, 무엇에 즐거워하는지, 무엇에 환호하고 어떤 감동을 그리워
하는지 살펴보아야 한다. 그리고 다른 사람과의 직접 혹은 간접적 대화를
나누면서 자신의 생각이나 느낌을 표현하고 다른 사람의 느낌이나 생각
에 도움을 받기도 해야 한다. 그 모든 과정이 자발적인 즐거움으로 이루
어지는 것이 필요하다. 어린 아이일지라도 자발적으로 문학을 읽고 자신
에게 필요한 느낌과 깨달음을 얻도록 약간의 도움을 줄 뿐 실제로는 자기
교육이 될 수밖에 없다. 어린아이일수록 강제로 교육적 처방을 주입하면
더욱 냉철하게 돌아앉게 된다. 문학작품의 선택 과정에서부터 작품을 읽
고, 스스로에 대해 생각해보고, 자신을 표현하고 자신의 삶과 연관 짓기까
지 모든 활동이 자유로운 상황 속에서 이루어져야 한다.

---

30) 에리히 프롬/원창화 옮김(2014), 앞의 책, 216-217쪽.

다만 스스로를 바라보는 방법을 잘 알지 못하면 주변의 질문이나 다른 사람의 안내를 받을 수 있다. 여하튼 자발적으로 문학에 관심을 느끼도록 하고, 그들이 공감을 느낄 때 공감을 표현하도록 기회를 주고, 어떤 표현에 대해서도 개개인의 방식이나 느낌을 존중해 주어야 한다. 그래야만 진정한 문학체험이 가능하고 그래야만 사랑이 되는 경험을 하도록 도울 수 있다.

2) 지켜보고 알아채기

문학이 진정한 사랑교육이 되기 위해서는 참다운 성찰을 할 수 있도록 안내하여야 한다. 특히 '익숙한 것을 낯설게 바라보기와 낯선 것을 익숙하게 바라보기'31)를 잘 할 수 있도록 하여야 한다.

흔히 교육에서 범하기 쉬운 실수는 변화되어야 할 주체와 교육 내용이라고 생각하는 대상을 분리하여 바라보는 일이다. 주체와 대상이 따로 분리되어 있을 때 대부분은 대상에 집중하게 된다. 이를테면 학교에서 '공부를 한다'고 할 때 바라보고 기억하고 학습하여야 할 것은 과목의 내용이라고 생각하고 거기에 치중하게 된다. 하지만 진정한 공부는 주체와 대상이 분리되지 않은 맥락 속에서 이루어진다.32) 공부하는 자가 스스로 자신이 무엇을 어려워하는지, 어떻게 하고 있는지, 왜 하고 있는지를 잘 들여다볼 필요가 있다.

사랑교육을 위한 문학교육에서 자신이 어떤 마음인지를 들여다보고 성

---

31) 生處放敎熟 熟處放敎生. 익숙한 것은 중생이 경계에 얽매여 경계를 분별하여 만드는 망상이요, 낯선 것은 깨달음과 해탈이다. 대혜종고/김태완 옮김(2012), 『대혜보각선사어록』, 소명출판사, 62-63쪽.
32) 진선희(2008), 「문학 소통 '맥락'의 교육적 탐색」, 『문학교육학』 제26호, 한국문학교육학회, 219-253쪽.

찰하는 일은 매우 중요하다. 나는 언제 어떤 상황에서 어떤 정서를 느끼는지, 어떤 상황에서는 화가 나는지, 어떤 상황에서는 어떻게 반응하는 경향이 있는지 등등을 탐구하여야 한다. 사랑교육에서는 스스로 자신을 성찰하는 일에서 진정한 참자아를 발견하도록 돕는 것을 우선시 한다.

문학작품 속 세계는 언제나 나 자신만을 분리하여 바라보도록 하지는 않는다. 나를 둘러싼 세계 속 다른 사람이나 자연과 사물 등의 관계를 바라볼 수 있도록 한다. 나와 내 주변의 가까운 사람, 또 멀거나 미워하는 사람 등 다른 사람과 자연과의 관계를 바라볼 수 있는 언어 장치가 문학이다. 내가 가장 잘 알고 익숙하다고 생각한 것을 새롭게 느끼고 놀라움과 경이로 바라볼 수 있다면 사랑을 조금 더 드러내는 삶을 살게 된다. 매일 보던 작은 꽃도, 한 집에서 같이 사는 사람도 내가 이미 잘 알고 있다고 생각하는 순간 그 꽃, 그 사람을 제대로 들여다보지 못하게 된다. 내가 알지 못하는 사람, 내가 싫어하거나 미워하는 사람의 마음도 자세히 들여다보면 어느덧 이해가 되고 사랑하게 되는 것이 사람의 참마음 곧 사랑이다. 사랑교육에서 문학을 활용할 때 이런 성찰적 기능을 제대로 수행할 수 있는 체험을 하도록 도와야 한다. 자신과 타인과 세상 만물을 바라보고 탐구하되 익숙한 것을 낯설게, 낯선 것을 익숙하게 바라볼 수 있도록 도와야 한다.

문학체험에서 낯선 것을 익숙하게 바라보기를 가능하게 하는 것은 바로 문학의 공감(empathy)적 특성에서 비롯된다. 문학은 화자나 주인공 등 더 공감하기 쉽도록 장치를 한 인물과 그렇지 않은 인물을 포함하고 있다. 독자로 하여금 문학작품 속 인물의 입장이나 마음에 공감을 하며 그 인물의 행동 방식이나 삶의 태도를 지켜보게 만든다. 또 그러한 인물을 창조하고 있는 문학작품의 화자나 작가의 마음을 함께 지켜보기도 하고, 지켜보는 자신의 마음을 지켜보게 하기도 한다. 사랑교육으로서 문학교육은 이러한 지켜보기의 폭과 깊이를 확대하는 방향으로 도움을 마련해야 한다.

공감하며 지켜보기는 그 존재가 되어 보는 일이지만, 거기에서 그치는 일이 아니다. 그 존재의 마음을 탐구하지만 그 탐구하는 마음도 함께 들여다보아야 한다. 그래서 독자 자신의 마음속에 있는 참자아와 에고의 목소리들을 들을 수 있고, 그 지켜보는 마음을 통해 자신을 알아챔으로써 무엇이 자신의 참자아인지 에고의 행위인지를 가늠할 수 있기도 하다.

이야기를 읽거나 들으면서 매력적인 주인공에게 끌리고 공감하며 그의 삶과 모험을 함께하며 두려움과 호기심과 성취감 등을 느끼게 되는 경우가 많다. 사랑교육으로서 문학교육은 문학작품 속 인물에 공감하면서 그 감정을 느끼고 지켜보도록 해야 한다. 그와 동시에 그 감정을 공감하는 자기 자신을 지켜보고 어떤 상태인지 알아채야 한다. 자신이 어떤 감정에서 어떻게 도망치는지, 어떻게 나아가는지, 얼마나 두려워하는지 아닌지 스스로를 지켜볼 기회를 주는 것이 좋다. 결과적으로 사람들은 문학작품 속 세계에서 자신의 감정과 소망과 꿈이 무엇이고, 그것이 문학작품과 관련되어서는 어떻게 표현되는지 지켜볼 수 있어야 한다. 그런데 바로 이 자신을 보는 것이 곧 타인을 보는 것과 마찬가지다. 자신은 언제나 상황 속에서 타인의 시각도 가지고 있으며, 타인의 시각으로 자신과 세계를 보기도 하기 때문이다.

3) 빛을 드러내기

문학으로 하는 사랑교육은 문학교육에서 그치는 것이 아니라, 실제 삶에서 구체적인 힘으로 드러나야 한다. 사랑교육으로서 문학하기는 단순한 재미와 만족을 주는 데 그치는 것이 아니어야 한다. 물론 그 교육적 효과가 당장 눈에 보이게 드러나야 한다는 뜻은 아니다. 어떤 방식으로 표현 되거나 그렇지 않을 수도 있지만, 문학체험을 한 독자의 마음속에 진정한 위안이 되거나, 삶에 대한 해명이 되거나, 방향을 안내하는 표지판으로서 의 역할을 하는 힘이 조금씩 생겨나야 한다는 말이다. 그리하여 눈에 보 이게, 혹은 보이지 않게 삶에 직접적으로 영향을 주어야 한다.

반두라(Albert Bandura)는 사회적 학습이론에서 인간의 학습과정에서 직 접 경험 뿐만 아니라 대리적, 상징적, 자기 통제적 과정의 역할을 중요시 하였다.[33] 문학에 의한 체험은 실제 체험 이상으로 현실의 삶에 영향을 줄 수 있다는 말이다. 어떤 상황에서는 즉각적인 모방 행위가 나타나기도 하고, 문학작품 읽기나 쓰기로부터 아픔이나 상처를 치유 받을 수도 있다.

사랑교육으로서 문학교육에서 더 중요한 것은 즉각적 교육 효과의 드 러남이 아니다. 그리고 현실 삶의 변화가 목적도 아니다. 사랑교육은 도덕 적 선의지를 기르는 것이 아니라 우주 만물과 하나를 이루면서도 그와 연 결된 개체로서 개인의 참자아(Self)를 회복하는 것을 목적으로 삼는다. 이 는 곧 사랑의 존재로 세계를 살아가게 한다. 사랑의 존재는 겉으로 보이 는 도덕성이나 사회적 규범의 준수로 판단할 수 있는 것이 아니다. 전체 (whole)의 거룩함(holy) 안에서 자기 자신으로서 안정감과 행복을 누리며 자 연적으로 사랑의 빛을 드러내는 삶을 사는 존재이다.

사랑으로서 문학교육은 참여자로 하여금 두려움에서 벗어나게 하여야 한다. 그리고 진정한 자신 안에서 건강하고 당당하게 자신을 드러내고 우 주만물과 교감하며 평정함 속에서 사랑이 자연스럽게 드러나도록 도와야 한다. 이는 마치 수없이 많은 작은 물방울이 스스로 빛을 내어 다른 모든 물방울을 되비추고, 또 다른 물방울 속에 비추어지는 것과 흡사하다. 사랑

33) 엘버트 반두라/변창진 · 김경린 공역(2003), 『사회적 학습이론』, 한국학술정보, 9쪽.

으로서 문학교육의 참여자는 스스로의 숨겨진 빛을 발현하여 다른 모든 존재들을 밝게 비추고, 또 다른 존재의 빛에 비침으로써 도움을 받아 자신의 빛을 더 밝게 하는 형국과 유사하다.

이를 위해서 문학교육은 문학 작품을 읽는 독자로 하여금 자신 안의 모든 감정이나 고통을 직시하고 그것들과 화해하며 있는 그대로 인정하도록 해야 한다. 무언가 결정된 이원론적 결과에 맞추어 긍정과 부정, 옳고 그름을 판단하도록 해서는 안 된다. 독자에게 다가오는 모든 정서와 감정과 고통까지도 있는 그대로 인정함으로써 더욱 자유로워지도록 도와야 한다. 그리하여 자유로운 영혼으로 자기 자신을 있는 그대로 감사하고 기뻐하는 존재에게서 사랑은 저절로 드러나게 된다.

제2부

문학과 사랑의 체험

문학작품을 읽는 독자가 감동에서 비롯되는 사랑의 싹을 틔우고 확장해 나갈 가능성을 탐색한다. 독자가 문학작품을 읽으며 허구적 자아(ego)를 인식하게 되고, 참자아를 발견하여 동일성을 회복하는 과정을 탐색한다. 이어 동일성을 회복한 독자가 자신의 빛을 발현하고 피부 밑 자아(skin-encapsuled ego)를 극복하고 사랑으로 하나되는 체험을 하는 과정을 구체적 문학작품을 들어가며 살펴본다.

—

제1장

진정한 자신을 찾는 사랑의 문학체험

문학체험을 통해서 독자가 자신의 동일성을 회복하는 과정을 탐색한다. 문학작품 속에 등장하는 인물의 삶은 실제 삶을 살아가는 인간의 개별성만큼이나 복잡하고 다양하다. 문학작품을 읽는 독자는 이들을 만남으로써 진정한 자신을 발견하고 자기를 회복하는 체험을 할 수 있다. 특히 문학작품 속 인물은 에고(ego)에 사로잡혀 살아가는 인간의 모습을 다양한 형태로 그려내고 있다. 이들 문학작품 속 인물의 삶은 독자가 문학체험 과정에서 이들의 삶을 동일시하며 따라가는 깊이와 넓이만큼 독자 자신이 에고에만 사로잡혀 있음을 발견하거나 자신의 정체성을 고민하고 발견하는 경험을 할 수 있게 한다. 그리하여 참자아를 발견하고 동일성을 회복하는 길로 인도할 수 있다.

1. 허구적 자아의 인식

문학작품 속의 많은 등장인물의 삶은 인간의 에고(ego)가 어떻게 인간을 이끌어 가는지를 잘 보여준다. 또 에고에만 사로잡혀 사는 인물과 참자아(Self)를 찾아낸 인물의 삶을 함께 보여줌으로써 그들을 통해 독자 자신을 비춰볼 수 있게 한다. 독자는 문학 작품을 읽으며 작품 속 인물의 마음에 감정이입하거나 동일시하면서 작품 속 사건을 경험한다. 소설이나 영화 등의 서사 작품을 읽거나 볼 때 대부분의 독자는 구경꾼으로 독서를 시작한다. 하지만 작품 속 사건이 전개되어 가는 과정에서 구경꾼이면서도 몇몇 인물의 감정을 읽고 느끼기 시작하고 점점 더 깊이 그 감정에 몰입하거나 비판하면서 사건을 경험하게 된다. 그와 동시에 독자는 작품 속 인물의 입장이나 감정과 실제 삶의 현실 속 인물이나 삶을 비추어 바라보게 된다.

독자는 문학작품 세계의 경험을 통해 현실 속의 인물이 가지고 살아가는 에고의 단면을 인식하게 된다. 에고에 이끌리어 인간의 자기중심적 욕망을 추구하며 살아가는 다양한 형태를 경험하기도 한다. 때로는 감정이입한 인물과 동일시하면서 그것을 경험하고, 때로는 동일시할 수 없는 다른 인물의 삶을 구경하고 비판하면서 에고의 속성을 인식하게 되기도 한다. 물론 한두 편의 문학작품 읽기 경험이 자신의 참자아를 제대로 발견하도록 이끌기도 하지만 그렇지 못한 경우도 허다하다. 문학적 경험은 간접 경험이기 때문에 독자의 문학체험의 질에 따라 다른 결과를 가져올 수밖에 없다.

사실 어떤 장르이든 한 편의 문학작품 속에는 독자가 작품을 읽고 스스로의 사랑을 발현할 수 있도록 하는 삶이 송두리째 담겨 있다. 이 책에서는 설명의 편의를 위하여 에고와 참자아를 구분하여 살피고 자신을 성찰하는 일과 타인의 얼굴을 바라보는 일을 구분하여 살피는 항목을 정하고 이야기를 진행한다. 이는 문학을 경험하는 총체적 양상과는 다른 방식이다. 그럼에도 몇 가지 항목을 구분하여 문학 작품 속의 총체적 삶을 그 항목을 중심으로 논의하는 것은 어쩔 수 없는 언어의 한계임을 밝혀둔다. 언어는 삶의 총체성을 드러내는 데에는 매우 부족한 도구이기 때문이다. 여기서는 비교적 에고(ego)를 인식하고 성찰하는 데에 더 많은 비중이 놓인 문학 작품들을 예로 들어서 그 특징과 함께 독자의 문학 경험 성향을 이야기하기로 한다.

가. 분별심 : 가장 소중한 것을 잃는 일

『몬스터 콜스』1)는 죽음을 앞둔 자의 구상이 담긴 소설답게 우주의 합일의식으로서 '신'-몬스터의 존재를 담아내고 있다. 인간 영혼 속에서 발견되는 신의 역할을 구체화하여 소설로 그리고 있다. 독자는 이 작품을 읽으며 삶과 죽음에 대하여 생각할 수 있으며, 가장 소중한 것을 잃어버리는 경험을 통해 자신이 에고에만 매달려 살아가던 것에서 벗어나는 것을 가정해볼 수 있는 기회를 얻는다.

주인공 코너는 이혼한 엄마와 단 둘이 살아가는 소년이다. 그는 엄마가 아픈 후로 매일 악몽을 꾼다. 코너는 매일 12시 7분에 주목나무처럼 생긴 거대한 몬스터를 만난다. 코너의 엄마는 병으로 입원하여 죽음을 앞두고 있는 상황이다. 몬스터는 코너에게 찾아와 세 가지 이야기를 해준다.

> 내가 세 가지 이야기를 끝내고 나면, 네가 네 번째 이야기를 할 것이다.
> 네가 네 번째 이야기를 할 거다. 그리고 그것이 진실이 될 것이다.2)

---

1) 시본 도우드가 암으로 세상을 떠나기 전에 구상한 이야기를 패트릭 네스가 완성한 청소년 소설이다.

이후 몬스터는 첫 번째로 권력욕이 강한 마녀 왕비와 온 백성의 신망을 받아 다시 왕좌를 되찾지만 농부의 딸을 살해한 왕손의 이야기를 해준다. 몬스터가 해준 두 번째 이야기는 까칠한 약제사가 다른 사람을 치료하는 데에 쓸 주목을 달라고 했을 때는 주지 않은 목사가, 자신의 딸이 아플 때 주목을 내놓고 자신의 믿음마저 포기한다는 이야기이다. 몬스터는 까칠한 약제사가 아니라 모든 믿음을 포기한 목사가 딸을 잃게 되는 결말을 이야기한다. 세 번째 이야기는 '보이지 않는 사람' 이야기인데 보이게 되었는데도 더 불행해지는 이야기이다. 그리고 네 번째 이야기는 코너가 해야 하는 이야기다.

코너는 학교에서도 고통을 당한다. 선생님들과 아이들은 코너가 당하고 있는 일―엄마의 위중함―때문에 코너를 제대로 보지 않는다. 잘못을 해도 벌을 주지 않는다. 코너를 괴롭히던 해리는 코너를 보이지 않는 사람 취급을 한다. 세 번째 이야기에서 코너는 몬스터를 불러 해리를 폭행한다. 코너는 보이는 사람이 되었지만 여전히 벌은 받지 못한다. 그는 엄마를 잃을 위험에 처해 있는 안타까운 아이였기 때문이다. 외할머니 댁의 거실을 다 부수어도 벌을 받지 않는 것은 마찬가지다. 그래서 보이는 사람이 되었는데도 더 외로워진다.

결국 네 번째 이야기에서 코너는 자신이 악몽 속에서 벼랑으로 떨어지는 엄마의 손을 놓았다는 진실을 말한다. 처음엔 엄마가 떨어진 것이라고 계속 주장했지만 몬스터는 진실을 말하라고 재촉한다.

너는 엄마를 더 오래 잡고 있을 수 있었지만, 엄마가 떨어지도록 했다.
네 손을 놓아서 악몽이 엄마를 데려가게 했다.

---

2) 패트릭 네스 글/시본 도우드 구상/홍한별 옮김(2012), 『몬스터 콜스』, ㈜웅진씽크빅, 54쪽.

코너는 다시 고개를 끄덕였다. 고통과 울음으로 온통 일그러져 있었다. 엄마가 떨어지기를 바랐다.

"아니야"

진실을 말해야 한다. 지금 말해야 한다. 코너 오말리. 말해라 반드시 해야 한다.

"말하면 죽을 거야."

코너가 헐떡거렸다.

말하지 않으면 죽을 거다. 말해야 한다.

(중략)

코너가 침을 삼키며 계속 힘들게 말을 이었다.

"그러다가 이게 끝나기를 내가 얼마나 바라는가 하는 생각을 하게 됐어. 그저 이런 일을 생각하지 않아도 되기를 바랐어. 기다리는 걸 더 이상 견딜 수가 없었어. 그래 나를 이렇게 외롭게 만드는 걸 더 견딜 수가 없었어."[3]

코너는 스스로가 진실을 말하면 죽을 것이라고 생각한다. 엄마의 손을 놓은 것이 나쁘다고 생각하기 때문이다. 하지만 몬스터는 그게 나쁜 것이 아니라고 말한다. 결국 독자가 이 부분을 읽을 때 작가가 하고자 하는 말이 무엇인지 생각하게 된다. 작가는 '이분법적으로 잘잘못을 분별하는 생각-분별심'이 인간을 고통으로 몰아간다는 것을 말하고 싶었던 것이다. 그리고 독자가 확인할 수 있게 한다. 독자는 생각한다. 코너가 나쁜 것과 좋은 것을 구분하면서 자신이 하고 싶은 것이 나쁜 것이라는 생각에 사로잡혀 있었기에 훨씬 더 고통스러웠다는 것을 바라보게 된다. 그리고 이때쯤은 자신의 가치관은 어떤지를 생각하게 된다.

---

3) 위의 책, 248-252쪽.

"진심이 아니었어."

코너가 말했다.

진심이었다, 하지만 진심이 아니기도 했지.

몬스터가 말했다.

코너는 훌쩍이며 몬스터의 얼굴을 올려다보았다. 벽이 앞에 있는 것처럼 커다란 얼굴이었다.

"어떻게 둘 다 진실일 수가 있어?"

사람은 복잡한 짐승이니까. 어떻게 여왕이 좋은 마녀이면서 또 나쁜 마녀일 수가 있는가? 왕손이 살인자이자 구원자일 수 있는가? 약제사가 성질이 고약하면서도 생각은 바를 수가 있는가? 목사는 생각이 잘못되었으면서 선할 수 있는가? 보이지 않는 사람이 보이게 되었을 때 더 외로워질 수가 있는가?

몬스터가 말했다.

"모르겠어. 네 이야기는 하나도 이해가 안돼."

코너가 지친 듯 어깨를 으쓱했다.

네가 무슨 생각을 하든 그건 중요하지 않기 때문이다. 네 마음은 하루에도 수백 번 모순을 일으키기 때문이다. 너는 엄마가 떠나길 바랐고 동시에 엄마를 간절히 구하고 싶었다. 너는 거짓말을 하지 않을 수 없게 만드는 고통스러운 진실을 알면서도 마음을 달래 주는 거짓말을 믿은 것이다. 그리고 네 마음은 두 가지를 다 믿은 것에 대해 너를 벌주는 것이다.

"그러면 어떻게 그걸 물리쳐? 마음속의 다른 생각들을 어떻게 물리치냐고?"

코너가 갈라진 목소리로 물었다.

진실을 말해서. 지금 네가 한 것처럼.[4]

이 소설의 작가는 독자가 이 이야기를 읽으면서 인간의 마음과 영혼의 깊은 곳을 탐색해 내기를 바란다. 그는 인간의 영혼이 우주 만물과 합일 의식을 느낄 수 있다는 것을 알고 있다. 그래서 몬스터를 등장시켜 우주

---

4) 위의 책, 253-254쪽.

만물과의 합일의식으로 중요한 것을 상실한 후의 마음을 치유하는 과정을 세밀하게 그렸다. 특히 독자로 하여금 좋으면서도 나쁜 마녀, 고약하면서도 바른 약제사, 생각이 잘못되었으면서도 선한 목사, 그리고 엄마의 손을 놓고 싶으면서도 구하고 싶은 소년 코너를 바라보게 한다. 그리고 독자 스스로의 마음속에는 이런 충돌과 모순의 마음으로 괴로워하는 부분이 없는지 들여다보게 한다.

주인공 코너의 엄마에 대한 간절한 염원과 회복의 열망은 주인공 스스로 해결할 수 없는 고통이다. 어린 소년에게 엄마는 온 우주와 다름없다. 그것이 떨어져 나가는 아픔은 이루 말할 수 없는 두려움이다. 하지만 그 문제에 대하여 현실적으로 보면 소년 스스로 해결할 수 있는 일은 아무것도 없다. 기껏해야 혼자 식사를 잘 할 수 있는 정도이다. 엄마의 아픔을 치유할 수도 죽음을 막을 수도 없다.

인간은 이런 고통스러운 상황에 놓였을 때에만 우주만물의 합일의식을 향한 강렬한 열망을 갖게 된다. 그 간절함과 안타까움 속에서도 자신은 아무 것도 할 수 없음을 뼈저리게 경험하게 된다. 그 과정에서 에고(ego)는 격렬한 고통 속에서 소설 속의 코너처럼 파괴적인 행동을 하거나 깊은 우울 속을 헤매는 몸부림을 치게 된다. 그리고 조금씩 찢기게 된다. 에고 안에 숨겨져 있던 진정한 자기(Self)가 저절로 드러나게 된다. 그 드러난 자기를 만나는 것은 우주만물의 합일의식을 갖는 일이다. 이때 합일의식에 대해 지켜보는 의식이 없기 때문에 스스로도 그것이 '합일의식'이라는 말로 표현되는 것인지는 알지 못한다.

독자는 주인공 코너의 영혼에 동일시하게 된다. 소설을 읽는 과정 내내 답답함과 아픔과 두려움이 독자를 사로잡는다. 물론 소설을 읽고 있기 때문에 동일시의 정도에 따라 그 깊이는 다를 수 있다. 하지만 대체적으로 엄마 혹은 가장 소중한 무엇을 잃는 장면을 상상하면서 자신의 에고가 느낄 수 있는 것들을 체험하게 된다.

마지막 장면에서 몬스터의 도움으로 자신이 몰랐던 자신을 알게 되는 주인공 코너처럼 독자도 자신 안에 스스로 생각지 못했던 새로운 자신이 있음을 희미하게 느낄 수 있게 된다. 무엇보다도 자신이 이분법적 사고의 분별심에 사로잡혀 있었다는 것을 동의하게 된다. 혹은 자신의 분별심에 대해 의문을 가지게 된다. 여전히 분별심에 갇혀 있는 독자일지라도 그것을 의식할 수 있게 됨으로써 이제 자신의 에고(ego)를 좀 더 멀리서 바라볼 수 있는 실마리를 얻는다. 이런 경험을 통해 독자는 희미하게라도 자신이 에고에만 사로잡혀 있었음을 보게 되는데 바로 소설 속 주인공 소년이 에고에만 얽매어 당하는 고통에 동참하고 그것을 바라봄으로써 가능해진다.

인간 영혼의 합일의식 체험은 충만한 치유의 과정이 될 수 있다. 합일의식은 전일체적 경험 즉 세계를 분별심 없이 경험하는 것이다. 이러한 전일체적 합일의식의 체험은 이분법적 분별심의 가치관으로 세계를 바라보며 받은 상처를 회복하는 데에 꼭 필요한 경험이다. 코너가 자신의 잘못이라고 흐느껴 울 때, 그는 분별심으로 잘잘못을 판단하기 때문에 훨씬 더 고통스럽다. 그렇지만 몬스터를 만나 인간의 영혼이나 삶이 잘잘못으로 분별하기에는 훨씬 더 큰 전일체적이고 복잡한 존재임을 차츰 깨달아 알아간다. 그리하여 엄마를 보낼 수도 없고, 엄마를 보내는 고통을 끝내고도 싶은 이중적인 자신의 고통을 들여다보게 된다. 그것의 잘잘못을 분별하지 않는 마음을 갖게 된다. 이것이 자신을 측은하게 여기게 되며 깊이 사랑할 수 있는 과정이 되기에 진정한 치유가 가능한 것이다. 독자에게 엄마 혹은 가까운 사람의 죽음은 깊은 상처가 될 수 있다. 누구나 소중한 것을 잃는 과정은 두려움이고 상처이다. 작가는 인간의 영혼에 대한 깊은 이해를 바탕으로 독자가 겪을 상실의 아픔을 잘 어루만지고 있다.

나. 자유의 감옥에 갇힌 삶

미하엘 엔데가 「미스라임의 동굴」에서 그리고 있는 이야기는 '살아있지만 죽은 영혼들'에 대한 것이다. 이 작품의 원제목은 「Die Katakomben von Misraim」로 미스라임의 동굴은 '카타콤베', 즉 과거 그리스도교 박해가 심하던 때 신자들의 집회 장소를 의미한다는 점을 기억할 필요가 있다. 이 동굴이 이야기의 배경이라는 점은 인간의 영혼에 대한 이야기를 하고자 하는 작가의 의도를 탐색해 낼 수 있는 단서이다. 이 이야기가 들어있는 작가의 단편집 제목이 『자유의 감옥』이라는 점도 기억할 필요가 있다. 작가는 우리가 누리는 '자유'가 진정한 자유가 아닐 가능성을 제목에서 미리 넌지시 말하고 있다.

주인공 이브리는 동굴에서 잠을 자는 그림자이다. 이 동굴은 그림자들이 먹고 자고 일하고 번식하며 살아가는 세계인데, 공간의 경계를 초월한 '초공간'의 세계로 묘사된다.

> 따라서 미스라임의 경계 너머에 무엇이 있을까란 질문만큼 어리석은 질문은 또 없다는 것이 이곳 그림자들의 생각이었고, 따라서 그 누구도 이런 의문을 제기하지 않았다. 어쨌거나 바깥이란 있을 수 없는 것이었다. 설사 그런 것이 있더라도 이내 미스라임의 한 부분으로 흡수되어 버리므로, 더 이상 그것은 바깥이 아니었다. 원래부터 있었고, 계속해서 생성 발전하는 세계는 오직 이 동굴밖에 없다는 것이 그들의 생각이었다. 그러므로 어떻게 해서 그림자들이 이 동굴 안으로 들어왔는가란 질문을 던지는 것 역시 다른 그림자들의 비웃음을 살 뿐이었다. 나갈 수가 없는데 어떻게 들어올 수 있었겠느냐는 것이다. 요컨대, 의미니 이유니 하는 것들을 생각하지 말고 현재의 상황에 만족하면서 사는 것이야말로 이 동굴 세계에서 교양 있고 깨인 그림자로 인정받는 지름길이었다.[5]

미스라임의 동굴 속에 사는 그림자들은 모두 미망에 빠지지 않은 채 커다란 '잠동굴'에 아파트처럼 각자의 '잠칸'을 가지고 있고 그 안에서 살아간다. 어느날 이브리는 자신이 이상한 상태에 빠진 것을 자각한다. 실제로 미스라임의 동굴에서는 시간의 변화가 존재하지 않은 채로 끊임없이 현재에 있을 뿐인데 이브리는 '언제'라는 질문이 떠올랐다. 동굴 속 그림자들 모두에게 들려오는 지배자 베히모트의 목소리는 모든 그림자들에게 속삭이며 일일이 모든 행동과 생각을 지배하고 있다. 계단을 오르내리고 작업을 하고 수면과 식사를 하는 모든 일들은 그 목소리에 의해 이루어졌다. 그런데 이브리는 계단을 측정하는 일을 하다가 분필을 주워 슬쩍 주머니에 집어넣었다. 이것은 지배자의 목소리가 지시한 일이 아니어서 스스로도 설명할 수 없었다. 여러 번 작업장에서 분필을 훔친 이브리는 벽의 반질반질한 부분에 그림을 그렸다.

> "너는 지금 그 일을 그만두고 싶어해."
> 지금까지 침묵하고 있던 보스의 속삭임이 들려 왔다.
> "네가 계속 그런 식으로 나오면, 나도 너를 떠날 수밖에 없어. 이건 경고야."
> 이브리는 아무 대꾸도 하지 않았다. 그리고 화난 표정으로 하던 일을 계속했다.
> "네가 지금 하는 그 일은……."
> 주문을 외는 듯한 목소리가 들려왔다. 더군다나 지금처럼 흥분하며 다그치는 목소리를 처음이었다.
> "네가 하는 그 일은 나를 괴롭히는 일이야. 그 때문에 우리는 널 이곳에서 몰아 낼 수밖에 없어. 네 자리는 곧 다른 그림자에게 돌아가게 될 거야. 사서 고생하는 게 그렇게도 소원이라면, 네 맘대로 해. 하지만 절대로 네

---

5) 미하엘 엔데/이병서 옮김(2005), 「미스라임의 동굴」, 『자유의 감옥』, ㈜푸른책들, 179쪽.

병을 다른 그림자들에게 옮길 생각은 하지 마. 그렇게 되도록 내버려 두지
도 않겠지만……. 너는 더 이상 이곳의 그림자가 아냐. 무슨 뜻인지 지금
당장은 이해할 수 없겠지만, 이제 곧 알게 될 거야."

'이 정도면 됐겠지'라는 생각에 이브리는 벽에서 손을 떼고 한걸음 물러
선 다음, 자신의 그림을 한동안 바라보았다. 그러나 그 결과는 실망스러웠
고, 그는 크게 낙담했다. 순간, 갑작스러운 피곤이 밀려들었다. (187-188쪽)

이후 이브리는 식사 시간에도 다른 그림자들로부터 존재를 무시당했고,
자신의 '잠칸'도 다른 그림자에게 빼앗긴 채로 동굴 속에서 살아간다. 자
신이 그린 그림이 바로 창문이라는 것을 생각해냈지만, 청소부들은 아무
말도 없이 이브리가 그린 창문들을 지운다. 동굴 속에서 살아가는 일도
만만치 않았다. 그리고 자신이 왜 그 창문을 그리고 있는지 스스로 알지
도 못해서 스스로도 확신이 서지 않았다.

자신을 안내해주던 목소리가 들려오지 않았으므로, 이제 그는 자신의
과제와 목표를 스스로 만들어 내야만 했다. 그는 어찌해야 좋을지 몰랐다.
정신과 호흡을 가다듬는 데만도 오랜 시간이 걸렸다. 지금 무엇보다 그를
괴롭히는 것은 난생 처음 느껴보는 외로움이었다. 그는 지금 보이지 않는,
그러나 절대로 통과할 수 없는 벽에 의해 다른 그림자들과 격리되어 있었
다. 그는 처음으로 슬픔이라는 걸 느껴 보았다. 이제부터 이 슬픔은 결코
자신을 떠나지 않으리라는 것도 알 수 있었다.

(중략)

무엇이었는지 기억할 수는 없지만, 자신이 창문을 통해서 보았던 그것
은 절대로 환상이 아니었다. 그것은 현실이었다. 그렇다면 모든 학자들의
말과는 달리 미스라임의 바깥엔 또 다른 세계가…… 경우에 따라선 수없
이 많은 세계가 있다는 말이 되는데……. 만약 이것이 사실이라면, 이 동
굴은 거대한 감옥 외에 아무것도 아니며, 그림자들은 자신의 죄명이 뭔지
도 모르는 채 잡혀 있는 죄수일 뿐이고, 저 베히모스는 이 감옥의 간수에

불과할 뿐이었다. 자신이 창문을 그리는 것에 대해 베히모트가 그토록 강하게 반발하고 나선 이유도 그것으로 설명이 되었다. 그러나…… 그 누구도 자신이 갇혀 있다고 느끼지 않는 일이……, 그리고 모든 그림자들이 이 감옥 생활에 만족하는 일이 어떻게 가능한 걸까?

이제 그에겐 잠자는 시간과 깨어 있는 시간이 따로 없었다. 깨어 있는 시간 내내, 이브리는 미스라임의 출구를 찾기 위해 온 동굴을 헤매고 다녔다. (191-193쪽)

여기까지만 읽어도 독자는 이브리가 상징하는 것이 무엇이며, 그림자의 삶에서 동굴 속 세계가 무엇일지 상상하며 생각해보게 된다. 독자를 포함하여 인간이 살아가고 있는 세속적 현실에 대한 인식이나 감정은 동굴이 세계의 전부라고 생각하고 느끼며 살아가는 그림자들의 마음과 크게 다르지 않다는 것을 깨닫게 된다. 이야기 속의 동굴은 바로 독자가 가지고 있는 어떠한 '생각이나 감정의 감옥'이 될 수 있다. 이를테면 일정 부분에서의 권력이나 탐욕, 혹은 더 크게 에고(ego)에만 갇혀 살아가는 인간의 삶을 상징할 수 있다는 것을 독자는 어렴풋이 눈치 채게 된다. 독자 자신이 인식하고 느끼며 살아가고 있는 세계는 과연 진정한 자신의 것일까, 아니면 이야기 속 지배자의 목소리에 지배된 그림자들처럼 무엇인가 눈에 보이지 않는 것에 의해 지배되고 있는 것일까? 하는 의문을 가지게 된다.

다시 이야기의 줄거리로 돌아가자. 이브리는 계속해서 창문을 그리며 출구를 찾아다니다가 어느 날 순찰 대원에게 붙잡혀 독방에 갇힌다. 한참 후에 어떤 그림자들에 의해 구출된다. 그리고 보스와 동굴체제에 맞서 싸운다는 지도자 '트뢰스터린'을 만난다. 그리고 보스가 가하는 고통을 이겨내는 성분이 들어있는 버섯을 기르는 유리온실을 보수하는 작업을 맡아달라는 제안을 받는다. 그림자들이 고통을 느끼지 못하도록 몰래 음식에 약을 넣어 도왔다는 것이 그들의 주장이다. 이브리는 혼자 온실 시설을 보수하면서 자신이 하고 있는 일이 무의미하지 않다고 느끼며 생각할 틈도 없이 바쁘게 작업에 몰두하였다. 그러던 어느 날 온실 구석의 누더기 더미에서 다 죽어가는 노인을 만난다. 그로부터 동굴의 지배자와 버섯을 재배하여 만든 '굴'이라는 약을 그림자들에게 먹이는 이들은 한 패라는 말을 듣는다. 이브리는 노인이 죽어가며 남긴 말대로 온실을 다 부수어 더 이상 '굴'을 만들 수 없게 했다. 굴을 먹지 못하게 된 그림자들은 점점 고통을 호소하며 불만의 소리를 내었다. 이브리는 모든 그림자들에게 사실을 이야기하고 그들을 이끌고 결국 동굴의 출구를 찾아낸다. 강한 빛에 고개를 숙이던 그림자들은 출구에서 트뢰스터린의 말을 듣는다.

"너희들이 그걸 안다고? 정말로 알아? 너희들은 한 사람 말만 들었을 뿐이야. 쟤가 모든 사실을 너희들에게 숨김없이 얘기했을 것 같아? 쟤가 이런 말도 하던? 지금 너희들이 느끼고 있는 고통이 자기 때문에 생긴 거라는 말! 지금까지 너희들의 고통을 막아 주던 약을 만드는 시설을 저 애가 모두 파괴해 버렸어. 모든 책임은 바로 쟤한테 있는 거야. 이제 다시는 약을 만들 수 없게 됐어. 너희들이 그 약을 계속 먹기를 원하는지, 아니면 차라리 없애 버리기 원하는지…… 너희들에게 미리 물어보기라도 했어?"
"어떻게 미리 물어볼 수 있었겠어?"
이브리가 해명하려고 했다.
"아무도 내 말을 이해하지 못하는데……."
그러나 그녀의 말을 막지는 못했다.
"너희를 대신해 혼자 마음대로 결정했겠지, 뭐."
여의사가 말을 이었다.
"그러면 최소한 자기가 왜 그런 일을 했는지에 대해서는 말했겠지? 그 약이 자기한테는 듣지 않았다는 얘기 말이야. 그래, 쟤한테는 그 약이 아무 소용이 없었어. 그래서 쟤는 너희를 모두 괴롭혀야겠다고 마음먹은 거야. 혼자 죽자니 억울했거든……. 그리고 결코 혼자서는 미스라임에서 빠

져나가는 길을 찾을 수 없기 때문에 너희들을 끌어들인 거야. 어디 한 번
말해봐! 누가 너희를 이용했는지, 누가 너희를 자신의 도구로 사용했는지
말이야! 자신의 목적을 달성하기 위해 너희에게 고통과 공포, 절망을 안겨
준 저 별종 그림자야? 아니면 그걸 막기 위해 노력한 우리야?" (233-234쪽)

이쯤에서 독자는 혼돈될 수도 있다. 그렇지만 이브리에 감정이입한 독
자라면 누구나 이 이야기가 얼마나 지독한 거짓인지 알 수 있다. 자신의
생각의 감옥에서 탈출하기란 얼마나 힘든 일인지도 느낄 수 있다. 인간은
누구나 고통을 싫어하기 때문이다. 고통을 피하고 싶은 것이 인간이기 때
문이다. 감옥에서 탈출하기, 진정으로 자신의 삶을 살기 위해서는 안락한
길만을 갈 수 없음을 인정하지 않고는 이쯤에서 고민하게 된다.

    이브리는 대답하고 싶었다. 그리고 다른 그림자들에게 말하고 싶었다.
    지금 베히모트가 하는 말은 진실이 아니라고……. 왜냐면 저 바깥에 우리
    들이 원래 살았던 세상이 있기 때문에……. 그러나 그는 잠시 망설였다.
    스스로도 확신할 수 없었기 때문이었다.
    무거운 침묵이 흘렀다. 모두들 밝은 빛을 피해 고개를 돌리고 있었다.
    그들이 들고 있던 각목과 쇠몽둥이가 이브리에게로 향하기 시작했다.
    (236-237쪽)

결국 이브리는 빛이 들어오는 구멍으로 들어간다. 하지만 나머지 모든
그림자들은 다시 동굴로 돌아간다. 그리고 이브리가 구멍으로 들어가면서
내지른 소리가 기쁨의 탄성인지 슬픔의 탄식인지 그 누구도 알 수 없었다
는 이야기다.
작가는 그림자의 세계를 통해서 인간이 에고(ego)의 감옥에서 깨어날 수
있음을 그리고 있다. 깨어난 자는 많지 않으므로 경험하지 않고는 알 수

도 판단할 수도 없음을 말하고 있다. 동굴에서 고통을 느끼지 못하는 약을 반복해서 먹으며 살아가는 삶은 바로 감옥이다. 그러면서도 그것에서 벗어난 이후의 일에 대해서는 독자의 판단에 맡기고 있다.

독자는 이쯤에서 고민을 해야 한다. 고통을 느끼고서라도 진정한 자신의 삶을 찾아서 살아갈 것인가, 아니면 고통을 느끼지 못한 채로 감옥 속에서 안락하게 살되 타인의 지배를 받으며 살아갈 것인가를. 이 작품에서 작가의 의도는 독자에게 그것을 진지하게 고민하도록 질문을 던지는 일이다. 작품을 진지하게 읽는 독자라면 자신의 에고(ego) 밖의 세계에 대해 인식하지 않을 수 없다. 스스로 알면서도 편안한 감옥을 선택한 사람들에게 끊임없이 고민하게 만드는 이야기이다.

미하엘 엔데는 자신의 단편집의 제목으로 삼은 「자유의 감옥」이라는 이야기에서도 감옥에 갇혀 있다가 깨어나는 자의 이야기를 한다. '인샬라'6)라는 이름의 장님 거지가 지나가던 칼리프에게 자신의 젊은 시절에 있었던 일을 이야기한다. 젊은 한 때 매일 밤 술을 마시며 방탕하게 지내던 그는 아름다운 미녀의 모습으로 나타난 악신의 계략에 빠진다. 악신의 요구를 따라 빛을 걸고 맹세를 하는 순간 눈이 아파오고 어디에 있는지조차도 알아차리지 못하는 어느 순간 속으로 들어간다. 커다랗고 둥근 돔형 건물 중앙의 둥근 침대에 누워 있었다. 그곳은 넓은 원형 공간에서 구분하는 벽 어디에도 창문이 없고 수많은 문들만이 닫힌 채로 늘어서 있었다. 스산한 목소리가 어딘가에서 들려왔다.

"여보게, 잘난 친구, 자네는 지금, 이 우주에서 알라의 의지가 미치지 못하는 유일한 곳에 와 있다네. 무한 광대한 대양에서도 조그만 공기 방울

---

6) '신의 뜻대로'라는 뜻이다.

속으로는 소금물이 스며들지 못하는 것처럼, 이제부터 자네가 머물러야 할 이곳은 영원의 전지전능함으로부터 완전히 차단된 그런 공간이라네. 완전한 자유의 신령인 내가 반항과 독재의 성전으로 만든 곳이지. 이 기회를 잘 이용하여 나의 초대가 헛되지 않음을 증명해 보이게나."

(중략)

문은 많았지만, 그런 상황이 오히려 나를 혼란스럽게 했습니다. 아마도 문이 하나만 있었다면 나는 당연히 그 문을 열어보려 했을 겁니다. 하지만 이렇게 문들이 많은 데에는 필경 내가 알지 못하는 그 어떤 이유가 있음이 분명했습니다. 나에게 선택할 수 있는 권한은 있었지만, 거기에는 함정이 숨겨져 있을지 모르는 일이어서 극도로 조심스러울 수밖에는 없었지요.[7)]

그는 어느 문을 열어야 할지 극도로 두려워하면서 문의 수를 센다. 모두 111개의 문 앞에서 어느 문을 열어야 할지 누구의 도움도 받지 못한 채로 두려움에 떤다. 어서 결정을 하지 않으면 평생 갇혀 지낼 것이라는 목소리를 들으며 온갖 통찰력을 다 동원하고도 결정을 하지 못한다. 오히려 들려오는 목소리와 말싸움을 하느라 더욱 큰 혼란 속에서 헤맨다. 그는 하나의 문을 선택하면 나머지 문들이 모두 잠기는 곳에서 어떤 문을 선택해야 할지 끊임없이 괴로워하면서 며칠 밤낮을 보낸다.

생존에 필요한 것들이 빠짐없이 공급되기는 했지만, 나는 공기도 통하지 않는 지하 감옥 속의 등잔불처럼 점점 힘이 빠지고 쇠약해졌습니다. 내 머리카락과 수염은 갈색으로 변하고 눈은 점차 희미해지기 시작했습니다. 나는 나의 선택을 도와 줄 비밀스러운 암시를 찾기 시작했습니다. 예를 들어, 어떤 암시가 들어 있지 않을까 해서 상위에 놓인 음식의 배열을 살펴보기도 했습니다. 그것들이 놓인 위치, 숫자, 그리고 형태 등을 꼼꼼히 살

---

7) 미하엘 엔데/이병서 옮김(2005), 「자유의 감옥」, 『자유의 감옥』, ㈜푸른책들, 276-278쪽.

펴보았습니다. 심지어 나는 변기 속의 배설물까지도 그 안에 운명의 암시
가 있을지도 모른다는 희망을 가지고 살펴보았습니다. 모든 불신은, 결정
할 수 있는 힘도 없이 뭔가를 결정해야 한다는 고통 속에서 싹틉니다. 그
래서 그것은 악마의 소행이라 할 수 밖에 없지요.8)

결국 그는 자유의 감옥에서 싸우면서 자신의 힘을 소진시키며 그 곳에
서 수년인지 수십 년이었는지 알 수 없는 시간을 보낸다. 그러다가 그는
자신의 힘을 다 소진했을 때 마침내 자신의 마음이 달라졌음을 느낀다.

　자유의 감옥에 맞선 끊임없고 황당한 싸움은 나를 이렇게 소진시켰습니
다. 나는 더 이상 희망을 갖지도, 두려워하지도, 무엇을 위해 애쓰지도, 무
엇에 대해 기뻐하지도 않게 되었습니다. 내게 있어 죽음은 산다는 것만큼
이나 환영할 만한 일이었습니다. 명예가 수치심보다 값진 것이라고 믿지
않게 되었고, 부 역시 가난과 다를 바 없었습니다. 나는 이들의 가치를 분
간하는 능력을 상실했습니다. 왜냐면 저 기분 나쁜 불빛 아래에서는 우리
인간이 갈망하는 것이든, 피했으면 하는 것이든 모든 것이 실재하지 않는
환영으로 똑같아 보였기 때문입니다.
　동시에 문들에 대한 나의 관심도 점점 줄어들었습니다. 아주 가끔 문들
을 지나 왼쪽으로, 그리고 다시 오른쪽으로 돌아보는 것이 고작이었습니
다. 마침내 그것마저 그만 두고 아예 쳐다보지도 않았습니다. (중략)
　마침내 양쪽 두 개의 문만이 남게 되었습니다. 그때 나는 수많은 가능성
중에 하나를 골라 내는 일이든, 두 가지 중에 하나를 선택하는 일이든 결
국은 마찬가지라는 흥미로운 사실을 깨달았습니다. 어느 경우이든 선택은
불가능했습니다. 그리고 단 하나의 문만이 남게 되었을 때 나는 또다시 깨
달았습니다. 내가 원하든, 원하지 않든 간에 이제는 머물 것인가, 아니면
떠날 것인가를 결정해야 한다는 사실을……

---

8) 위의 책, 291-292쪽.

나는 머물렀습니다.

다시 눈을 떴을 때, 문은 하나도 남아있지 않았습니다. 둥근 벽은 하얗게 반짝거렸습니다. 그리고 이제는 그 형체 없는 목소리마저 들리지 않았습니다. 완전하고 영원할 것 같은 정적이 나를 감쌌습니다. 지금부터는 아무 것도 변하지 않을 거라고, 그리고 이제는 내가 올 데까지 왔다고 확신했습니다. 이승과 저승의 세계로부터 모두 영원히 차단된 그런 곳으로…….

나는 얼굴을 들어 울면서 말했습니다.

"높고 위대하신 알라시여, 저를 모든 자기기만으로부터 성스럽게 하시고, 거짓 자유에서 구원해 주시니 감사합니다. 이제 저는 더 이상 선택할 수도 선택할 것도 없기 때문에, 저의 보잘 것 없는 모든 자유 의지를 영원히 던져 버리고 당신의 성스러운 의지에 저의 모든 것을 불만 없이, 그리고 이유 없이 맡깁니다. 저를 이 감옥으로 인도하고 이 장벽 속에 갇히도록 한 것이 당신의 손이었다면 저는 이 상황에 만족합니다. 당신에 의해 인도되는 장님의 은총을 받지 못하면 우리 인간은 머무를 수도, 그리고 갈 수도 없습니다. 저는 이제 자유의지의 망상을 영원히 벗어 던지겠습니다. 왜냐면 그것은 결국 제 꼬리를 먹어치우는 뱀이기 때문입니다. 완전한 자유는 완전한 부자유라는 것을 알았습니다. 모든 성스러움과 모든 지혜는 오직 전지전능하고 유일하신 알라에게만 있습니다."[9]

그는 이런 감사의 기도를 드린 후 정신이 들어 깨어보니 바그다드 성문 아래 장님 거지로 있었고 이후 '인샬라'라고 불리게 되었다고 말한다.

삶의 경험이 풍부하지 않은 독자라면 이 이야기를 읽으면서 몰입하기는 쉽지 않다. 수많은 문 앞에서 망설이면서 괴로워하는 상황이 매우 오래 끈질기고도 길게 묘사되고 있기 때문이다. 사건의 빠른 진행을 즐기는 독자라면 그런 이야기를 끝까지 읽지 못하고 넘길 수도 있다. 그렇지만

9) 위의 책, 297-298쪽.

몰입해서 끝까지 읽고 장님거지와 자신을 동일시할 수만 있다면 매우 큰 깨달음에 근접할 수 있는 이야기이다. 주인공 인샬라의 젊은 시절과 유사한 경험을 가진 독자라면 더욱 쉽게 작가의 의도가 무엇인지, 이 이야기가 우리 인생에서 무엇을 이야기하려는 것인지, 스산하게 들려오는 목소리가 무엇인지를 느끼기 쉽다.

독자는 이야기를 읽으며 자연스럽게 111개의 문이나 스산한 목소리가 무엇일까를 생각하게 된다. 111개의 문이 인간의 현실에서 평생 주어지는 여러 가지 선택이나 지향하는 방향으로 나아가는 것을 말한다는 것은 삶의 경험에서 비교적 쉽게 유추할 수 있다. 인간이 '자유의지'라는 이름으로 선택을 할 때 작용하는 목소리는 바로 에고(ego)의 목소리이다. 세속의 삶에서 학습되어 이루어진 에고는 여러 가지 사회적으로 조건화된 생각과 남의 시선과 탐욕을 교묘히 숨기고 인간의 선택에 작용한다. 인간의 일상에서 대부분의 이성적 사고는 에고에만 지배되고 있기 때문에 선택은 매우 어렵고 신중하지만 진정한 자아(Self)의 자유의지가 아닐 수밖에 없다.

젊은이가 자신에게 주어진 선택의 자유 속에서 고통을 당하는 것은 그 자유가 진정한 자유가 아니기 때문이다. 인간이 에고에 매몰된 채 말하는 자유라는 것은 진정하고 완전한 자유가 아니다. 인간이 에고에만 집착하면서 살아갈 때는 바로 그 에고의 힘과 능력으로 무엇인가를 할 수 있다는 확신에 가득 차 있다. 그래서 자신의 자유 선택으로 일을 이루기 위해서 주변의 도움을 구하느라 동분서주하고 자신의 젖 먹던 힘까지 다 동원하는 모습을 보인다. 이야기 속의 젊은이도 처음에는 주변에 아무도 도와줄 이가 없음을 한탄하다가 자신의 온갖 통찰력을 다 동원하여 자신의 능력으로 탈출하려고 애쓴다.

그가 온갖 노력을 하느라 스스로의 힘을 다 소진했을 때 그는 달라진다. 왜냐하면 그에게는 좋고 나쁨을 분별하고 가르는 마음이 소실되었기 때문이다. 더 이상 이분법적 분별심이 남아있지 않다. 그는 희망에 부풀어 있지 않지만 두려운 것도 아무 것도 없다. 수치나 명예나 어느 것이 더 좋거나 나쁜 것이라는 생각도 없으며, 사는 것이나 죽는 것이나 더 좋고 나쁨이라는 이분법적 가치관을 가지지 않게 된다. 그리고 이때 그는 진정한 자유를 맛본다. 하얀 벽에 둘러싸여 있지만 더 좋은 것을 향해 갈망하는 감옥에 갇혀 있지는 않다. 죽음을 두려워하는 감옥에도 갇혀 있지 않게 된다. 남들에게 부끄러움을 당할까 두려워하거나 더 큰 명예를 얻으려고 안달하는 감옥에 갇혀 있지도 않게 된다. 진정한 자유인이 된 것이다. 그래서 그는 눈물로 신께 감사의 기도를 드릴 수 있게 된 것이다.

이러한 변화는 인간의 참자아(Self)가 발현되는 상황에서만 가능한 일이다. 대부분의 인간이 에고(ego)에만 갇혀서 자유를 추구하고 있지만, 그것이 진정한 자유가 아니라는 것을 깨닫기 위해서는 자신의 에고에만 얽매인 마음을 떨치고 참자아의 힘을 드러내어야만 가능하다. 인간의 참자아 속에 있는 신의 능력만이 인간에게 진정한 자유를 줄 수 있기 때문이다. 미하엘 엔데의 이 이야기는 인간에게 진정한 자유를 얻기 위해 무엇이 필요한지를 깊이 생각해보도록 하는 이야기이다. 동시에 에고에만 갇혀 살아가는 인간이 어떤 상태에서 살고 있는지, 얼마나 고통스러운 감옥에 갇혀 있는 것인지를 의식할 수 있는 실마리를 준다. 그리고 그것에서 벗어나 참자아를 드러내고 진정한 자유를 느낄 수 있는 길이 무엇인지를 말해준다.

다. 조건화된 자아, 에고(ego)를 알아채기

바람이 낳은 달걀처럼
참새떼가 우르르 떨어져 내린
탱자나무 숲
기세등등 내뻗은 촘촘한 나무 가시 사이로
피 한 방울 흘리지 않고
참새들은 무사통과한다

(그 무사통과를 위해
참새들은 얼마나 바람의 살결을 닮으려 애쓰는가)

기다란 탱자나무 숲
무성한 삶의 가시밭길을 뚫고
총총히 걸어가는 참새들의 행렬

(가시에 찔리지 않기 위해
참새들은 얼마나 가시의 마음을 닮으려 애쓰는가)

……난 얼마나 생의 무사통과를 열망했는가

-유하, 「참새와 함께 걷는 숲길에서」[10]

시적화자는 한적한 산책길에서 탱자나무 가시 사이로 날아 드나드는
참새 떼를 바라본다. 촘촘한 가시 사이로 유연하게 날아드는 참새떼들, 저
들이 가시에 찔리지 않고 저렇게 자연스럽게 날아들기 위해 얼마나 애썼
을지 떠올린다. 그 애쓰는 모습 위에 자신의 모습이 겹쳐진다. 시적화자의

---

10) 유하(2007), 『세상의 모든 저녁』, 민음사.

마음을 드러낸 부분은 괄호 속에 들어있는 낮은 목소리지만 그 부분은 오
히려 자신의 삶에 대한 통찰에 가 닿아 있다. '(그 무사통과를 위해 참새
들은 얼마나 바람의 살결을 닮으려 애쓰는가)', '(가시에 찔리지 않기 위
해 참새들은 얼마나 가시의 마음을 닮으려 애쓰는가)'라는 시적화자의 안
쓰러운 마음은 결국 자신을 향하는 탄식으로 쏟아져 나온다. '난 얼마나
생의 무사통과를 열망했는가'라고.

시인이 하늘을 나는 새들 가운데에서 굳이 참새를 바라보며 자신의 삶
을 빗대어 들여다 본 것도 주목할 만하다. 시인을 포함해 독자들 대부분
은 대붕(大鵬)과 연작(燕雀) 가운데 스스로를 제비나 참새로 볼 수밖에 없을
것이기 때문이다. 인간의 삶은 참새처럼 작은 몸으로 가시나무 사이를 무
사히 통과하며 살아가기를 열망하며 애쓰는 모습이다. 어떤 사람이라도
대붕(大鵬)처럼 하루에 구만리를 날아가는 삶을 살지는 못한다.

시의 독자는 시적화자의 이야기를 들으면서 장면을 상상한다. 참새떼들
이 유영하듯 탱자나무 사이로 날아다니는 모습을 그리면서 동시에 자연
스럽게 날아드는 모습에 대한 저자의 감정에 공감한다. 거기에 겹쳐서
'바람의 살결'처럼 민첩하고 빠르게 삶의 상황 속에 적응하며 살아가기
위해 애쓰는 내 모습을 상상한다. 그렇게 애썼음에도 자주 상처받는 나
자신을 상상하기도 한다. 때론 상처받지 않기 위해 얼마나 가시처럼 뾰족
하게 굴면서 살았는지 얼마나 팍팍하게 살았는지 떠올린다.

독자는 자신의 삶의 상황을 생각하면서 시적화자의 '생의 무사통과'에
대한 '열망'이라는 탄식에 더 잘 공감하게 된다. 생각해보면, 인간 누구나
'생의 무사통과'를 열망한다. 현대 사회에서 제대로 잘 살아내려고 참 애
쓰고 노력하는 것도 모두다 생의 무사통과를 열망하기 때문이다. 그런데
생의 '무사통과'는 진정한 자신의 삶을 사는 일이 맞을까? 삶은 아무런
일 없이 가시에 찔리지 않고 살아내기 위한 것일까?

그것은 아니다. 진정한 자신을 사는 일은 스스로 사랑이 되는 일이다. 사랑은 가시에 찔리지 않기 위해 바람을 닮으려 애쓰는 일이 아니라 진정한 자신을 깨닫고 자신의 본성을 드러내며 살아가는 일이다. 이쯤에서 우리는 예수가 십자가에 못 박힌 일이나 석가모니가 왕좌를 떠나 고행을 택한 것 같은 사랑의 화신인 인류의 성현들이 보여주는 삶을 떠올리는 것이 어렵지 않다. 참자아의 삶을 살아감으로써 저절로 사랑이 되는 일이다. 결코 무사 통과하는 삶이 아닐 수 있다. 그것은 무사통과와는 비견될 수도 없는 삶의 근원이다. 진정한 자신으로 살아가는 일은 남을 닮아가려는 삶이 아니다.

대부분의 사람들은 삶의 환경 속에서 칭찬받고 인정받기 위해 애쓴다. 바로 '바람의 살결'을 '닮으려' 노력하는 참새와 같다. 사회가 요구하는 사람이 되기 위해서 애쓰고, 부모님이나 선생님이 원하는 사람이 되기 위해서 애쓰며, 가족이나 친구들이 원하는 사람이 되기 위해서 그들에게 인정받기 위해서, 그리하여 모든 난관을 약삭빠르고 민첩하게 통과하고 무리에 어울려 걸어가기 위해 노력한다. 그들에게 비난받지 않기 위해서 애쓴다. 나의 행동에 대해 비난받는 것이 두려워 때론 먼저 방어막을 치기도 하고 먼저 공격하기도 한다. 그래야 내가 상처받지 않을 테니까. 내 마음을 강철바늘처럼 뾰족하게 만들고 단단하게 하는 일로 나를 보호하려고 애를 쓴 경험은 독자 누구에게나 있는 일이다.

시적화자의 목소리는 그런 애쓰고 열망하는 자신이 몹시 안쓰럽다고 말한다. 그것을 공감하기 위해서는 조금 더 깊은 음미가 필요하다. 참새들이 자유롭게 날지 못하고 가시나무 사이를 날기 위해 애쓰면서 '바람의 살결'과 '가시의 마음'을 '닮으려' 하면서 잃는 것이 있다. 바로 푸른 하늘을 자유롭게 날아다니는 일이다. 참자신의 살결과 참 자신의 마음으로 살아가지 못하고 남들의 시선과 요구에 맞추어 거기에 길들여진 줄도 모르고 길들여진 채 살기 때문이다. 참새나 대붕이나 하늘을 나는 새이다.

독자는 시적화자의 목소리를 통해 자신을 돌아보게 된다. 나 자신은 과연 자유롭게 날고 있는가? 나는 진정한 나 자신으로 살아가고 있는가? 참나로 산다는 것과 거짓의 나로 살아간다는 것의 일부분을 조금 깨닫게 된다. 그리고 참나로 사는 것이 무엇인지에 대하여 이후 더 깊이 생각해 보게 될 것이다.

하퍼 리 『앵무새 죽이기』도 인간이 사회문화에 조건화되어 살아갈 때와 그렇지 않을 때의 모습을 그려내고 있다. 그리고 그 사회문화적으로 조건화된 에고(ego)에 집착하며 사는 사람들이 얼마나 변화하기 힘든지도 여실하게 보여준다.

이 이야기의 배경은 1930년대의 미국 남부 앨리바마 주 메이콤 군이다. 이야기의 서술자는 '스카웃'이라 불리기도 하는 '진 루이스 핀치'라는 소녀이다. 그녀는 메이콤 군에서 변호사이며 주의원이기도 한 아버지 '애티커스 핀치' 변호사와 오빠인 '젬'-'제러미 애티커스 핀치', 집안일을 해주는 흑인 캘퍼니아 아줌마와 함께 메이콤 읍내 주택가에서 살아간다. 이 야기는 스카웃이 초등학교 입학 전부터 시작하여 초등학교 중학년이 될 때까지의 핀치 가족을 중심으로 일어나는 메이콤 군의 여러 가지 사건들을 통해 작가가 하고자 하는 말을 펼치고 있다. 스카웃과 젬의 이웃인 래들리 집안에는 남들에게 나서지 않고 갇혀 살고 있는 '부 래들리'가 있다. 스카웃과 젬, 그리고 방학이면 놀러오는 딜은 많은 사람들의 이야기와 신비 속에 싸인 부 래들리에 대해 자주 호기심을 가지고 장난을 치거나 그 주변을 기웃거리며 논다. 또 학교에 입학하여 만나는 아이들과 학교의 이야기, 주변 이웃이며 딜의 이모인 레이첼 아줌마, 모디 아줌마, 듀보스 할머니, 그리고 스테퍼니 크로포드 아줌마 등 군민의 생활과 삶에 대한 생각을 잔잔하게 펼쳐간다.

특히 당시의 논란은 흑인과 백인의 갈등이다. 남북 전쟁이 끝나고 노예

해방 이후이지만, 남부 앨리바마에서는 여전히 흑인은 백인과 동등하지 않다. 흑인인 톰 로빈슨이 유얼 가의 딸 메이엘라를 강간하였다는 혐의로 재판을 받는데, 스카웃의 아버지 애티커스 핀치 변호사가 변호를 맡는다는 사실 자체가 백인들 사이에서 논란이 된다. 사건의 전말을 제대로 파악한 핀치 변호사는 메이엘라의 유혹에 의해 일어난 일이며 톰 로빈슨이 강간하지 않았음을 명백히 입증해 냈다. 하지만, 배심원들은 톰 로빈슨을 유죄로 판결한다.

평소 인간을 사랑하고 평등하게 대하는 아버지의 영향을 받은 스카웃과 젬은 재판 과정을 보고 적잖이 놀라며, 매우 혼란을 겪지만 조금씩 성장해 나간다. 딸을 '갈보년'이라고 호통을 쳤으면서도 사건의 진실을 숨기고 톰 로빈슨을 강간범으로 몰아간 유얼은 매우 가난하고 게으르게 살아가는 백인이다. 백인들 누구나 다 아는 구제 불능의 삶을 사는 사람이지만, 당시 사회에서는 백인이기에 흑인보다 우월한 존재로 보호를 받는다.

결국 톰이 감옥에서 탈옥하려다가 죽고 난 후, 유얼은 원하는 대로 되었음에도 자신이 제대로 대접받지 못한다고 여기며 톰을 변호하였던 사람들에게 복수를 하려 한다. 그 과정에서 스카웃과 젬을 습격하고, 유얼은 스스로 자신의 칼에 찔려 죽는다. 이 사건에서 스카웃의 옆 집에서 오래오래 다른 사람들과 대면하지 않고 고립되어 살아가던 부 래들리가 핀치가의 아이들을 구한다.

'앵무새 죽이기'라는 말은 아무런 해도 끼치지 않는 새를 쏘아 죽이는 것을 의미하는데, 여기서는 사회적 약자를 죽이거나 무시하는 것을 의미한다. 인종에 대한 편견과, 사회적 명예에 대한 편견 등이 인간과 인간을, 그리고 생명과 생명을 평등하게 대하지 못하도록 하는 모습을 이 소설은 적나라하게 보여주고 있다. 특히 여자 아이인 진 루이스 핀치의 시선을 통해서 그녀의 생각이 자라나는 과정을 잘 보여준다.

스카웃의 아버지 핀치 변호사는 대부분의 사람들이 백인 중심의 사고를 하고 있는 사회문화적 환경 속에서도 흑인과 백인을 인간으로서 평등하게 생각하는 훌륭한 인품의 소유자이다. 이 소설의 독자는 대부분 서술자인 스카웃이나 그녀의 아버지 핀치 변호사와 그의 가족에 동일시하면서 소설을 읽게 된다. 그래서 다른 이들이 가지고 있는 흑인에 대한 편견, 특히 부당하게 톰에게 강간죄를 덮어씌운 유얼의 행동 등을 보면서 인간의 나약함과 인간의 편견이 어떤 사회적 부조리의 모습으로 드러나는지를 확인하고 경험하게 된다.

「이제 여름이 오면 넌 이보다 훨씬 더 심각한 문제에 당면할 텐데 그때도 이성을 지켜야 할 거야……. 너와 젬에게 부당하다는 걸 나도 잘 알고 있단다. 하지만 때로 최선을 다해서 극복해야 할 경우가 있어. 무슨 일이 일어났을 때 우리가 어떻게 처신하느냐 하는 건……. 글쎄, 지금 내가 말할 수 있는 건 너와 젬이 어른이 되면 어쩌면 조금은 연민을 느끼면서, 내가 너희를 실망시키지 않았다고 생각하면서 이 문제를 되돌아볼 거라는 사실이야. 이 사건, 톰 로빈슨 사건은 말이다. 아주 중요한 한 인간의 양심과 관계있는 문제야……. 스카웃, 내가 그 사람을 도와주지 않는다면 난 교회에 가서 하나님을 섬길 수가 없어.」
「아빠, 아빠가 잘못 생각하시는 거예요.」
「어째서 그렇게 생각하지?」
「음, 모든 사람들은 자기가 옳고 아빠가 틀렸다고 생각하는 것 같아서요…….」
「그들에겐 분명히 그렇게 생각할 권리가 있고, 따라서 그들의 의견을 충분히 존중해 줘야 해.」 아빠가 말씀하셨습니다.
「하지만 난 다른 사람들과 같이 살아가기 전에 나 자신과 같이 살아야만 해. 다수결을 따르지 않는 것이 한 가지 있다면 그것 바로 한 인간의 양심이다.」[11]

스카웃과 핀치 변호사의 대화에서 핀치변호사를 통해서 작가는 무엇이 바른 삶이고 진정한 자신의 삶을 사는 것인지를 독자가 생각할 기회를 준다. 스카웃은 마을 대부분의 어른이나 아이가 톰 로빈슨을 변호하는 것이 잘못이라고 생각하고 있음을 아빠인 핀치 변호사에게 말한다. 하지만 아빠의 대답은 한 인간의 양심은 다수결을 따르는 것이 아니라는 말로 '난 다른 사람들과 같이 살아가기 전에 나 자신과 같이 살아야만' 한다며 '진정한 자신'을 살아가야 한다는 말을 한다.

> 「아빠가 정말로 깜둥이 애인인 건 아니죠?」
>
> 「정말로 흑인 애인이란다. 난 모든 사람을 사랑하려고 최선을 다하고 있어……. 그래서 때로 어려움에 처할 때가 있지……. 누가 욕설이라고 생각하는 말로 불린다 해서 모욕이 되는 건 절대 아니야. 욕설은 그 사람이 얼마나 보잘것없는 인간인가를 보여 줄 뿐 상대방에게 상처를 주지는 못해. 그러니까 듀보스 할머니가 뭐라 하시든 실망할 필요 없어. 할머니는 할머니 일만으로도 고통이 많으시단다.」 (207쪽)

아이들과의 대화에서 핀치 변호사가 한 이런 말은 인간이 얼마나 에고 (ego)에만 갇혀 편견에 휘둘리기 쉬운가를 말해준다. 아이들은 마을 사람들이 모두 지지하지 않는 일을 하는 것을 두려워한다. 이는 바로 에고가 진정한 자신을 잃고 다른 사람들의 칭찬과 인정을 받기에 급급해하는 모습을 보이는 현상이다. 그 칭찬과 인정을 잃을까 두려운 것은 바로 에고의 증명을 잃을까 두려워하는 까닭이다. 일반 독자의 대부분은 이와 유사한 경험이 있기 때문에 쉽게 이들의 마음에 감정이입할 수 있게 된다. 하지만 아버지 핀치 변호사는 그런 아이들을 위로하며 진정한 양심에 따른다면

---

11) 하퍼 리/김욱동 옮김(2015), 『앵무새 죽이기(To Kill A Mockingbird)』, 열린책들.

다른 이의 욕설을 두려워할 필요가 없다고 말한다. 독자는 바로 이 부분에서 에고(ego)의 확장이 아닌 양심의 중요성에 대해 어렴풋하게 동의하게 된다. 자신이라면 어떻게 생각하였을지 스스로 점검하기 시작한다.

결국 백인 배심원들은 톰에게 유죄 판결을 내렸다. 이 판결을 보고 상처를 받은 젬은 눈물을 흘린다. 핀치 변호사는 아들에게 제대로 대답을 하지 못하지만, 그의 생각은 마음이 순수한 애들만이 눈물을 흘린다는 그의 말에 담겨 있다. 이때 독자는 인간에게서 에고에 갇혀 있는 스스로가 얼마나 자각되기 어려운 일인가를 느끼며 답답해지게 된다. 독자는 젬이나 핀치 변호사에게 동일시하면서 같은 감정을 느끼기 때문에 배심원들이 가진 편견에 대해 답답함을 느낀다. 특히 오늘날 인종차별이 거의 사라진 지역에서 사는 독자라면 더욱 그러하다. 인종차별은 흑인과 백인의 차별만이 아니라 인간 삶에서 일어나는 여러 가지 차별들을 상징하는 것으로 읽힐 수도 있다. 흔히 말하는 갑과 을, 가진 자와 그렇지 못한 자, 주류와 비주류의 차별 등이 떠오를 수도 있다. 이러한 인간의 편견을 만들어내는 에고에만 매몰되어 사는 삶은 짧은 시간 내에 깨어지지 않는 것이고, 스스로 자신이 그러함을 인정하기도 참으로 어려운 것이라는 점을 알게 된다.

> 모디 아줌마가 계속 말씀했습니다. 「그건 우연이 아니었어. 지난밤에 난 현관에 앉아서 기다리고 있었지. 너희 모두가 인도를 따라 걸어오는 것을 지켜보려고 기다리고 있었던 거야. 그사이에 이런 생각을 했단다. 애티커스 핀치는 이길 수 없어, 그럴 수 없을 거야, 하지만 그는 그런 사건에서 배심원들을 그렇게 오랫동안 고민하게 만들 수 있는 이 지역에서 유일한 변호사야. 그러면서 나는 또 이렇게 혼자 생각했지. 우리는 지금 한 걸음을 내딛고 있는 거야, 아기 걸음마 같은 것이지만 그래도 진일보임에는 틀림없어.」 (399쪽)

결국 작가는 모디 아줌마의 이 말을 통해 부조리한 인간의 생각에 변화를 주는 것이 얼마나 더딘지를 독자로 하여금 생각하게 한다. 하지만 핀치 변호사와 같은 인물이 이 사회에서 어떤 역할을 하고 있는지를 정확하게 콕 집어 표현한다. 이로써 독자는 인간의 에고에서 깨어남이 개인의 삶을 변화시킬 뿐 아니라 전 사회적 삶의 변화로 나아갈 수 있음을 생각하게 된다.

라. 끊임없이 미끄러지는 삶의 시간

백년 정거장에 앉아
기다린다 왜 기다리는지
모르고 기다린다 무엇을 기다리는지
잊어버렸으면서 기다린다 내가 일어나면
이 의자가 치워질까봐 이 의자가
치워지면 백년 정거장이
사라질까봐
기다린다 십년 전에 떠난 버스는
돌아오지 않는다 십년 전에 떠난 버스는
이제 돌아오면 안 된다 오늘도 나는 정거장에서 파는
잡지처럼 기다린다 오늘도 나는 정거장 한구석에서 닦는
구두처럼 기다린다 백년 정거장의 모든 버스는
뽕짝을 틀고 떠난다 백년 정거장의
모든 버스는 해질녘에 떠난다 백년
정거장의 모든 버스는 가면
돌아오지 않는다 바닥이 더러운 정거장에서
천장에 거미줄 늘어진 정거장에서
오늘도 너는 왜
기다리는지……

모르면서 기다린다 무엇을
기다리는지도 모르면서 기다린다

−유홍준, 「백년 정거장」[12]

이 시를 처음 읽는 독자는 무슨 말인지 의아해하며 시를 읽게 된다.
'백년 정거장'이 뭐지? 기다린다니 뭘 기다린다는 거지? 버스는 왜 가고
돌아오지 않는 거야? 일상적인 버스정류장을 이야기하는 것은 아닌 것 같
구나. 이런 일련의 의문을 떠올리며 시의 장면을 곰곰이 생각하고 상상하
게 된다.

거미줄이 주렁주렁 달려 있고, 바닥에 쓰레기가 나뒹구는 더러운 정거
장에서 엉거주춤 지저분한 의자에 앉아 있는 사람의 모습이 떠오른다. 그
는 무엇을 기다리는지 알지 못한다. 무엇을 기다리고 있는지 알지 못하니
지나가는 버스를 타지도 못하고 의자에서 일어서지도 못한다. 심심풀이
잡지처럼, 아직 신고 다니지는 못하고 신고 다닐 날을 기다리며 반질반질
손질한 구두처럼 정거장에서 기다리고 있는 이는 무척 안돼 보인다. 버스
가 한 번 가면 다시 돌아오지 않는단다. 도대체 어떤 느낌이 드는지 자신
을 들여다본다.

시를 다 읽고 떠오른 느낌은 '백년'이라는 말이 주는 연상에서 시작된
다. 아, '백년'이 왠지 인간의 일생처럼 느껴진다. 인간의 삶이 기다림의
연속에만 놓여 있다는 생각이 든다. 하루하루 출근하는 일이 정거장에 앉
아 있는 일처럼 느껴진다. 하루하루 살아가는 일이 백년 정거장에서 여러
사람의 손때가 묻어있는 잡지처럼 구차하게 느껴지기도 한다. 매일매일
'내일은 더 나은 무엇이 오리라' 생각하며 견디며 사는 것 같다. 부모는

---

12) 유홍준(2006), 『나는 웃는다』, 창작과비평사.

아이들의 성장을 기다리고, 다 자란 아이는 취업의 소식을 기다리고, 또 시험에 합격할 그날을 기다리고, 나중에는 무엇을 기다리는지 알지 못한 채로 그저 삶이 기다림의 연속이다. 죽음을 기다리는 것일까? 어쨌든 지금 정거장에 선 버스, 지금 이 시간에 올라 타지 않는다. 내가 버스를 타고 나면 누군가 내가 앉았던 의자를 치워 버릴까봐, 그래서 내 기다림이 끝이 날까봐 나는 계속해서 떠나가는 버스를 보낸다. 그 버스들은 다시는 돌아오지 않는다.

아이가 자라고, 시험에 합격하고, 취업이 되었어도 여전히 기다린다. 지금 하는 일이 끝나기를 기다리고, 새로운 일이 오기를 기다리고 그 일이 오면 그것이 끝나기를 기다리고. 도대체 궁극적으로 무엇을 기다리는 것일까? 한 번도 지금 여기에 안착하지 못한다. '정거장'이란 원래 그런 곳이니까. 집이 아니니까. 인생은 그런 것이 당연한 것일까? 하는 의문이 든다. 시인은 그렇게 기다리기만 하는 삶은 잘못되어도 크게 잘못되었다고 다그치고 있다. 그 말을 들으니 내 삶이 그렇게 흘러가다보면 하루, 아니 한 순간도 제대로 살아보지 못하고 기다리며 백년을 흘려버리듯 미끄러지듯 어긋나게 보내버리고 결국엔 죽는 것이 아닌가 하는 놀라운 결말에 도달한다. 손가락 사이로 모래를 흘려버리듯 삶을 흘려버리며 한 순간도 살지 못한 채 기다리기만 하는 인생이 그려진다.

과연 우리는 살아있는 것일까? 이 시에서 말하는 기다리는 일은 삶을 끊임없이 유보하는 일이다. 삶을 유보하며 살아가는 이의 마음을 이토록 절절하게 표현한 시가 또 있을까? 백년 정거장에 앉아 무언지 모를 것을 끊임없이 기다리고 있는 나는 지금 살아있는 것일까 죽어있는 것일까?

시인이 꼬집고 있는 백 년 동안 어느 한 순간도 제대로 살아 있지 못하는 삶은 바로 에고(ego)에 이끌려 끊임없이 욕망하고 앞도 뒤도 돌아볼 겨를 없이 새로운 욕망을 더해 나가는 것이 현대인의 삶이다. 조금 더 많은 것을 가지기 위해 오늘을 만끽하지 못하고, 조금 더 높이 올라가기 위해 지금 여기에 핀 꽃을 보지 못한다. 진정한 평안과 안식을 담은 참자아(Self)의 삶은 에고의 속박을 인식하는 데서부터 시작될 수 있다.

마. 삶의 열정과 탐욕

에고(ego)에 갇힌 자의 탐욕과 진정한 열정의 차이는 무엇일까? 독자는 문학 작품을 읽으면서 그 두 가지의 극명히 대비된 경험을 바라보고 경험하면서 스스로의 열정과 탐욕은 무엇인지를 탐색하게 된다.

카누를 저으며 오르내릴 수 있는 아름다운 강물이 바라보이는 정원이 있는 집을 상상해 본 적이 있었던가? 소설 『세이 강에서 보낸 여름』의 배경은 바로 온갖 새소리를 품고 있으며 녹음을 비추는 세이 강가에 있는 '발리'라는 마을이다. 특히 등장인물의 주요 활동 무대는 바로 세이 강 쪽으로 정원이 나 있는 집과 저택, 그리고 세이 강의 상류와 하류를 오가는 카누이다. 독자는 그 장면을 상상하는 것만으로도 고요한 물소리와 가끔씩 들려오는 아름다운 새소리를 듣게 되고, 녹음이 우거져 강물에 비치는 장면을 떠올리게 된다.

피라미드호를 타고 상류로 올라가는 것은 마치 눈에 익은 그림 속으로 들어가는 듯한 기분이었다. 처음에는 익숙한 풍경이 펼쳐졌다. 데이비드는 더운 날이면 가끔 선착장 부근에서 강을 오르내리며 헤엄치고 했기 때문이다. 하지만 이내 멀리서만 보던 것들이 성큼성큼 다가오면서 모든 것이 낯설게 느껴졌다.

데이비드는 탁 트인 강을 따라 리틀 발리에서 그레이트 발리 쪽으로 올라갔다. 강 양쪽에 목초지가 펼쳐져 있고, 가지치기가 된 버드나무가 강둑을 따라 드문드문 서 있었다. 소들이 물을 마시러 내려오는 후미진

곳도 있었는데, 데이비드가 지나갈 때도 소 몇 마리가 진창 속에 서 있었다. (중략)

그레이트 발리에서 가장 먼저 눈에 띈 것은 멀리 나무 위로 우뚝 솟은 교회 뾰족탑이었다. 이어서 강둑에 두 사람이 보였다. 한 사람은 젊은 남자였는데, 해를 보고 드러누운 채 곤히 잠들어 있었다. 또 한 사람은 그레이트 발리 우체국에서 일하는 아가씨로 마치 쿠션에 몸을 기대듯 젊은이에게 기대앉아 있었다. 아가씨는 하얀 데이지꽃을 따서 어깨 너머로 던져 젊은이의 몸에 흩뿌렸다. 그러다 카누에 탄 데이비드를 보자 꽃을 뿌리다 말고 까르르 웃더니, 강굽이를 돌자마자 보가 있으니 조심하라고 소리쳤다. 데이비드는 고맙다고 인사하고 조심스레 노를 저었다. 그러나 강굽이에는 보가 없었다. 나중에도 그 근처에서 보 같은 건 구경도 하지 못했다.

마침내 그레이트 발리의 주택가가 나타났다. 몇몇 정원은 강까지 이어졌고, 강둑에는 덩굴장미와 붓꽃이 심어져 있었다. 잔디는 대부분 잘 깎여 있었다. 어떤 잔디밭에는 접의자가 있고, 그 옆에 책 한 권이 엎어진 채 놓여 있었다. 차 마시는 시간이 가까워서 그런지 정원에는 아무도 없었다. 강에다 배 같은 것을 묶어 둔 집은 딱 하나였는데, 그것도 고작 펀트 한 척이었다.

(중략)

그레이트 발리 쪽 강가는 하류보다 나무가 많았다. 어떤 곳은 나무들이 제멋대로 우거져 자랐고, 아름드리 나무 한 그루가 마치 다리처럼 강을 가로질러 쓰러져 있기도 했다. 그래도 밑으로 지나갈 공간이 있어서 데이비드와 피라미드호는 나무에 드리워진 시든 담쟁이덩굴을 헤치며 나아갔다. 다시 목초지가 펼쳐졌고 강굽이를 돌자 폴리 방앗간으로 보이는 건물이 나타났다.[13)]

이 소설의 주인공은 데이비드 모스와 애덤 코들링이라는 소년들이다. 데이비드는 엄마 아빠와 여동생 베키와 세이 강 쪽으로 난 정원이 있는

---

13) 필리파 피어스/햇살과 나무꾼 옮김(2016), 『세이 강에서 보낸 여름』, 논장, 27-29쪽.

집에 살고 있다. 애덤 코들링은 오랜 옛날부터 발리 지역을 소유했던 명
문가인 코들링 가의 후손이지만, 가세가 기울어 가난하게 살아간다. 정신
이 이상해진 할아버지와 고모와 함께 오래된 저택에서 살았다. 물론 이
저택도 세이 강을 향해 정원을 가지고 있으며 정원에는 코들링 가문의 문
장인 장미를 심어 두고 있다.

　어느날 세이 강에 홍수가 난 직후 데이비드네 선착장에 낡은 카누가 떠
내려 오면서 이야기가 시작된다. 데이비드는 카누를 타고 세이 강의 상류
로 올라갔다가 내려오는 길에 카누의 주인이 애덤임을 알게 된다. 애덤은
데이비드보다 몇 살 많지만 둘은 카누를 함께 수리하며 친해진다. 둘은
매일 만나 카누를 고치고 니스 칠을 하며 오후 다섯 시 티타임에는 함께
차와 케익을 먹으면서 애덤의 다이나 고모와 할아버지, 코들링 가문의 내
력에 대해 알아가게 된다.

　애덤은 이제 가문에 남은 재산이 전혀 없을 뿐 아니라 형편이 어려워
다이나 고모가 자신을 돌봐줄 형편이 되지 않는다는 것을 알고 좌절한다.
이번 여름이 끝나면 버밍햄으로 가야한다는 것이 무엇보다 싫은 애덤은
중대한 결정을 한다. 자신과 고모가 발리에서 함께 살아가기 위해서 수백
년 전 조상인 조너선 코들링이 자신의 딸 세라만 아는 곳에 숨겨두었다는
'보물'을 찾기로 한 것이다. 데이비드도 애덤과 함께 카누를 타고 보물을
찾아 세이 강을 오르내리며 비밀의 열쇠를 탐색한다. 둘은 수백 년 전 코
들링 가문의 전성기에 숨겨두었다는 보물을 찾기 위해 남겨진 편지와 시
에 담긴 비밀을 해석한다. 데이비드는 자신의 일이 아니지만, 절친한 친구
애덤이 버밍햄으로 가는 것을 막고자 온종일 보물을 생각하며 매일매일
코들링 저택으로 간다. 또 카누를 타고 강의 상류와 하류를 오가며, 저택
과 마을의 구석구석을 뒤진다.

　결국 마을 어른들로부터 옛날에 있던 강물의 줄기는 지금의 강줄기와

다른 물길이었다는 사실을 알게 된다. 그리고 조녀선의 초상화에 그려진 다리는 옛날 강물에 있는 것으로 지금은 기차가 다니는 조그만 다리라는 것도 알게 된다. 이들은 장미 한 송이가 그려진 교각에서 비밀 장소를 찾아내지만 보물은 누군가가 가져갔다는 것을 알고 크게 실망한다.

이후 다이나 고모로부터 새로운 사실을 알게 된다. 지금은 정신이 이상해진 할아버지가 보물을 찾았었으며, 아들 존이 오면 함께 보기 위하여 알 수 없는 장소에 숨겼다는 것이다. 애덤과 데이비드는 필사적으로 노력하지만 보물을 찾지 못하고, 결국 할아버지가 돌아가신다. 다이나 고모는 저택을 팔지 않으면 생활을 할 수가 없게 되어 저택을 팔고 버밍햄으로 가기로 결정한다.

그때 데이비드와 애덤은 그 집을 사려는 스미스씨가 바로 조녀선 코들링의 사위인 애쉬워시 가문의 후손이라는 것을 알아낸다. 스미스씨가 호시탐탐 코들링 가의 보물을 노리고 일부러 이 지역에 와서 머물고 있다는 것도 알게된다. 뿐만 아니라 스미스씨의 숨겨놓은 딸 베시는 애덤과 거의 흡사할 정도로 닮았다는 것도. 그래도 다이나 고모는 집을 팔기 위해서 집안 정리를 하고, 데이비드와 애덤은 필사적으로 할아버지가 숨겨둔 보물을 찾아 헤맨다. 결국 지붕 아래 놓아둔 술 단지 가운데 하나에서 보물이 나온다. 애덤과 데이비드의 가족은 함께 모여 축하의 파티를 한다.

이 이야기는 줄거리 자체보다는 사건을 진행해나가는 주인공과 그 가족들의 마음, 삶의 상황 및 자세에 대한 작가의 묘사가 독자로 하여금 아련하고 아름다운 상상을 하게 한다. 세이 강물과 강가의 경치와 다이나 고모나 데이비드 가족이 가진 따뜻하고 품위 있는 삶의 모습이 정갈하고도 담담한 인생의 아름다움을 그리게 한다. 그 가운데 두 주인공이 가진 보물을 찾으려는 노력이 재물에 대한 탐욕이나 욕심으로 보이지 않는 것은 그들이 어린아이이기 때문일까? 아니면 어린아이의 단순한 호기심과 모험심에 그치는 것이기 때문이라고 여겨지기 때문일까? 반드시 그런 것은 아니다. 오히려 스미스씨의 보물찾기는 이들의 그것과 비교하면 매우 탐욕스러워 보인다.

데이비드와 애덤은 한 여름 내내 보물을 찾기 위해서 세이 강의 강물을 오르내리며 보내지만 그것은 독자에게 그들이 가진 삶에 대한 열정으로 읽힌다. 무덤덤하게 지내며 보내는 하루하루가 아니라 치열하게 온전히 살아가는 열정이다. 이것은 아마도 주인공들이 각자 개인적 욕심을 이루기 위해 눈을 부릅뜨고 있는 모습이 아니라, 가족과 친구와 지금 이대로의 삶을 지탱하고자 하는 노력이기 때문이 아닐까? 현재 가진 것에 감사하는 이 어린 주인공들의 마음이 드러나기 때문이다. 또 현재의 풍요롭지도 넉넉하지도 않지만 감사한 이 삶을 이어가고자 보물찾기를 하느라 정신없이 여름을 보내는 장면은 삶의 열정이 가득한 마음의 풍광을 그려보게 만든다.

사람이 살아가면서 지금 이대로의 삶을 완전히 누린다고 해도 아무런 열정이 없이 살아갈 수는 없다. 누구나 크든 작든 소망하는 것을 이루기 위해 노력하고 애를 쓰며 그 가운데서 기쁨과 행복을 누리고 좌절과 실망도 겪게 된다. 그것이 오히려 온전한 삶이다. 그런 가운데 삶을 더욱더 감사할 수 있게 된다. 그런 아름다운 열정은 음흉하고 무조건적 탐욕에 눈이 멀어 내달리는 것과는 사뭇 다르다. 하지만 겉으로 보기에는 거의 같은 모습으로 보일 수도 있다. '보물찾기'는 누가 어떻게 하느냐에 따라 열정이 되기도 하고 탐욕이 되기도 한다. 흔히 '열심히' 산다는 것의 참 의미는 바로 삶에 열정을 가지고 자신이 가진 에너지를 낭비하지 않으며 최선을 다해 소명을 이루는 것일 터이다.

최근에 일어난 온갖 일에도 스미스 씨는 단순히 자신이 탐욕스럽고 음흉하고 파렴치하고 냉혹하며 남에게 해를 끼치는 악한이라는 사실을 깨닫지 못하는 사람이었다. 데이비드는 어쩌면 사람은 남이 보는 대로 자기 자신을 볼 수 없는지도 모른다고 생각했다. (337쪽)

세이 강의 아름다운 강물 속에서 주인공들은 그 옛날이 오늘날에 이어져 있음을 말하고 있다. 수백 년 전 조상의 삶을 생각하고 그들이 남긴 저택과 보물과 강물의 물줄기 등이 서로 얽혀진 가운데 이야기가 전개되고 있다는 점도 독자들이 눈여겨 볼만하다. 강물을 따라 정원을 만들어 놓고 살아가는 사람들 간에도 서로서로 연결되어 있음을 느낄 수 있다. 흘러내려온 카누를 찾아 주며 친구가 되고, 보물을 함께 찾아주고 그저 같이 있을 수 있고 함께 살아가게 된 것을 기뻐하는 사람들의 모습에서 독자는 훈훈한 기쁨을 느낀다. 무엇보다 애덤의 고모 다이나는 어려운 형편에도 이웃들에게 예의를 지키고 그들을 신뢰해주는 마음을 가진 사람이다. 이런 어우러짐이 결국 '모두가 함께 다시 세이 강가에서 살아갈 수 있게 되는' 보물, 곧 '함께 할 수 있는 미래'를 찾게 한 셈이다.

독자는 주인공 소년들의 마음에 동일시하면서 보물을 찾게 된다. 보물을 제대로 찾아내지 못해 타향으로 흩어져야 하는 일가족을 안타까운 마음으로 지켜본다. 자신의 탐욕에 눈이 멀어서 보물을 노리고 거짓을 일삼는 사람들을 비판하는 마음을 갖게 된다. 이는 이 소설의 작가가 작품 요소요소에 장치해둔 서술에서 독자의 마음을 그런 방향으로 이끌고 있기 때문이다. 소설 속 인물의 삶을 보면서 삶의 열정과 가슴 따뜻한 사랑을 경험하는 시간을 갖게 된다.

바. 삶을 망가뜨린 인류의 자각

문학체험에서 독자는 개인의 삶만을 탐색하는 것이 아니라 개개인이 모인 현대 사회의 인류가 공동으로 에고(ego)에만 집착하는 삶을 살아가고 있음을 들여다 볼 수 있다. 에고에만 갇혀 살아가는 인류 사회는 어떻게 고통 속으로 달려가고 그 결과가 어떻게 되었는지를 상상하며 탐색하는 경험을 하게 된다.

소설 「단기 체류자의 행성」[14]의 시간적 배경은 지구가 방사능 전쟁으로 폐허가 된 이후 350년쯤이다. 주인공 트렌트는 방사능으로 뒤덮여 폐허가 된 지구에 살아남은 몇 안 되는 인간 중의 한 명이다. 그는 비상용 장비인 헬멧을 쓴 채 산소 탱크를 매고 방사능 계수기를 몸에 지니고, 살아있는 인간이 있는지 '탐사'를 하는 중이다. 방사능으로 완전히 뒤덮여 더 이상 인간이 살아갈 수 없는 환경이 된 지구에서 우주 탐사를 할 때나 쓰는 장비를 갖추고서야 인간이 있는지 찾아 나선 것이다. 살아남은 인간을 찾는 이유는 지금 남아있는 산소통이나 헬멧 등 생존을 위한 장비가 더 이상 오래 버틸 수 없다는 것을 알고 살길을 모색하기 위함이다.

방사능으로 오염된 지구의 많은 생물들이 급격한 진화를 이루어 방사능에 적응하는 돌연변이를 일으킨다. 동식물이나 곤충뿐 아니라 인간도 방사능 염류를 활용할 수 있는 새로운 신체 기관을 가지게 되어 두꺼비 부족, 눈이 멀고 허연 지렁이 부족, 쥐며느리 부족 등으로 변이를 일으킨 채 살아가게 된다. 모든 생물이 방사능 환경에 알맞게 돌연변이를 일으키지 않고는 살아남지 못하기 때문이다.

---

14) 필립 K. 딕/조호근 옮김(2015), 「단기 체류자의 행성」, 『현대문학』 제61권 제9호, ㈜현대문학, 114-137쪽. 필립K. 딕은 널리 알려진 SF영화 <마이너리티 리포트>, <토탈 리콜>, <블레이드 러너> 등의 원작 소설의 작가이다. 그는 암울한 미래상과 인간의 정체성 혼란을 그리며 인간성의 본질을 추구하는 작가로 알려져 있다.

여전히 350년 전 인간의 모습을 하고 있는 몇몇 사람들은 그야말로 온갖 장비를 갖추지 않고는 지구에서 한시도 살지 못하기에 필사의 노력을 하고 있다. 주인공 트렌트는 우여곡절 끝에 캐나다 근처에 인간이 살고 있다는 정보를 듣고 찾아간다. 그런데 그들은 이미 지구에서 더 이상 살지 못할 것을 알기에 새로운 행성으로 떠나는 중이었다. 고장 난 로켓을 우주선으로 개조하여 지구에서 인간 문명을 모두 싣고 화성, 목성, 토성, 그리고 어디가 될지 모르는 새로운 정착지를 찾아 떠나기 위해 짐을 싣고 있다. 트렌트와 그의 동료들도 그 우주선에 몸을 맡기지 않을 수 없었다. 결국 우주선의 선장은 인간이 바로 온갖 우주 탐사 장비를 갖추고 지구에 잠시 들른 외계 행성의 방문자에 불과하다고 지적하는 말을 한다.

우주선 선장의 이 말은 독자에게 의미심장한 충격을 준다. 독자가 살고 있는 이 지구상에 사는 인간은 수많은 도구를 사용하고 결국은 지구를 방사능으로 폐허가 되게 만들고 만다. 인간은 지구에서 원주민이요 주인이며 경영자임을 자처하며 살아왔지만, 그들에 의해서 만들어진 방사능은 결국 자신들만을 이방인으로 축출하여 우주의 미아가 되도록 만든다. 지구의 자연은 방사능에 적응하는 돌연변이를 일으키고 또 그대로 지구상에서 살아가고 있으니까. 그들은 결코 파괴되지 않으며, 여전히 지구의 원주민으로 산다. 인간이 지구상의 자연 속에서 자연과 더불어 편안하게 살아갔더라면 결코 방사능에 의한 지구 오염을 일으키지 않았을 것이다.

이 소설은 독자로 하여금 인간이 자신의 진정한 정체성을 잃어버린 채 자연을 정복하고 환경을 파괴하며 살아가는 일의 결말을 들여다보게 만든다. 인간이 원주민으로서 지구에서 조화롭게 살아가기 위해서는 무엇을 어떻게 해야 할지를 스스로 생각지 않을 수 없게 만드는 작품이다.

사. '초월적 나'의 인식 : 당신의 어린왕자는 어디에 있는가?

앙투안 드 생텍쥐페리의 『어린왕자』는 많은 사람들이 한 구절 정도는 기억하는 소설이다. 이 소설의 주인공은 보아뱀이 맹수를 삼키는 그림을 보고 '속이 보이지 않는 보아뱀'을 그리지만 '어른'들은 항상 그림을 제대로 알아보지 못해 '속이 보이는 보아뱀'을 그려 설명을 해주어야만 한다고 한탄하는 어린 시절을 보낸 비행사와 어린왕자다.

비행사는 '어른'은 '보이는 것'만 보고, '설명'을 좋아하기 때문에 보이지 않는 것은 보지도 느끼지도 상상하지도 못하며 숫자를 동원하여 설명하지 않으면 알지 못한다고 말한다. 그래서 그들은 진정한 삶을 이해하지 못한다고 아쉬워한다.

사하라 사막에 불시착한 비행사는 어린왕자를 만나게 된다. 양을 그려달라고 다가온 어린왕자는 비행사의 그림을 제대로 알아보는 유일한 사람이다. 비행사는 사막 한가운데에 불시착하고서야 자신을 제대로 알아봐주는 사람을 만난 것이다. 서로를 잘 이해하는 사람들끼리는 서로의 '보이지 않는' 중요한 것을 제대로 보게 된다.

어린왕자는 지구로 오기 전 자신의 별(소행성B612)에서 장미를 만난 이야기와 화산을 청소하는 이야기를 한다. 바오밥나무의 싹이 제대로 자라나지 못하도록 양의 먹이로 사용하려고 양을 그려달라고 했음도. 어린왕자는 자신의 별에 자란 장미를 사랑하였지만 떠나와 여러 소행성을 여행하였다. 첫 번째 별에서 명령을 하는 왕을 만난다. 두 번째 별에서는 자신만을 찬미하는 허영쟁이를 만난다. 세 번째 별에서는 자신이 마신다는 것이 부끄러워 계속 술을 마시는 술꾼을 만난다. 네 번째 별에서는 모든 것을 소유하고자 하는 사업가를 만난다. 다섯 번째 별에서는 가로등을 켜고 끄는 사람을, 여섯 번째 별에서는 알기만 하고 탐험하지 않는 지리학자를 만난다. 그리고 일곱 번째 별이 지구이다. 지구에는 어린왕자가 다른 별에서 만났던 사람들이 수백 명 수천 명씩, 때로는 수억 명이 있다.

어린왕자가 만난 사람들은 모두 진정한 자신을 알지 못하며 에고(ego)에 갇혀 살아가는 사람의 전형적인 모습을 가지고 있다. 왕은 무엇이든 지배하려는 욕망을 가진 자다. 허영쟁이는 타인에게는 관심이 없으며 자기 자신에 대해서도 제대로 알지 못하는 자이고, 사업가는 오직 소유로만 삶을 판단하는 사람이다. 술꾼 또한 오직 자신의 논리 안에 갇혀 있는 사람이고, 가로등을 켜고 끄는 자는 반복적 행위만을 하는 기계적 인간이며, 지리학자는 제대로 보고 느끼고 체험하는 삶이 아닌 오직 추상화된 지식으로만 인생을 사는 사람이다. 이들은 모두 참자아(Self)를 알지 못하고 살아가는 사람들인데, 지구에는 이런 사람들로 가득 차 있다.

> 지구는 여간한 별이 아니다. 이 별엔 왕이 111명, 지리학자가 7천명, 사업가가 90만명, 주정뱅이가 750만 명, 허영재이가 3억 1천 1백만 명, 다시 말해 거의 20억이나 되는 어른들이 살고 있다.
> 전기가 발명되기 전까지 육대주 전체에 46만 2511명이나 되는 가로등 켜는 사람들이 정말 군대처럼 움직여야 했다는 이야기를 들으면 지구가 얼마나 큰지 여러분도 짐작할 수 있을 것이다.[15]

그렇지만 지구에서 어린왕자는 비행사를 만나고, 여우를 만나고, 보아뱀을 만난다. 어린왕자가 처음 지구에 와서 만난 것은 뱀이다. 뱀은 어린왕자와 마음이 통하는 대화를 나눈 첫 번째 지구인(?)이다.

「사람들은 어디 있니?」 마침내 어린왕자가 다시 입을 열었다.

---

15) 앙투안 드 생텍쥐페리/황현산 옮김(2015), 『어린왕자』, ㈜열린책들, 70쪽.

「사막은 좀 외롭구나…….」
「사람들이 사는 곳도 역시 외롭지.」 뱀이 말했다.16)

어린왕자는 수십억 명이 사는 지구에 와서 '외롭구나'라고 말한다. 뱀은 '사람들이 사는 곳도 역시 외롭지'라고 응수한다. 이유를 구체적으로 말하지 않았지만 그들은 모두 타인을 지배하려하거나, 자신 밖에 모르거나, 자신 안에 갇혀 있거나, 기계처럼 되었거나, 인간의 경험이 아닌 지식에만 갇혀 있는 사람들이니 당연히 인간적인 삶을 살고 있지 않기 때문이다. 그들은 아무리 많아도 누구와도 인간으로서의 '관계'를 갖지 못하니 당연히 외로울 수밖에 없다.

어린왕자는 지구의 사막에서 꽃을 만난다. 그 꽃은 지구의 사람들에 대해 '바람이 그들을 몰고 다니지. 그들은 뿌리가 없어서 아주 곤란을 겪는 거야'(76쪽)라고 한다. 사막에서 여우를 만난다. 어린왕자는 자신의 별에서 장미꽃이 자신을 길들인 것을 깨닫게 된다.

어린왕자가 말했다. 「나는 친구들을 찾고 있어. <길들인다>는 게 무슨 뜻이야?」
「그건 모두들 너무나 잊고 있는 것이지.」 여우가 말했다. 「그건 <관계를 맺는다>는 뜻이야.」
「관계를 맺는다고?」
「물론이지.」 여우가 말했다. 「너는 아직 내게 세상에 흔한 여러 아이들과 전혀 다를 게 없는 한 아이에 지나지 않아. 그래서 나는 네가 필요 없어. 너도 역시 내가 필요 없지. 나도 세상에 흔한 여러 여우들과 전혀 다를 게 없는 한 여우에 지나지 않는 거야. 그러나 네가 나를 길들인다면 우리는 서로 필요하게 되지. 너는 나한테 이 세상에 하나밖에 없는 것이 될

---

16) 위의 책, 73쪽.

거야. 나는 너한테 이 세상에 하나밖에 없는 것이 될 거고……」

「알 것 같아.」 어린왕자가 말했다. 「꽃이 하나 있는데…… 그 꽃이 나를
길들인 것 같아……」 (84-85쪽)

어린왕자는 자신의 장미에게 책임이 있다는 사실을 깨닫게 된다. 이후
기차를 조정하는 전철수를 만나서 이야기를 나눈다. 급행열차 안에 있는
기관사를 포함한 어른들은 스스로 뭘 찾는지도 모르면서 아주 바쁘게 오
가며 이동한다는 것과 오직 어린애들만 자신들이 무엇을 찾는지 알고 있
다는 이야기를 듣는다. 시간을 절약해주는 목마름치료제를 파는 장사꾼을
만나 지구에서 사람들이 무조건 급히 서두르고 있음을 확인한다. 그리고
비행사를 만난다. 어린왕자는 비행사에게 자신이 사막에서 만난 보아뱀과
여우와 꽃과 전철수와 장사꾼을 통해 배운 것을 다 말해 준다.

「죽는다고 해도 친구를 하나 가진 것은 좋은 일이야. 난 내 친구 여우를
가져서 기뻐……」 (95쪽)

「별들이 아름다워. 보이지 않는 꽃 한송이가 있기 때문이야……」

나는 <물론>이라고 대답하고 달빛 아래 주름을 짓고 있는 모래 언덕들
을 말없이 바라보았다.

「사막이 아름다워.」 그가 덧붙였다.

사실이다. 나는 늘 사막을 좋아했다. 모래언덕 위에 앉으면 아무 것도
보이지 않고 아무 소리도 들리지 않는다. 그러나 정적 속에 빛나는 어떤
것이 있다…….

「사막이 아름다운 것은,」 어린왕자가 말했다. 「어딘가 우물을 숨기고 있
기 때문이야……」

나는 모래밭이 왜 그처럼 신비롭게 빛나는지 문득 깨달았다. 어렸을 때
나는 고가(古家)에서 살았다. 전해 오는 이야기로는 그 집에 보물이 묻혀

있다고 했다. 물론 아무도 그 보물을 발견하지 못했고, 어쩌면 찾으려 하
지도 않았을 것이다. 그러나 그 보물이 우리집 구석구석을 황홀하게 만들
었다. 우리 집은 그 깊숙한 곳에 비밀을 감추고 있었다…….
「그래.」 어린왕자에게 말했다. 「집이나 별이나 사막이나 그걸 아름답게
하는 것은 눈에 보이지 않는 것이야.」
「아저씨가 내 여우하고 같은 생각이어서 기뻐.」 그가 말했다. (96-97쪽)

「사람들은 부랴부랴 급행열차에 뛰어들지만 자기들이 찾는 게 무언지도
이제는 모르고 있어. 그래서 안절부절못하고 뱅뱅 도는 거야…….」 어린왕
자는 말했다.
그리고 덧붙였다.
「그럴 필요가 없는데…….」 (99쪽)

어린왕자와 비행사는 사막에서 우물을 찾아 마시고 대화를 나눈다. 비
행기를 다 고친 비행사가 멀리서 어린왕자를 보니 보아뱀과 이야기를 나
누던 어린왕자는 천천히 쓰러져 자신의 별로 돌아간다.
결국 『어린왕자』는 참 인간으로서의 삶을 잃어버린 어른들에게 무엇이
진정한 삶인지를 일깨워주는 소설이다. 살아있다는 것은 지배하고 소유하
고 지식을 가지는 것이 아니라, 느끼고 감각하며 친구를 만나 사랑하는
일이고, 저마다 자신의 별을 간직하고 찾아가며 웃는 일이라는 것을 말한
다. 사람이 아름다운 것은 저마다 자신을 초월하여 더 깊은 관계 속의 자
신을 알고 간직하고 있기 때문임을 말한다.
이 책의 독자들은 에고(ego)에만 갇혀 살아가는 삶이 구체적으로 어떤
모습인지를 확인하게 된다. 진정한 삶은 자신 안에 있는 별, 참자아(Self)에
대한 믿음을 가지고 그것을 드러내며 살아가는 일임을 알게 된다. 오직
내 한 몸에 국한된 나 자신이 아니라, 다른 생명체와 별과 연결된 나 자
신을 느끼고 알게 될 때 진정 살아있게 된다는 것을 느끼게 된다.

아. 당신이 세계를 살아가는 방식

장강명의 「그믐, 또는 당신이 세계를 기억하는 방식」을 보기로 한다. 독자는 처음엔 뭐가 이리 내용이 잘 들어오지 않지? 하는 마음으로 책장을 넘기게 된다. 한참을 읽다보니 각 장마다 세 가지 제목이 붙어 있고, 세 가지의 다른 이야기를 하고 있었음을 알게 된다. 그러다 어느새 전체의 윤곽이 잡히고, 등장인물 가운데 세 사람, 남자, 여자, 그리고 아주머니의 삶이 그려지고 있음을 확인한다. 독특한 구조의 소설이다.

고교시절 학교에서 이영훈이라는 친구를 칼로 찔러 죽이고 소년교도소와 교도소에서 9년간 복역하고 나온 살인 전과자인 남자, 그 남자를 잘 알고 있고 그 남자가 소설을 투고한 출판사에서 학습만화 편집을 하며 살아가는 여자, 그리고 자신의 아들 이영훈이 칼에 찔려 죽고 나서 그 살해범을 용서한 듯 새아들로 부르지만 끊임없이 쫓아다니며 괴롭히다가 결국 그 남자를 칼로 찔러 죽이고 교도소에 들어가는 아주머니가 이 이야기의 주인공이다.

이 세 주인공은 모두 다 각자의 삶의 무게에 짓눌려 살아간다. 남자는 전과자라는 딱지를 붙이고 이름을 개명하였음에도 작가로서의 삶이 순탄하지 않다. 다만 여자를 만나서 그 여자를 사랑하며 살아간다. 여자도 폭력적 아버지와 어머니, 이기적인 언니 사이에서 자라난 상처를 가지고 좁은 집에서 엄마와 아웅다웅하면서 산다. 남자를 만나며 숨통이 트인다. 아주머니는 아들을 잃고 제대로 된 삶을 살지 못한다. 남자를 끝까지 따라다니며 여기저기에다 전과자임을 밝히거나 자기 아들이 '일진'이 아니었다면서 그를 괴롭히며 살아간다.

그들을 삶의 무게에서 구원하는 것은 결국 '우주 알'이다. 남자에게 먼저 '우주 알'이 들어온다. 우주알을 품은 그 남자는 자신과 주변의 삶의 여러 가지를 훤히 꿰뚫어 본다. 그는 자신을 괴롭히는 아주머니를 전혀 원망하지 않을 뿐 아니라, 결국 아주머니에 의해 죽게 될 것을 알면서도 아주머니가 원하는 방식, 아들이 일진이 아니었고 착하고 모범적인 학생이었다는 거짓말을 녹화하여 남긴다. 그 아주머니의 아들에 대한 기억 방식을 지지해 줌으로써 그녀의 마음을 편안하게 하고 싶었던 것이다. 그리고 자신의 사랑하는 여자에게도 아름다운 추억으로 자신과의 교제를 기억하도록 남긴다. 남자를 만나는 동안 우주알을 믿지 않았던 여자도 우주알이 있음을 알게 된다.

> 지금까지 내가 해온 모든 거짓말들은 다 잊더라도, 이 말만은 기억해줬으면 해. 널 만나서 정말 기뻤어. 너와의 시간은 내 인생 최고의 순간들이었어. 난 그걸 절대로 후회하지 않아. 고마워. 진심으로.[17]

남자가 유언으로 남긴 이 말을 듣고, '도대체 너는 누구였어?'라고 되뇌인다. 남자는 수차례 여자에게 A와 B 타입의 헤어짐에 대해 선택할 것을 말했었다. 이 말의 의미는 작가가 이야기를 뒤죽박죽으로 순서 없이 서술하고 있는 의도와 통한다. 작가는 소설에서 여러 가지 일들을 시간적 공간적 순서에 구애받지 않고 흩어서 이야기하고 있다. 물론 세 사람의 관점, 즉 시점조차도 여러 가지로 뒤섞어 제시함으로써 모든 순간순간의 중요성을 일깨우고 있다. 독자가 소설을 읽어나가는 동안 어떤 내용이라도 모두 같은 무게로 중요하게 들여다볼 수밖에 없도록 하는 제시 기법이다. 물론 이것은 작가가 하고자 하는 메시지 중에 하나이다. 인생의 모든 순간은, 어떤 인과적 연관 관계 하에서가 아니라 그저 있는 그대로 소중하

---

17) 장강명(2015), 『그믐』, 문학동네, 148쪽.

다는 의미를 전하고 있다고 판단된다.

주인공들이 세계를 보는 고정적 방식에서 벗어나도록 하는 것은 바로 '우주알'이다. 우주알을 가슴에 품을 때 세상을 보는 눈이 달라진다. 패턴에서 벗어날 수 있게 된다. 그래서 남자가 하는 거짓말은 거짓말이지만 사랑이다. 아들을 잃은 한 사람의 마음을 제대로 보듬어주고자 하기 때문이다. 그래서 결국 자신의 목숨을 잃으면서도 그 아주머니의 마음에 우주알을 품을 수 있게 해준다.

> 그믐이 되자 지구와 달 사이의 시공간연속체가 뒤틀렸다. 그믐달은 해가 뜨기 전에 동쪽 하늘에서 볼 수 있었다. 교도소 건물과 건물 사이에 작은 틈이 있었고, 거기에 그믐달이 걸렸다. 달빛이 아주머니가 누운 자리로 내려왔다.
> 당신 패턴이 마음에 드는데. 달빛을 타고 온 우주알이 물었다. 내가 그 안에 들어가도 될까?
> 그래요. 아주머니가 대답했다. (155쪽)

그리고 여자도 자신이 참으로 원하는 것을 깨닫는다.

> 여자는 땅에 붙어서 개미보다 작은 크기로 꾸물거리는 사람들과 도로를 따라 천천히 움직이는 자동차, 그리고 멈춰버린 듯한 강물을 보다가 문득 자신의 소원을 깨달았다.
> 훨훨 날아가고 싶어. 나의 시간을 살고 싶어.
> 자유로워지고 싶어.
> 전망대도 운동장과 비슷했다. 바깥 하늘이 붉어지자 조금씩 마력을 얻었다. (161쪽)

이 소설에서 조금 아쉬운 점은 인간이 '우주알'을 어떻게 품을 수 있는지 잘 드러나지 않는다는 점이다. 그저 환상이나 달과 지구의 관계에 따른 우주적 질서에 의한 것으로 맡겨버린 것이 안타깝다. 작가가 그 점을 제대로 써 내지 못하였다. 그래서 이 소설을 읽는 독자는 가슴이 아프고 애틋함을 느끼지만, 그래서 어떻게 해야 하는지는 여전히 불투명하기만 하다. 작가가 소설을 특이하게 작게 잘라서 섞어 배치한 것은 좋은 효과를 보았다. 인과관계나 시간 순서가 아닌 우리 삶을 잘 들여다보게 하기 때문이다. 그렇지만, 여전히 인간의 삶에서 구원의 힘이 어디 먼 우주에서 날아오는 듯한 SF 영화스러운, 아쉬움이 있다. 그렇지만 독자는 적어도 에고(ego)에 집착한 삶과 참자아의 삶이 질적으로 다르다는 것을 이해하게 된다. 그런 점에서 진정한 삶이 무엇인가에 대해 의문을 제기할 수는 있다.

2. 참자아의 발견

독자가 문학작품을 통해 자신의 에고를 인식하는 일은 결국 점차 진정한 자신을 찾아가는 수행의 길이기도 하다. 문학작품 속 삶의 여러 가지 모습에 독자 자신을 비춰가며 에고에 매몰된 삶을 자각하게 되면, 점차 참자아(Self)의 존재를 알아가며 깨어나게 된다.

가. 에고(ego)에 대한 문제의식

소설 『초콜릿 전쟁』은 명문 사립 '트리니티(Trinity-삼위일체)' 고등학교에서 일어나는 일이다. 이 고등학교에서는 해마다 학교 재정에 보탬이 되는 행사로 전교생이 초콜릿을 판매 한다. 이 학교에는 학생들의 지하 동아리

'야경대'가 있다. 그 조직의 맨 상위에는 대장 카터와 '아치'가 있으며 그의 서기이면서도 비판적 감정을 가지고 있는 '오비' 등이 있다. 대장 카터는 폭력으로 일을 처리하기를 좋아하지만 실질적 폭력의 최고봉은 폭력을 사용하지 않는 아치이다. 야경대 조직원이 아니면서도 아치에게 적대감을 가지고 있으며 자위행위 사진 때문에 발목이 잡혀 있는 주먹잡이 '에밀 진저', 신입생이면서 풋볼 팀인 '르노 제리'와 '구버', 야비하게 학생들을 이용하는 교감 '레온'과 교사들과 학생들이 등장한다.

제리는 어머니를 여읜지 얼마 지나지 않아 아빠와 함께 슬픔을 추스르며 살아가는 신입생이다. 제리는 자기 자신의 삶에 대해 생각이 많은 아이다. 어느 날 거리를 지나다 히피에게 "열넷이나 열다섯 살짜리 모범생. 벌써 완전히 판에 박혔군. 대단해."라는 말을 듣는다. 그 말을 곱씹으며 자신의 삶에 대해 생각이 많아진다.

어느 날 레온 교감이 '야경대'의 실질적 대장인 아치와 힘을 합하여 초콜릿을 다른 해보다 두 배나 많은 2만개를 판매하는 일을 시작한다. 제리는 처음에 야경대의 지시로 레온 교감이 몇 개를 팔 수 있는지 점검할 때마다 '아니오'라는 말을 한다. 학교 내의 400명의 학생 가운데 제리만이 레온 선생의 무서운 눈초리를 받으며 '초콜릿을 판매하지 않겠다'는 말을 하는데, 이는 물론 야경대의 과제를 이행하는 일이기에 곤란하고 두려움에 사로잡혀서도 하지 않을 수 없다. 약속한 열흘을 넘기고도 제리는 계속해서 '아니오'라고 대답한다. 모든 학생이 놀라고 특히 레온 선생은 초콜릿 판매를 거부하는 것은 중대한 도전이라고 생각하며 야경대의 아치를 통하여 교묘한 압력을 행사한다. 아치는 제리의 거부가 야경대의 힘에 대한 도전이라고 여기고 제리에게 초콜릿을 팔 것을 '요구'한다. 물론 제리는 자신이 분명하게 말로 설명하지 못하는 마음으로 '아니오'라고 명확하게 대답한다. 그러던 중 다른 많은 아이들은 초콜릿 팔기가 매우 어렵고 힘들게 느껴졌고, 조그마한 덩치의 신입생 제리가 '아니오'라고 말하는 것이 대단하게 보인다. 그들은 점점 초콜릿을 팔지 않으려 하였다.

야경대 조직원 카터는 폭력으로 문제를 해결할 수 있다고 여기며 아치가 힘이 없어졌다고 판단하고 자신이 나서려고 한다. 하지만, 아치는 자신만의 교묘하고 야비한 욕망과 빈틈없는 상상력으로 새로운 과제를 부과하여 카터를 제지한다. 모든 조직원은 초콜릿 팔기를 '인기 있는 일'로 만들도록 하라는 과제이다. 그래서 조직원들이 2만개의 초콜릿을 거의 다 팔되 모든 판매 실적은 전교생의 이름으로 50개씩 판 것으로 만든다. 오직 제리만이 초콜릿을 팔지 않은 아이가 된다. 결국 전교생과 교사들로부터 왕따와 괴롭힘을 당하지만 여전히 스스로 서 있던 제리는 어느 날 진저 에밀이 데리고 온 아이들에게 폭력을 당한다. 그 후 아치로부터 복수할 기회를 준다는 전화를 받는다. 아치의 계교로 전교생이 모이는 운동장에서 제비뽑기 식으로 진저와 복싱을 하는 데에 동의하고 만다. 제비뽑기 종이를 산 아이들의 함성, 군중의 폭력성이 쏟아지는 가운데 진저에게서 몰매를 맞고 제리가 쓰러진다. 그때 이 사실을 안 쟈끄 선생이 전깃불을 모두 끄게 되고, 구버가 제리를 흔들어 깨우고 구급차에 싣고 간다.

제리는 쓰러지면서 구버에게 말하고 싶어한다.

> 자신이 깨달은 것을 구버에게 알리는 것이 중요했다. 구버에게 풋볼을 하라고 말해야 한다. 달리기를 하라고, 그리고 풋볼 팀에 돌아가라고, 또 초콜릿을 팔라고, 그들이 원하는 것은 무엇이든 다 팔고, 그들이 원하는 것은 무엇이든 다 하라고 말해야 한다. ---
> 사람들은 네가 해야 할 일을 잘하라고 말하지. 하지만 진짜로는 그런 뜻이 아냐. 그들은 네가 너의 일을 하기를 바라지 않아. 네 일이 동시에 그들의 일이 아니라면 말이야. 웃기는 일이지만 구버, 속임수야. 우주의 질서를 방해하지 마라. 구버, 포스터가 뭐라고 말하든 상관없어.[18]

쟈끄 선생이 아치의 계략을 알아내고 꾸지람을 하였지만 레온 교감에 의해 무마되고, 학교는 아무 일도 없었다는 듯이 야경대와 레온 선생과 아치의 권력 세계로 다시 돌아간다. 여기서 소설이 끝난다.

분명 이 소설의 작가는 고등학교의 초콜릿 판매를 통해서 이 세계의 부조리를 낱낱이 드러내고 있다. 레온 교감 같은 야비한 권력자에 의한 수단과 방법을 가리지 않는 폭력, 아치와 같이 교묘하고 계략적이고도 조직적인 폭력, 평범한 생활을 위협하는 실제적 폭력, 그리고 소수의 용기 있는 자를 방관하고 강자에게 굴복하는 대부분의 군중이 갖는 폭력이 난무하는 이 세계를 생생하고 적나라하게 묘사하고 있다.

소설을 다 읽은 독자는 결말 부분에서 머리가 지끈지끈 아프게 된다. 무언가 잘못되었다고 느끼기 때문이다. 분노가 일어난다. 세상이 이런 곳이란 말인가? 그리고 자신의 분노를 잊으려 해도 계속해서 생각나고 음미하지 않을 수가 없다. 대부분의 독자는 제리 르노에게 감정이입하게 된다. 약한 신입생이지만 어쩐지 우주의 섭리를 따르는 삶으로 보인다.

> 제리는 사물함을 열었다. 학교에 처음으로 등교한 날 사물함 뒷벽에 포스터를 붙여 두었다. 포스터에는 넓은 해변 풍경이 담겨 있었다. 넓게 펼쳐진 하늘에 멀리 외로운 별 하나가 빛나고 있었다. 이 광대한 풍경 속에 단 하나의 작은 그림자로 한 사람이 해변을 걷고 있었다. 포스터 아래쪽에는 이런 글이 쓰여 있었다. "내 감히 우주를 어지럽히랴?" (180쪽)

> 초콜릿을 팔기를 거부하는 것은 미친 짓이 아닐까? 계속 초콜릿 팔기를 거부하는 것은 미친 짓이 아닐까? 특히 어제 아치 코스텔로와 야경대에게서 최후의 경고를 받은 다음에 말이다. 오늘 아침에도 그는 자기 위치를

---

18) 로버트 코마이어/안인희 옮김(2004), 『초콜릿 전쟁』, 비룡소, 359쪽.

지키면서 레온 선생을 향해 '아니요'라고 말했다. 처음으로 그 말은 그에게 기쁨을 가져다주었다. 정신을 드높여 주었던 것이다. (244쪽)

작가는 고등학교 세계의 부조리를 통해 이 세상 어느 곳에서나 있는 부조리를 드러내고 그 속에서 살아가는 강자와 약자와 방관자의 모습을 적나라하고 생생하게 묘사하였다. 그리고 그 희생자가 철저하게 깨어지는 모습으로 결말을 맺고 만다. 그 안에서 구버와 같은 사람들의 마음을 여실히 보여주면서.

이 소설을 읽고 독자는 분노하게 된다. 그렇지 않다면 스스로 분노하는 것을 잘 알지도 못하면서 머리가 아픈 경험을 하게 된다. 실망하거나 포기하면서 자신을 괴롭히게 될 수도 있다. 세상이 이런 곳이라는 것을 알게 되는 충격이 무의식 속의 참자아에 영향을 주지 않을 수 없기 때문이다. 시간이 조금씩 흐를수록 차근차근 자신을 들여다보게 된다. 무엇이 어떠하여야 하는지를. 구버가 어떻게 했더라면 좋았을지. 자신이 팔지도 않은 초콜릿 판매 숫자를 쳐다보며 여러 학생들이 모두 어떻게 반응했으면 좋았을지를. 자꼬 선생이 어떻게 대응하였으면 좋았을지를. 자꾸만 생각하게 된다.

이 소설 『초콜릿 전쟁』과 대비되는 영화가 있다. 2015년 개봉한 우리나라 영화 가운데 <베테랑>이라는 영화가 천만 관객을 돌파하였다고 한다. 영화를 보면서 많은 사람들이 재벌의 '갑질'에 분노하고 모욕적으로 당하고 사는 이들을 동정하고 약자에게 감정이입하게 된다.

재벌의 셋째 아들 조태오는 폭력과 강박증으로 똘똘뭉친 인간이다. 재벌가 둘째 부인의 소생으로 살아온 피해의식까지 가지고 있다. 그의 아버지 조회장은 걸핏하면 그룹 총수의 사무실에서조차 골프채를 휘두르는 폭력적인 인간인데, 조태오는 그의 성격을 그대로 물려받았다. 연예인이

나 유명인들과 마약이나 환락을 즐기며 돈이면 무엇이든 다 해결할 수 있다는 생각에 다른 사람을 인간으로 보지 못한다.

가난하지만 성실한 화물차 운전자인 배기사는 조합원이 되었다고 해서 어느 날 갑자기 해고를 당한다. 밀린 임금을 제대로 받지도 못한 채 해고를 당하자 회사 앞에서 아들과 함께 일인 시위를 벌인다. 조태오는 자가용 차 안에서 그것을 보고 배기사를 자신의 사무실로 불러 해결하고자 한다. 해결 방법은 밀린 임금 420만원을 훨씬 넘는 수천만 원을 안겨주되, 아들 앞에서 게임을 빙자하여 엄청난 폭력을 당하도록 하는 것이다. 이후 배기사는 그 건물의 계단에 뛰어내려 자살한 것으로 조작되어 병원으로 실려 가지만, 사실은 조태오에게 항의하였다가 건물 계단에서 던져졌던 것이다. 이러한 사실은 경찰에 의해서도 제대로 수사되지 않을 뿐 아니라, 경찰 간부들조차 재벌의 돈과 권력 앞에서 무능력하기만 하다. 오히려 모든 것을 쉬쉬하면서 무마하려 할 뿐이다.

이때 용기 있는 한 사람 '서형사'의 끈기 있는 맹활약에 의해 조태오와 그 일당이 결국 덜미를 잡히며 일망타진된다. 관객은 서형사의 활약에 박수를 보내며 '갑질 재벌 소탕' 장면에 카타르시스를 느끼게 된다. 후련한 마음으로 극장을 나온다. 그리고 별것 아닌 불쌍한 삶을 사는 재벌을 불쌍히 여기기까지 하면서 곧 그 일을 잊게 된다.

물론 카타르시스는 문학의 매우 중요한 효능이다. 어려움과 억눌림에 시달릴 때 대리만족에 의한 카타르시스는 큰 위로와 활기를 준다. 마음이 평온해지고 맑아지는 위로 말이다. 하지만 아주 주의할 일이다. 이러한 카타르시스의 맛에 길들여진다면 이데올로기의 희생양이 될 수도 있기 때문이다. 무언가 부조리한 것에 대한 분노를 잠재우기에는 그야말로 딱 알맞은 것이 바로 이것이기 때문에 누군가 『초콜릿 전쟁』의 야경대 '아치'처럼 교묘한 자들이 이런 카타르시스를 이용해서 자신의 권력을 더욱 확고히 하기를 꾀하곤 한다.

독자로서 『초콜릿 전쟁』을 읽고 분노하고 가슴 답답해하는 것은 자신도 알지 못했던 참자아의 발현임을 기억할 필요가 있다. 인간의 본성은 사랑이기에 이런 폭력에 무릎 꿇는 좌절을 경험하면서 분노할 수밖에 없다. 이것이 참자아를 발견하는 첫걸음이다. 에고가 자신의 삶에 대해 문제의식을 가지게 되는 순간이기 때문이다.

나. 에고의 혹성 탈출하기

맷 리브스 감독의 영화 <혹성탈출-반격의 서막>에서 인간이 자신의 에고(ego)를 바라보고 참자아를 회복하여야 한다는 메시지를 읽을 수 있다. 이 영화는 원작 소설에서 인류 문명이 파괴한 지구의 탈출을 이야기 하고 있지만, 그것은 결국 에고에 매몰된 욕망에서의 탈출로 읽을 수 있다.

인간은 원숭이를 대상으로 치매 예방약 실험을 한다. 그 부작용으로 원숭이는 매우 강한 공격성을 띠게 된다. 뿐만 아니라 인류는 원숭이 바이러스에 감염되어 멸종 위기에 처한다. 유인원 주인공 시저는 치매 예방약 개발의 실험 대상이었던 원숭이다. 실험 대상 원숭이들이 실험실을 박차고 나온 이후 시저는 유인원 무리의 리더가 된다. 특이한 것은 인간의 말을 하고, 도구를 사용할 줄 안다는 점이다. 시저는 아내와 아들과 무리의 가정을 지키고, 산 속에서 유인원의 마을을 이루어 평화롭게 살기를 원한다. 몇몇 살아남은 인간들은 도시에 모여 있으며 전기가 끊어져 위험에 처한 상태이다. 그들은 산속에 있는 댐을 가동하여 전력을 얻기를 원한다. 댐 수리를 위해 산속으로 간 인간과 유인원이 만나게 되고 대립이 시작된다. 서로 불가침할 것을 약속하고 평화를 유지하기로 하지만, 전기가 없이는 살아갈 수 없는 인간은 댐이 있는 숲으로 갈 수 밖에 없다.

말콤은 인간을 대표하여 시저를 만나서 사흘간 시간을 얻어 댐 수리를
한다. 수리를 하는 동안 시저의 수하인 코바는 시저가 유인원보다 인간을
더 믿는다며 시저의 의견에 반대한다. 시저는 인간과 함께 사는 동안 사
랑을 받아 인간에 대한 신뢰가 더 많으며 균형 잡힌 생각을 할 수 있지만,
동물 실험실에서 온갖 괴롭힘을 많이 당했던 코바는 훨씬 더 공격적이고
사나우며 인간에 대한 피해의식이 크다. 코바는 인간이 사는 도시를 다니
다가 군부대에 무기가 많이 있는 것을 보지만, 시저에게는 알리지 않는다.

시저의 도움으로 말콤과 그의 아내와 아들－그들은 유인원 바이러스
때문에 딸을 잃거나 어머니 혹은 아내를 잃어 슬픈 사람들이다.－일행이
댐을 수리하여 전기가 들어온 것을 축하하는 자리에서 코바는 도시에서
가져온 총으로 시저를 쏜다. 그러고는 인간이 시저를 죽였다며 도시를 공
격해야 한다고 유인원들을 선동한다. 모든 유인원은 군부대의 총으로 무
장을 하고 인간을 침략한다. 인간은 결국 유인원에게 도시를 점령당한다.
코바는 타워를 점령하고 인간을 우리에 가둔다. 코바가 가지고 있는 인간
에 대한 증오심을 다른 유인원 애쉬에게도 강요하지만 그가 따르지 않자
그를 죽인다. 코바는 자신이 유인원의 리더라고 선언하고 모두 그를 따르
도록 하지만, 포악하고 폭력적인 코바를 따르지 않고 시저를 그리워하는
무리들이 있다. 그들은 코바에 의해 감옥에 갇힌다. 모든 유인원은 코바의
폭압을 두려워하며 마지못해 그를 따른다.

한편 말콤은 총에 맞아 죽은 줄 알았던 시저를 만나 구출하고 치료한
다. 시저는 몸을 회복하고 말콤과 진정한 교감을 나눈다. 그리고 도시로
가서 코바를 무찌르고 유인원을 구출한다. 말콤도 도시로 가는데, 인간들
은 타워에 폭약을 장치하며 모든 유인원을 죽이려고 한다. 하지만 말콤이
그것을 저지한다. 시저는 도시를 떠나오면서 말콤에게 말한다. "항상 유
인원이 인간보다 낫다고 생각했는데, 코바와 이번 일을 계기로 유인원이

인간과 똑같다는 것을 알게 되었다.", "유인원이 전쟁을 시작했고, 인간은 결코 유인원을 용서하지 않을 것이므로 전쟁은 이미 시작되었다. 유인원이 도망칠 곳이 없다"고.

영화를 보는 내내 유인원과 인간의 갈등처럼 보이는 이 영화가 하고 싶은 말이 무엇인지 생각하게 된다. 결국 유인원 코바의 폭력적이고 잔학한 성격은 인간에게서 학습한 것이다. 시저도 인간의 폭력성을 알지만, 그는 함께 살던 인간과 사랑을 나누며 살아왔기에 인간에 대한 믿음이 있다. 영화 <혹성탈출-반격의 서막>에 등장하는 인물들, 시저와 말콤 가족 등의 따뜻하고 온화한 면은 이 세상에서 희망을 찾을 수 있는 긍정적 기운이다. 인간이나 유인원이나 공격적이고 폭력적이며 자신이 옳다거나 자신이 권력을 장악하려는 부정적인 힘을 가지고 있다. 결국 세계를 전쟁과 공포의 도가니로 만든 것은 그런 부정적 힘이고, 전쟁과 폭압에서 삶과 세계를 구출하는 것은 사랑하고 용서하며 따뜻하게 보살피는 이들이다. 말콤 가족은 가족을 잃었지만 그것을 유인원 바이러스 탓이라고 증오하지 않는다. 오히려 유인원들을 따뜻하게 바라보고 믿으며, 도움을 주고 화목하려 애쓴다.

관객은 이 영화를 보면서 '혹성 탈출'이라는 제목에서 혹성은 무엇을 의미하는 것일까를 곰곰이 생각하여야 한다. 결국 '혹성'이란 세상을 아비규환으로 물들이는 욕망, 즉 에고(ego)에 의하여 파괴된 세계를 의미함을 자각하여야만 영화의 메시지를 제대로 읽을 수 있기 때문이다. 혹성에서 탈출하는 과정은 바로 인간이 자신의 삶에서 에고에의 집착을 벗어나 참자아(Self)를 자각하고 드러내는 과정일 것이다. 영화에 등장하는 시저와 말콤의 우정은 그들이 위험을 무릅쓰고 세상에 빛을 밝히는 과정(전기)에서 깊어진다.-실제로 댐을 수리하여 전기불을 밝힌다는 점에서 상당히 비유적으로 읽힐 수 있는 표현이다. 세상을 빛으로 밝히는 것, 혹성을 탈출하는 것은 바로 '사랑'을 나누는 일이다. 자신만의 욕망에 사로잡혀 살아가는 것이 아닌 따뜻하고 우정 어린 눈빛과 행동이 아비규환의 혹성을 탈출하는 힘인 셈이다.

유인원이나 인간이나 모두 다 욕망에 사로잡혀 있거나, 세계를 사랑하는 빛으로 살고 있거나 하는 두 가지 힘을 가지고 있다. 이 이야기는 그 두 힘의 대립을 그려내고 있고, 그것은 인간과 유인원의 서로 다른 힘이 아니라, 인간이나 유인원이나 모두 그 두 가지 힘에 의해 삶 혹은 죽음을 살게 됨을 말한다. 그런데 한 가지 분명히 기억할 일은 영화 속 유인원의 폭력성을 키운 것은 바로 인간이라는 점이다. 인간이 유인원에게 실험실에서 가한 폭압으로 그들에게 인간의 악한 면을 투입하였다. 그런 점에서 결국 모든 것이 인간의 문제다. '혹성탈출'은 인간의 삶이 에고(ego)의 감옥에서 탈출하여 사랑을 회복하는 과정, 즉 인간의 신성을 회복할 수 있는 과정을 영화화한 것이다.

다. 사랑을 회복한 사람

성경의 독자가 진정으로 그 내용을 경험하고 이해하였을 때 사랑을 알게 될 수 있다. 그저 이성만으로 기억만으로 성경을 학습하여 그 내용을 지식으로 안다기보다는, 성경 속 이야기에 자신의 삶을 투영하며 문학체험을 할 수 있다면 참자아를 회복하는 데에 좀 더 가까이 다가갈 수 있다. 성경에는 진정한 사랑, 곧 인간의 신성이 회복되는 구원이 어떻게 이루어지는지를 이야기하고 있기 때문이다.

바리새파 사람 가운데에서 어떤 사람이 예수께 청하여, 자기와 함께 음식을 먹자고 하였다. 그래서 예수께서는 그 바리새파 사람의 집에 들어가

셔서, 상에 앉으셨다. 그런데 그 동네에 죄인인 한 여자가 있었는데, 예수께서 바리새파 사람의 집에서 음식을 잡숫고 계신 것을 알고서, 향유가 담긴 옥합을 가지고 와서, 예수의 등 뒤에 발 곁에 서더니, 울면서, 눈물로 그 발을 적시고, 자기 머리털로 닦고, 그 발에 입을 맞추고, 향유를 발랐다.

예수를 초대한 바리새파 사람이 이것을 보고, 혼자 중얼거렸다. "이 사람이 예언자라면, 자기를 만지는 저 여자가 누구이며, 어떠한 여자인지 알았을 터인데! 그 여자는 죄인인데!" 예수께서 그에게 말씀하셨다. "시몬아, 네게 할 말이 있다." 시몬이 말했다. "선생님, 말씀하십시오." 예수께서 말씀하셨다. "어떤 돈놀이꾼에게 빚진 사람 둘이 있었는데, 한 사람은 오백 데나리온을 빚지고, 또 한 사람은 오십 데나리온을 빚졌다. 둘이 다 갚을 길이 없으므로, 돈놀이꾼은 둘에게 빚을 없애주었다. 그러면 그 두 사람 가운데서 누가 그를 더 사랑하겠느냐?" 시몬이 대답하였다. "더 많이 빚을 없애준 사람이라고 생각합니다."예수께서 그에게 말씀하셨다. "네 판단이 옳다." 그런 다음에 그 여자에게로 돌아서서, 시몬에게 말씀하셨다. "너는 이 여자를 보고 있는 거지? 내가 네 집에 들어왔을 때에, 너는 내게 발 씻을 물도 주지 않았다. 그러나 이 여자는 눈물로 내 발을 적시고, 자기 머리털로 닦았다. 너는 내게 입을 맞추지 않았으나, 이 여자는 들어와서부터 줄곧 내 발에 입을 맞추었다. 너는 내 머리에 기름을 발라 주지 않았으나, 이 여자는 내 발에 향유를 발랐다. 그러므로 내가 네게 말한다. 이 여자는 그 많은 죄를 용서 받았다. 그것은 그가 많이 사랑하였기 때문이다. 용서받는 것이 적은 사람은 적게 사랑한다." 그리고 예수께서 그 여자에게 말씀하셨다. "네 죄가 용서 받았다." 그러자 상에 함께 앉아 있는 사람들이 속으로 수군거리기를 "이 사람이 누구이기에 죄까지도 용서하여 준다는 말인가?"하였다. 그러나 예수께서는 그 여자에게 말씀하셨다. "네 믿음이 너를 구원하였다. 평안히 가거라."19)

---

19) 성경 누가복음 7 : 36-50, 성서유니온(2016, 1-2월호), 『Daily Bible』, 72쪽.

이 이야기에 등장하는 '바리새인 시몬'과 '죄 많은 여인'은 여러 가지 면에서 대비가 된다. 바리새인 시몬은 종교 지도자이고, 지식이 많은 자이며, 사회적으로 여러 사람들에게서 인정을 받는 사람이다. 거기에 비하면 죄 많은 여인은 온 마을이 다 아는 천한 여자이다. 무슨 죄인지 구체적으로 나와 있지 않지만 당시 유대에서는 세리나 낙타몰이꾼도 죄인이라고 불리었다고 한다. 이 여인은 사회적으로 인정을 받지 못할 뿐 아니라 지식이 많은 것도 아닌 하찮아 보이는 사람이다.

예수는 이 죄 많은 여인에게 "네 믿음이 너를 구원하였다."고 말한다. 왜일까? 바리새인은 예수를 만찬에 초청하긴 하였지만, 당시 풍속에서 당연한 예절인 발 씻을 물을 내어놓지도 않고 입을 맞추지도 않는다. 그는 예수의 설교를 듣고 감복하지만 어디까지나 이성적 탐구적 자세를 견지하고 있다. 예수를 '선생님'이라고 호칭한 것은 신앙의 대상으로 '주님'이라고 부르는 것과는 매우 다른 태도이다. 바리새인 시몬은 예수의 설교를 듣고 대단한 설교자임을 인정하여 저녁식사에 초대하였지만 결코 그를 사랑하지는 않는다.

그런데 죄 많은 여인은 예수를 사랑한다. 예수를 탐구의 대상으로 여기는 것이 아니라 자신의 전존재를 드리며 사랑한다. 예수의 발에 향유를 뿌리고 머리를 풀어 씻으며 눈물을 흘리는 이 여인은 주변을 의식할 정신조차도 없이 오로지 예수를 만난 것에 감격하며 감사하고 있다.

피조물이 신을 만나는 방법은 결코 탐구적 자세나 이성적 능력을 통해서가 아니다. 에고(ego)에 갇혀 살아가는 바리새인 같은 인간들은 결코 신을 만나지 못한다. 신은 이성적 논리적 영역에 있지 않기 때문이다. 피조물이 신을 만나는 방법은 오직 신을 사랑하는 것 밖에는 다른 길이 없다. 신은 이성이 아니라 사랑의 영역에 있다.

그런데 예수는 시몬에게 묻고 그 대답을 통해 말한다. 더 많이 죄 사함을 받은, 더 많이 빚진 이 여인이 더 많이 사랑한다고. 더 많이 사랑하는 것이 곧 구원의 길이라고. 그 말은 더 많이 신을 '믿음'이 곧 '사랑'이라는 말이다. 믿음이란 자신의 죄 사함을 믿는 것, 그것에 감격하고 감사하는 것, 그리하여 자신의 전 존재를 맡기는 것, 드리는 것, 그것이 곧 사랑이다.

여기서 죄가 많은 사람으로 산다는 것은 무엇을 의미할까? 궁금해진다. 죄가 많다는 것은 자신의 부족함과 연약함을 인정하는 것이다. 사실 인간이 이성에 의존하여 살아가는 것 자체가 죄이다. 왜냐하면 인간의 이성은 모든 것을 이분법적으로 구분하는 언어로 생각하고 삶을 유지하기 때문이다. 이는 창세기의 '선악과'를 따먹은 인간의 원죄 의미와 상통한다. 이야기 속의 바리새인 시몬이 "이 사람이 예언자라면, 자기를 만지는 저 여자가 누구이며, 어떠한 여자인지 알았을 터인데! 그 여자는 죄인인데!"라며 예수를 의심하는 것은 바로 이원적 사고에 갇힌 시선으로 선악을 구분하기 때문이다. 시몬의 세계는 이원론적 세계이기에 자신은 존엄하고, 그 여인은 깨끗하지 못하므로 예언자나 선지자가 가까이 할 사람이 아니라고 구분한다. 하지만 이러한 구별 자체가 죄이다. 하나님 나라, 사랑의 나라는 일원론적 세계이다. 이 나라에서 모든 것은 자기 자신이면서 서로 연결된 하나인 전일체적 세계를 이룬다.

현실 세계에서 기독교 신앙인조차도 자신은 어느 정도 지식을 가지고 있고, 얼마간의 봉사를 하고 있으며, 충실하게 교회에 나가고 있으니 하나님이 나를 사랑하신다고 믿는 경우가 허다하다. 하지만 그런 이성적, 계산적, 탐구적 행위는 사랑의 세계와는 거리가 아주 멀다.

누군가 자신이 한 없이 약하고 부족하여 얼굴을 들지 못할 때, 오직 하나님만이 나를 무조건적으로 구원할 수 있고 그렇게 해 준다는 믿음을 가질 때, 진정한 사랑이 탄생한다. 그는 하나님을 사랑하고 그를 닮고자 노력하게 된다. 전자의 사람이 자신의 에고(ego)에만 사로잡혀 있는 이원적 세계의 사람이라면, 후자의 사람은 에고에의 집착이 깨어져 진정한 자기(Self)를 바라볼 수 있게 된 사람이다. 이 자가 더 많이 사랑하는 자이다.

라. 한 사람이 숨 쉬며 살아간다는 것

오베는 16살에 고아가 된 한 남자이다. 그의 아버지는 상사가 끌고 온 다 망가진 사브 자동차를 말끔하게 고쳐서 선물로 받아 처음으로 자동차를 가지게 된다. 이후 오베도 사브 자동차를 무지무지하게 사랑하며 한평생을 살아간다. 오베는 물건을 잘 고치는 남자다.

오베는 대부분의 많은 사람들이 그렇듯 자신의 삶이 아닌 무리 속에서 살아가는 삶을 살지는 않는다. 그는 아는 것도 없고 글을 읽는 것도 자신이 없으며-표지판을 제외하고-'하얀셔츠'를 무척 싫어하였다. 그저 자기 쪼대로 살아간다.

> 그는 줄줄이 늘어선, 자기 집과 똑같이 생긴 집들을 따라 차를 몰았다. 그들이 처음 여기 왔을 때 이 동네에 있던 집은 겨우 여섯 채였다. 이제는 수백 채가 있다. 한때 여기는 숲이 있었지만 이제는 집들뿐이다. 물론 다 융자를 낀 집들, 그게 오늘날 일을 하는 방식이었다. 신용카드로 쇼핑을 하고 전기차를 몰고 다니며 전구 하나 바꾸려고 수리공을 고용했다. 딸각 딸각 맞추는 조립식 마루를 깔고 전기 벽난로를 설치한 뒤 그럭저럭 살아간다. 급박한 상황에도 벽에 못하나 박지 못하는 사회. 이게 지금 세상 돌아가는 방식이었다.[20]

---

20) 프레드릭 베크만/최민우 옮김(2015), 『오베라는 남자』, 다산책방, 45쪽.

오베는 그리 싹싹한 남자가 아니다. 과묵한데다 자신을 모함하는 '톰' 에 대해서도 제대로 나쁜 말을 하지 않으며, 이웃들의 인사를 제대로 받지도 않는 까칠함에, 걸핏하면 이웃들과 싸움을 해댄다. 게다가 얼굴이 둥근 남자로부터 주택보험 사기까지 당할 정도로 제대로 아는 것도 없다. 사브 자동차가 아닌 다른 자동차를 몬다고 '멍청이'라고 생각하고, 동네 표지판―자동차 주행 금지, 주차공간 등을 제대로 보지 못하거나 지키지 않는 사람들에게 고함을 질러댄다.

하지만 그를 가장 사랑하고 잘 이해하는 한 사람 아내 '소냐'가 있었다. 오베도 '소냐'를 사랑하며 소냐와 함께여야만 온전한 삶을 누릴 수 있는 한 사람이다. 사고로 장애자가 된 소냐를 돌보며 오베는 수많은 '하얀 셔츠'들과 수도 없이 싸우고 또 싸운다. 이 하얀 셔츠는 온 세상의 관료적 인간들과 자기 자신을 잊고 그럭저럭 세류에 휩쓸려 눈이 멍하니 살아가는 모든 사람들―로봇 같은―에 대한 상징적 표현이다. 그리고 소냐가 암에 걸려 죽고 난 뒤 오베는 삶의 의미를 잃는다. 이 세상을 살아갈 힘은 오직 한 사람 자신을 이해하고 사랑해주는 아내에게서부터 나오는 것이었기 때문이다.

사실 오베가 하얀 셔츠의 남자를 만날 때마다 그는 사람보다는 로봇에 더 가까워 보였다. 오베의 인생에 뛰어 들어왔던 다른 하얀 셔츠들과 마찬가지로, 사고 뒤 소냐가 죽을 거라고 말했던 사람들, 자신이 책임지지도, 다른 사람에게 책임을 물으려고도 하지 않은 사람들, 학교에 장애인용 경사로를 설치하지 않으려 했던 사람들, 그녀가 일을 하도록 놔두고 싶어 하지 않았던 사람들, 자기들이 보험금을 지불하지 않아도 된다는 사실을 의미하는 조항을 찾아내고자 조그맣게 인쇄된 구절들을 샅샅이 살펴보던 사람들. 그녀를 집에 밀어 넣고 싶어 했던 사람들.

그들은 하나같이 텅 빈 눈을 하고 있었다. 자기들은 그저 주변을 어슬렁

거리며 평범한 사람들을 마모시키다가 결국에는 그들의 삶을 갈기갈기 찢
어버리는 껍데기에 불과하다는 듯. (359쪽)

아내 소냐가 암으로 세상을 뜬 후에 죽음을 생각하며 자살을 준비하고
시도하던 오베에게 새로운 사람들이 등장한다. 이웃에 이란인 파르바네와
그녀의 남편 멀대 패트릭, 그리고 두 딸이 이사를 온다. 첫날부터 트레일
러를 제대로 운전하지 못하는 멀대와 마찰이 있었다. 멀대는 컴퓨터 정보
관련 일을 하는데 키만 컸지 트레일러 운전이며 집을 돌보는 일 등 무엇
하나 제대로 할 수 있는 것이 없었다. 어느 날은 지붕으로 난 창문을 열
려다가 사다리에서 떨어져 응급실에 실려 간다. 그때마다 멀대의 아내와
딸들은 옆집의 무뚝뚝한 할아버지인 오베에게 도움을 부탁했다. 오베는
자살을 시도할 때마다 이웃집에 일이 생겨 방해를 받게 되고 또 그들을
돕지 않을 수 없는 상황에 처하면서 결국은 파르바네에게 유언장을 쓴다.
그리고 오베를 그림으로 그려주는 이웃집 딸의 생일에 초대받아 잘 알지
도 못하는 '아이패드'라는 것을 사러 컴퓨터 가게에 간다.

이 세상은 한 사람의 인생이 끝나기도 전에 그 사람이 구식이 되어버리
는 곳이었다. 더 이상 누구에게도 무언가를 제대로 해낼 능력이 없다는 사
실에 나라 전체가 기립 박수를 보내고 있는 상황이었다. 범속함을 거리낌
없이 찬양해댔다.
아무도 타이어를 갈아 끼우지 못했다. 전등 스위치 하나 설치 못했다.
바닥에 타일도 못 깔았다. 벽에 회반죽도 못 발랐다. 자기 세금 장부 하나
못 챙겼다. 왜 있어야 하는지에 대한 타당성을 잃어버린 형태의 지식들만
넘쳐났다. 한때 이런 이야기들을 루네와 했다. 그랬는데 루네는 가서
BMW를 샀다. (119쪽)

오베가 삽을 눈에 푹 찔러 넣었다. 집과 헛간 사이의 디딤돌에 쌓인 눈
을 깨끗이 치우는 데 15분이 걸렸다. 그는 조심스럽게 작업했다. 모서리까
지 반듯하게 똑바른 길을 냈다. 사람들은 더 이상 그런 식으로 눈을 치우
지 않았다. 이제는 그냥 길만 뚫었다. 분무식 제설기니 뭐 그런 것들을 사
용해서. 눈을 사방에 뿌려대는 건 구식 방법으로도 충분한데. 마치 앞으로
돌진하는 것이야말로 삶에서 유일하게 중요한 것이었던 양 그럴 수 있는
데. (139쪽)

오베는 앞으로 돌진하는 사람이 아니다. 남이 뭐라 하건 자기 자신에게
충실하게 살아간다. 그 일이 자신에게 어떠한 영향을 주는지가 아니라 자
신이 하고 싶은 일인지가 더 중요한 선택 기준이다. 그가 제대로 아는 것
은 자신의 아내를 위해 싸우는 일 밖에 없고, 제대로 할 수 있는 일은 자
신의 집과 자동차와 동네를 관리하고 순찰하는 일이니까. 하지만 그것이
면 사랑은 충분했다.

"누군가를 사랑하는 건 집에 들어가는 것과 같아요." 소냐는 그렇게 말
하곤 했다. "처음에는 새 물건들 전부와 사랑에 빠져요. 매일 아침마다 이
모든 게 자기 거라는 사실에 경탄하지요. 마치 누가 갑자기 문을 열고 뛰
어 들어와서 끔찍한 실수가 벌어졌다고, 사실 당신은 이런 훌륭한 곳에 살
면 안되는 사람이라고 말할까봐 두려워하는 것처럼. 그러다 세월이 지나
면서 벽은 빛바래고 나무는 여기저기 쪼개져요. 그러면 집이 완벽해서 사
랑하는 게 아니라 불완전해서 사랑하기 시작해요. 온갖 구석진 곳과 갈라
진 틈에 통달하게 되는 거죠. 바깥이 추울 때 열쇠가 자물쇠에 꽉 끼어버
리는 상황을 피하는 법을 알아요. 발을 디딜 때 어느 바닥 널이 살짝 휘는
지 알고 삐걱거리는 소리를 내지 않으면서 옷장 문을 여는 법도 정확히
알죠. 집을 자기 집처럼 만드는 건 이런 작은 비밀들이에요."
물론 오베는 예시로 든 옷장 문이 혹시 자기를 가리키는 건 아닌지 의
심했다. (411쪽)

오베는 소냐가 죽고 나서도 매일 그녀와 함께 살아간다. 그녀라면 어떻게 말했을지, 그녀라면 이 상황을 좋아했을지 아닐지 시시때때로 그것을 생각하며 숨을 쉰다. 그리고 소냐의 무덤에 꽃을 심으며 그녀와 대화를 하는 낙으로 살아간다.

> 그는 자기 손가락이 묘석을 부드럽게 가로지르며 움직이도록 놓아두었다. 마치 무척 두꺼운 융단에 달린 술을 쓰다듬듯이. 그는 '자신을 발견한다'는 둥 하면서 시끄럽게 떠드는 젊은이들을 결코 이해하지 못했다. 그는 삼십 대 직원들이 쉴 새 없이 떠들어대는 소리를 듣곤 했다. 그들은 자기들이 더 많은 '여유 시간'을 얼마나 원하는지 같은 이야기만 해댔다. 마치 그게 일을 하는 유일한 목표인 양. 더 이상 일을 안해도 되는 지점까지 이르는 게 목표인 양. 소냐는 오베가 '세상에서 가장 융통성이 없는 남자'라며 웃곤 했다. 오베는 그것을 모욕으로 여기지 않았다. 그는 세상사에는 질서가 있어야 한다고 생각했다. 반복되는 일상이 있어야 했고 그 일상에서 안정감을 느낄 수 있어야 했다. 그는 그게 어떻게 못된 성질머리가 될 수 있는지 알 수가 없었다. (352쪽)

오베는 스스로의 삶이 사랑이라고 한 번도 말한 적이 없다. 그렇지만 그의 삶은 사랑이다. 화내고 고함치고 싸움을 했는데, 그렇지만 그런 사랑이다. 결국 오베는 이웃 친구 루네가 하얀셔츠에 의해 아내인 아니타의 곁에서 떨어져 수용시설로 보내지는 일을 막으며, 이웃 파르바네의 온갖 도움 요구에 손을 내밀고, 또 그녀에게 운전을 가르친다. 그러면서 이웃의 동성애자 청년을 돌보며, 엄마 없이 혼자 사는 지미를 도와 자전거를 고친다. 아내 없이 홀로 남겨져 자살을 시도하면서도 살아있다는 것은 결국 사랑하게 되는 일이라는 것을 독자에게 보여준다. 결국 그는 '사랑'에 대해 한 마디도 하지 않고 그냥 살아가는 그것 자체로 사랑이 됨을 스스로는 전혀 의도를 가지지 않고 있지만 선명하게 보여준다.

> 죽음이란 이상한 것이다. 사람들은 마치 죽음이란 게 존재하지 않는 양 인생을 살아가지만, 죽음은 종종 삶을 유지하는 가장 커다란 동기 중 하나이기도 하다. 우리 중 어떤 이들은 때로 죽음을 무척이나 의식함으로써 더 열심히, 더 완고하게, 더 분노하며 산다. 심지어 어떤 이들은 죽음의 반대항을 의식하기 위해서라도 죽음의 존재를 끊임없이 필요로 했다. 또 다른 이들은 죽음에 너무나 사로잡힌 나머지 죽음이 자기의 도착을 알리기 훨씬 전부터 대기실로 들어가기도 한다. 우리는 죽음 자체를 두려워하지만, 대부분은 죽음이 우리 자신 보다 다른 사람을 데려갈지 모른다는 사실을 더 두려워한다. 죽음에 대해 갖는 가장 큰 두려움은, 죽음이 언제나 자신을 비껴가리라는 사실이다. 그리하여 우리를 홀로 남겨놓으리라는 사실이다. (436쪽)

오베가 강도를 쫓다가 다쳐 병원에 실려 가고 수술실에 갔을 때, 이웃인 파르바네는 소나를 대신하여 오베를 사랑한다. 그를 위해서 아파하고 눈물을 흘리며 그의 회복을 기뻐한다. 마치 친 혈육처럼. 오베는 사랑하는 이웃들과 오랫동안 살다가 자신의 전 재산을 그들에게 남기는 유서를 쓰고 어느날 조용히 숨진다.

독자는 오베라는 남자의 인생을 보면서 가슴 한 구석이 아파오는 것을 느낀다. 숨 쉬며 살아가는 어느 누구의 인생인들 사랑 아니고 싶은 것이 있을까 싶은 마음이 들기 때문이다. 그래서 가슴 깊은 곳이 쓰라리다. 겉으로 보이는 그의 얼굴 표정이 험악해도, 우아하고 따뜻하게 보이는 인생이 아니어도 그가 살아 숨 쉬었으므로, 그가 살아 자신의 본성을 드러내었으므로, 그것 그대로 사랑이라는 생각을 하게 한다. 그래서 독자들을 울컥해지게 만드는 소설이다. 이 소설을 읽는 순간 독자는 진정한 사랑은 겉으로 보기와는 다를 수 있음을 알게 된다. 아름답고 우아하게 헌신적으로 보이는 것만이 사랑이 아니라는 것, 결코 의도하지 않아도 사랑이 되는 삶이 있다는 것을 경험하게 된다.

마. '죄'의 의미

너새니얼 호손의 『주홍글자』는 인간의 삶에서 '죄'가 무엇이며 '죄'는 어떻게 인간을 신과 가깝게 해주는가를 말하고 있는 소설이다. 이 소설을 읽어가다 보면 흔히 알려져 있듯 표면적으로 말하는 '간음죄'에 대해서만 이야기하고 있는 것이 아님을 알게 된다. 이 이야기는 인간과 죄와 신의 관계를 드러낸 고전이다.

이 소설의 첫 장면은 1642년 여름 보스턴이다. 초기 청교도의 삶을 묘사하는 첫 장면에서 묵직한 쇠 장식이 녹슨 채 붙어 있는 감옥이 묘사된다. 그 감옥 옆에는 신이 키우는 꽃인 들장미 덤불로 뒤엎여 있다.

확실히 이 마을이 건설된 지도 어느덧 15년에서 20년이 지난 지금, 그 목조 감옥은 벌써 온갖 풍상과 세월의 흔적으로 얼룩져 있었다. 그래서 얼굴을 찌푸린 듯 침울한 정면은 훨씬 더 음산한 모습을 띠고 있었다. 참나무 문의 묵직한 쇠 장식 위에는 녹이 슬어 있어서 신세계에 있는 다른 어느 것보다도 더욱 고색창연하게 보였다. 범죄와 관계있는 것이 모두 그러하듯 이 감옥도 화려한 청춘 시절은 일찍이 한 번도 누려보지 못한 것 같았다. 이 흉한 건물 앞에, 그리고 건물과 마찻길 사이 풀밭에 우엉이며 명아주며 아가위 같은 볼품없는 잡초들이 무성하게 자라고 있었다. 이 보기 흉한 잡초들은 '감옥'이라는 문명사회의 검은 꽃을 그렇게 일찍이 피워 준 이 땅에서 뭔가 자신들과 같은 성질의 것을 발견했음에 틀림없었다. 그러나 감옥 문 한쪽에서는 거의 문턱까지 뿌리를 박고 자란 들장미 덤불이 6월을 맞아 보석처럼 아름다운 꽃송이로 뒤덮여 있었다. 어쩌면 이 들장미

덤불은 죄수가 감옥 안으로 들어가거나 유죄판결을 받은 사형수가 형을 받으러 끌려 나올 때, 대자연의 깊은 마음이 그를 동정하고 반긴다는 표시로 그윽한 향기와 함께 덧없는 아름다움을 바치고 있다고 생각해도 좋으리라.[21]

이 부분에서 저자는 인간의 문명과 죄에 대한 자신의 태도를 상징적으로 드러내고 있다. 죄란 묵직한 쇠장식이 있는 흉한 건물인 '감옥'처럼 문명사회의 산물이다. 그와 대비되는 대자연은 오히려 인간에게는 '잡초'로 불린다. 풀들이나 들장미 덤불이 감옥 곁에 피어나 죄수를 동정하고 반기는 꽃을 피운다. 여기서 알 수 있는 작가의 자세는 청교도 사회의 율법주의적 잣대에 대해서 상당히 비판적이라는 점이다.

이어지는 장면은 그 감옥에서 헤스터 프린이 아기를 안고 처형대 위에 올라서서 주민들 앞에서 수치를 당하는 장면이다.

아기를 한쪽 팔에 안고 얼굴을 붉히면서도 오만한 미소를 띤 채 조금도 부끄러워하는 기색 없이 마을 사람들과 이웃 사람들을 둘러보았다. 그녀의 웃옷 가슴에는 화려한 주홍빛 헝겊에 금실로 꼼꼼하게 수를 놓아 환상적으로 멋을 부린 'A'자가 보였다. 그 글자는 아주 예술적으로 만든 데다가 호화롭고 사치스러운 공상을 마음껏 발휘한 것으로, 그녀가 입고 있는 옷에 가장 잘 어울리는 장식적 효과를 내고 있었다. (16쪽)

만약 이 청교도들의 무리 속에 가톨릭 신자가 있었다면 아마 옷과 풍모가 그림처럼 아름다운 이 여인이 가슴에 갓난아이를 안고 있는 모습을 보고, 예로부터 그토록 많은 유명 화가들이 앞을 다투어 그렸던 성모마리아의 모습을 떠올렸을 것이다. 그녀의 모습은 이 세상을 구원할 아기를 안고

---

21) 너새니얼 호손/김욱동 옮김(2015), 『주홍글자』, 민음사, 8쪽.

있는 신성 무구한 성모마리아의 거룩한 모습 같은 것을 분명히 떠올리게 해주었을 뿐이다. 인간 삶에서도 가장 신성한 모성 속에 가장 깊은 죄악의 오점이 들어 있어, 세상은 이 여인의 아름다움 때문에 한층 더 어두워지고 이 여인이 낳은 갓난아이 때문에 그만큼 더 길을 잃을 수밖에 없었다. (20쪽)

헤스터 프린은 남편보다 앞서 신대륙에 발을 딛고 지내는 동안 남편을 기다려야했음에도 그러지 못했다. 그녀는 젊은 목사의 아이인 '펄'을 낳았다. 아이의 아버지가 누구인지를 감춘 채 주홍 글자를 수놓은 옷을 입고 처형대에서 여러 사람 앞에 수치를 당하는 벌을 받고 있다. 그녀를 심판하는 사람들은 모두 '의심할 나위 없이 선량하고 공정한 현인'이라고 표현한 작가의 말 속에는 죄에 대한 문제의식이 함께 담겨 있다.

우두머리 통치자 주위에 앉아 있는 다른 명사들의 풍채에도 권력 형태에는 신이 마련한 제도의 신성함이 깃들어 있다고 여기던 시대에 어울리는 위엄이 감돌았다. 그들은 의심할 나위 없이 선량하고 공정한 현인들이었다. 그러나 죄를 지은 여자의 마음을 심판하고 그물처럼 뒤얽힌 선악을 가리는 일에 있어, 온 인류 중에서 지금 헤스터 프린이 고개를 쳐들고 바라보고 있는 이 준엄한 표정의 현신들보다 더 무능한, 그러면서도 현명하고 덕망있는 사람들을 그들의 수만큼 선택하기도 쉽지 않을 것이다. 헤스터 프린은 동정을 구할 수 있다면 그나마 한결 너그럽고 따스한 군중의 마음속에서나 기대할 수 있으리라고 생각하는 듯했다. (31쪽)

작가는 선과 악이 '그물처럼 뒤얽혀' 구분하기 어렵다고 생각한다. '신'을 사칭하는 권력이 신의 위엄을 가지고 한 치의 동정도 없이 심판하고 있는 것을 매우 '무능한' 것으로 보고 있다. 어쨌든 헤스터 프린이 벌을 받을 때 이곳에 당도하여 몰래 지켜보던 남편이 감옥으로 헤스터를 찾아온다. 그는 자신이 헤스터의 남편이라는 것을 밝히지 말 것을 헤스터에게 맹세하게 한다.

헤스터는 법률의 심판으로 감옥살이를 끝내고는 바느질 삯일을 하면서 조용히 살아갈 수 있었다. 그녀는 아이를 기르며 살아갔고 주홍글자의 낙인에 대한 차가운 시선만이 아니라 가끔은 위로의 시선을 느끼기도 하였다.

그러나 이따금 며칠에 한 번, 어쩌면 몇 달에 한 번쯤 헤스터는 그 치욕의 낙인 위에 어떤 시선이, 어떤 한 인간의 시선이 머무는 것을 느끼는 때도 있었다. 그 시선은 마치 헤스터의 괴로움을 절반만이라도 나누어 갖겠다는 듯 잠시 그녀를 위로해주는 듯했다. 그러나 다음 순간 그녀의 괴로움이 모두 되살아나면서 그 뒤를 이어 한결 더 심한 고통이 밀물처럼 밀려왔다. 그 짧은 순간 그녀는 또 다른 죄를 범했기 때문이다. 그러나 과연 헤스터 혼자서 죄를 범한 것일까?

헤스터의 상상력은 기묘하고도 고독한 삶의 고통 때문에 조금 달라졌고, 만약 그녀의 도덕과 지성의 바탕이 좀 더 섬세했더라면 아마 더욱더 달라졌을 것이다. 외형적으로만 인연을 맺고 있는 이 좁은 세계를 외로운 발걸음으로 오갈 때 이따금씩 헤스터는 주홍 글자 덕분에 새로운 감각을 부여 받았다고 느끼거나 그렇게 생각할 때가 있었다. 그것은 한낱 공상에 지나지 않았을지도 모르지만 공상치고는 뿌리치기 힘들만큼 강렬한 것이었다. 그 때문에 다른 사람의 가슴 속에 숨어 있는 죄를 공감적으로 알게 되었다고 생각하자 온몸에 전율을 느끼면서도 그것을 믿지 않을 수도 없었다. 그녀는 이렇게 뜻밖에 일어난 놀라운 발견 때문에 공포에 휩싸였다. (62쪽)

헤스터는 자신의 죄가 다른 사람의 가슴 속에 숨어 있는 죄를 공감적으로 알게 되었다는 생각을 하면서 스스로 놀란다. 헤스터 프린은 자신의 연약함과 죄를 인정하지만 자신만이 죄인이 아니며 모든 이들이 가슴 속에 죄를 가지고 있다는 것을 느끼는 과정에서 스스로 교만해지는 것에 두려움을 느끼곤 한다.

> 진주를 뜻하는 '펄'! 헤스터는 아이를 그렇게 불렀다. 그런데 그것은 아이의 용모를 나타낸 이름은 아니어서, 실제로 그 얼굴에는 진주가 풍기는 고요하고 해맑고 정열에 들뜨지 않는 광채라고는 눈을 씻고 찾아보아도 찾아볼 수가 없었다. 헤스터가 이 아이를 '펄'이라고 이름 지은 것은 아이가 지극히 소중한 존재였기 때문에, 자신의 모든 것을 바친 대가로 얻은 것이었기 때문에, 즉 어미의 하나밖에 없는 보물이었기 때문이다! 참으로 이상한 일이 아닌가! 인간이 이 여인의 죄의 징표로 마련해준 주홍 글자는 불행을 일으키는 너무 강한 힘을 지니고 있는 탓에 그녀처럼 죄로 물든 동정심이 아니라면 어떤 인간의 동정심도 그녀에게 미칠 수가 없었다. 그런데도 하나님은 인간이 그토록 벌을 내리던 죄의 직접적인 결과로서 그녀에게 귀여운 아이를 주었던 것이다. (65-66쪽)

작가는 또 죄에 대해 새로운 해석을 내리는 말을 한다. 인간에게 주홍글자를 주는 죄란 바로 지극한 보물인 '펄'을 주신 하나님의 축복이라는 말이다. 작가는 독자로 하여금 인간의 죄가 무엇인지 고민하게 만들며 결국 그것이 인간에게 무엇을 주는지에 대해 더 많은 생각하도록 이끌고 있다.

한편 아이의 아버지인 딤스데일 목사에 대한 이야기는 헤스터와는 또 다른 상황 속에서 죄를 바라보도록 만든다. 그는 사람들이 죄라고 부르는 것을 아직 밝히지 않고 가슴 속에 묻어두고 있기 때문이다. 그는 주민들에게서 가장 존경받는 목사였다. 그에게 복수하기 위해 로저 칠링워스라는 이름의 의사로 가장한 헤스터의 남편과 같이 살면서도 그가 자신을 끊임없이 죄책감을 자극하고 괴롭힌다는 사실을 알지 못한다.

"아마 모르긴 몰라도 그 사람도 정말로 고백하고 싶었으면서도 막상 그렇게 하지 못한지도 모르지요." 딤스데일 목사가 대꾸했다.

"왜 그랬을까요?" 의사가 캐물었다. "도대체 무엇 때문에 고백을 하지 못했을까요? 자연의 모든 힘이 그처럼 극성스럽게 죄의 고백을 요구하는 바람에 이 검은 잡초가 무덤에 묻힌 가슴에서 솟아나 숨긴 죄악을 드러내는 데도요?"

"의사선생님, 그건 선생님의 환상에 지나지 않습니다."목사가 대꾸했다. "제 추측이 옳다면, 하나님의 권능이 아니고서는 죽은 사람의 가슴과 함께 묻혀 버릴지도 모를 그 비밀을 입으로든 무슨 징표로든 밝힐 수 있는 힘이 없지요. 그런 비밀을 숨김으로써 죄를 짓게 되겠지만, 그 가슴은 숨긴 비밀이 모두 드러나는 최후 심판의 날까지 그냥 감춘 채 버텨 나가야 합니다. 또한 저는 지금껏 인간의 생각이나 행실이 그때에 밝혀진다고 하여 그게 무슨 징벌의 일부로 볼 수 있다고 성경을 읽거나 해석해 본 적이 없습니다. 그건 분명히 징벌을 천박하게 해석하는 것이지요. 정말 그래요. 제 생각이 크게 틀린 게 아니라면, 이렇게 비밀을 밝힌다는 건 모든 지식인의 지적 만족을 충족시켜 주기 위한 것에 지나지 않겠지요. 이 사람들은 그날이 오면 지상의 암담한 문제가 명백하게 되는 것을 보려고 기다릴 겁니다. 그런 문제를 완전히 해결하려면 인간의 마음을 헤아려야 할 겁니다. 더구나 제 생각으로는 선생님이 운운하는 그 끔찍스러운 비밀을 간직하고 있는 마음은 최후의 날이 오면 마지못해서가 아니라 더할 나위 없이 기쁜 마음으로 그 비밀을 모두 털어놓겠지요." (124-125쪽)

자신의 죄에 대한 끊임없는 자극과 압박 속에서 목사는 육체적으로 병약해지고 정신적 번민으로 고문을 당한다. 그렇지만 그러한 고통은 그를 다른 동료 목사들보다 훨씬 더 강한 힘을 갖게 하는 면이 있다.

딤스데일 목사는 온갖 성격의 특징으로 미루어보아 자연히 후자에 속할 만했다. 만약 짊어지고 허덕여야할 죄악이나 고뇌의 무거운 짐이 방해가 되지 않았다면, 그는 아마 숭고한 신앙과 신성이라는 높은 산 정상에 벌써 다다랐을 것이다. 그러나 바로 그 짐 때문에 그는 가장 낮은 데에서 허덕이고 있었다. 온갖 영적 소질을 지니고 있어 만약 그 짐만 없었더라면 천사들도 그의 목소리에 귀를 기울이고 화답해 주었을 바로 그런 사람 아니던가! 그렇지만 바로 이 무거운 짐 때문에 목사는 죄 많은 형제들에게 그토록 깊은 공감을 주었다. 그래서 그의 마음은 그들의 마음과 하나가 되어 떨었고, 그들의 괴로움을 자신의 마음속에 받아들였으며, 고동치는 고통을 구슬프면서도 설득력 있고 샘솟는 듯한 힘찬 웅변에 담아 수많은 형제들의 가슴속으로 뿜어 넣어 주었다. 그의 설교는 자주 뭇사람을 설복했지만 때로는 얼마나 끔찍했던지! 사람들은 자신들을 움직이는 그 힘이 어디서 나오는지 알지 못했다. 다만 이 젊은 목사야말로 신성함이 빚어낸 기적이라고 여길 뿐이었다. (140-141쪽)

딤스데일이 원래 누구보다도 진리를 숭배하고 거짓을 그림자로 여기는 자라는 점은 또다시 독자를 더 깊이 생각하도록 만든다. 성경 속 바울이 자신의 약함을 자랑한다고 말한 부분을 떠오르게 하는 내용이다. 그가 스스로 가지고 번민하는 죄책감은 그로 하여금 그림자의 가치를 깨닫게 하고 죄 많은 형제에 대해 깊이 공감하고 위로하는 설교를 하는 능력으로 드러나 기적이 되는 광경을 보게 되기 때문이다. 이는 헤스터에게서도 마찬가지였다. 사람들은 그녀의 주홍 글자 A를 원래의 뜻이 아닌 다른 뜻으로 생각하기까지에 이른다.

주홍 글자는 그녀의 소명을 상징했다. 그녀에게는 놀라울 만큼 남에게 도움을 주는 힘이 있었기 때문에, 남을 돕는 힘도, 동정하는 힘도 많았기 때문에, 이제 사람들은 주홍 글자 'A'를 본래의 뜻으로 해석하려 들지 않았다. 그들은 주홍 글자가 '능력(Able)'을 뜻한다고 했다. 어찌되었든 비록 여자의 힘이지만 헤스터 프린이 지닌 힘은 강하기 이를 데 없었다.

이렇듯 헤스터를 맞아들일 수 있는 집은 오직 어둠이 깃든 집뿐이었다. 어둠 속에 햇빛이 스며들면 그 여자는 자취를 감추었다. (167-168쪽)

작가는 이후 '주홍 글자가 마치 수녀 가슴 위의 십자가 같은 효능을 지니고 있었다'고 말한다. 딤스데일이나 헤스터가 고통을 가슴에 안고 혹은 숨겨 두었기에 더 빛나는 삶을 살 수 있다는 것은 참으로 죄의 아이러니가 아닌가? 이것이 바로 작가가 말하고자 하는 바다. 인간의 죄를 통해서도 하나님의 역사가 이루어진다는 그것.

지난 몇 년 동안 그녀는 인간의 여러 제도며 목사들이나 입법자들이 세워 놓은 것이 무엇이든 그것을 이렇게 사회에서 소외된 관점에서 바라보았다. 마치 인디언들이 목사의 허리띠며 법관의 옷이며 처형대며 교수대며 난롯가며 교회에 대해 갖고 있는 것 이상의 존경심이 없이 그런 것들을 비판했던 것이다. 그녀의 운명과 팔자는 그녀를 자유롭게 해주려는 경향이 있었다. 주홍글자는 다른 여성들이 감히 밟을 수 없는 곳으로 찾아가도 좋다는 통행권과 같았다. 치욕, 절망, 고독! 이런 것들이 그녀에게는 스승이었다. (224쪽)

결국 딤스데일 목사는 의사의 정체를 알게 되고, 헤스터와 펄과 함께 도망가기로 하지만 그렇게 하지 않는다. 축제일에 성스러운 설교를 하고 스스로 처형대에 올라서서 스스로 자신의 죄를 고백한다. 그리고 약해질 대로 약해진 육체마저도 놓아버린다.

"그 징표는 이 사내에게도 있었지요!" 목사가 격렬하게 말을 이어나갔다. 그는 남김없이 모두 말해 버리기로 굳게 마음먹었다. "하나님의 눈은 그것을 보셨지요! 천사들도 언제나 그것을 향해 손가락질을 하고 있었지요! 마귀도 그것을 잘 알고 불타는 손가락으로 끊임없이 건드려 그를 괴롭

혔지요! 하지만 그는 세상 사람들에게는 그것을 교묘하게 감추고 죄 많은
세상에서 저만이 그토록 순결하여 마음이 괴롭다는 듯, 그리고 천국의 형
제들이 그리워 마음이 슬프다는 듯 여러분 사이를 걸어 다녔지요! 하지만
죽음을 앞두고 지금 그 사내는 여러분 앞에 서 있습니다! 그는 여러분께
다시 한 번 헤스터의 주홍글자를 바라보라고 부탁드리고 있습니다! 그 여
자의 주홍 글자는 신비롭고 무섭지만 사실 그것은 이 사내가 가슴에 지닌
낙인의 그림자에 지나지 않으며, 그 자신의 붉은 낙인인 이것조차 깊은 가
슴 속에 불태워 온 징표에 지나지 않지요! 죄인을 벌하시는 하나님의 심판
을 의심하는 분이 지금 이 자리에 계신가요? 자 보십시오! 이 무서운 죄의
증거를!" (301쪽)

작가는 목사의 이 말을 통해 독자에게 이중적으로 다가간다. 죄에 대한
하나님의 심판, 그리고 이야기 전체를 보았을 때, 죄란 스스로 죄라고 생
각할 때만이 죄가 될 수 있다는 것, 이 두 가지 의미를 모두 말하고 있다.
그 시대의 성직자로서 권력층에 속하던 목사에게는 훨씬 더 강하게 스스
로 '죄'라고 여길 수밖에 없었을 것이다. 그러나 헤스터는 목사와는 달랐
다. 헤스터는 제도와 법률을 비판하기까지 하는 새로운 생각으로 나아갔
고 스스로 죄라고 여기는 마음은 점점 옅어졌기 때문이다.
　작가 너새니얼 호손은 『주홍글자』와 관련하여 서문-'세관'이라는 글을
쓴다. 그 글의 일부를 보는 것이 이 작품을 이해하는 데에 도움이 된다.

　나는 점점 우울하게 되어 안절부절못하기 시작했다. 끊임없이 마음속
을 들여다보면서 보잘것없는 속성 중 어느 것을 잃었는가, 나머지 속성은
이미 얼마나 해를 입었는가 하고 찾아보기 시작했다. 앞으로 얼마나 더
오래 세관에 근무할 것이며, 또 남자답게 세관에서 나갈 수 있을 것인가
계산해 보려고 애썼다. 사실을 말하자면, 그렇기 때문에 검사관 직에서
머리카락이 하얗게 세고 노쇠한 늙은이가 되어 저 늙은 검사관과 같은

또 다른 동물이 될지 모른다는 생각이 내가 가장 두려워하는 것이요 걱
정하는 것이다.

　(중략)

　점심시간이 하루의 중심이 되고 그 나머지 시간은 늙어 비틀어진 개처
럼 햇볕이나 그늘에서 잠을 자면서 보내는 것이 아닐까? 자신의 재능과
감수성을 두루 이용하면서 살아가는 것이야말로 가장 훌륭한 행복이라고
정의를 내린 사람한테 이것은 얼마나 황량한 전망이란 말인가! 그러나 이
러는 동안에도 줄곧 나는 나 자신에게 정말로 필요 없는 경고를 해주고
있었다. 하나님은 내가 스스로 상상할 수 있는 것보다도 나를 위해 더 좋
은 일을 생각하고 있었는데도 말이다. (371쪽)

　작가의 생각은 이 글에서도 잘 드러난다. 자신을 있는 그대로 사는 것
이 가장 행복한 것이라고 말하고 있다. 하나님은 인간이 스스로 상상할
수 있는 것보다도 더 좋은 일을 생각하고 있다는 것을 말한다. 실제로 작
가 호손은 세관에 근무하면서 자신의 속성을 잃어버리지 않을까 염려하
고 불만족해했다고 한다. 그런데 나중에 우려했던 그 일은 자신의 최고의
업적을 이루는 길로 나아갈 수 있게 해 주었기 때문이다.

　본인한테는 최악의 일이라고 생각되는 것이 어쩌면 최상의 일이 될 수
도 있겠지만 말이다. 그러나 자긍심과 감수성을 지니고 있는 사람한테는
그의 이해관계가 그를 사랑하지도 이해하지도 않는 그런 개인들, 또 아무
래도 은혜를 입는 것보다는 오히려 상처를 입는 쪽이 더 나은 그런 개인
들의 통제를 받고 있다는 사실을 깨닫게 되는 것은 참으로 이상한 경험이
다. (372쪽)

　독자는 『주홍글자』를 읽으며 인간의 죄와 신의 관계를 생각하지 않을
수 없다. 인간이 의식하고 있는 생각이나 마음은 에고(ego)의 감옥 안에서

떠오른다. 그러나 그 이면에서 의식되지도 못한 채 인간의 삶을 움직이고 있는 참자아(Self)는 더 깊고 오묘한 신의 섭리로 인간을 이끌어 감을 독자들이 조금이나마 경험하게 된다.

바. 참 자신으로의 변화

소설 『클로디아의 비밀』의 원제는 『From the Mixed-up Files of Mrs. Basil E. Frankweiler』이다. 이 이야기는 바실 E. 프랭크와일러 부인의 유언장에서 바뀐 부분을 설명하기 위한 이야기 형식의 구조를 가지고 있다.

초등학교 6학년인 우등생 클로디아 킨케이드는 자신의 똑같은 하루하루가 너무나 지겨워 가출을 결심한다. 꼼꼼하게 가출 계획을 세우고 아홉 살짜리 남동생 제이미 킨케이드와 함께 뉴욕의 메트로폴리탄 미술관으로 향한다. 남매는 모아두었던 용돈을 주머니에 넣고 짤랑거리며 메트로폴리탄 미술관에 들어가서 전시해둔 침대 가운데 우아한 한 곳에서 곰팡이 냄새를 맡으며 잠을 잔다. 가지고 나간 바이올린 가방과 책가방에 든 짐을 전시실의 유물 뒷편 보이지 않는 곳에 넣어두고, 용돈을 야금야금 써 가며 배고픈 가출 생활 가운데서 둘은 티격태격하면서도 클로디아가 꼼꼼하게 세워둔 계획대로 행동했다.

> 제이미가 씨익 웃음을 터뜨렸다.
> "어련하겠어. 클로드 누나, 누나는 누나로도 잔소리꾼으로도 다 소질이 있어."
> 클로디아가 대꾸했다.
> "어련하겠니, 제이미, 넌 정말 동생으로도 구두쇠로도 다 소질이 있어."
> 바로 그때 무슨 일인가 일어났다. 클로디아와 제이미는 그것을 나한테 설명하려고 애썼지만, 딱 꼬집어 얘기할 수 없었다. 나는 그게 무엇인지

눈치챘지만, 그 아이들에겐 말해주지 않았다. 모든 것을 말로 설명하려는 것은 너무나 현대적인 방식이다. 특히 클로디아한테는 해주지 않을 작정이다, 가뜩이나 클로디아는 설명거리가 너무 많은 아이다.

그때 일어난 일은 바로 이것이다. 그 두 아이가 한 패가 된 것이다! 가출하기 전에도 둘은 짝을 지어 행동한 적이 있었지만, 그렇다고 한 패라는 '느낌'을 받진 않았다. 한 패가 되었다고 해서 둘 사이에 말다툼이 없어진 것은 아니다. 하지만 한 패가 된 뒤로는 말다툼도 모험의 일부가 되었고, 자기 생각만 내세우는 것이 아니라 서로 의견을 나누게 되었다. 한 패가 된 느낌이란 눈에 보이는 것이 아니기 때문에, 모르는 사람이 보면 두 아이의 말다툼은 별로 달라진 점이 없을 것이다. 그것은 서로에 대한 '염려'라고 할 수 있다. 아니 '사랑'이라고 할 수도 있을 것이다. 두 사람이 동시에 그런 느낌을 갖는 경우는 아주 드물다. 특히 서로에게 신경을 쓴 시간보다 각자 행동하던 시간이 더 많은 남매가 그러기란 더욱 어려운 일이다.[22]

가출하여 서로 의지하며 '한 패'가 되어가는 가운데 남매는 '사랑'을 나눈다. 함께 굶거나 함께 싼 음식을 사 먹거나, 미술관 속 분수대에서 한밤중에 목욕을 하며 사람들이 던져둔 동전을 줍거나, 관리인들에게 들키지 않기 위해 화장실에 숨어 있을 때 텔레파시를 교환하거나, 동전을 넣고 빨래를 하거나, 견학 온 아이들 사이에 끼어들어 점심을 먹으면서 새로운 삶에 만족해한다. 둘은 메트로폴리탄 미술관의 여러 유물들에 대해 공부를 하기로 한다.

어느 날 미술관에 높이 60센티미터의 조각상 '천사상'이 들어오는데, 이것을 보기 위해 10만 명에 이르는 관객이 몰려온다. 클로디아는 『뉴욕 타임즈』에 실린 기사를 보고 이 작품이 미켈란젤로의 조각일 가능성이 있지만 확실한 증거를 발견하지 못한 상태이며, 미술관이 이 조각상을 프랭

---

22) E.L. 코닌스버그 글/그림(2000), 『클로디아의 비밀』, 비룡소, 53쪽.

크와일러 부인에게서 사들였으며 전문가들이 감정을 하고 있다는 내용을 알게 된다. 이때부터 클로디아와 제이미는 이 조각상이 미켈란젤로의 작품인지를 확인할 수 있는 증거를 찾는 일에 몰두하게 된다. 매일 밤낮으로 천사상을 보면서 미켈란젤로의 작품이 가진 진정한 위대성에서 나오는 마력에 취하게 된다. 그리고 그것이 확실히 미켈란젤로의 것이라고 증명하기 위해 관찰과 추리를 다 동원한다. 결국 미켈란젤로 상 바닥에 'M'이라는 글자가 있음을 발견하고 미술관에 편지를 보내기 위해 우체국에 돈을 내고 사서함까지 만든다. 결국 미술관에서 그 사실을 이미 알고 있다는 답장을 받고 둘은 충격에 빠진다.

　제이미는 클로디아를 잠시 내버려두었다. 제이미는 가만히 앉아서 마음을 다독이려 애쓰며 긴 의자의 숫자를 세었다. 클로디아는 계속 울었다. 제이미는 의자에 앉은 사람의 숫자를 세었다. 그래도 클로디아가 울음을 그치지 않자, 제이미는 의자 한 개당 몇 사람씩 앉아 있는지 계산했다.
　마침내 닭똥처럼 뚝뚝 떨어지던 눈물이 그치자, 제이미가 조용히 말했다.
　"그래도 그 사람들은 우리를 어른 대접 해주었어. 그 편지에는 어려운 말 같은 게 가득 적혀 있었잖아."
　클로디아가 흐느꼈다.
　"그건 대단한 게 아니야. 그 사람들은 당연히 우리가 어른인 줄 알 테니까."
　클로디아는 너덜너덜해진 휴지에서 코를 풀 만한 부분을 찾았다.
　클로디아가 코를 풀고 나자 제이미가 조용히 물었다.
　"이제 어떻게 하지? 집에 갈 거야?"
　(중략)
　클로디아가 한 숨을 쉬었다.
　"그래. 겨우 1주일이지. 난 호수에 빠진 아이를 구하려고 뛰어들었다가 아이 대신 물에 젖은 굵은 통나무 하나만 달랑 건져낸 것 같은 기분이야.

물론 그러는 여걸도 있긴 하지. 얻은 것 하나 없이 물만 뒤집어썼어."

다시금 눈물이 흘러내렸다.

"누난 정말로 잘못 생각하고 있어. 누난 처음에 그냥 집을 떠나고 싶어서 이 모험을 시작했잖아. 편하게 말야. 그러더니 그저께부터 영웅이 되겠다고 마음먹었어."

"여걸이야. 그리고 그땐 나는 내가 여걸이 되고 싶어 하는 줄도 깨닫지 못했어. 그 조각상은 나한테 기회를 준 것 뿐이야. 다 준 건 아니지만. 우리는 더 알아내야 해." (144-146쪽)

이후 둘은 프랭크와일러 부인을 찾아가서 미켈란젤로의 조각상이 맞는지 확인하고 싶어 한다. 프랭크와일러 부인은 아이들이 그 증거를 찾아낼 수 있는 기회를 준다. 그 대신 아이들이 가출하여 어떻게 지냈는지 이야기해주는 것으로 거래를 한다. 그래서 자신의 사무실에 있는 많은 문서 가운데서 그 비밀을 확인할 수 있는 것을 찾아보라고 한다. 제이미와 클로디아는 영리하게도 한정된 시간 안에 그 증거를 찾아낸다.

클로디아는 천사상의 밑그림이 흐릿해질 때까지 바라보았다. 눈에서 눈물이 흘러 나왔다. 클로디아는 한동안 아무 말도 하지 않았다. 그저 유리 액자를 품에 안고 앉아 눈물을 뚝뚝 떨구며 고개를 주억거릴 뿐이었다. 마침내 클로디아가 입을 열고 교회에서나 내던 나지막한 목소리로 말했다.

"제이미, 미켈란젤로가 직접 이것을 만졌다고 생각해 봐. 4백년도 더 전에 말야."

제이미는 나머지 서류를 훑어보다가 말했다.

"유리라, 틀림없이 미켈란젤로는 이 유리에는 손을 대지 않았을 거야. 지문이 찍혀 있어?

그러더니 대답도 듣지 않고 또 다른 것을 물었다.

"이 나머지 종이들은 다 뭘까?"

"천사상에 대해 내가 연구해 놓은 거지."

내가 벽장 속에서 나오며 대답했다.

"너희도 알겠지만 미켈란젤로는 그 밑그림을 로마에서 그렸어. 하지만 난 찾기 어렵게 하려고 볼로냐의 비이(B) 밑에 분류해 놓았지."

두 아이는 깜짝 놀란 얼굴로 나를 쳐다보았다. 급박했던 마음이 사라지면서 아이들은 나라는 사람을 까맣게 잊어버렸던 것이다. 자네도 알겠지만 비밀을 알아내면 그 밖의 모든 것은 사소한 일이 되고 말지. (185-186쪽)

클로디아는 미켈란젤로가 천사상을 조각한 것이 분명하다는 증거인 밑그림을 찾아내고는 눈물을 흘린다. 자신이 찾고자 몰두했던 그 비밀을 마침내 확인해내고 눈물을 흘리는 것이다. 그만큼 클로디아는 자신이 찾아내고자 하던 비밀에 열중하였고, 그 비밀을 알아내는 것이 자신을 변화시킬 것이라고 믿고 있던 거였다.

제이미는 부글부글 솟아오르는 흥분에 싱글벙글거리며 방안을 왔다갔다 했고, 반면 클로디아는 넘쳐나는 흥분을 가만히 흘려보내고 있었다. 나는 클로디아가 조금 놀랐다는 걸 알았다. 클로디아는 천사상이 뭔가 해답을 갖고 있는 줄은 알았지만, 그 해답이 요란한 충격 없이 이렇게 고요히 마음속에 스며들 줄은 꿈에도 몰랐다. 물론 비밀이 있으면 사람은 달라진다. 가출을 계획하는 것이 그토록 재미있었던 까닭도 바로 그것이었다. 비밀이었으니까. 그리고 미술관에 숨는 것도 비밀이었다. 하지만 비밀들은 영원하지 않다. 언젠가는 반드시 끝나야 한다. 그러나 천사상은 그렇지 않을 것이다. 클로디아는 내가 그랬듯이 20년이 넘도록 천사상의 비밀을 간직하고 살 수 있을 것이다. 이제 클로디아는 굳이 여걸이 되어서 집으로 돌아갈 필요가 없어졌다. 마음속에 간직한 비밀이 있으니까. 그리고 이제 비밀이라는 것에 대해 예전에는 몰랐던 것을 알게 되었다.

나는 클로디아가 행복해하는 것을 알 수 있었다. 행복이란 제자리를 찾아 내려와 날개를 접은 설렘이지만, 날개를 접었다고 모든 움직임이 멈추는 것은 아니다. 클로디아는 제 마음 속에 생겨난 의문을 내색하지 않을

수도 있었다. 하지만 클로디아는 솔직하고 훌륭한 아이였다. (191-192쪽)

"하지만 프랭크와일러 부인, 날마다 새로운 것을 배워야 해요. 저희는 미술관에서 지낼 때도 그렇게 한걸요."

"아니 나는 그렇게 생각하지 않아. 물론 너희는 지금도 배워야 하고, 앞으로도 훨씬 더 많은 것을 배워야 할 거야. 하지만 너희 안에 이미 들어와 있는 것들이 스스로 무르익어서 새로운 것을 배우지 않고도 세상일에 훤해지는 날도 올게다. 그러면 느껴질 거야. 만약 느낄 만한 여유가 없다면, 그건 사실들을 그냥 쌓기만 했다는 거야. 그렇게 쌓인 사실들은 안에서 요란하게 들썩이며 까불대겠지. 사실을 쌓아두기만 한다면 그건 소음은 낼 수 있지만 뭔가를 진정으로 느낄 수는 없지. 그것은 다 쭉정이들이니까."

두 아이는 잠자코 듣고 있었고, 나는 말을 이었다.

"나는 천사상과 미켈란젤로에 관해서 많은 사실을 모았어, 그것들이 내 안에서 오랫동안 자라게 내버려 두었지. 이제 나는 내가 안다는 것을 느낄 수 있어. 그 정도면 충분해. 하지만 나도 새로운 것을 하나 경험해 보고 싶단다. 아는 게 아니라 경험하는 것. 그런데 그건 불가능하지."

클로디아가 말했다.

"불가능한 건 없어요."

클로디아의 말은 엉성한 연극에서 서툰 배우가 말하는 것과 똑같이 어설프게 들렸다.

나는 느긋하게 말했다.

"클로디아, 사람이 여든 두 살이 되면 매일 새로운 것을 배울 필요가 없다는 것도 알게 되고, 불가능한 것이 있다는 것도 알게 된단다."

제이미가 물었다.

"경험하고 싶어도 못하는 게 뭐예요?"

"지금 너희 엄마의 심정을 느껴보고 싶단다." (193-195쪽)

글로디아는 프랭크와일러 부인을 통해 미켈란젤로의 천사상을 확인하고 마음속에 행복감을 느낀다. 스스로의 삶이 지겹게 느껴져서 변화를 위해 미술관으로 가출을 하고, 미술관과 다른 세상 사람들이 다 궁금하게 여기는 천사상의 비밀을 캐어 알게 된 것으로 충만한 행복감을 느낀다. 그래서 이제 더 이상 집으로 돌아가기 위한 조건으로 '여걸'이 될 필요가 없어졌다. 그리고 '아는 것'과 '경험하는 것'이 다르다는 것도 알게 된다. 더 소중한 것은 경험을 통해 느끼는 것이라는 점을 깨닫게 된다. 82세의 프랭크와일러 부인에게서 나이가 들어가면서 새로운 지식을 계속해서 습득하는 것보다 더 중요한 것이 있다는 것과 인간에게 불가능한 일이 있다는 것을 배운다. 프랭크와일러 부인은 자신의 변호사인 색슨버그에게 이 글을 보낸다. 그는 바로 아이들의 할아버지이다. 아이들은 즐겁게 집으로 돌아간다.

이 소설에서 '비밀을 가지게 되는 것'이 클로디아 자신의 내면적 힘을 강하게 해준다는 의미는 좀 모호한 표현이다. 여든이 넘은 부인의 입을 통해서 가출하였던 아이들이 경험으로 알게 된 것의 가치를 말하고 있지만, 그렇게 뚜렷하지는 않다는 점에 아쉬움이 있다.

그렇지만 독자는 어렴풋이 느낄 수 있다. 비록 '비밀을 가지게 되는 것'이라는 모호하고 급작스러운 표현으로 말하고 있지만, 이 작품에서 진정한 내면의 힘, 진정한 자신의 힘은 이성적 지식으로 아는 것이 아니라 경험을 통해 생긴다는 것을 말하고 싶어 한다는 것을. 독자는 클로디아가 이제 '여걸'이 아니어도 집으로 돌아갈 수 있는 힘을 갖게 된 것은 진정한 자신을 발견하였기 때문이라고 생각하게 된다. 그리고 인간의 진정한 자신으로서 내면의 힘이 어떻게 커지는지도 생각해보게 된다.

사. 자기 자신이 되는 힘

참자아(Self)를 발견하도록 안내하는 이야기로 추천할 만한 것으로 영화 <쿵푸팬더 3>이다. 영혼계에서 모든 고수들의 기운을 빼앗아 인간계로 온 카이는 그 어느 때 보다 무서운 힘으로 인간계를 위협한다. 주인공 포는 시푸 사부로부터 크레인, 타이그리스, 몽키, 맨티스, 바이퍼 5인방을 가르치는 사부가 되라는 명을 받는다. 포는 그들을 가르치려고 했으나 시푸 사부의 흉내만 내다가 최악의 상황을 연출한다. 결국 제대로 가르칠 수 없어서 고민을 한다.

그러다 친아버지 '리'를 만나고 카이의 침입을 대비해서 '기' 수련을 위해 아버지 '리'를 따라 더 깊은 산속에 있는 팬더 마을로 간다. 그곳에서 그동안 자신이 진정한 팬더로서의 삶을 살지 못하고 있었음을 깨닫는다. 그리고 팬더로 살아가는 일상이 어떤 것인지 알아나간다. 그렇지만 포는 아버지에게 '기' 수련을 받기를 원한다. 그런데 아버지 리도 그것을 알지 못한다는 고백을 듣는다. 아버지는 포를 보호하기 위해서 데리고 온 것이었다. 포는 자신이 용의 전사로서 마을을 지켜야 한다는 것을 알고 아버지에게 화를 낸다. 그러다가 지금이라도 최선을 다해 준비해야만 한다는 결론에 이르는데, 아버지 리가 "그러면 우리가 너처럼 되면 되잖아." 라는 말을 하며 팬더 마을 인물들을 가르치라고 말한다. 그때 포는 문득 깨닫게 된다. "아니요, 누구든지 다른 사람처럼 될 필요는 없어요. 자기 자신이 될 때 가장 자연스러우며, 그때 가장 큰 힘을 발휘하게 되지요."라고. 그리고 팬더 마을의 여러 팬더들에게 각자가 가진 있는 그대로의 능력을 자연스럽게 발현하도록 돕는 사부가 된다. 메이메이는 리본을 흔들고 돌리며 힘을 발휘하고, 껴안기를 좋아하는 팬더는 껴안는 것을 하면서 힘을 발휘하고, 굴러다니기를 좋아하는 팬더는 굴러다니면서 힘을 발휘하도록 가르친다.

결국 카이가 팬더 마을까지 침입한다. 이때 팬더마을의 모든 팬더들이 힘을 합쳐 카이를 무찌른다. 포는 팬더들의 목숨을 구하려고 카이를 영혼계로 돌려보내려 한다. 포의 쿵푸 동작 가운데 자신이 가장 잘 하는 동작인 손가락 공격을 카이를 껴안은 채 스스로의 손가락에 함으로써 둘은 함께 영혼계로 가게 된다. 한편 팬더 마을에서는 온 구성원이 모두 모여 사라진 포를 위해 간절히 기도한다. 포가 무사히 되돌아오기를 간절히 기원한다. 팬더들의 간절한 기원이 영혼계에 전달되어 포는 카이를 무찌르고 다시 인간계로 돌아온다.

누군가를 가르치는 일은 그 대상을 어떤 다른 상태로 변화시키는 것이 아니다. 가르침을 받는다는 것은 바로 진정한 자기 자신이 되도록 노력하는 일이고, 가르치는 일은 누구든지 그가 그 자신이 되도록 돕는 일이다. 그가 나를 닮도록 하는 일이 아니며, 어떤 정해진 상태가 되도록 하는 일도 아니다.

또 한 가지 중요한 점은 자기 자신이 되는 일이란 혼자서 하는 일이 아니라는 것이다. 진정한 자기 자신이 되기 위해서 나와 다른 많은 이들의 모습과 행동과 생각과 의식을 보고 배우며 그 안에서 나를 찾아야 한다. 그들이 온전한 나 자신을 믿어주고 인정해 주고 사랑해 줄 때 진정한 나 자신의 힘이 발현된다. 내 힘을 가장 잘 발현할 때는 바로 내가 진정한 나 자신이 될 때이다. '나 자신이 된다는 것'은 바로 '다른 이와 함께 한다'는 말과 같은 말이다.

아. '참 삶'으로 가는 길

『데미안』은 1919년에 헤르만 헤세가 에밀 싱클레어라는 가명으로 발표한 작품이다. 이 작품을 발표하기 전인 1916년경부터 헤세는 융의 제자인 요제프 베른하르트 랑 박사에게 정신분석 치료를 받는다. 그래서인지『데미안』은 융의 영향을 받은 흔적이 많이 드러난다. '그림자'라는 용어가 소설 속에 직접 등장한다. 작품 속에 그려지는 '자기자신'으로 가는 방법에 대한 탐색의 과정이 해설자의 말과 같이 융의 Self와 ego와 아니마와 아니무스 개념을 설명해주는 듯도 하다.

어린 싱클레어는 '두 세계'가 있음을 알게 된다. 하나는 부모님과 가족을 중심으로 하는 부드럽고 친절하며 질서가 있는 세계, 또 하나는 무질서하고 사납고 유혹적이고 폭력적인 세계로 두 세계가 나란히 있다는 것을 알게 된다. 어린 싱클레어에게 두 세계를 삶으로 경험하게 한 사건은 '크로머'의 협박과 그것에 종속된 고통이었다.

> 지금이라도 문득 크로머의 휘파람 소리가 다시 들린다면 나는 소스라치게 놀랄 것이다. 그 후로 나는 그 소리를 자주 들었고, 지금도 여전히 그 소리가 들리는 것만 같다. 그 어떤 장소나 놀이, 그 어떤 일이나 생각이라도 그 휘파람 소리가 뚫고 들어오지 못하는 것은 없었고, 그 소리는 그때부터 나를 종속시켜 내 운명이 되고 말았다. 세상이 알록달록하게 물든 따사로운 가을날 오후면 나는 내가 무척 좋아하던 우리집 작은 꽃밭에 머물곤 했다. 나는 이전 시절의 아이들 놀이를 다시 하고 싶은 이상한 충동에 사로잡혔다. 나보다 조금 더 어린 소년, 아직 선량하고 자유롭고 아무런 잘못도 없는 품 안의 소년처럼 굴었다. 하지만 그 한가운데로 크로머의 휘파람 소리가 어디선가 들려오면, 언제나 그러려니 하면서도 늘 소스라칠 만큼 방해받고 놀라면서 맥이 끊기고 온갖 상상도 무너지곤 했다. 그럼 나는 가야만 했다. 나를 괴롭히는 녀석을 따라 고약하고 더러운 장소로 가서

그에게 변명하고 또 돈을 내놓으라는 추궁을 들어야 했다. 이일은 기껏해
야 몇 주 동안 계속 되었지만 내게는 여러 해, 아니 영원히 계속되는 일만
같았다.[23]

싱클레어가 겪는 크로머로부터의 고통을 잊게 해준 사람이 바로 '데미
안'이다. 데미안은 싱클레어에게 '자기자신'이 되어야 한다고 말해주고,
크로머에게서 놓여나게 해준다.

　자, 한번 시험해 보자. 그러니까 나는 너를 좋아해. 아니면 적어도 네게
관심이 있고. 그래서 네 안에 숨어 있는 듯 보이는 것을 밖으로 끄집어내
고 싶어. 그렇게 하려고 벌써 첫걸음은 내디뎠어. 내가 너를 깜짝 놀라게
만들었으니까. 그러니까 넌 잘 놀라는 거지. 네가 두려움을 느끼는 일들과
사람들이 있는 거야. 그게 대체 어디서 왔을까? 사람은 그 누구도 두려워
할 필요가 없는데 말이지. 누군가를 두려워한다면, 그건 그 사람에게 자기
를 지배할 힘을 내주었기 때문이야. 예를 들어 어떤 못된 짓을 했어 그런
데 다른 녀석이 그 사실을 안다. 그러면 그가 너를 지배할 힘을 갖게 되는
거지. 알아듣겠니? 아주 분명하지. 안 그래? (48-49쪽)

그 후 싱클레어는 크로머에게서 놓여나 자유를 얻었으며 그간의 일을
부모님께 솔직하게 고백한다. 그러나 여전히 싱클레어는 자기 자신이 되
지 못한다.

　하지만 속에 숨은 맥락은 이러했다. 나는 악마인 크로머의 손아귀에서
벗어났지만 나 자신의 힘으로, 스스로의 능력으로 벗어난 것이 아니었다.
나는 이 세상의 좁은 오솔길을 걸어보려 했지만 그 길이 내게는 너무 미

---

23) 헤르만 헤세/안인희 옮김(2013), 『데미안』, 문학동네, 30-31쪽.

끄러웠다. 이제 친절한 손길이 나를 붙잡아 구원해 놓으니, 나는 곁눈질 한 번 하지 않고 곧바로 어머니 품으로, 잘 보존된 경건한 어린 시절의 안전함으로 되돌아간 것이다. 나는 실제보다 더 어리고 의존적이고 어린아이 같이 굴었다. 크로머에의 종속을 새로운 종속으로 바꾸어야 했다. 혼자서는 갈 수가 없었으니까. 그렇게 나는 눈먼 가슴으로 아버지 어머니에게, 옛날의 사랑스러운 '밝은 세계'에 종속되는 것을 선택했다. (중략) 아, 지금은 안다. 자기 자신에게로 이르는 길을 가는 것보다 사람이 더 싫어하는 일은 없다는 것을! (57쪽)

싱클레어는 허용된 밝은 세계를 선택하였지만, 자신 안의 원초적 충동을 깨닫고 또다시 갈등하게 된다. 이제는 자신을 괴롭히는 크로머가 다름 아닌 자신 안에 있는 셈이다. 그러다가 다시 데미안을 만난다.

"넌 누군가에게 말할 수 있는 것보다 더 많은 생각을 하고 있어. 만일 그렇다면 넌 네가 생각한 대로 아직 한 번도 제대로 살아보지 못했다는 걸 안다는 얘기지. 그건 좋지가 못해. 우리가 살아내는 생각만이 가치가 있어. 넌 너의 '허용된' 세계가 단지 세상의 절반에 지나지 않는다는 걸 알고 있어. 그리고 목사님이나 선생님처럼 너도 그 두 번째 세계를 감추려 했지. 그렇게 되진 않을 거야! 그런 생각을 시작했다면 그 누구도 감출 순 없어." (76쪽)

데미안은 범죄자가 되라는 거냐며 항변하는 싱클레어에게 '금지된 것을 전혀 행하지 않고도 대단한 악당이 될 수가 있지. 그 반대도 가능하고'라고 말한다. 이후에도 싱클레어의 내면은 고통의 연속이다.

이제 이 순간, 이토록 추락하고 저주받은 이 순간부터는 더는 내 것이 아니었다. 그 모든 것이 나를 밀어내면서 역겨운 듯이 나를 바라보았다!

모든 사랑스럽고도 내적인 것, 가장 멀고도 가장 아름다운 어린 시절의 정
원으로 되돌아가 부모님 곁에서 겪은 것들, 어머니의 모든 키스, 모든 크
리스마스, 고향에서 맞은 모든 경건하고 밝은 일요일 아침, 정원의 모든
꽃, 그 모든 것이 황폐해졌다. 그 모든 것을 내가 발로 짓밟은 것이다! 이
제 형리가 나타나 나를 포박해 인간쓰레기이며 성전의 파괴자인 나를 교
수대로 이끌어간다면 나는 동의할 것이고, 기꺼이 따라갈 것이며, 그것이
훌륭하고 올바른 일이라 여길 것이다.

　나의 내면은 이런 모습이었다! 이리저리 돌아다니며 세상을 비웃던 나!
정신은 오만하며 데미안의 생각을 함께 나누던 나! 내 모습은 이랬다. 인
간쓰레기이자 불결한 놈, 취하고 더러운, 역겹고도 비열한 끔찍한 나 충동
에 사로잡힌 상스러운 짐승! 나는 그런 모습이었다. 온갖 순수함, 광채와
사랑스러운 애정이 넘치던 정원에서 온 내가, 바흐의 음악과 아름다운 시
들을 사랑하던 내가! 역겨움과 분노를 품고 나 자신의 웃음소리를 들었다.
술에 취해 자제력을 잃은, 이따금 우둔하게 터져 나오는 웃음. 그게 나였
다! (89-90쪽)

　술과 방탕의 바닥에서 다시 데미안의 목소리를 듣는다. 데미안의 쪽지
에는 "새는 힘겹게 투쟁하여 알에서 나온다. 알은 세계다. 태어나려는 자
는 한 세계를 깨뜨려야 한다. 새는 신에게로 날아간다. 그 신의 이름은 아
프락사스다."라는 말이 적혀있다. 이 구절은 이 작품에서 상당히 유명한
구절이다. 진정한 자기자신이 되는 길은 알껍질을 깨는 고통을 수반하며
그래야만 진정한 자기자신인 신에게로 날아가게 된다는 의미이다. 헤세가
융의 영향을 받았다면 여기서 알껍질은 바로 에고(ego)이고 진정한 자기자
신은 곧 참자아(Self)이다.

　아프락사스가 무슨 뜻인지 알지 못했던 싱클레어는 결국 선과 악이 분
리된 이원론적 세계의 신이 아닌 선과 악이 구분되지 않는 일원론적 세계
의 신을 아프락사스라고 부른다는 것을 알게 된다.

온전히 내면에서 생겨난 이 모습과, 내가 찾으려는 신에 대해 외부에서
들어온 신호 사이에 오직 무의식에만 차츰 그 어떤 결합이 나타났다. 그
결합은 점차 긴밀해지고 내밀해졌다. 나는 나 자신이 이 예감의 꿈속에서
아프락사스라는 이름을 부른다는 것을 눈치채기 시작했다. 희열과 공포,
남자와 여자가 뒤섞인, 가장 거룩한 것과 추한 것이 서로 뒤엉킨, 깊은 죄
가 가장 사랑스러운 무죄를 번개처럼 관통하는―내 사랑의 꿈의 모습은
그랬고, 아프락사스 또한 그랬다. 사랑은 이제 내가 맨 처음 두려워하며
느끼던 동물적인 어두운 충동이 아니었다. 그리고 베아트리체의 모습에
바치던 경건하게 정신화된 예배도 아니었다. 사랑은 두 가지 모두였다. 두
가지 모두이면서 동시에 그 이상이었다. 사랑은 천사의 모습이며 악마이
고, 하나가 된 남자이며 여자이고, 인간이며 동물이고, 최고의 선이며 극
단적인 악이었다. 이를 겪는 것이 내게 주어진 일이었고, 이를 맛보는 것
이 내 운명이었다. 나는 운명을 향해 동경과 공포를 품었지만, 운명은 언
제나 거기 있었고, 언제나 내 위에 있었다. (114쪽)

그리고 피스토리우스를 만나 자기자신으로 좀 더 다가선다. 그와 많은
대화를 나눈다.

우리 영혼이 언제나 끊임없는 세계의 창조에 얼마나 많이 동참하고 있
는지를 그렇게 쉽고도 간단하게 알아낼 수 있는 길은 이런 연습 말고는
세상 어디에도 없다. 나뉘지 않은 동일한 신이 우리 안에서, 그리고 자연
에서도 활동하고 있는 것이다. 만일 외부세계가 붕괴한다면 우리 중 한 명
이 세계를 다시 세울 수 있을 것이다. 산과 강, 나무와 잎새, 뿌리와 꽃, 자
연의 모든 형태가 우리 안에도 미리 새겨져 있으며 바로 영혼에서 나왔기
때문이다. 영혼의 본질은 영원성이며 우리는 그 본질을 알지 못하지만, 그
것은 우리에게 대개는 사랑의 힘, 창조의 힘으로 느껴진다. (중략)
"우린 우리 개성의 경계를 언제나 너무 좁게 잡는단 말이지! 우리가 개
인적이라고 구분하는 것만을 따로 떼어내 우리 개성에 속한 것이라 여기

는 거야. 하지만 우리는 모두 제각기 전체 구성 성분으로 이루어져 있지. 한 사람 한 사람이 모두 그래. 우리 몸은 물고기나 그보다 훨씬 더 이전까지 거슬러 올라가는 진화의 계보를 속에 지니고 있고, 그와 똑같이 우리 영혼도 지금까지 인간의 영혼에 나타났던 것을 모조리 지니고 있다는 말이야. 과거에 존재한 적이 있는 모든 신과 악마는 그리스 사람 것이건 중국사람 것이건 아니면 줄루족 것이건 상관없이 모두가 우리 안에 있어. 가능성으로, 소망으로, 탈출구로 존재하는 거야. 인류가 어느 정도 재능을 가진 아이 단 한 명만 남기고 모조리 멸종한다 해도, 그리고 이 아이가 수업을 받은 적이 없는 아이라 해도 이 아이는 모든 과정을 다시 찾아낼 거야. 신과 데몬과 낙원과 계명과 금지들, 그리고 신구약 성경, 모든 것을 다시 창조해낼 거란 말이야! (126-127쪽)

"상황에 따라선 그래도 되지. 다만 대부분의 경우에 그건 오류에 지나지 않아. 그렇다고 머릿속에 떠오르는 건 무엇이든 해야 한다는 뜻은 아니야. 자체로 분명한 의미가 있는 발상들을 쫓아버리거나 그것을 놓고 이리저리 도덕적으로 저울질해서 해치지는 말아야 한다는 말이지. 자신이나 다른 사람을 십자가에 못 박지 말고 뛰어난 생각이 담긴 잔을 마시면서 제물의 신비 의식을 생각할 수도 있다네. 그런 행동을 하지 않고도 자신의 충동들과 유혹들을 존경과 사랑으로 대할 수도 있다네. 그러면 그런 충동들과 유혹들이 그 의미를 드러내지. 그것들은 모두 의미를 갖고 있으니까. 언제든 무언가 진짜 미친 생각, 죄 많은 생각이 떠오르거든, 싱클레어, 누구를 죽이고 싶거나 아니면 엄청나게 추잡한 짓을 하고 싶어지면 한 순간만 생각해보게. 자네 안에서 그런 공상을 불러일으키는 게 아프락사스라는 걸! 자네가 죽이고 싶은 인간은 아무개씨가 아니라, 틀림없이 하나의 위장에 지나지 않을 거야. 우리가 어떤 인간을 미워한다면 우리는 그 모습 속에서 우리 안에 있는 무언가를 보고 미워하는 거지. 우리 자신 안에 없는 것은 우리를 자극하지 않는 법이니까."

"우리가 보는 것들은," 피스토리우스가 나직이 말했다. "우리 안에 있는 것과 같은 것들이야. 우리 안에 있는 현실 말고 다른 현실은 없어. 그래서 대부분의 사람들은 그토록 비현실적으로 사는 거지. 자기 밖의 모습들을 현실이라 여기고, 자기 안에 있는 본래의 세계가 발언할 수 없게 하니 말이지. 그렇게 해서 행복할 수도 있어. 하지만 한번 다른 것을 알게 되면 다른 대부분의 사람들이 가는 길을 선택하지는 않게 되지. 싱클레어, 대부분의 사람들이 가는 길은 쉽지만 우리의 길은 어려워. 자 우리 함께 가보세." (136-137쪽)

이후 싱클레어는 피스토리우스를 능가하고, 갈등 속에 있는 동급생 크나우어를 자살에서 구원하기도 한다. 그리고 깨달음의 날카로운 불꽃을 느낀다.

각자에게 '직분'이 주어져 있지만, 그 누구도 자신이 직접 그것을 고르거나 고쳐 쓰거나 멋대로 지배할 수는 없다는 사실이었다. 새로운 신들을 원하는 것은 잘못이다. 세계에 어떤 새로운 것을 부여하려는 것은 완전히 잘못이다! 깨어난 인간에게는 단 한 가지, 자기 자신을 탐색하고, 자기 안에서 더욱 확고해지고, 그것이 어디로 향하든 자신만의 길을 계속 더듬어 나가는 것 말고는 달리 그 어떤, 어떤, 어떤 의무도 없다. 이 깨달음이 나를 깊이 뒤흔들었다. 그리고 이 체험에서 얻은 열매는 바로 이것이었다. 나는 자주 미래의 모습들을 가지고 장난을 쳤고, 내게 배정되어 있는 역할들, 시인이나 어쩌면 예언자, 아니면 화가 등의 역할들을 꿈꾸었다. 그 모든 것은 아무것도 아니었다. 나는 문학작품을 쓰거나 설교하거나 그림을 그리기 위해서 존재하는 것이 아니며, 나뿐만 아니라 다른 그 누구도 그런 이유로 존재하는 것이 아니다. 그 모든 것은 오로지 곁다리로 나타나는 것일 뿐이다. 우리 각자에게 주어진 진정한 소명이란 오직 자기 자신에게로 가는 것, 그것뿐이다. 그는 마지막에 시인이나 미친 사람, 예언자나 범죄자가 되어 있을 수도 있다.―이것은 그 자신의 문제가 아니며, 결국은 그리 중요한 것도 아니다. 그의 과제는 멋대로의 운명이 아닌 자신의 운명을 찾아내 내면에서 완전하고도 끊임없이 그에 따라 사는 것이다. 그것 말고

다른 것이 모두 반쪽이자 벗어나려는 시도이며, 대중의 이상(理想)으로의
도주, 그냥 적응, 자신의 내면에 대한 두려움일 뿐이다. 내 앞에 새로운 모
습이 두렵고도 거룩하게 떠올랐다. 이미 수없이 예감했고 어쩌면 자주 표
현했던 것, 그러나 나는 이제야 비로소 진짜로 체험했다. 나는 자연의 내
던짐이었다. 불확실성을 향한, 어쩌면 새로움을 향한, 어쩌면 아무 것도
아닌 것을 향한 내던짐이었다. 그리고 태고의 깊이에서 나오는 이 내던짐
이 완전히 이루어지도록 내 안에서 그 의지를 느끼고, 그것을 완전히 나의
의지로 삼는 것, 그것만이 내 소명이었다. 오직 그것만이! (153-154쪽)

그 뒤 싱클레어는 마침내 자신이 꿈속에서 그리던 여인이 바로 데미안
의 어머니 에바 부인임을 알게 된다. 데미안과 에바 부인을 만나서 함께
생활하면서 에바부인을 사랑한다.

표를 지닌 우리는 세상의 눈에는 기묘하고 심지어 돌았으며 위험하다고
생각될 수도 있는데, 그건 어쩌면 어느 정도 타당성이 있었다. 우리는 이미
깨어난 사람들, 또는 깨어나는 도중에 있는 사람들이었다. 우리의 열망은
점점 더 완전한 깨어 있음을 향했다. 그에 반해 다른 사람들의 열망과 행
복 찾기는 자신들의 의견, 자신들의 이상과 의무, 자신들의 삶과 행복을 점
점 더 패거리의 그것에 밀착시키는 일로 향했다. 그곳에도 열망이 있고, 그
곳에도 힘과 위대함이 있었다. 하지만 표를 지닌 우리는 자연의 의지란 새
로운 존재를, 개인과 미래의 존재를 향한다고 여기는 데 반해서, 다른 사람
들은 지속의 의지 속에 살았다. 그들에게 인류는-그들도 우리처럼 인류를
사랑했다-완성된 것, 그래서 유지하고 지켜야 하는 것이었다. (174쪽)

이후 1차 세계 대전이 일어나고, 데미안과 싱클레어는 차례로 군대에
간다. 부상을 당한 싱클레어가 옆 침상에 누운 데미안을 만나고 이별을 나
누고 어느날 옆 침상에 다른 이가 누워 있는 것으로 이야기가 끝이 난다.

헤세는 융의 영향을 받아서 일원론적 세계, 전일체적 세계관에 관심을 두었던 것으로 보인다. 그에게 신은 선과 악이 구분되지 않는 전일체적 세계 속의 존재이다. 작품 속에 수없이 등장하는 선의 신과 악의 신이라는 구별된 말은 '신은 선하다는' 일반적 상식에 대한 반론이다. 그 두 신은 서로 다른 것이 아니고 원래 두 가지는 구별이 되지 않는 것이었다. 인간이 그것을 구분하는 이원론의 세계에 빠져있기에 문제가 된다.

결국 '자기 자신이 되는 것'이 신이 인간에게 준 소명이고, 이것은 진정한 자신(Self)의 삶을 사는 것이다. 자신의 온전한 전체성을 살아내는 것이다. 자신의 참자아를 제대로 살펴내지 못한 채로 사회와 대중의 패거리가 추구하는 명성과 권력과 안일을 추구하는 삶은 자기 자신이 되지 못한 삶으로 한 평생을 보내게 되는 안타까운 일이다. 모래처럼 인생이 손바닥에서 흘러버린다는 의미가 바로 이것이다. 헤세는 전일체적 세계와 진정한 자기 자신이 되는 것을 문학작품으로 형상화하였다. 비록 군데군데 매끄럽지 않은 부분이 보이지만, 깨달음의 세계가 무엇을 의미하는지를 안간힘을 다해 보여주려고 하고 있다.

이 작품은 아직 어린 청소년이 읽어서는 그 내용의 깊이를 제대로 파악하지 못할 것으로 판단된다. 싱클레어의 어린 시절에서 청년이 된 모습까지 등장하지만, 성장소설도 맞지만, 청소년 소설은 결코 아니다. 삶의 우여곡절을 겪은 자만이, 깨달음의 경지를 추구하는 자만이 진정한 의미를 읽어낼 수 있는 소설이다. 더욱이 소설의 중요한 메시지가 대부분 대사로 전달되고 있어서 아쉬움이 남는다. 물론 데미안과 싱클레어라는 두 인물이 참자아(Self)와 에고(ego)를 상징하는 한 인간의 성숙을 보여주는 상징성으로 읽힐 수 있지만, 그런 소설적 장치가 모두 대사를 통해서 이루어지는 메시지에 종속되어 있다는 점에서 난해하고 덜 구체적인 면이 있다. 그러나 어느 누가 이런 글을 쓸 수 있으랴.

3. 동일성의 회복

동일성은 인간이 내면의 목소리에 부합하는 삶을 살아갈 때 얻을 수 있다. 대부분의 현대인은 자신의 내면의 목소리가 아니라 에고(ego)에만 갇힌 채로 삶의 방향을 판단하고 결정한다. 그런 과정에서 불거지는 고통과 갈등은 바로 동일성을 잃은 삶의 허우적거림이다. 참자아(Self)의 삶을 사는 순간이 동일성을 회복한 순간이다. 진정한 내면의 평화와 행복은 바로 이런 순간에 느낄 수 있게 된다. 이제 문학 작품 가운데서 동일성 회복을 비교적 상세히 그리고 있는 것을 예로 들면서 이야기를 나누기로 한다. 특히 독자가 이런 동일성 회복의 이야기를 읽으며 한 순간이라도 자신의 내면에 귀 기울이게 되는 구체적인 장면을 생각해 보기로 한다.

가. 영혼과 영혼의 사랑

『리버보이(River-boy)』는 팀 보울러의 장편 청소년 소설이다. '강－소년'이라는 제목에 걸맞게 표지의 그림에는 강 위의 나룻배에 서있는 소녀가 보인다. 그런데 웬 소녀람?

수영을 좋아하는 한 소녀 제스와 그녀의 할아버지 이야기다. 제스는 수영을 하는 동안 느껴지는 속도감, 물살을 가르는 힘, 물속에서 느껴지는 묘한 고립감을 좋아하는 수영 소녀다. 그녀에게 특별히 사랑하는 할아버지가 있다. 자존심이 강하고 꼬장꼬장한 할아버지는 그림을 그리는 예술가다. 할아버지는 완고하시지만 장난기가 많으며, 제스가 태어나고 나서야 그림 속에서 진정한 자신을 발견하고 제스를 통해 자신을 바라보는 분이다. 제스는 할아버지의 작은 요정이다. 그는 수영을 하는 제스를 바라보며 자주 "계속해, 제스. 모든 게 좋아."라고 말하곤 한다.

수영을 하는 제스를 지켜보던 할아버지가 어느날 가슴께를 움켜쥐고 수영장 물속으로 쓰러지면서 이야기가 시작된다. 할아버지의 고집으로 병원 대신 할아버지의 고향 마을로 가족 휴가를 간다. 엄마 아빠와 할아버지, 제스 네 식구가 인적이 드문 산골에 있는 별장을 빌려 가족 휴가를 보낸다. 할아버지는 병원 진료를 거부하고 '리버보이'라는 제목의 그림을 완성하고 싶어 한다. 노쇠하고 병약한 몸으로 그림을 완성하기 어렵지만, 제스가 할아버지를 돕는다. 제스는 할아버지의 병 앞에서 강한 불안을 느끼지만, 할아버지는 오히려 제스를 위로한다.

> "모든 게 변했구나. 제스. 모든 게 변했다. 예전과 같은 건 아무것도 없어. 영원한 건 아무것도 없는 거야. 저항해봐야 소용없단다. 우리는 그걸 받아들여야 해."[24]

제스는 할아버지의 노쇠함과 병약함을 받아들이지 못한다. 별장 근처를 흐르는 강으로 나가 아름다운 강물 속에서 수영을 하며 할아버지의 아픔을 걱정한다. 그림을 완성하기를 바라는 할아버지를 도와 캔버스와 이젤 등 도구를 나르고 할아버지가 강가에 나와 그림을 그릴 수 있도록 돕지만, 할아버지는 워낙 노쇠하여 손에 힘이 없어 제대로 그림을 그리지 못한다. 제스는 병약한 할아버지를 걱정하며 불안한 마음으로 아름다운 강의 시작 지점을 향해 산책을 나간다. 어린 시절 할아버지는 화재로 집과 부모를 모두 잃고 외톨이가 되었는데, 제스에게는 언제나 현재를 살아야 한다는 말로 자세히 말해주지 않았다.

> "거기에 대해서는 말할 게 없다. 진짜 존재하는 것은 현재 뿐이고, 과거

---

24) 팀 모울러/정해영 역(2007), 『리버보이』, 놀, 48쪽.

와 미래는 단지 현재를 좀먹을 뿐이야. 그건 아무것도 주는 것 없는 날강
도에 불과해." (97쪽)

할아버지의 삶을 생각하며 강의 시작점을 찾아 산책을 나섰던 제스는
강에서 수영을 하는 한 소년을 보게 된다. 제스는 그를 '리버보이'라고 이
름 짓는다. 어릴 적 할아버지가 놀았던 강가에 있는 별장에서 제스는 할
아버지의 마지막 소망인 그림을 완성하도록 돕고 싶은 마음과 쇠약해져
그림마저 그릴 수 없는 할아버지를 보며 불안에 떤다.

할아버지는 정말, 정말로 쇠약해졌다. 소중한 사람이 곁에서 완전히 사
라진다는 것은 도대체 어떤 기분일까. 제스는 한번도, 불안에 떨던 그 순
간에도 자신이 결국 이런 상황을 맞이하게 되리라고는 생각해보지 않았다.
그토록 절망하고 실망하고 힘없는 할아버지의 모습을 보게 되리라고는 한
번도 생각해본 적이 없었다. (175쪽)

제스는 할아버지의 죽음에 대한 불안에 휩싸일 때마다 그 강에서 수영
을 하는 '리버보이'를 보게 된다. 그리고 어느 날 강가에서 할아버지를 생
각하며 울다가 리버보이에게 자신의 마음을 말하게 된다.

"할아버지가 죽어가. 그런데 누구도 할아버지를 도와줄 수 없어. 할아버
지는 점점 시들어가고 있어. 게다가 …… 마지막으로 꼭 하고 싶었던 일
도 포기한 채 죽어가고 있어."
"완성해야 할 그림이 있어. 할아버지에게 아주 중요해. 그런데 이제 더
이상 할 수 없어. 할아버지, 이제 힘이 없거든." (181쪽)

그 소년은 할아버지의 그림을 완성하도록 도우라고 제스에게 말한다.
그리고 제스에게 강의 시작하는 지점으로 나와서 자신을 도와달라는 부

탁을 한다. 제스는 리버보이의 말을 듣고 노쇠한 할아버지를 일으켜 손을 잡고 그림을 완성한다.

> 할아버지는 흐릿한 음성으로 다시 말했다.
> "말해다오 …… 말을 …… 내가 널 위해 뭘 해줄지……."
> 그녀는 울음을 참으려고 시선을 아래로 내려뜨렸다. 이것이 할아버지와 보내는 마지막 시간일지도 모른다는 생각을 떨쳐버리려 노력하며. 제스는 할아버지에게 부탁할 게 없었다. 최소한 자신을 위해 무엇을 해달라고 부탁할 수 없었다. 그동안 할아버지는 자신을 위해 그토록 많은 것을 해주셨는데 무엇을 더 바랄 수 있을까? 단지 할아버지가 아빠에 대한 사랑을 좀 더 표현해주기를 원했지만, 사랑은 부탁한다고 되는 게 아니었다.
> 그녀는 할아버지의 얼굴을 다시 들여다보았다.
> "그냥 행복해주세요. 할아버지." (211쪽)

제스는 리버보이의 부탁이 생각나 강을 거슬러 올라 폭포를 넘어 강의 시작점으로 간다. 그곳에서 리버보이와 함께 강이 바다로 흘러가는 모습을 보며 삶과 죽음에 대한 대화를 나눈다.

> 그녀는 자신이 올라온 곳으로 다시 고개를 돌렸다. 그곳에는 방금 전 힘겹게 올라온 폭포의 정상이 있었고 그 너머, 서쪽으로 구불구불 나 있는 계곡과 바다를 향해 굽이쳐 흘러가는 강이 선명한 아침 햇살에 반짝반짝 빛나고 있었다. 그리고 그 뒤로 바다가 있었다. 그 모습을 보는 순간 제스의 가슴은 소리 없이 뛰었다. 바다는 마치 하늘에 둥실 떠 있는 짙푸른 색 구름처럼 보였다.
> 그녀는 발아래 물을 내려다보았다. 이 조그만 개울이 저 먼 곳에 있는 저 거대한 바다와 연결돼 있다는 사실이 믿기 힘들었다.
> 그녀는 소년 시절 여기에 서 있었을 할아버지를 다시 한 번 상상했다. 틀림없이 지금의 그녀처럼 넋을 잃고 바다를 바라보고 있었을 할아버지의

모습을. 그 아득한 옛날에, 오직 하늘과 바람을 벗 삼아 이곳에 서서 할아버지는 무슨 생각을 했을까? 어린 예술가의 눈에는 이 모든 것들이 어떻게 보였을까?

(중략)

"강은 여기에서 태어나서, 자신에게 주어진 거리만큼 흘러가지. 때로는 빠르게 때로는 느리게, 때로는 곧게 때로는 구불구불 돌아서, 때로는 조용하게 때로는 격렬하게. 바다에 닿을 때까지 계속해서 흐르는 거야. 난 이 모든 것에서 안식을 찾아."

"어떻게?"

"강물은 알고 있어. 흘러가는 도중에 무슨 일이 생기든. 어떤 것을 만나든 간에 결국엔 아름다운 바다에 닿을 것임을. 알고 있니? 결말은 늘 아름답다는 것만 기억하면 돼."

"하지만 죽음은 아름답지 않아."

그녀는 할아버지를 생각하며 말했다.

"아름답지 않은 것은 죽음이 아니라 죽어가는 과정이겠지."

그가 여전히 바다를 바라보며 말했다.

"삶이 항상 아름다운 건 아냐. 강은 바다로 가는 중에 많은 일을 겪어. 돌부리에 채이고 강한 햇살을 만나 도중에 잠깐 마르기도 하고. 하지만 스스로 멈추는 법은 없어. 어쨌든 계속 흘러가는 거야. 그래야만 하니까. 그리고 바다에 도달하면, 다시 새로운 모습으로 태어날 준비를 하지. 그들에겐 끝이 시작이야. 난 그 모습을 볼 때 마음이 편안해지는 것을 느껴."
(222-223쪽)

리버보이는 자신이 바다까지 헤엄쳐 가는 일을 도와달라고 함께 해 달라고 부탁하지만 제스는 거절한다. 리버보이는 혼자서 폭포 아래로 뛰어들고, 제스는 걸어서 별장까지 돌아오지만 할아버지가 위독하여 바닷가의 브레머스 병원으로 옮겨졌다는 소식을 듣는다. 할아버지의 옛 친구 알프레드 할아버지에게서 할아버지가 어릴 적에 강에 집착했으며 강에서 바다까지 헤엄치고 싶어 했다는 사실을 듣는다. 그리고 할아버지의 그림 '리버보이'에 그려진 강의 모습에서 할아버지의 어릴 적 모습을 발견한다. 할아버지의 죽음에 극도의 불안을 느낀 제스는 안절부절 못하다가 리버보이가 할아버지임을 직감하고 강물에 뛰어든다. 리버보이를 쫓아서 강물을 따라 하류로 헤엄쳐 간다. 오랜 시간 온 힘을 다 소진하고 바다에 도착한 제스는 리버보이를 다시 만나 경외심과 애정에 가까운 깊고 격렬한 감정에 휩싸여 그와 함께 헤엄을 치고 그를 보낸다.

할아버지의 장례식 이후에 제스는 그의 유골항아리를 들고 강의 시작점으로 다시 간다. 그곳에서 할아버지의 유골을 강물에 뿌리고 자신도 폭포 아래로 뛰어 들며 '안녕, 리버보이'라고 작별인사를 한다.

이 소설에서는 할아버지의 인생을 강물이 흐르는 것과 대비하여 그리고 있다. 손녀인 제스가 할아버지의 강에서 수영을 하고 그 품안에서 자라는 것을 상상할 수 있다. 자신을 길러주고 품어준 사랑하는 이와의 갑작스러운 이별이 주는 불안감을 잘 묘사하였다. 하지만 이 소설을 읽은 독자는 자연 속에서 모든 이별은 오히려 아름다운 삶의 한 부분이 됨을 느낄 수 있다. 할아버지와 손녀의 교감을 '리버보이'라는 환상적 인물을 통해서 경험할 수 있게 구성하였다. 인간의 영혼과 영혼이 나누는 사랑을 현실적 그 어떤 설명으로 경험하게 할 수 없었을 것이다. 깊은 내면의 대화를 통해서 사랑을 체험하는 과정이 '리버보이'를 만나고 그와 대화하고 작별하는 과정 속에서 이루어진다. 독자가 제스에게 감정이입할 수 있다면, 삶과 죽음, 그리고 이별이 무엇인지, 그것이 현실적으로 고통과 아픔을 수반하지만 얼마나 자연스럽고 편안한 일이 될 수 있는지를 깨닫게 한다. 마음 깊은 곳에서 고통과 아픔을 수긍하면서 모든 변화를 받아들이고 새로운 삶의 힘을 얻게 된다.

나. 참자아의 신화를 이루는 삶에서 배우는 보물

파울로 코엘료의『연금술사』는 나르키소스에 관한 이야기로 서문을 시작한다. 물에 비친 자신의 아름다움을 보기 위해 매일 호숫가로 갔고, 결국 자신의 아름다움에 매혹되어 호수에 빠져죽었다는 나르키소스. 나르키소스가 죽었기에 그의 눈빛에 비치던 호수가 스스로의 영상을 볼 수 없어 안타까워하고 있다는 호수의 이야기. 결국 나르키소스나 호수나 모두 서로에게 비친 자기 자신을 보고 있다는 이야기. 이 이야기에서 인간은 타인을 통해 보이는 자기 자신을 살다가 죽는 것임을 말하고 있다. 그러나 자기 자신을 진정으로 '보는' 일은 또 얼마나 어려운 일인가? 진정한 자기 자신을 살고 죽는 일을 제대로 해내기가 얼마나 어려운가?

『연금술사』는 양치기 산티아고가 자신의 '자아의 신화'를 찾아 떠나는 여행 이야기다. 여행의 과정은 바로 자기 동일성의 회복 과정이다. 산티아고는 양들이 모두 자신에게만 의지하여 스스로 어떤 결정을 내려야 하는 일이 전혀 없다는 것을 인간의 삶에 비추어 생각한다.

'문제는 양들이 새로운 길에 관심이 없다는 거야. 양들은 목초지가 바뀌는 것이나 계절이 오는 것도 알아차리지 못하지. 저놈들은 그저 물과 먹이를 찾는 일밖에 몰라.'

산티아고는 생각했다.

'하지만 어쩌면 우리 모두가 그런지도 모르지. 나만해도 그 소녀를 알게된 후로는 다른 여자들 생각을 안하니까.[25]'

산티아고는 자신이 반복해서 꾸고 있는 꿈의 의미를 쫓아간다. 그러다 살렘의 왕이라는 노인을 만나서 '자아의 신화'에 대한 이야기를 듣는다.

[25] 파울로 코엘료/최정수 옮김(2001),『연금술사』, 문학동네, 31쪽.

"그것은 자네가 항상 이루기를 소망해오던 바로 그것일세. 우리들 각자는 젊음의 초입에서 자신의 자아의 신화가 무엇인지 알게 되지. 그 시절에는 모든 것이 분명하고 모든 것이 가능해 보여. 그래서 젊은이들은 그 모두를 꿈꾸고 소망하기를 주저하지 않는다네. 하지만 시간이 지남에 따라 알 수 없는 어떤 힘이 그 신화의 실현이 불가능함을 깨닫게 해주지."

"그것은 나쁘게 느껴지는 기운이지. 하지만 사실은 바로 그 기운이 자아의 신화를 실현하도록 도와준다네. 자네의 정신과 의지를 단련시켜주지. 이 세상에는 위대한 진실이 하나 있어. 무언가를 온 마음을 다해 원한다면, 반드시 그렇게 된다는 거야. **무언가를 바라는 마음은 곧 우주의 마음으로부터 비롯된 때문이지.** 그리고 그것을 실현하는 게 이 땅에서 자네가 맡은 임무라네."

"그저 떠돌아다니고 싶은 마음도 그런 것인가요? 양털 가게 주인의 딸과 결혼하고 싶다는 마음도요?"

"아무렴. 보물을 찾겠다는 마음도 마찬가지야. 만물의 정기는 사람들의 행복을 먹고 자라지. 때로는 불행과 부러움과 질투를 통해서 자라나기도 하고 어쨌든 자아의 신화를 이루어내는 것이야말로 이 세상 모든 사람들에게 부과된 유일한 의무지. 세상 만물은 모두 한가지라네. 자네가 무언가를 간절히 원할 때 온 우주는 자네의 소망이 실현되도록 도와준다네." (47-48쪽)

이런 대화를 나눈 후 산티아고는 세상을 여행하기 위해 떠난다. 자아의 신화를 이루려는 소망을 가졌으나 남들이 근사해 보인다고 생각하는 일에 머무른 팝콘 장수를 만난다. 아프리카로 가서 스페인어를 할 줄 아는 젊은이를 만나 반가워하지만, 그에게 자신의 양을 판 돈과 재산을 몽땅 털린다. 과자장수를 만나 그의 일을 도우면서 새로운 깨달음을 얻는다. 행복하고 아름다운 미소 속에서 사는 자들에게서 자아의 신화를 이루는 이들의 공통점을 볼 수 있게 된다. 그리고 언어의 장벽을 뛰어넘는 교감 능력에 대해 배우게 된다.

　그 상인의 얼굴에는 특별한 미소가 감돌고 있었다. 기쁨으로 충만하고 삶을 향해 활짝 열려 있는 그의 얼굴에는 진지하게 하루 일과를 시작하는 사람의 아름다운 미소가 깃들어 있었다. 어디선가 본 듯한 그 미소는 신비로운 늙은 왕, 노인의 미소와 흡사했다.

　'이 과자 장수는 세상을 여행하고 싶다거나 가게 주인의 딸과 결혼하기 위해서 과자를 만들어 파는 건 아니겠지. 그래, 그는 그저 이 일이 좋아서 하는 걸 거야.'

　산티아고는 생각했다. 그리고 그는 노인과 똑같은 일을 자기도 할 수 있게 되었음을 깨달았다. 그건 어떤 사람이 자신의 자아의 신화와 가까이 있는지 멀리 있는지 알아보는 일이었다. (78쪽)

　산티아고는 크리스탈 가게의 상인을 만난다. 그의 가게에서 일을 하며 그가 메카에 가는 꿈을 꾸고 있지만, 그 꿈이 이루어지는 날의 절망이 두려워 메카에 가지 않는다는 것을 알게 된다. 산티아고 덕분에 부유해진 크리스탈 가게 주인으로부터 자신이 원하지 않는 것은 아무리 많이 가져도 이전의 자신의 상태보다 더 좋게 느껴지지가 않는다는 것, 인생의 강물에 몸을 맡기는 것을 의미하는 '마크툽'이라는 것을 배운다.

　산티아고는 원래 가져왔던 돈보다 훨씬 많은 돈을 크리스탈 가게에서 일해 벌어서 다시 사막을 건너 피라미드의 보물을 찾으러 떠난다. 우주의 언어를 찾아가는 영국인을 만난다. 그는 우주의 언어를 알고 있는 연금술사를 만나러 사막으로 가고 있지만, 늘 책만을 읽고 있다. 산티아고는 사막을 안내하는 낙타몰이꾼과도 대화를 나누며 많은 것을 배운다. 낙타몰이꾼은 카이로 근처에서 농사를 지으며 평화롭게 살았지만, 홍수로 재산과 가족을 모두 잃고 만다. 그는 낙타몰이꾼이 되었지만 두려움을 떨칠 수 있었음을 산티아고에게 말해준다.

"어찌할 도리가 없었소. 땅으로부터 얻어낼 수 있는 건 모두 사라졌고, 나는 무엇이든 다른 생존 수단을 찾아야 했다오. 그래서 낙타몰이꾼이 된 거지. 하지만 나는 그 일을 통해 알라의 가르침을 이해할 수 있었소. 누구나 자기가 원하거나 필요로 하는 것을 이룰 수 있다면 미지의 것을 두려워할 필요가 없다는 사실을."

낙타몰이꾼은 결론을 내렸다.

"우리 인간들이 두려워하는 것은 목숨이나 농사일처럼 우리가 현재 갖고 있는 것들을 잃는 일이오. 하지만 이러한 두려움은, 우리의 삶과 세상의 역사가 다 같이 신의 커다란 손에 의해 기록되어 있다는 것을 이해하고 나면 단숨에 사라지는 거라오." (130쪽)

산티아고는 영국인에게서 책을 빌려 읽으며 이 세계에는 어떤 정기가 흐르고 있다는 것, 그 정기를 이해할 수 있는 사람은 사물의 언어도 이해할 수 있다는 것, 연금술사들이 자아의 신화를 살아냈다는 것과 모든 진리가 에메랄드 판 하나에 새길 수 있을 만큼 간단하다는 것을 배운다. 또 사람들마다 자기 방식으로 배운다는 것도 알게 된다.

'사람들은 저마다 자기의 방식으로 배우는 거야. 저 사람의 방식과 내 방식이 같을 수는 없어. 하지만 우리는 제각기 자아의 신화를 찾아가는 길이고, 그게 바로 내가 그를 존경하는 이유지.' (142쪽)

이후에도 산티아고는 사막을 건너가며 낙타몰이꾼에게 많은 이야기를 듣고 배우며 그것을 실천한다.

"난 음식을 먹는 동안엔 먹는 일 말고는 아무것도 하지 않소. 걸어야 할 때 걷는 것, 그게 다지. 만일 내가 싸워야 하는 날이 온다면, 그게 언제가 됐든 남들처럼 싸우다 미련 없이 죽을 거요. 난 지금 과거를 사는 것도 미래를 사는 것도 아니니까. 내겐 오직 현재만이 있고, 현재만이 유일한 관심거리요. 만약 당신이 영원히 현재에 머무를 수만 있다면 당신은 진정 행복한 사람일게요. 그럼 당신은 사막에도 생명이 존재하며 하늘에는 무수한 별들이 있다는 사실을, 전사들이 전투를 벌이는 것은 그 전투 속에 바로 인간의 생명과 연관된 그 무엇이 있기 때문이라는 사실을 깨닫게 될 거요. 생명은 성대한 잔치며 크나큰 축제요. 생명은 우리가 살고 있는 오직 이 순간에만 영원하기 때문이오." (144쪽)

산티아고는 사막의 오아시스에서 진정한 사랑인 파티마를 만난다. 파티마와의 사랑에서 산티아고는 사랑이 '만물의 언어'의 가장 본질적이고 가장 난해한 부분이라는 것을 깨닫게 된다. 이후 사막 종족 간 전쟁을 치르고 오아시스에 사랑을 남겨둔 채, 연금술사와 함께 사막을 건넌다. 그는 연금술사와의 대화에서 실패한 연금술사들은 단지 금만을 구하고, 자아의 신화라는 그 보물에만 집착했을 뿐, 자아의 신화를 몸소 살아내지 못하였다는 말을 듣는다. 사막을 건너고 있는 지금 진정으로 사막 속으로 깊이 잠기려면 자신의 마음에 귀를 기울여야한다는 것을 배운다. 마음은 만물의 정기에서 태어났고, 언젠가 만물의 정기로 돌아가므로 마음이 모든 것을 안다는 대답을 듣는다. 산티아고는 그 말을 통해 자신의 마음의 소리를 들으면서, '자아의 신화'는 목적이 아니라 '살아내야 하는 과정'임을 깨닫게 된다.

"제 마음은 참으로 간사합니다."
말들을 쉽게 하기 위해 잠시 멈춰 섰을 때, 그가 연금술사에게 말했다.
"마음은 제가 이대로 계속 걸어가는 걸 원치 않아요."
"바로 그걸세, 그건 그대의 마음이 살아있다는 증거일세. 그대가 마침내 얻어낸 모든 것들을 한낱 꿈과 맞바꾸는데 두려움을 느끼는 건 당연한 일이지."

"그렇다면, 무엇 때문에 제가 제 마음의 소리에 귀를 기울여야 하는 거죠?"

"그대가 그대의 마음을 고요히 할 수 없기 때문이네. 아무리 그대가 듣지 않는 척해도, 마음은 그대의 가슴속에 자리할 것이고 운명과 세상에 대해 쉴 새 없이 되풀이해서 들려줄 것이네."

"제 마음이 이토록 저를 거역하는 데도요?"

"거역이란 그대가 예기치 못한 충격이겠지. 만일 그대가 그대의 마음을 제대로 알고 있다면, 그대의 마음도 그대를 그렇게 놀라게 하지 않을 걸세. 왜냐하면 그대는 그대의 꿈과 소원을 잘 알고, 그것들을 어떻게 이끌어가야 하는지도 알 것이기 때문이네. 아무도 자기 마음으로부터 멀리 달아날 수는 없어. 그러니 마음의 소리를 귀담아듣는 편이 낫네. 그것은 그대의 마음이 그대가 예기치 못한 순간에 그대를 덮치지 못하도록 하기 위함이야."

그는 사막의 길을 가는 내내 자기 마음의 소리에 귀를 기울였다. 마음이 부리는 술책과 꾀를 알게 되었고, 결국은 있는 그대로의 마음을 받아들였다. 그러자 두려움이 가시고, 되돌아가고 싶은 생각도 사라졌다.

(중략)

'그래, 무언가를 찾아가는 매순간이 신과 조우하는 순간인 거야. 내 보물을 찾아가는 동안의 모든 날들은 빛나는 시간이었어. 매시간은 보물을 찾고자 하는 꿈의 일부분이라는 걸 나는 알고 있었어. 보물을 찾아가는 길에서, 나는 이전에는 결코 꿈꾸지 못했던 것들을 발견했어. 한낱 양치기에게는 처음부터 불가능한 것처럼 보이는 일들, 그래 그런 것들을 감히 해보겠다는 용기가 없었다면 꿈도 꿀 수 없었을 것들을 말이야.'

그는 자기 마음에게 말했다.

그날 오후 내내 그의 마음은 평온했고, 그는 아주 편안하게 잠들었다. 다음날 눈을 뜨자, 그의 마음은 만물의 정기로부터 나온 이야기들을 들려주기 시작했다. 모든 행복한 인간이란 자신의 마음속에 신을 담고 있는 사람이라고 속삭였다. 연금술사가 말했던 것처럼, 행복이란 사막의 모래 알갱이 하나에서도 발견될 수 있다고 했다. 모래 알갱이 하나는 천지창조의 한순간이며, 그것을 창조하기 위해 온 우주가 기다려온 억겁의 세월이 담겨 있다고 했다.

'지상의 모든 인간에게는 그를 기다리는 보물이 있어. 그런데 우리들 인간의 마음은 그 보물에 대해서는 거의 얘기하지 않아. 사람들이 보물을 더 이상 찾으려 하지 않으니까 말이야. 그래서 어린아이들에게만 얘기하지. 그리고 인생이 각자의 운명이 가리키는 방향으로 그들을 이끌어가도록 내버려두는 거야. 불행히도, 자기 앞에 그려진 자아의 신화와 행복의 길을 따라가는 사람은 거의 없어. 사람들 대부분은 이 세상을 험난한 그 무엇이라고 생각하지. 그리고 바로 그 때문에 세상은 험난한 것으로 변하는 거야. 그래서 우리들 마음은 사람들에게 점점 더 낮은 소리로 말하지. 아예 침묵하지는 않지만 우리는 우리의 얘기가 사람들에게 들리지 않기를 원해. 그건 우리가 가르쳐준 길을 따라가지 않았다는 이유로 사람들이 고통스러워하는 걸 바라지 않는다는 뜻이지.' (211-214쪽)

산티아고는 연금술사와 사막을 가면서 군대 주둔지에서 자신의 금화를 모조리 잃고, 사랑을 할 때만이 인간이 무엇이라도 될 수 있고, 세상의 모든 일들을 이해할 수 있음을 배운다. 결국 그는 만물의 정기를 키우는 것은 '사랑'임을 깨닫게 된다.

'바로 그게 연금술의 존재이유야. 우리 모두 자신의 보물을 찾아 전보다 더 나은 삶을 살아가는 것, 그게 연금술인 거지. 납은 세상이 더 이상 납을 필요로 하지 않을 때까지 납의 역할을 다 하고, 마침내는 금으로 변하는 거야.

연금술사들이 하는 일이 바로 그거야. 우리가 지금의 우리보다 더 나아지기를 갈구할 때, 우리를 둘러싼 모든 것들도 함께 나아진다는 걸 그들은 우리에게 보여주는 거지.'

'그런데 어째서 내가 사랑을 모른다고 말하는 거지?'

해가 물었다.

'왜냐하면 사랑은 사막처럼 움직이지 않는 것도 아니고, 바람처럼 세상을 돌아다니는 것도 아니야. 그렇다고 너처럼 멀리서 만물을 지켜보는 것도 아니지. 사랑은 만물의 정기를 변화시키고 고양시키는 힘이야. 처음으로 그 힘을 느꼈을 때, 난 그것이 완벽한 것일 거라고 생각했어. 하지만 그것은 모든 피조물들의 반영이며, 만물의 정기에도 투쟁과 열정이 있다는 걸 곧 깨달았어. 만물의 정기를 키우는 건 바로 우리 자신이야. 우리가 살아가는 이 세상도 우리의 모습에 따라 좋아지거나 나빠지는 거지. 사랑은 바로 거기서 힘을 발휘해. 사랑을 하게 되면 항상 지금의 자신보다 더 나아지고 싶어 하니까.' (242쪽)

결국 산티아고는 바람이 되기 위해서 신의 손에 자신을 맡기고 우주의 절대 고요 속에서 기도하면서 깨닫게 된다. 신이 곧 사랑이고, 만물의 정기란 신의 일부이며, 신의 정기가 곧 자신의 영혼임을 깨닫는다. 자신이 기적을 이룰 수 있다는 것을 알게 된다.

드디어 피라미드에 도착하여 그 곳에 아무 것도 없음을 알게 된다. 하지만, 산티아고는 피라미드에 도착하는 동안 자아의 신화를 살아냈고, 꿈꾸던 모든 삶을 살았기에 미소를 지었다. 연금술사가 만물의 언어를 알고, 납을 금으로 변하게 하는 방법을 알면서도 사막에서 계속 살고 있었던 것처럼.

『연금술사』는 결국 '참 삶'이 무엇이고 무엇이어야 하는가에 대해 독자에게 이야기한다. 독자는 이야기를 통해 삶은 '사랑'이고 '신'이고 바로 '자기 자신의 신화를 살아내는 일'임을 생각하게 된다. 그 과정에서 무엇을 잃고 무엇을 얻든 사랑을 살아내는 일이 필요함을 역설하는 산티아고의 삶을 바라보고 공감하고 체험하면서 한 순간이나마 사랑과 자신과 신의 관계를 수긍하게 된다.

산티아고는 여행을 떠나기 전부터 자신의 내면의 목소리에 귀를 기울이고 있었다. 그는 양에게서 배우고 양과 함께 대화하며 삶을 누린다. 결국 피라미드에 있는 보물을 찾아 여행을 하는 과정에서 만나는 모든 사람에게서 배운다. 그들과 대화하며 자신의 내면의 목소리, 곧 신의 목소리에 귀를 기울인다. 피라미드에 도착하여 보물이 없음을 확인하면서도 진정한 보물을 발견하는 눈을 가지게 된다. 진정한 보물을 볼 줄 아는 눈, 진정한 보물을 이해할 수 있는 언어를 얻은, 아니 '소유가 아니라 경험하며 살아낸' 셈이 된 것이다. 피라미드의 꿈은 이루어졌다. 바로 피라미드를 향한 여행 전체가 보물인 셈이다. 한 걸음 한 걸음 걸어가는 일 그 자체가 보물이었다.

결국 자신을 가장 사랑하는 방법은 자신의 목소리에 귀를 기울이는 것, 바로 자신 안에 있는 신의 목소리에 귀를 기울이는 일, 곧 사랑을 하는 일이다. 그것이 바로 참자아(Self)의 삶을 사는 일이다. 또한 다른 사람의 삶에서도 신의 목소리를 읽어내는 일이다. 만물의 정기는 바로 신의 일부이며, '진정한 사랑'이 곧 영혼을 더 나은 존재로 변화시키는 '연금술'이다. 사랑은 인간의 영혼을 변화시키고 삶을 변화시키고 납에서 금으로 변화되는 방법이자 우리 안의 신이다.

다. 발랄하게 꿈틀대는 내면의 소리

『내 이름은 삐삐 롱스타킹』은 아스트리드 린드그렌이 자신의 딸에게 들려준 이야기를 모아서 발표한 동화이다. 삐삐는 부모를 잃고 혼자 사는 아이다. 삐삐의 집은 바로 뒤죽박죽 정원인데, 그 안에서 아빠에게서 선물받은 원숭이 '닐슨씨'와 말과 함께 살아간다. 스스로 청소도 하고 요리도 하면서 살아가지만, 학교에는 다니지 않는다. 옆집에 사는 토미와 아니카는 삐삐와 함께 노는 친구들이다.

이 이야기에서 삐삐는 현실의 어린이들이 가지고 싶어 하는 초능력을 가지고 있다. 말을 번쩍 들 정도로 힘이 센 여자 아이 삐삐는 이런저런 잔소리를 하는 엄마 아빠가 없다. 하지만 혼자서 자유롭게 살아간다. 학교에 가지 않아도 되고 아빠의 배에서 선원들에게 배운 글자로 즐겁게 살아갈 수 있고, 금화가 가득 든 돈 가방도 있다. 무엇보다 착하고 다소곳한 친구 토미와 아니카까지. 현실의 어린이들이 꿈꾸는 모든 것을 가진 세상을 보여준다.

> "정말 대단한 아이야."
> 맞는 말이다. 삐삐는 정말로 대단한 아이였다. 무엇보다도 삐삐는 힘이 장사였다. 어찌나 힘이 센지 이 넓은 세상에 삐삐를 당해 낼 경찰이 하나도 없을 정도였다. 삐삐는 마음만 먹으면 말 한 마리라도 번쩍 들어 올릴 수 있었다! 실제로 삐삐는 그렇게 했다. 뒤죽박죽 별장으로 오던 날, 삐삐는 금화 한 닢을 주고 말을 샀다. 삐삐는 전부터 자기 말을 갖고 싶어 했는데, 이제 뒤죽박죽 별장의 현관 앞 베란다에서 버젓이 말을 키우게 되었다. 그래서 오후에 커피를 마시고 싶을 때는 말을 번쩍 들어 정원에 내려놓는다.[26)]

> "지금부터 뭐든지 마음껏 그려 보세요."
> 선생님은 이렇게 말하고 나서 자기 책상에 앉아 숙제 검사를 했다. 얼마 뒤에 선생님은 아이들이 그림을 잘 그리고 있는지 보려고 고개를 들었다. 그런데 아이들이 가만히 앉아서 삐삐만 쳐다보고 있었고, 삐삐는 마룻바닥에 엎드려 마음 놓고 그림을 그리고 있었다.
> 선생님이 짜증스럽게 말했다.
> "아니, 삐삐! 종이는 어쩌고 바닥에다 그리니?"
> "종이엔 벌써 다 그렸어요. 내 말을 그리려면 그렇게 작은 종이로는 어림도 없다고요. 이제 겨우 앞다리를 그린 걸요. 꼬리를 그리려면 복도까지 나가야 할 것 같아요."

---

26) 아스트리드 린드그렌 글/롤프 레티시 그림(2000), 『내 이름은 삐삐 롱스타킹』, 시공주니어, 13-14쪽.

(중략)

"저, 선생님. 학교가 어떤 곳인가 하고 와 봤는데. 참 재미있었어요. 하지만 저는 이제 학교에 다니고 싶지 않아요. 겨울 방학이 있든 없든 상관 없어요. 학교에선 사과니 고슴도치니 뱀이니 하는 얘기만 잔뜩 하잖아요. 정말 머리가 팽팽 돌 지경이라고요. 하지만 제가 학교를 안 다닌다고 섭섭해 하지는 마세요." (75-78쪽)

삐삐는 말을 타고 동네를 누비고 다니며, 뒤죽박죽 별장에서 토미와 아니카와 함께 발견자 놀이, 생일 파티 등을 하며 온갖 상상력의 세계를 보여준다.

이 글을 읽는 독자라면 누구나 그 기발하고 기상천외한 놀이들과 장난들을 읽으며 상상의 세계를 경험하면서 자신의 내부에서 꿈틀대는 발랄한 무의식을 자극하고 위로하게 된다.

라. 진정한 자신이 되는 삶

미야자키 하야오 감독 애니메이션 『하울의 움직이는 성』의 주인공은 소피와 마법사 하울이다. 이 영화를 관람하는 사람은 대체로 소피에게 감정이입하게 된다. 하울도 주인공이지만 하울에게 어떤 문제가 일어나는지 잘 눈에 띄지 않는다. 영화의 초반부터 아리따운 소피가 완전히 늙어 꼬부라진 할머니가 되는 문제를 보이기 때문에 그것에 집중하기 쉽다. 하지만 실제로 이 영화에서 성장하고 치유 받는 인물은 하울이다. 하울은 마법사이고 하늘을 날기까지 하기에 일반적인 관람객 자신이라는 생각을 쉽게 하지는 않는다. 그러나 영화를 모두 보고 일어설 즈음에는 하울이 바로 이 세계에서 우왕좌왕하며 자신을 지탱하느라 애쓰는 우리 자신이었음을 느끼게 된다. 이 영화는 소피가 가진 사랑이 자신과 타인이라는 경계를 허물고 어떻게 다른 사람의 삶에 사랑을 퍼뜨리는지를 잘 보여준다.

하울은 겉모습은 아름답고 우아하게 보이는 마법사이지만 실제 내면은 겁쟁이이기도 하다. 그의 마법의 힘은 움직이는 성 안에 갇혀 있는 캘시퍼라는 불에서 비롯된다. 그의 움직이는 성에는 문을 열고 닫을 때마다 시간 여행을 할 수 있는 장치가 있다. 그래서 움직이는 성은 어린 시절로 나가거나 들어오고, 현재로 나가거나 들어오기도 하는 등 여러 시간대 속에 동시에 공존한다.

소피는 아버지가 하시던 시골의 모자 가게에서 모자에 장식을 붙이는 일을 한다. 어느 날 소피가 동생을 만나러 가는 길에 여러 명의 군인에게 희롱을 당하고 있을 때 마법사 하울이 나타나 그녀를 구한다. 소피는 하울에게 애정을 느끼며 가슴이 설렌다. 그렇지만 그날 모자 가게로 돌아왔을 때 그녀를 따라온 황야의 마녀가 건 마법에 걸려 할머니가 되고 만다. 소피는 은발에 주름진 얼굴을 한 할머니가 된 자신을 보고 경악하지만, 언제나 그렇듯이 '늙어서 좋은 것은 더 이상 놀랄 일이 없다는 거야'라며 자신을 위로한다.

소피가 집을 나와 산으로 가다가 거꾸로 처박혀 있는 허수아비를 바로 세워주게 된다. 무대가리 허수아비는 그때부터 계속 소피를 따라다니며 그녀를 돕는다. 우여곡절 끝에 하울의 움직이는 성에 들어간 소피는 그곳에서 청소부로 지낸다. 하울을 만나지만 하울은 그녀가 소피인지를 알아보지 못하다가 나중에야 그녀가 잠자는 모습을 보고 소피가 마법에 걸린 것을 알아챈다. 소피는 하울의 성을 정성껏 청소한다. 그럴 때 마다 하울은 자신의 진정한 모습을 조금씩 드러낸다. 머리카락은 검정색이고 마법으로 치장하지 못할 때의 모습은 새의 깃털로 덮인 모습이다. 국왕은 하울에게 전쟁에 참여하도록 요청하지만, 전쟁을 원하지 않는 하울은 전투를 막으려고 하다가 성으로 돌아올 때마다 지치고 힘들어 하면서 인류를 구하려고 한다.

소피는 하울을 사랑한다. 그녀가 하울의 움직이는 성안으로 들어왔다는 것은 하울에게 사랑이 찾아왔다는 의미일 것이다. 소피는 하울을 돕기 위해 왕궁에 가는데, 거기서 황야의 마녀도 만난다. 화려한 치장을 한 황야의 마녀는 왕궁의 계단도 자신의 힘으로 올라가지 못하는 약한 자이면서 마법으로 소피를 할머니가 되게 만들었고, 하울의 심장을 갖고 싶어하는 욕심을 부린다. 결국 하울의 움직이는 성에는 소피와 황야의 마녀와 마이클과 캘시퍼가 함께 살아간다. 어느 날 황야의 마녀가 욕심을 부리다 불(캘시퍼)에 타게 되어 소피는 하는 수 없이 물을 붓는다. 그 순간 캘시퍼에게서 힘을 얻는 하울은 캘시퍼가 꺼지자 무너지듯 쓰러지고 만다. 하지만 소피는 움직이는 성의 문을 통해 하울의 어린 시절로 돌아가 하울의 마음을 회복시킨다. 황야의 마녀에게서 캘시퍼를 구하고 하울은 캘시퍼의 도움이 없이도 살아가는 진정한 자신으로 돌아가게 된다. 그 과정에서 하울의 움직이는 성은 여러 가지 잡동사니들을 모두 떨쳐내고 간결하면서도 튼튼한 집으로 바뀐다. 소피는 원래의 얼굴을 회복하였지만, 머리카락 색깔만은 여전히 은색인 채로 이야기가 끝난다.

이 이야기는 진정한 자신으로 살아가지 못하고 세상 속에서 자신을 마법으로 포장하고 살아가는 하울이 소피를 만나 진정한 자신을 되찾게 되는 이야기다. 이야기 속 소피조차도 마법에 걸려 할머니가 되지만, 그녀는 그 외모가 달라져도 진정한 자신을 잃지 않는 인물이다. 소피는 늙은 할머니의 모습을 하고서도 늙어서 좋은 점이 많다며 행복하고 여상하게 생활한다. 그것이 바로 소피의 본래 특성이다. 소피는 하울을 사랑할 뿐 아니라, 하울이 참 모습으로 살아갈 수 있도록 하기 위해서 용기를 내어 여러 가지 위험도 무릅쓴다. 또 자신을 저주한 황야의 마녀조차도 따뜻하게 보살피고 그녀를 구하기 위해 캘시퍼에 물을 뿌린다. 소피는 여러 모로 보아도 사랑으로 살아가는 진정한 삶의 모습을 가진 자이다. 이야기에서 그녀를 통해 하울과 황야의 마녀와 캘시퍼와 무대가리 허수아비가 생명을 얻게 될 뿐만 아니라 전쟁이 끝나게 되어 많은 이들이 평화를 얻게 된다.

소피와 전쟁 상황 속의 여러 다른 주인공들이 대비되면서, 진정한 자신의 삶을 살아가는 자와 자신의 약점을 포장하고 과장하며 살아가는 이들의 모습이 대조된다. 소피는 마법으로 포장된 삶의 잡동사니들을 청소하는 청소부인 셈이다. 그리고 하울의 진정한 힘은 그의 내면에 있는 어린 시절의 힘을 회복하는 것으로 찾아진다. 소피가 하울의 어린 시절로 가서 그를 회복시키는 장면을 바로 그것을 의미한다. 동심(童心)에서 힘을 얻는다는 말은 참자아의 회복을 의미한다.

지금까지 문학 작품에서 독자가 어떻게 사랑의 체험을 할 수 있게 되는지 『리버보이』, 『연금술사』, 『내 이름은 삐삐 롱스타킹』, 애니메이션 <하울의 움직이는 성>을 들어 살펴보았다. 문학 작품 속에서 독자는 자신의 세계관을 넘어서는 삶의 체험을 할 수 있게 된다. 여러 가지 구체적인 삶의 정황이 독자 자신의 삶과는 사뭇 다른 문학 작품 세계를 경험하면서도 주인공이 겪는 내면의 변화를 따라가면서 독자 자신이 에고(ego)에만 매몰되어 있음을 인식할 수 있다. 문학작품에 따라서 그 구체적인 생각이나 감정을 다양하게 많이 경험할수록 자신이 어떤 에고에 얽매어 고통이나 아픔을 느끼거나 다른 이를 괴롭히며 살아가고 있는가를 인식할 수 있게 된다. 작품이 제시하는 초점에 따라 같은 작품 속에서 참자아(Self)의 목소리를 듣기도 하고, 문학 작품 경험에서 진정한 자신의 삶이 무엇인가를 어렴풋하게나마 알아갈 수도 있다. 또 진정한 자신을 찾아 살아가는 동일성의 회복이 어떤 내면의 평화와 행복을 가져다주는지 경험할 수도 있다. 눈금으로 그어진 기준에 맞추어 자신을 포장하기 보다는 원래의 자신이 어떤 모습일지 고민해 보게 된다.

제2장

빛을 드러내는 사랑의 문학체험

참자아(Self)를 드러내며 살아가는 순간이 늘어날수록 인간은 사랑의 빛을 환히 내어 우주만물을 비추고 되비추는 삶을 살게 된다. 이 장에서는 문학체험에서 독자가 자신의 빛을 드러내는 삶을 간접적으로 체험해가며 참 삶이 무엇인지를 배우는 순간을 '타인의 얼굴 마주하기'와 '타인의 얼굴 비추기'라는 항목으로 구분하여 살펴보기로 한다.

사실 언어로 표현하는 과정에서 레비나스의 '타인의 얼굴'이라는 용어를 빌려 항목화하지만, 참자아의 삶의 경지에서는 자신과 타인의 경계는 희미해지고 사라진다. 에고(ego)에 집착하고 갇힌 삶에서 벗어나기 시작하면 우주의 일체성을 감지하면서 살게 되기 때문이다. 전일체적 세계 속에서 참자아의 삶은 우주적으로 연결된 전체로서의 하나 속에서의 삶이기 때문이다.

1. 타인의 얼굴 마주하기

인간이 참자아(Self)의 존재를 믿고 자신의 에고(ego)를 자각하며 동일성을 회복하는 삶을 살아갈 수 있게 될 때 '타인의 얼굴'을 마주 할 수 있게 된다. 여기서 타인의 얼굴은 가난한 자, 고아와 과부 같은 고통 받는 자의 얼굴이다. 자신이 스스로의 에고에 갇혀 살아가고 있다는 자각과 더불어 진정한 자신으로서 삶이 조금이나마 가능해진 인간은 전일체적 세계의 구성원으로 살 수 있게 되기 때문에 타인의 얼굴에 응답할 수 있게 된다. 이때는 에고에만 사로잡혀 사는 '자기중심적 존재'이기만 한 것이 아니라, 타인으로부터 영혼을 부여받아 살아가는 존재로 초월의 삶을 살 수 있다. 독자의 문학체험에서 이러한 존재 초월, 자신의 피부 밑 자아(skin-encapsuled ego)를 벗어나는 삶의 경험이 어떻게 이루어질 수 있는지 살펴보기로 한다.

가. 고통을 통하여 고통을 보기

구병모의 장편소설 『위저드 베이커리』는 독자로 하여금 철저하게 깊은 고통 속에서 무엇을 할 수 있는지 보여주려고 한다. 사건을 풀어가는 작가의 솜씨는 독자로 하여금 사건 속으로 빠르게 몰입하도록 한다. 어머니의 자살, 아버지의 무관심, 새어머니의 냉대, 가족 속에서 철저하게 혼자 고립된 외로움과 아픔, 이복동생에 대한 성폭행 범으로 몰린 억울한 누명, 몰매 등등 어린 나이에 감당하기 힘든 온갖 괴로운 사건이 주인공 '나'에게 일어난다. 독자는 이 불행한 '나'에 감정이입하도록 몰아가는 화자의 말을 따라 고통을 느끼며 소설을 읽어 나간다. 이렇게 철저하게 혼자이고 고통의 벼랑 끝에 서 있을 때, 도대체 어떻게 살아갈 수 있는지 독자도 함께 찾아 나서게 된다.

주인공 '나'가 찾아간 곳은 '위저드 베이커리'의 오븐 속이다. 그 곳에서 만난 마법사 점장과 파랑새 점원의 따뜻한 보살핌 속에서 '나'는 일련의 사건들을 통해 진정한 가족과 사랑, 삶의 의미를 알아간다. '나'는 자신이 오갈 데 없이 쫓겨 왔을 때 보살펴 준 마법사가 겪는 고통인 몽마의 공격을 보며 안타까워한다. 그러다가 그 대신 '나' 자신이 몽마의 공격을 받겠다고 말한다. 심하게 말을 더듬던 그가 또박또박 정확하게 말한다.

"저리, 저리 좀 비켜! 이 사람 죽겠어!"

나는 소녀를 향해 손을 휘둘렀으나 역시 허공에 사선을 그을 뿐이었다.

"쓸데없는 짓 하지 마세요. 죽지는 않으니까. 단지 죽음보다 힘든 고통을 겪을 뿐."

이윽고 소녀가 입을 열었다. 나는 소녀를 노려보았다. 이건 꿈이야. 꿈이고말고. 그러지 않고서야 내가 이렇게 멀쩡하게 말할 리가 없잖아.

"그것 무슨 헛소리야? 어서 이거 풀어줘."

"그러니까 소용없다고 했지요. 이건 내가 한 게 아니라 그 자신이 한 일입니다."

"이 사람이 왜 자기한테 이런 짓을 한다는 거지? 대체 넌 누구야?"

"이미 눈치 채지 않았나요……. 지금 눈앞에 보이는 건 그를 속박하는 꿈속의 이미지입니다. 나는 다만 그 이미지가 좀 더 살아 움직이도록 도울 뿐이에요."

몽마다.

어둠의 냄새를 피우며 사람의 꿈을 휘발시켜서 그것을 악의의 에너지로 삼는 존재. 극단적으로 굴곡이 진 몸매에 요괴 얼굴을 했을 거라고 막연히 생각했으나, 몽마는 뜻밖에 무희만큼이나 작고 귀여운 소녀였다.[1]

---

1) 구병모(2009), 『위저드 베이커리』, 창작과비평사, 144-145쪽.

'나'는 고통이란 자신 스스로 만든 이미지라는 사실을 몽마의 공격을 받는 마법사를 보면서 깨달아 간다. 그런 일을 한 '나'에게 마법사가 주제 넘은 짓을 했다고 꾸지람을 할 때, 처음으로 자신이 진심으로 사랑받는다는 것을 알고 아픔을 느낀다.

> "……낄만한 데 껴. 누가 너더러 그따위 짓을 하랬냐."
>
> "……"
>
> 순간의 긴장이 풀리자 뜻밖의 눈물이 찔끔 제멋대로 새어나왔다. 학교 선생이, 또는 배 선생이 내게 똑같은 일을 했을 때 나는 이런 감정을 느낀 적이 있었던가? 회피나 분노, 억울함 아니면 냉소, 나의 마음은 그런 것들로 채워져 지금과 같은 감정에 자리를 내줄 틈이 없지 않았던가. 누군가가 나를 진심으로 걱정하고 있다는 것을 아는 데에서 오는 아픔에.
>
> (중략)
>
> 점점 아래로 떨어뜨리고 있던 내 눈을, 그가 허리를 깊이 숙여 똑바로 마주 들여다보고 말했다. 나는 서러움도 체념도 아닌 순수한 기쁨과 감격 때문에 눈물을 그치지 못했다. 누군가 이런 단순한 한마디로 나를 오해 대신 인정해준 적이 있었던가. 그것은 또한 끝나지 않을지 모른다고 생각했던 긴 밤의 시련을 견딘 나 자신에 대한 인정의 의미이기도 했다. 나는 스스로를 칭찬하는 데에 너무 인색했던 모양이다. (162-165쪽)

처음으로 사랑과 인정의 마음을 받아보면서 자신에 대한 존중감을 조금씩 회복한 '나'는 이후 다른 사람들을 사랑할 수 있는 능력을 가지게 될 터이다. 자신을 사랑하지 않는 자는 결코 남을 사랑할 수도 없기 때문이다.

그런데 소설 속에서는 이 부분이 매우 흐릿하다. 이후 남을 저주하거나 미워하는 빵을 사간 사람들의 이야기를 보고 겪으면서 '나' 자신의 마음에 대한 이해와 정리 및 변화가 뚜렷하지 않은 점이 이 소설이 독자들을 좀 더 깊이 있게 고통을 대면하는 구체적인 길로 안내하지는 못하는 한계로 보인다. 위저드 베이커리를 나와서 현실로 돌아왔을 때, 그 안에서의 경험은 거의 작용하지 않기 때문이다. 단순히 시간을 되돌리는 쿠키의 사용 혹은 사용하지 않았을 때의 이야기로 결론을 내는 것은 매우 아쉬운 부분이다. 위저드 베이커리에서 겪은 일을 통해 주인공이 어떻게 현실 속의 삶을 새롭게 살아갈 수 있는 능력이 생겼는지가 아니라, 시간을 되돌리는 마법에 의해서 어떻게 다른 삶을 사는지에 초점을 맞춰졌기 때문이다. 그래서 위저드베이커리의 오븐 속 이야기들이 독자의 현실 삶과 동떨어진 일이 되어 버리고 만다. 아쉽긴 하지만 이 소설 읽기에서 독자는 고통 속에 있는 자신을 사랑하는 과정을 맛볼 수 있다. 그런 점에서 고통 속 타인의 얼굴 마주보기의 한 과정으로 볼 수 있다.

나. 다른 이를 사랑함으로써 나를 치유하기

뮈리엘 바르베리의 『고슴도치의 우아함』은 프랑스 파리의 부유한 아파트촌에 살고 있는 한 소녀와 수위의 일기로 줄거리를 이어나간다. 수위 르네 미셸 부인은 부자들이 사는 아파트의 수위실에 살면서 고슴도치처럼 혼자 독서를 하고 철학과 역사와 문화를 깊이 파고드는 쉰 네 살의 과부이다. 그녀는 아파트에 살고 있는 부유한 사람들의 행동을 거의 다 알고 있는 유일한 사람이다. 팔로마 조스라는 소녀는 이 아파트 6층에 살고 있는 장관의 둘째 딸로 열두 살이다.

미셸부인은 일하는 시간을 빼고는 온종일 수위실에 칩거하면서 책을 읽는다. 그녀는 다른 사람들에게는 무식하고 가난한 수위로 보이지만, 사실은 매우 박식하고도 인간에 대한 예리한 통찰력을 지닌 사람이다. 르네(미셸부인)는 어릴 적 가난한 가정에서 자라 초등학교만 다녔다. 그녀는 초

등학교에 입학하면서 처음으로 이름이 불리고 새 세상에 눈뜨게 된다. 그
때부터 사회적 교감을 통해 얻어야 할 무언가를 얻어내지 못하는 형편에
살아가면서 늘 허기진 영혼이 되어 책을 읽게 된다.

"르네?" 조금 전의 목소리가 또 울렸고, 그 다정한 손은 내 팔 위에 계
속 머물러 있었다. 가벼우면서도 부드러운 눌림, 이해할 수 없는 언어.

나는 거의 현기증이 날 정도로 괴상하게 몸을 틀어 고개를 들었고, 어떤
눈과 마주쳤다.

르네는 바로 나였다. 처음으로 누군가가 내 이름을 부르며 나에게 말을
건 것이다. 우리 부모라면 그냥 손을 까딱거리거나 고함을 지르며 나를 불
렀을 것이다. 하지만 지금 내가 보고 있는 것은 눈은 맑고 입술에 미소를
띤 여자다. 그 여자가 내 마음으로 다가오는 길을 내며, 내 이름을 발음한
다. 그때까지 나에게는 개념조차 없었던 '가까워짐' 속으로 나와 함께 들
어가고 있는 것이다. 나는 돌연 색을 띠게 된 주변 세계를 바라보았다. 나
는 밖에 떨어지는 비를, 물에 씻긴 창문을, 젖은 옷의 냄새를, 우글거리는
아이들로 진동하는 좁은 창자 같은 복도를, 싸구려 외투들이 켜켜이 걸려
있는 옷걸이 구리 단추의 녹을, 그리고 천장을, 아이 눈으로 하늘만큼이나
높은 천장을 바라보았다.

내 음울한 눈을 그녀의 눈에 박으며 방금 나를 다시 태어나게 한 그 여
자에게 매달렸다.

"르네, 우비 벗을까?" 다시 그 목소리가 들렸다.

그녀는 내가 넘어지지 않도록 나를 꼭 잡으며 오랜 경험에서 나오는 순
발력으로 내 우비를 벗겨주었다.

우리는 의식이 깨어나는 순간이 우리가 처음 탄생하는 시간이라고 잘못
알고 있다. 아마 살아있는 또 다른 상태를 상상할 수 없기 때문에 그런 착
각을 하는 것일 터이다. 우리는 항상 보고 느낀다는 그 강렬한 확신 때문
에 의식이 태어나는 결정적인 순간을 세상에 나오는 순간과 동일시한다.
시각, 청각, 후각, 미각 촉각에 탁월한 재능이 있는, 가히 지각의 기계라

할 르네라는 이름의 한 소녀가 오년 동안 자기 자신은 물론 세계에 대한 완전한 무의식 상태에서 살았다는 것은 그런 성급한 이론에 대한 반증일 수 있다. 의식이 도래하기 위해서는 이름이 필요한 것이다.

(중략)

나는 무언가에 사로잡혀 있었다.

내 허기는 오로지 사회적 교감으로 채워질 수 있는 것이었는데, 내 현실적 조건은 그럴 처지가 못 되었다. 내 구세주의 눈 속에서 본 연민이 무엇인지 나는 나중에야 비로소 이해하게 되었다. 나같이 초라한 아이가 그 미묘한 언어를 간파하고 그것을 타인한테 연습할 수 있다고는 생각조차 못 했을 것이다. 그 아이는 그것을 책으로나 할 것이다. 처음으로 나는 그것을 경험하게 된 것이다.[2]

르네가 근무하는 아파트의 6층에 사는 소녀 팔로마는 12살 나이에 어울리지 않는 천재적 통찰력을 지녔다. 이 조그마한 소녀는 인간의 현실이 매우 부당하고 살아갈 가치가 없다고 생각하여 방화와 자살을 계획한다. 장관의 딸인 팔로마도 제대로 살아갈 형편이 못되고 허기진 상태라는 점에서 르네의 어린 시절과 다르지 않다. 팔로마는 프랑스의 장관을 아버지로 둔 자식으로 부유하게 살지만 엄마, 언니 콜롱브, 아빠의 삶을 통찰하면서 그들에게서 자주 달아나고 싶어하는 아이다.

우리집에는 파출부가 있다. 하루에 세 시간 씩 와 있는데, 화초는 엄마가 돌본다. 그리고 그건 정말 믿기 힘든 서커스다. (중략) 매일 아침 엄마는 스무 개가 넘는 화초들을 시찰하고 적절한 조치를 취한다. 그리고 그 밖의 세상에는 전혀 무관심한 채 화초 하나하나에 대고 뭐라고 중얼거린다. 엄마가 식물을 돌볼 때는 아무 말이나 해도 상관없다. 엄마는 거기에 조금도 신경 쓰지 않을 테니까. 가령 "오늘은 마약 좀 해야겠어. 과다복용

---

2) 뮈리엘 바르베리/류재화 옮김(2015), 『고슴도치의 우아함』, 문학동네, 56-58쪽.

으로다가."라고 해도 돌아오는 대답은 "아, 켄티아 잎 끝이 노래졌네. 물을 너무 많이 줬나? 그럼 안되지." 뿐이다.

(중략)

대상에 집중할 것. 대상이 더 튼튼하고 잘 자랄 수 있도록 밖에서 안으로 점점 더 깊이 침투하는 영양소들을 그 대상에 공급할 것. 이파리에 칙칙 물을 뿌려주면, 이것으로 그 식물은 생존을 위한 무장이 끝났다. 사람들은 걱정과 희망이 섞인 눈으로 그 식물을 바라본다. 생의 나약함과 닥쳐올지 모를 사고에 대한 걱정이 있지만, 영양사 역할도 했겠다 해야 할 일을 다 했으니 흡족하다. 잠깐은 안심이 된다. 안전함을 느낀다. 이것이 엄마가 인생을 바라보는 방식이다. '안전하다'는 잠깐의 환상을 갖기 위해 칙칙 분무기질이나 하는, 주술과도 같은 부질없는 동작의 연속. (105-107쪽)

내가 콜롱브한테 제일 무서움을 느끼는 것은 언니가 아무것도 느끼지 못하는 것 같아서다. 콜롱브가 보여주는 것은 모두 꾸민 것 같다. 심지어 감정 따위도 지어낸 가짜인 것 같아 정말 뭔가를 느끼고 그러는 건지 의아할 때가 많다. 그래서 무서운 적이 한두 번이 아니다. 완전히 병들어 있는 건지도 모른다. (118쪽)

이 우주에서 인간의 삶은 이런 식이다. 끊임없이 어른으로서의 정체성을 재건해야 한다. 허술하고 덧없고 너무나 허약하며 절망이라는 옷을 입고 있는 정체성을. 거울 앞에 서서 거짓말을 한다. 그렇게 믿어야 버티니까. 아빠에겐 신문과 커피는 자기를 아주 중요한 사람으로 만드는 호박을 마차로 바꾸는 마법의 지팡이 같은 것이다. (125-126쪽)

팔로마는 자신의 가족에 대해 통찰하고 비판적으로 바라보면서 자신의 삶의 의미까지 통찰하고 있다. 작가는 이런 방식으로 르네와 팔로마의 눈을 통해 이 부자 아파트에 사는 사람들의 삶을 냉소적으로 그려내고, 그것을 통해 현대인의 삶을 통찰하고 비판한다. 그리하여 진정한 삶의 의미가 무엇인지를 르네와 팔로마의 통찰력을 통해 그려나간다.

내가 수위같지 않은 수위로서 수위의 배신자라면 마뉘엘라는 포르투갈
출신 가정부의 배신자다. 본인은 모르겠지만, 그녀는 귀족이기 때문이다.
먼저 태어난 일곱 형제자매 다음으로 무화과나무 아래서 태어나 여섯 살
도 되기 전에 이른 아침부터 밭에 나가 일을 해야 했고, 곧 자기 나라를
떠나는 인부와 결혼해 속지주의로 프랑스인이지만 사회적 시선으로는 영
영 포르투갈 인인 네 명의 프랑스인의 어머니가 된 (중략) 누가 이의를 제
기해도 상처받지 않고 자기 심지가 굳어 남들 다 아는 라벨 붙은 귀족부
인 따위는 웃어넘긴다. 귀부인이란 무엇인가? 저속한 것들 속에 있어도 그
어떤 저속함으로도 건드릴 수 없는 사람, 그런 여인이다. (중략) 원형탈모
증 걸려 털이 빠진 자리가 딱딱하게 굳은 개를 대하듯 사람을 부리는, 가
진 돈을 다 동원해도 그 비열함을 감출 수 없는 고용주 마나님들의 저속
함. 그러나 공들여 만든 과자를 마치 여왕에게 바치듯 내게 제공하는 마뉘
엘라를 보면 이 여자 안에 자리 잡은 우아함이 오롯이 느껴진다. 그렇다.
여왕에게 하듯이 말이다. 마뉘엘라가 나타나면 내 수위실은 궁전으로 변
하고, 우리 천민들의 주전부리는 궁정의 다과로 바뀐다. 이야기꾼들이 무
거운 삶을 아롱거리는 강물로 바꾸어 고통과 권태를 가라앉히듯 마뉘엘라
는 우리의 실존을 뜨겁고 유쾌한 서사시로 바꾼다. (37-38쪽)

내가 수위로 있는 동안 재산을 팔아 그 소유주와 명의가 바뀌는 경우는
안나 아르탕스가 처음인 것이다. 이상하게도 이런 생각을 하니 불쑥 오싹
해진다. 나는 끝없는 반복에 너무 익숙해진 걸까? 시간의 강물 속에 들어
와 있으면 이런 흐름을 알 수 있다. 변화에 대한 전망은 가설일 뿐이다.
우리는 내일이 어김없이 온다고 생각하며 매일을 산다. 그르넬 가 7번지
의 답보 상태, 아침에 이어 또 다른 아침이 오는 이 명명백백한 영속성이
내겐 갑자기 폭풍우 몰아치는 작은 섬처럼 느껴졌다. (166쪽)

5층의 아르탕스가 죽고 그 집으로 일본인 가꾸로 오즈가 이사 온다. 오

즈는 엄청난 부자여서 부유한 이웃들에게서 주목을 받지만, 르네와 팔로
마는 그것과는 다른 이유로 그에게 좋은 느낌을 갖는다.

"괜찮은 느낌이라는 게 어떤 거예요?"

마뉘엘라가 이맛살을 찌푸리며 잠시 생각했다.

"파티가 끝나고 나면 왜 기분이 좋아지잖아요. 손님들이 다 가고 난 그
런 순간 말이에요. 남편과 난 다시 부엌으로 들어오고 난 신선한 야채수프
를 준비하죠. 야생 버섯을 얇게 썰고, 수프에 버섯을 넣어 은근히 끓인 다
음 천천히 먹어요. 그럼 폭풍 속에서 빠져나와 다시 조용해지는 기분이 들
어요."

"부족해도 두렵지 않죠. 지금 이 순간이 가장 행복하고."

"그런 게 자연스럽잖아요. 그런 거죠. 먹는다는 게."

"갖고 있는 것만 누리면 돼요. 경쟁할 것도 없고, 수면에 이는 물결처럼
하나에 이어 또 하나가 퍼지는 느낌."

"예. 부족하지만 더 누리게 되죠."

"한꺼번에 여러 개를 먹을 순 없잖아요?"

"불쌍한 아르탕스 씨라도."

(중략)

나는 느닷없이 불거진 우리 대화를 음미하며 곰곰이 생각했다. 일하다
쉬는 시간에 실내장식의 문화적 의미에 대해 견해를 나누는 가정부와 수
위라니. 보잘 것 없는 사람들이 이런 이야기를 나눈다는 것에 놀랄 수도
있다. 보통 그들은 이론보다는 이야기를 좋아하고, 개념보다는 일화를 좋
아하며, 사상보다는 이미지를 좋아한다. 그렇다고 철학자가 되지 말란 법
은 없다. 우리는 결핍에 대한 불안 속에 살며 공허에 좀먹히는 문명인들
아닌가? 우리는 더 즐길 수 있다는 보장이 확실할 때만 재산과 감각을 누
리는 건 아닐까? 아마도 일본인들은 쾌락이 덧없고 일시적이기 때문에 오
히려 그것을 누릴 수 있음을 알 것이고, 이 깨달음과 함께 그들의 삶을 직
조할 것이다. (225-226쪽)

가쿠로 씨와 이야기를 나누면 정말 좋은 것이, 그가 이런 이야기를 아주 겸손하고 점잖게 한다는 거다. 그가 하는 말을 듣다보면 기분이 좋아진다. 그의 말을 제대로 안 들어도 그는 진정으로 말하며, 진실하게 말을 걸기 때문이다. 나한테 이야기를 하면서 나를 관심 있게 보는 사람을 나는 처음으로 만났다. (중략)

나중에 곰곰이 생각해보니, 기쿠로 씨가 러시아 자작나무들에 대해 말했을 때 내가 느낀 그 돌발적 환희를 부분적으로 이해할 수 있었다. 무슨 나무든 누가 나무 이야기를 하면 나는 항상 이런 느낌이 들었다. 농가 마당의 보리수나무, 낡은 헛간 뒤 떡갈나무, 지금은 사라진 거대한 느릅나무, 바람 부는 언덕을 따라 길게 늘어서 있는, 바람에 따라 휘어진 소나무들, 나무를 사랑하는 이런 능력에는 정말 인간적인 것이 있다. 처음 느낀 경이로움에 대한 향수, 거대한 자연 속에서 인간의 미미함을 느끼게 하는 그 힘. 그래 그거다. 나무들을 떠올리며 그 위대한 무심함을 깨닫는다. 나무에 대한 사랑을 떠올리며 우리가 얼마나 가소로운지, 지구 표면에 우글우글 기생하는 벌레들처럼 우리가 얼마나 하찮은 존재인지, 그러나 그래도 세상을 살 만한 가치가 있다는 것 등을 깨닫는다. 왜냐하면 우리에게 빚진 것도 없는 것들의 아름다움을 발견할 능력이 그래도 우리에겐 있기 때문이다.

가쿠로 씨는 자작나무에 대해 이야기 했고, 덕분에 나는 정신분석가들과 지식 가공밖에 할 줄 모르는 지식인들을 잊은 채 더 없이 위대한 아름다움을 포착할 수 있을 정도로 내가 부쩍 자란 것 같은 느낌이 들었다. (234-235쪽)

르네와 팔로마는 각각 새로 이사 온 가쿠로 오즈 씨와 좋은 관계를 맺는다. 가쿠로는 톨스토이를 읽고 모차르트를 듣는 수위인 르네와 취향이 맞아 좋은 친구로 지내기를 원한다. 함께 저녁 식사를 하고 초대를 하며 대화를 나눈다. 르네는 자신이 수위 이상의 존재임이 드러나는 것을 원하지 않았지만, 용기를 가지고 가쿠로와 편안하게 대화를 나누게 된다. 한편 르네가 어린 시절 상층 계급과의 관계 속에서 죽음을 맞이하는 언니를 보고 받은 상처 때문에 머뭇거린다. 팔로마는 르네와 가까워져 르네가 자신의 상처에 대해 눈물을 흘리며 이야기할 만큼 가까워진다.

　결국 르네는 어린 소녀 팔로마의 진정한 관심과 사랑에 의해서 자신의 상처를 극복하게 된다. 그리고 팔로마는 르네와의 마음을 나눌 수 있는 대화를 통해서 자살과 방화라는 극단적 선택을 포기하고 새로운 깨달음을 얻는다.

　　우는 아줌마를 보면서, 특히 나에게 그 모든 이야기를 다 해주며 한결 좋아진 아줌마를 보면서 나는 어떤 것을 절절히 느끼게 되었다. 나는 내 주변 사람들을 위해 무언가 해줄 수 있는 게 없었기 때문에 고통받았다는 걸 깨달았다. 아빠한테, 엄마한테, 특히 콜롱브한테 그렇게 해주고 싶었지만, 난 그들에게 쓸모가 없었다. 왜냐하면 그들을 위해 난 아무것도 할 수 없었으니까. 그들의 병은 너무 깊었고, 난 너무나 나약했다. 난 그들 병의 징후를 잘 안다. 하지만 그들을 치료해줄 능력이 없다. 그래서 나를 아프게 하는 것만큼 그들을 아프게 했는데, 난 그걸 몰랐다. 그런데 미셸 아줌마의 손을 잡으며 난 나 역시 아프다는 것을 깨달았다. 어쨌든 확실한 것은, 내가 치료해줄 수 없는 사람을 벌주면서 날 치료할 수 없다는 것이다. (408쪽)

　　그래, 아마 이게 인생일 거야. 숱한 절망, 그러나 그 순간에도 시간이 더 이상 같지 않은 아름다운 순간들이 있다고. 음악의 음들이 시간 속에 일종의 괄호를, 일종의 휴지(休止)를 만드는 것처럼, 여기인데도 저기를, 다시는 안에 '늘'을 만드는 것처럼.
　　걱정하지 마세요. 르네. 난 자살하지 않을 거예요. 난 아무것도 불 지르지 않을 거예요.
　　당신을 위해 이제부터는 '다시는' 속에 '늘'을 찾을 거니까. 세계의 아름다움은 그것이니까. (457-458쪽)

진정한 우아한 삶에 대한 작가의 견해를 구체화한 소설이다. 오늘날 권력과 돈과 지식으로 무장한 상층 계급의 삶이 과연 진정한 우아한 삶인지를 통찰하는 어린 소녀 팔로마와 수위 르네의 매서운 지적이 압권이다. 어린아이의 눈, 하층민인 수위의 눈, 그리고 서양이 아닌 동양의 낯선 세계에서 온 가쿠로 오즈의 눈으로 바라보는 프랑스 상층 계급의 삶이 결코 살아있는 삶이 아니라는 것을 말하고 있다. 진정한 우아함은 권력과 돈과 지식에서 나오는 것이 아니라 인간과 자연에 대한 사랑, 그리고 이 세계 속에서 이어지는 순간순간의 삶의 아름다움을 느낄 수 있는 감각과 통찰에서 나온다는 것을 말하고 싶어 한다. 결국 르네와 팔로마가 그랬던 것처럼 타인의 얼굴을 마주하고 고통을 나누는 것이 나의 고통을 마주하는 것이고 자신을 치유하고 사랑의 삶으로 들어서는 일임을 독자로 하여금 깨닫게 한다.

다. 고통을 부르는 것

팔라 폭스의 『춤추는 노예들』은 뉴베리 상을 받은 청소년 소설이다. 가난한 어머니와 여동생과 함께 살아가던 평범한 소년 제시가 납치되면서 이야기가 시작된다. 피리를 잘 부는 제시는 길거리에서 피리를 불어 사람들이 던져주는 동전을 얻는다. 삯바느질에 힘든 어머니가 제시에게 심부름을 보내는데, 심부름을 가는 길에 제시는 노예무역선의 선원들에게 납치되어 노예무역선을 타게 된다. 거칠고 잔인한 선원들 사이에서 고통스러운 시간을 보내면서 제시는 천천히 자신을 되돌아보게 된다. 잔인하고 포학한 선장 코난, 음흉하고 잔학하며 기만적인 스타우트, 거칠고 폭력적인 퍼비스 등 하나같이 노예를 팔아서 황금을 손에 쥐고 싶은 욕망으로 가득한 선원들 사이에서 제시가 보고 겪는 일들은 일상에서는 상상하기 힘든 살인과 폭력과 병마와 가난, 그리고 인간에 대한 멸시들이다.

식수공급이 현저하게 줄었다. 목적지 도착이 늦을수록 식수공급량 역시 그만큼 줄어들 터였다. 우리 가족이 가난하다는 건 모두가 아는 사실이었다! 하지만 그렇다고 해서 모든 것이 다 동난 적은 없었다. 먹을 음식과 마실 물은 언제나 있었다.

생명을 유지하는 데 필요한 물건이 거의 사라진 건 생전 처음이었다. 신고 온 음식은 거의 바닥났다. 배는 바람만 흠뻑 들이마셨다. 만일 바람마저 없었다면 배와 선원들은 바다 한가운데서 길을 잃을 수밖에 없었을 것이다.[3]

제시는 달걀 하나 때문에 채찍으로 동료의 등짝을 산산조각 내는 광경을 보면서 두 다리가 후들거리는 두려움을 느낀다. 그런데 굶주린 그에게 주어진 임무는 피리를 불어서 노예들이 춤추게 하는 일이다.

바로 여기, 노예를 잡아가는 세계가 내 눈앞에 있다! 바로 여기, 이 조그만 배로 수많은 노예들을 실어갈 예정이다! 그리고 바로 내가 피리를 불어서 그들로 하여금 춤을 추도록 만들어야 한다!

나는 이 배에 처음 발을 올려놓을 때처럼 달빛 호에 있는 모든 사람이 두렵게 느껴졌다. 그래서 스미스가 화를 내지나 않을까 두려워하며 조심스럽게 물었다.

"노예들이 왜 춤을 춰야 하나요?"

"그래야 건강 상태가 유지되기 때문이야. 병든 검둥이는 돈벌이가 안 돼. 그래서 그 험한 고생 끝에 노예 시장이 있는 육지가 거의 다 왔는데 검둥이들이 병들어 있으면 어떤 선장은 화가 난 나머지 그놈들을 바다에 내던지기도 하지." (72쪽)

---

3) 팔라 폭스/김옥수 옮김(1998), 『춤추는 노예들』, 사계절, 57쪽.

결국 제시는 살기 위해서 그 일을 하지 않을 수 없고, 배 안의 선원들이 모두 미친 사람 같은 이유를 명확히 알고 있다. "사람들이 돌아버리는 건 술 때문이 아니라 아프리카 사람들을 유괴하기 때문이에요!"라고 퍼비스에게 외친다.

이 배는 결국 아프리카에서 노예들을 싣고 미국으로 돌아오지만, 멕시코 걸프만에서 침몰한다. 그 전에 많은 노예들이 병들었다는 이유로 바다로 던져졌고, 마음이 맞지 않는 선원들조차도 바다로 던져졌다. 그리고 거의 미국에 도착하였을 무렵 미군함대에게 적발될까 두려워서 많은 노예들을 바다로 던졌다. 그리고 파도에 배가 침몰하였고 생존자는 바로 제시와 흑인소년 라스 둘 뿐이다.

제시는 거친 풍랑과 파도와의 사투 끝에 살아서 집으로 돌아간다. 예전의 생활로 돌아갔지만, 예전의 그가 아닌 전혀 다른 삶을 살아간다.

독자는 이 소설을 보면서 노예 무역선의 비참한 모습을 목격한다. 인간의 고통을 야기하는 것이 결국은 욕망에 사로잡힌 때문임을 명확하게 확인한다. 독자는 이렇듯 최소한의 인간적 삶이 보장되지 않는 조건을 낳고마는 에고(ego)의 삶을 바라보면서 그들의 고통이 어떻게 하면 해소될 수 있었는지를 상정하고 상상하게 된다. 아프리카 사람들을 유괴한 그자들 스스로도 고통 속에서 미친 사람처럼 살다 죽어가는 것을 보게 된다. 노예선에 유괴된 아프리카인들만이 노예가 아니라, 자신의 욕망에 사로잡혀 에고에만 집착하며 고통을 부르는 삶을 사는 자들이 자신을 포함하여 모두를 노예로 만들고 있음을 깨닫게 된다. 그리고 가난하고 힘들다고 느꼈던 조용한 일상의 소중함, 있는 그대로의 평안함을 알게 된다.

라. 영혼의 대화

조디 피코의 『코끼리의 무덤은 없다』는 3차원의 세계를 넘어 영혼의 세계를 그린 소설이다. '제나'라는 어린 아이의 엄마는 코끼리를 연구하는 박사 앨리스이고 아빠는 코끼리 보호소를 운영하는 생물학 박사 토마스이다. 이 소설의 배경은 야생 코끼리들이 살아가는 아프리카와 사람들로부터 학살당하고 박해 받고 상처 받은 코끼리의 보호소를 그 중심에 두고 있다.

미국의 코끼리보호소에서 사고가 발생하고 한 사람(네비)이 코끼리에 밟혀 죽고, 한 사람(앨리스)이 실종되었으며, 제나의 아버지 토마스는 정신병원에 갇혀 살아간다. 이 코끼리 보호소에는 토마스와 앨리스 부부와 딸 제나, 기드온과 그레이스 부부와 그레이스의 엄마 네비가 함께 코끼리를 돌보고 있었다. 보호소 운영의 경영난과 겹쳐 감정적 기복이 극심한 인물 토마스와, 코끼리를 극진히 사랑하면서 연구하는 앨리스, 어린 아기 제나, 묵묵히 코끼리를 돌보는 기드온과 아이를 갖지 못하는 아내 그레이스, 그리고 서커스단에서 코끼리 조련사였던 네비는 서로 힘을 모으고 때로는 의견 충돌을 겪으며 코끼리를 돌본다. 또한 제나를 돌보는 엄마 역할도 나머지 다섯 명의 어른들이 번갈아 맡는다.

보호소의 운영난이 심할 무렵 토마스의 감정 상태는 매우 비정상적이어서 주변 인물들을 놀라게 하고 앨리스는 기드온과 바람이 난다. 그레이스는 남편의 외도를 알고 자살을 한다. 자신의 아이를 잃은 네비는 앨리스의 딸 제나를 아프리카 코끼리들의 구역인 언덕으로 데려가 돌로 죽이려고 하고, 위협을 느끼며 달려온 앨리스와 몸싸움을 하다가 사건이 일어난다. 이 사건은 경찰의 수사 과정에서 적당히 덮어진다. 그때 사건을 담당하였던 경찰 중 한 사람인 버질은 이후 자살하게 된다.

이 소설의 줄거리는 제나의 관점, 심령술사 세레니티의 관점, 버질의 관점, 앨리스의 관점의 서술로 이어진다. 할머니와 함께 살던 제나가 실종된 엄마를 찾기 위해 심령술사 세레니티를 찾아가고, 탐정으로 버질을 고용하여 함께 엄마를 찾아가는 줄거리이다.

결국 사건의 전말이 밝혀질 무렵 이 인물들은 3차원의 세계에 실제 살아있는 자의 영혼과 살아있지 않은 영혼들 간의 대화로 밝혀진다. 이들 가운데 살아있는 사람은 심령술사 세레니티와 앨리스이다. 엄마를 찾던 제나, 사건의 전말을 과학적으로 따져가며 수색하던 탐정 버질, 제나와 함께 살던 할머니는 모두 죽은 혼령임이 밝혀져 독자로 하여금 큰 반전을 느끼게 한다. 제나는 자신이 죽은 줄도 모르고 10년 전 실종된 엄마를 애타게 찾는다. 심령술사 세레니티 조차도 이들이 죽은 사람들인지 알지 못한 채 어린 제나의 소망을 위해 함께 노력한다.

제나와 버질과 세레니티는 사건을 추적해 가다가 네비가 무너질 것 같은 집에서 살고 있는 것을 보고나서 죽은 자가 제나의 엄마라고 결론을 얻는다. 제나는 엄마의 죽음으로 자신이 버림받지 않았고 사랑받았음을 확인하지만, 다시는 엄마를 볼 수 없다는 것 때문에 아파한다. 죽은 자가 앨리스인지 확인하는 과정에서 유전자 분석을 해주던 여자와 버질과 제나가 모두 죽은 인물이라는 것을 확인하게 되어 모두 다 충격을 받는다. 독자도 함께 충격을 받는다. 이 소설이 3차원과 4차원이 혼합된 시공간을 배경으로 한다는 점에서. 세레니티는 언덕의 나무 아래에서 주운 이빨이 제나의 것이라는 것을 확인하여 경찰에 신고를 한다. 앨리스는 사건의 전말을 자세히 알지는 못한 채 죽은 줄 알고 있던 딸의 시체도 찾지 못하고 멀리 달아나 코끼리 보호소에서 일하고 있다. 어느 날 경찰의 연락을 받고 제나의 장례식에 참여하여 심령술사 세레니티를 만나고, 제나의 영혼과 대화를 한다.

이 소설의 강점은 죽은 자의 영혼이 이야기를 이끌어간다는 점이다. 또다른 강점은 코끼리의 인지적 특성이나 감정에 대한 구체적인 연구 성과를 바탕으로 하여 코끼리의 영혼을 인간과 대비하고 있다는 점이다.

> 흥미로운 점은 공감 행동에는 진화상의 이점이 없다는 것이다. 다음은 필라네스버그에서 관찰한 일이다. 어떤 코끼리가 물웅덩이 진창에 빠져 꼼짝 못하고 있는 새끼 코뿔소와 마주쳤다. 코뿔소들은 속이 타들어갔고, 코끼리는 코끼리대로 화가 나 뿌웅거리거나 우르릉거리며 우두커니 서 있었다. 어쨌거나 코끼리는 자기가 해보겠으니 새끼를 넘겨받으면 길만 열어달라고 코뿔소들을 설득했다. 자, 거대한 생태학적 영역에서 보자면 새끼 코뿔소를 구하는 것은 코끼리에게 이로울 것이 없다. 그런데도 코끼리는 어미 코뿔소의 숱한 공격에도 아랑곳 하지 않고 진창으로 들어가 새끼를 코로 건져 올렸다. 다른 종의 새끼 때문에 자기 목숨까지 건 것이다. 보츠와나에서 본 장면은 코끼리들이 다니는 길 한복판에 새끼 사자들이 놀고 있고 어미 사자는 길옆에 늘어지게 누워있는데 우두머리 코끼리가 나타난 것이었다. 보통은 코끼리가 사자를 보면 위협적인 존재로 간주해 공격을 한다. 그러나 이 우두머리는 암사자가 새끼들을 불러 모아 떠날 때까지 정말로 참을성 있게 기다렸다. 사실, 새끼 사자들이 이 코끼리에게 위협적인 존재가 아니지만 언젠가는 그렇게 되지 않겠는가. 하지만 그 순간에는 그들도 누군가의 새끼에 지나지 않았다.[4]

앨리스가 하는 이 말은 이 소설의 사건의 발단이 되는 네비의 행동과 대비된다. 네비는 자신의 딸 그레이스가 앨리스가 기드온의 아이를 갖게 된 것을 알고 자살한 것에 앙심을 품고 앨리스의 세 살된 딸 제나를 돌로 쳐 죽인다. 코끼리의 공감 능력에 못 미치는 인간의 모습을 독자가 소설을 다 읽고 난 후에 더욱 절실히 확인할 수 있는 부분이다.

---

4) 조디 피코(2015), 『코끼리의 무덤은 없다』, ㈜현대문학, 187-188쪽.

코끼리 무리에서 새끼를 기르는 방식을 일컫는 말은 알로마더링(Allo-mothering)인데, '온 마을이 나선다'는 뜻의 신조어다. 모든 일이 그렇듯이, 아이를 키울 때 언니들과 이모들의 도움이 필요한 데는 생물학적인 이유가 있다. 하루에 150킬로그램의 먹이를 먹어야 하고 탐험을 좋아하는 새끼가 있다면 어미가 그를 쫓아다니면서 젖이 잘 나오는 데 필요한 영양분까지 고루 섭취하기란 불가능하다. 알로마더링을 통해 젊은 암코끼리들은 새끼를 어떻게 돌보고 보호해야 하는지, 새끼가 위험에 빠지지 않고 탐험할 수 있는 시간과 공간을 어떻게 마련해야 하는지도 배울 수 있다.

그래서 이론상으로 코끼리들은 많은 엄마를 두었다고 할 수 있다.

그러나 새끼와 친엄마 간에는 말로 표현할 수 없는 특별하고도 침범할 수 없는 끈끈함이 있다.

야생에서 두 살 이하의 새끼는 어미가 없으면 살아남지 못한다.

야생에서 어미의 역할은 어미가 되기 위해 알아야 할 모든 것을 딸에게 가르치는 것이다. 야생에서 어미와 딸은 누구 하나가 죽을 때 까지 함께 지낸다. (261-262쪽)

제나도 코끼리 보호소에서 여러 사람의 엄마를 가졌었다. 그레이스와 네비와 토마스와 기드온이 모두 제나를 돌보았다. 마치 코끼리의 알로마더링과 유사하다. 그리고 제나와 엄마 앨리스 간의 특별한 관계도 코끼리와 다르지 않다. 인간이 결코 코끼리보다 못하다든가 하는 말로 표현할 수 없는 면이 이런 점이다. 그런데도 네비가 제나를 죽인 사건은 인간이 3차원의 세계에 갇혀 영혼의 대화를 제대로 하지 못했을 때 일어나는 것이 아닐까?

이 소설의 저자는 3차원과 4차원에 대한 설명을 제나와 세레니티의 대화에서 밝힌다.

제나는 이 말을 곱씹는다. "앨런이라는 수학선생님이 있는데요. 그 선생

님 말이 점일 때는 점밖에 보지 못한다고 했어요. 선일 때는 선과 점만 본
대요. 3차원 속에 있으면 3차원과 선과 점을 다 본대요. 그러니까 우리가
4차원을 볼 수 없다고 해서 4차원이 존재하지 않는 건 아니잖아요. 우리가
거기까지 도달하지 못했을 뿐이라는 거잖아요."

"히야, 또래들이 범접하지 힘들겠는데, 아가씨." 내가 말한다.

제나는 머리를 숙인다. "전에 만난 유령들은요. 얼마나 머물다 갔어요?"

"다 다르지. 대개는 일을 매듭짓고 나면 넘어가."

제나가 뭘 묻고 싶은지, 왜 묻는지도 알겠다. 내세와 관련해 밝히고 싶
지 않은 통념이 하나있다. 사람들은 죽으면 사랑하는 이들과 영원히 재결
합하게 될 거라고 생각한다. 내가 말하고 싶은 건 그렇게 되지 않는다는
것이다. 내세는 단지 이승의 연장선이 아니다. 당신과 당신 남편이 식탁에
서 십자말풀이를 하거나 우유를 다 마신 사람이 누구인지를 놓고 말다툼
을 벌이다 숨을 거둔다 해도 내세가 그 지점에서 시작되지는 않는다. 어떤
경우에는 그러기도 한다. 그러나 대개의 경우는 남편이 다른 단계의 영혼
으로 넘어갔을 확률이 높다. 아니면 당신이 영적으로 더 진화한 사람이어
서 이승을 어떻게 두고 떠날지를 계속 고민하고 있는 남편을 앞질러 갈
수도 있다. (203-204쪽)

에디슨이 내세를 믿었다고 할 수 있을까? 흠, 그는 삶이 궤멸될 수 없다
고 말했다지만 그 말을 내게 직접 하러 온 적은 없다.

에디슨이 심령술의 정체를 파헤치려 했다고 할 수 있을까? 꼭 그렇지도
않다.

하지만 그가 과학자의 뇌를 수량화하기 힘든 분야에 적용하고 싶어 했
을 수는 있다. 내가 먹고 살려고 써먹은 재주를 엄연하고 구체적인 증거를
들이대 정당화하려고 했을 수도 있다.

에디슨은 잠과 깸 사이의 그 순간이 베일 같고, 우리 자신이 고차원적인
자아와 연결되는 그런 순간이라고 믿었다. 그는 안락의자 팔걸이 밑에 파
이 통을 놓아두고 낮잠을 자곤 했다. 양손에 커다란 볼베어링을 쥔 채 꾸
벅 졸다보면 어느 순간 금속과 금속이 부딪쳤다. 바로 그 순간 보고 생각

하고 상상한 모든 것을 그는 기록했다. 에디슨은 그 어중간한 상태를 유지
하는 데 능숙해졌다.

　어쩌면 그는 자신의 창조성과 교신을 하려 했는지 모른다. 아니면……
혼령들과 ……교신을 하려 했는지도. (207쪽)

　독자는 이 소설의 가장 큰 주제는 바로 이런 부분들이라고 생각하게 된
다. '교신', '혼령'이라는 어휘들이 키워드다. 소설 속 이야기는 인간이 3
차원의 세계에 갇혀있지만, 3차원의 존재가 아니라는 점을 독자들에게 상
기시킨다. 더 '고차원적인 자아'와 연결된 인간은 '혼령'과 '교신'을 통해
영혼의 대화를 나눌 수 있다는 점을 강조하여 말하고 있다. 인간 영혼간
의 대화뿐만 아니라 코끼리와의 대화도 포함한다. 이 소설에 많이 등장하
는 코끼리를 사랑하는 인물과 코끼리간의 대화, 코끼리의 슬픔에 대한 반
응, 코끼리가 인간을 보호하는 장면 등은 영혼간의 대화가 아니라면 결코
이루어질 수 없는 부분이다.

　네비가 고개를 가로저었다. "처음에는 못 알아볼 뻔했어요. 쇠사슬에 묶
여 있었고, 의기소침했죠. 온종일 관찰을 하는데도 내가 알던 그 코끼리가
맞나 싶을 정도였죠. 또 한 마리는 윔피의 새끼였어요. 녀석은 열선으로
울타리를 쳐놓은 곳에 갇혀 있었고, 윔피의 트레일러가 그 맞은편에 있었
죠. 새끼의 상아 끝에는 내가 한 번도 본 적 없는 작은 금속 마개가 씌워
져 있었어요. 나중에 알고 보니 어미가 보고 싶으니까 새끼가 어미한테 가
려고 열선을 계속 찢었더군요. 그래서 배스천 형제들 중 누가 해결책으로
내놓은 것이, 새끼의 상아에 저 마개를 씌우고 입 속에 철판을 넣어 전선
을 연결하는 거였죠. 결국 새끼는 어미에게 가려고 상아로 열선을 찢으려
고 할 때마다 전기 충격을 받게 되죠. 당연히, 새끼가 고통스럽게 꽤액거
릴 때마다 윔피는 그저 보고 들을 수밖에 없었어요. (중략)

　야생에서는 수컷 새끼가 열 살에서 열세 살이 되기 전에는 어미가 새끼를

떼어놓지 않는다. 인위적으로 떼어놓고 곤경에 처한 새끼를 보면서도 아무 것도 할 수 없게 만들다니…… 흠, 케노시의 시신을 지키고 있으려고 언덕을 달려 내려오던 로라토가 떠올랐다. 코끼리들의 슬픔도 떠오르면서 상실이 반드시 죽음과 같은 의미는 아닐지 모르겠다는 생각이 들었다. (296쪽)

나는 보호소의 철학이 현장의 우리 철학과 비슷해서 놀랐다. 심한 부상을 입은 코끼리를 달려가서 구해주고 싶은 마음이 굴뚝같아도 자연을 방해하는 짓이기 때문에 그렇게 하지 않았다. 우리는 코끼리들의 본성을 따르면서 드러나지 않게 관찰을 할 수 있어 다행이라 여겼다. 우리와 마찬가지로 토마스와 여기 직원들도 은퇴한 코끼리들의 생활을 사소한 부분까지 관리하는 대신 그들에게 최대한 많은 자유를 주는 것이 차선책일 터였다. 여기 코끼리들은 이곳으로 오기 전, 강요된 행동을 하기 위해 인생 대부분을 매달려 있고, 묶여 있고 두들겨 맞고 살았다. 토마스는 자유로운 접촉을 믿었다. 그와 직원들은 코끼리 구역으로 들어가 그들에게 먹이를 주고 필요할 때만 의술을 썼다. 그러나 행동 수정은 보상과 긍정적 강화로만 이루어졌다. (284쪽)

많은 코끼리들이 인간으로부터 고통을 당하고 있다. 코끼리의 본성에 알맞지 않은 방법으로 그들을 대하고 이용하기 때문이다. 그러나 소설 속에서 지속적으로 강조하고 있는 것은 그들의 영혼에 대한 이야기다. 인간은 인간뿐만 아니라 코끼리와도 영혼의 대화를 나눌 수 있다. 차원을 초월하는 영혼의 대화를 잊은 인간은 인간뿐만 아니라 동물도 대상화하고 소유물로 여기면서 살아가고 있다는 안타까움을 느끼게 하는 소설이다.

인간으로서 참자아(Self)의 삶은 결국 자신과 타인을 구분하지 않는 연결고리를 가진다. 이때 타인을 마주하는 일은 인간만이 아니라 온 우주의 생명체와의 교감하는 일을 뜻한다. 이 '타인의 얼굴 마주하기'는 바로 자신을 진정으로 마주하기이고, 자신을 진정으로 마주할 수 있어야 타인의 얼굴을 바로 볼 수 있게 된다.

2. 타인의 얼굴 비추기

가. 사랑만이 삶이다

파울로 코엘료의 소설 『불륜』은 겉으로 보기에는 아무것도 부족할 것 없는 지적이고 아름다운 여기자의 이야기다. 단란한 가정, 완벽하게 아내를 사랑하는 남편, 사회적으로 인정받는 멋진 직장을 가진, 외모마저 아름다운 여기자가 우울증에 걸린다. 그녀는 말한다.

> 나는 모든 것이 변해버릴 것만 같은 두려움과 평생 모든 것이 지금과 똑같을지도 모른다는 두려움 사이에 갇혀 있다.[5]

그녀는 자신이 모든 것을 가졌다고 생각하면서 그것을 잃어버릴까 두려워하고, 또 그것이 전혀 변화 없이 늘 그대로이기만 한 것도 두려워한다. 그래서 아무런 새로움을 느끼지 못하고 매일 매일의 그날이 그날 같아서 삶의 의미를 찾지 못하지만, 무엇인가 새로운 것을 하는 일마저도 두렵다. 이미 가지고 있다고 생각하는 것을 잃어버리거나 놓치게 될까봐 두렵기 때문이다. 그래서 매일 밤 불면으로 잠을 설치면서 힘들어하던 중, 고등학교 시절 자신에게 키스하였던 한 남자,－정치가로 성공한 야코프 쾨니히－를 만난다. 저돌적으로 그에게 접근하여 그와 성관계를 이어간다. 그러면서 그의 아내인 정신과 교수 마리안을 질투하면서도 야코프와

5) 파울로 코엘료/민은영 옮김(2014), 『불륜』, 문학동네, 14쪽.

의 성적 행위가 결코 사랑에 의한 것이 아니며 남편을 여전히 사랑하고 있는 자신을 발견한다. 그렇지만 자신도 모르게 야코프에게 끌리어 계속 그를 생각하고 만나게 된다. 자신이 올바르다고 생각했던 모든 것을 식상 하게 여기고, 자신이 결코 옳지 않다고 여겼던 일에 끌려 들어가고 있는 모습을 보며 스트레스를 받는다. 그러한 관계에서 받는 스트레스에 대한 정신적 해석을 위해 여러 정신과 의사를 찾아가지만, 전혀 도움을 받지 못한다. 그러다 쿠바인 주술사를 만나 여러 가지 대화를 나누며 도움을 받게 된다.

"때때로 밤이 이끄는 대로 휩쓸려 보세요. 별을 올려다보고 무한을 느끼며 그 감각에 취해도 보시고요. 밤은 주술이 가득한 시간이지만 또한 깨달음의 길이기도 합니다. 어두운 우물 아래 갈증을 풀어주는 물이 있는 것처럼, 밤도 그 신비로써 우리를 신의 신비에 다가가게 해주고, 그 어둠 속에 우리의 영혼을 타오르게 할 불꽃을 품고 있어요." (211쪽)

"끝까지 가세요." 그가 말한다.
끝까지 가라고요? 남편 몰래 바람을 피우고 애인의 아내 가방에 코카인을 숨긴 뒤 경찰을 부르라고요?
그가 웃는다.
"여기 체스 두는 사람들 보여요? 저들은 항상 다음 수를 두어야 합니다. 중간에 멈출 수가 없어요. 그건 패배를 받아들인다는 뜻이니까요. 불가피한 순간이 오기는 하죠. 하지만 어쨌든 끝까지 싸우기는 한 거예요. 우린 이미 필요한 것을 모두 갖추고 있어요. 더 낮게 만들어야 할 것은 없습니다. 우리가 스스로 착하거나 악하다고, 공평하거나 불공평하다고 하는 생각들, 다 헛소리예요. 오늘 제네바는 구름으로 뒤덮여 있어요. 어쩌면 몇 달 동안 계속 이렇겠죠. 하지만 구름은 결국 걷힐 겁니다. 그러니 그냥 계속 가요. 마음 가는 대로 행동하세요.
하지 말아야 할 짓을 막는 말은 한 마디도 안하나요?

"네, 하지 말아야 할 것을 함으로써 스스로 깨닫게 될 거예요. 아까 말
했듯이 기자님 영혼의 빛은 어둠보다 더 강해요. 그렇지만 깨닫기 위해서
는 끝까지 가봐야 합니다." (212쪽)

주술사는 인간의 선악 판단은 자신에게 스트레스를 줄 뿐이라고 말한
다. 진정한 깨달음을 위해서는 자신의 내면을 신뢰하면서 끝까지 걸어가
서 깨달음을 얻어내라는 것, 즉 진정한 자신을 발견하기 위해서는 매 순
간 자신이 하는 결정에 대한 신뢰를 바탕으로 깨달음을 추구하라고 말한
다. 얼핏 보면 불륜을 합리화하는 이상한 조언 같지만, 인간의 삶에서 조
건화된 틀을 벗어나는 것은 결국 자신을 더 깊이 깨닫고 돌아볼 수 있는
길이기도 하다는 말이다. 그녀가 불륜을 용감하게 행한 것은 주술사의 이
조언 때문이 아니다. 왜냐하면 인간의 선의지는 결코 본성을 넘어서지 못
할 것이기 때문이다. 그녀는 자신의 표면에서 진정한 삶을 발견하지 못하
여 우울한 것이니까. 그래서 그녀는 이렇게 말한다.

머리로는 다 괜찮다고 말하지만, 삶을 공정하게 바라보지 못하는 이유
는 알지 못한 채, 영혼은 혼란에 빠져 헤맨다. 하지만 아침에 일어나면 우
리는 아이들, 남편, 애인, 상사, 직원, 학생 등 여남은 명 정도의 사람들을
보살피며 평범한 하루로 인생을 채워나간다.
그리고 항상 얼굴에 미소를 띠고 격려의 말을 건넨다. 누구도 자신의 외
로움을 다른 사람들에게 설명할 수가 없기 때문이다. 사람들에게 둘러싸
여 있을수록 더욱더. 하지만 분명 존재하는 그 외로움은, 결코 자신을 속
일 수 없으면서도 행복한 척하기 위해 모든 에너지를 써야만 하는 우리의
내면을 갉아먹는다. 그런데도 우리는 한사코 아침마다 피어나는 장미꽃만
을 보여주려 하고, 상처 입히고 피 흘리게 하는 가시 돋친 줄기는 안으로
숨긴다.
사는 동안 누구나 완벽하게 혼자라고 느끼는 순간이 있다. 그렇지만

"외로워. 옆에 있어줄 사람이 필요해. 나는 이 괴물을 죽여야 해. 동화 속에 나오는 용처럼 모두들 이 괴물을 환상이라고 생각하지만 사실은 그렇지 않아"라고 말하지 못한다. 굴욕감을 느끼게 되니까. 괴물은 환상이 아니다. 그래서 순수하고 고결한 기사가 영광스러운 모습으로 나타나 괴물을 물리치고 영원히 심연 속으로 처넣어주기를 기다리지만 그런 기사는 결코 와주지 않는다. (221-222쪽)

인간의 진정한 삶은 반듯하고 잘 정돈된 현실의 삶으로 결코 숨겨질 수 없다. 억압되면 될수록, '괴물'이라고 폄하하고 무시할수록 강력한 힘으로 오히려 왜곡된 형태로 튀어 오른다. 모든 사람들 개개인에게 각자의 진정한 삶을 실현하기 위해서는 그것을 찾아내고 펼쳐내어야만 한다. 결국 소설의 저자는 여주인공을 통해 진정한 삶은 바로 사랑일 수밖에 없다는 메시지를 전한다. 야코프에 대한 강렬한 끌림과 불륜 관계는 결국 남편이 알게 되지만, 남편은 그녀를 사랑하기에 신뢰하고 여전히 자신의 가정을 잘 지켜 나가기를 바란다. 이후 처음 사랑의 기억을 찾아 여행한 곳에서 두려움을 극복하고 패러글라이딩에 도전한다. 그녀는 거기서 사랑만이 삶임을 깨닫고 완벽하게 자유로운 자신을 느낀다.

그래, 나는 자유롭다. 그리고 독수리가 옳다. 나는 산이고 호수다. 내겐 과거도 현재도 미래도 없다. 나는 사람들이 '영원'이라고 부르는 것이 무엇인지 알게 될 것이다. 아주 짧은 순간 생각한다. 이렇게 하늘을 날아본 사람들은 모두 이런 느낌을 갖는 걸까? 하지만 그게 무슨 상관인가. 다른 사람들에 대해서 생각하고 싶지 않다. 나는 영원 속에 떠 있다. 사랑하는 딸에게 말을 건네듯 자연이 내게 말을 건다. 산이 말한다. "너는 나의 힘을 가졌어." 호수가 말한다. "너에게 나의 평화와 고요가 있어." 태양이 말한다. "나처럼 빛나렴. 너 자신을 뛰어 넘어. 들어봐."
나는 귀를 기울인다. 자꾸만 떠오르는 생각들과 외로움과 밤의 공포와

변화에 대한 두려움, 모든 것이 그대로일 것이라는 두려움에 갇혀 오랫동
안 내 안에 억눌려 있던 목소리를. 위로 더 높이 올라갈수록 나 자신을 더
멀리에서 보게 된다.

나는 다른 세상, 모든 것이 완벽하게 제자리를 찾은 세상에 있다. 헤치
워야할 일 불가능한 욕망, 고난과 쾌락뿐인 삶에서 멀리 떨어진 곳. 내게
는 아무것도 없고, 모든 것이 있다.

독수리가 계곡 쪽으로 방향을 틀기 시작한다. 양팔을 벌린 채 나는 독수
리의 날개짓을 따라한다. 누군가 지금의 나를 본다면 내가 누군지 몰라볼
것이다. 나는 빛이요, 공간이요, 시간이기 때문에. 나는 다른 세상에 있다.

그리고 독수리가 말한다. "이것이 영원이야." (345-346쪽)

그녀는 자신이 영원의 일부임을 느끼면서 우주와 하나임을 체험한다.
'진정한 사랑'만이 진정한 삶임을 깨닫게 된다. 소설의 구조는 좀 급하게
깨달음으로 치닫는다. 그래도 저자의 하고 싶은 말은 인간의 조건화된 틀
이 진정한 사랑, 진정한 삶을 제대로 살지 못하도록 막는 장애물이기도
하면서, 그 틀 때문에 빚어지는 인간의 고통이 진정한 사랑, 참 삶을 구할
수 있도록 인도한다는 것이다. 어떻게 살든 인간의 내면에서 진정한 사랑
에 대한 추구는 끊임없이 일어나지 않을 수 없다는 것을 독자가 기억해
주기를 바란다. 인간은 본성적으로 사랑으로 살기를 원할 수밖에 없도록
만들어졌기 때문이다. 그것이 엉뚱한 길로 들어서서 헤매는 일이 될지라
도 그 헤맴 속에서 또한 무한과 영원을 배울 수 있게 될 것이다.

나. 사랑하기 위한 삶

파울로 코엘료의 『오 자히르』에서 주인공인 소설가 '나'는 어느날 아내
가 사라진 것을 알게 된 후 삶이 발칵 뒤집히는 경험을 한다. 그는 자신
에게서 아내 에스테르가 '자히르'라고 느낀다. 자히르란 이슬람 전통에서

유래한 것으로 '눈에 보이며, 실제로 존재하고, 느낄 수 있는 어떤 것으로 일단 그것과 접하게 되면 서서히 우리의 사고를 점령해 나가 결국 다른 무엇에도 집중할 수 없게 만들어버리는 어떤 사물 혹은 사람을 말한다. 그것은 신성일수도, 광기일 수도 있다.' 이 소설은 소설가인 그가 아내 에스테르를 찾아가는 여정과 그 과정에서 일어나는 마음의 변화, 그리고 삶이 무엇인가에 대한 깨달음으로 구성된다. 그의 아내 에스테르는 진정한 사랑의 삶을 살지 못하는 남편을 안타까워하며 카자흐스탄의 외딴 마을에서 양탄자를 짜며 그를 기다리고 있다. 그는 아내를 찾아 헤매다 결국 진정한 사랑을 깨닫고서야 아내를 찾아갈 수 있게 된다.

코엘료가 이 소설에서 하고 싶은 말은 '사랑이 곧 삶'이라는 것이다. 사랑이 아닌 삶은 노예와 같으며 삶이 아님을 역설하고 있다. 소설에 많이 등장하는 내용은 사랑에 의한 삶이 아닌 노예로 살아가는 사람의 문제이다. 사랑은 노예가 아닌 자유에서 비롯될 수 있다는 생각, 오직 사랑만이 역사를 바꿀 수 있다는 생각이 군데군데 드러난다.

> 자신의 의지에 따라서가 아니라 다른 누군가가 그게 더 가치 있는 삶이라고 말했기 때문에 그렇게 살기로 결심한 삶의 노예. 그들의 낮과 밤은 그렇게 이어지고, 서로 닮아간다.[6]

> "한 사람이 자신의 배우자의 모든 면을 조건 없이 사랑할 수 있다면, 그는 신의 사랑을 보여준 거야. 신의 사랑이 그 모습을 드러내면, 그는 이웃들을 사랑하게 돼. 그가 이웃들을 사랑한다면, 그건 곧 자기 자신을 사랑하는 거고. 그리고 자기 자신을 사랑한다면, 모든 것은 제자리를 되찾을 거야. 역사가 바뀌는 거지.

---

6) 파울로 코엘료/최정수 옮김(2005), 『오 자히르』, 문학동네, 24쪽.

하지만 역사는 정치나 정복 온갖 이론이나 전쟁으로는 결코 바뀌지 않을 거야. 역사는 태초 이래로 줄곧 되풀이 되어왔어. 우리가 사랑의 힘을 바람이나 조수, 원자에너지를 활용하듯 활용할 때에야 비로소 역사는 바뀔 거야.” (146-147쪽)

그는 아내가 사라지고 고통 속에서 겨우 숨을 쉬지만, 어느 날 찾아온 미하일('나'가 아내의 연인으로 오해한 인물)이라는 카자흐스탄에서 온 자를 만난다. 그는 미하일이 이끌어가는 모임에 참여함으로써 자신의 삶을 다시 생각해 보게 되는 계기를 가진다. 진정한 사랑이 무엇인지에 대해 깊이 생각하는 시간을 갖게 된다. 그리고 모든 존재가 하나의 에너지 장으로 연결된 존재임을 깨달아 간다.

그는 긴 고뇌의 시간을 살고 나서야 아내 에스테르를 찾아갈 수 있는 마음이 생긴다. 그가 카자흐스탄으로 아내를 찾아가는 길—끝없이 펼쳐진 스텝의 초원에서 그는 어렴풋이 깨닫는다. 삶이 무엇인가를.

다음날, 그는 나에게 보여주었다. 아무 말도 필요 없었다. 나는 끝없이 펼쳐진 스텝을 바라보았다. 언뜻 보면 사막과 비슷하지만, 덤불로 이루어진 초지에는 들끓는 생명이 숨어 있었다. 나는 끝 간 데 없이 뻗어 있는 지평선을, 무한한 빈 공간을 보았다. 그리고 말발굽 소리와, 고요한 바람 소리를 들었다. 우리 주위에는 아무것도, 절대적으로 아무것도 없었다. 그 곳은 세상이 자신의 광활함을, 단순함과 복잡성을 동시에 펼쳐 보이기 위해 선택한 장소였다. 우리가 스텝처럼 텅 비고 무한한 동시에 생명으로 가득 찰 수 있다고, 그래야만 한다고 말하기 위해.
(중략)
그때 하늘에서 천국이 내려왔다. 그리고 나는 지금 이 순간 내가 잊을 수 없는 생의 한순간을 살고 있음을 느꼈다. 마법 같은 순간이 스쳐지나갈 때 얻는, 그런 깨달음이었다. 나는 온전히 그곳에 존재하고 있었다. 과거

도 미래도 없이, 말발굽이 내는 힘찬 음악소리, 내 몸을 어루만지는 부드
러운 바람, 하늘과 땅과 사람들을 조용히 응시할 수 있는 뜻밖의 은총을
누리며…… 나는 이 아침의 한순간에 온전히 집중했다. 그리고 살아있음
에 감사하며 숭배와 황홀감 속으로 빠져들었다. 나는 낮은 목소리로 기도
를 올렸고, 자연의 목소리를 들었다. (409-410쪽)

결국 그는 매 순간 온전히 사는 것이 사랑임을 깨닫는다. 어떤 상황이
나 어떤 고통 속에서도 그 순간에 주어진 삶을 온전히 사는 것이 사랑이
라는 사실을 깨닫는다. 그리고 아내를 만나러 갔을 때 그의 아내 에스테
르는 그가 쓴 책을 다른 이들에게 읽어주고 있다.

"사랑하는 여인을 영영 잃을 수도 있다는 걸 알지만, 그래도 신이 오늘
내게 베푼 은총을 모두 살아내기 위해 노력해야 한다. 은총은 쓰지 않고
보관해둘 수 있는 것이 아니다. 마음이 더 평화로울 때 쓰자 한들 은총을
맡길 은행 같은 건 존재하지 않는다. 이 축복들을 지금 온전히 쓰지 못하
면 그것을 영영 잃게 될 것이다.
신은 우리 모두가 삶의 예술가들임을 아신다. 어느 날 그분은 우리에게
조각을 하라고 망치를 주셨다. 또 어느 날에는 그림을 그리라고 붓 몇 자
루와 물감을 주시고, 글을 쓰라고 종이와 펜도 주셨다. 하지만 망치로 캔
버스 위에 그림을 그릴 수는 없으며, 붓으로 조각을 할 수도 없는 노릇이
다. 내가 이렇게 고통 받고 있는데 날씨는 화창하고, 태양은 환하게 빛나
고, 아이들은 길에서 노래를 부른다. 그 모습이 내겐 저주와도 같을 수 있
다. 그러나 아무리 힘들어도 오늘의 작은 축복들을 받아들여야만 한다. 그
것만이 고통에서 벗어나 삶을 다시 세울 수 있는 유일한 길이기 때문이
다." (438-439쪽)

사랑은 고통을 포함하고 있다. 사랑은 삶이기 때문이다. 고통이 없는
삶이 없듯 고통이 없는 사랑은 없다. 그리고 고통을 있는 그대로 받아들

이되 매일매일 주어지는 신의 은총을 그때그때 누리며 감사하며 살아가는 것, 그것이 사랑이다. 그것이 삶이다.

이 책은 신과 인간과 사랑과 삶이 하나로 연결된 에너지라는 점을 사랑을 잃었다고 느끼는 한 인간의 변화를 통해 그려내고 있다. 이 소설을 읽으며 독자가 매 순간 주어진 축복을 받아들이고 매 순간을 있는 그대로 누리고 살아가기로 마음을 먹는다면, 그리고 그것을 실행하게 된다면 그의 빛은 밝게 빛날 것이다. 빛은 자연스럽게 타인에게 전달된다. 이 소설을 읽고 깨달음을 체험한 독자의 작은 빛으로 그와 연결된 타인들은 모두 하나의 빛으로 빛나게 된다.

제3장

하나 되는 사랑의 문학체험

근대 이후 인간은 개인을 단위로 분리된 존재로 여기는 데에 거리낌이 없다. 개인은 누구나 자신의 몸을 다른 개체들과 분리된 것으로 여기며 다른 개체와 경계를 분명히 가진 존재로 생각하며 살아가는 데에 익숙하다. 참자아(Self)는 다른 개체와 분명한 경계를 가지고 있지 않다. 온 우주만물이 온생명으로 연결된 가운데 개체의 경계는 내 몸이나 피부 안쪽만이 아니다. 내 피부 밑만이 나라고 여기는 것은 바로 에고(ego)가 부추기는 생각이다.

진정한 '나'는 에고에 의해 나가 아니라고 생각되는 모든 대상물이나 모든 경험을 포괄하는 우주 전체이다. 인간은 끊임없이 보고 느끼고 살지만 그것을 분리하여 인식하고 말한다. '내가 꽃을 본다.'고. 즉 피부 밑 자아인 '나'와 대상물인 '꽃'으로 분리하여 인식한다. 하지만 여기서 진짜 '나'는 꽃을 보고 있는 현상 전체인 '봄'이다. 아름다운 정경 속에서 '이 모든 것이 다 나구나!'라고 말하는 것은 그때 보이고 느껴지는 모든 것이 진정한 나라고 느끼기 때문이다. 이는 바로 석가모니가 '유아독존(唯我獨

尊)'을 말한 연유이다.

피부 밑 자아라는 생각을 허물어버릴 때 우주 전체의 일원으로서 하나가 되는 삶을 살게 된다. 여기서는 그 하나 됨의 완전성을 문학작품에서 어떻게 만나고 체험할 수 있는지를 살펴본다.

1. '피부 밑 자아(skin-encapsuled ego)'의 경계 허물기

피부를 경계선으로 나와 나 아닌 것을 경계 짓는 일은 에고가 만들어낸 환상이다. 문학작품 속에서도 그 경계란 아무 것도 아님을 보여주는 것이 많다.

가. 삶이 기적이다

히가시노 게이고의 『나미야 잡화점의 기적』은 인간의 삶이 얼마나 어떻게 복잡하게 얽혀 있는 관계 속에서 이루어지는지 잘 보여주는 소설이다. '나미야 잡화점'과 '환광원'을 중심으로 모든 주인공들이 서로 얽혀 하나를 이룬다. 과거와 미래가 서로 편지를 주고받고, 환광원 출신 아이들과 주변인들의 삶이 또 얽혀서 네 가지 큰 이야기를 전개해 나간다. 그 네 가지 이야기의 주인공들 또한 서로서로 얽혀서 다른 이야기에 영향을 주면서 큰 원을 이루고 있다. 과거나 미래라는 시간을 초월하여 여러 주인공들이 빛으로 서로 연결되어 '환'을 이룬 형태를 상상하게 한다.

나미야 할아버지가 운영하던 나미야 잡화점은 문구류와 간단한 잡화를 파는 가게다. '나미야'라는 이름이 '나야미(고민)'라는 말로 놀림을 받게 된 후 얼떨결에 할아버지는 고민 상담을 하게 된다. 할아버지는 장난스러

운 고민 내용과 그에 대한 재치 있는 답변을 내걸었으며, 지나가던 사람
들이 그것을 보고 즐긴다. 가끔 진지한 고민이 들어오면 그에 대한 답변
은 잡화점 뒤쪽 배달 우유를 넣어주는 상자 속에 넣어 두었다.

할아버지에게는 젊은 시절 기계공으로 있을 때 사랑하던 여인이 있었
는데, 그녀 집안의 반대로 함께 도망을 치기로 했지만 실패한 경험이 있
다. 할아버지와 헤어진 후 그녀는 환광원을 만들어 운영하며 힘들고 어려
운 고아들을 돌보며 살았다. 나미야 할아버지는 아내가 죽은 후에 혼자서
나미야 잡화점을 꾸리고 있었는데, 고민 상담 편지에 대해 온 정성을 다
하여 답장을 써서 보내며 삶의 보람을 느끼고 있었다. 그 후 할아버지는
몸이 아파 아들이 사는 집으로 가 병원에 다닌다. 자신의 생명이 얼마 남
지 않은 것을 알고 마지막으로 잡화점에 들러 편지에 대한 답장을 쓰고,
아들에게 중요한 부탁을 한다. 30년 뒤에 그동안 자신에게 상담을 받았던
이들에게 상담 받은 이후의 감회를 적어 편지로 보내달라는 광고를 해달
라는 부탁이다.

2012년 런던 올림픽 이후의 어느 날이다. 고헤이, 쇼타, 아쓰야라는 환
광원 출신의 세 사람은 환광원을 사서 러브호텔을 지을 것이라고 소문이
난 어떤 여사장의 별장을 털러갔다가 가방과 차만을 훔쳐 도망친다. 도망
치는 길에 어쩌다 폐가가 된 나미야 잡화점에 들어가게 되는데 그곳에서
'달토끼'라는 별명으로 보낸 상담편지를 받게 된다. 사랑하는 이가 시한
부 판정을 받았는데, 올림픽 선수인 달토끼로서는 올림픽 출전 준비를 해
야 할지 말아야 할지 고민하는 편지이다. 여러 번의 편지를 주고받는 가
운데 세 남자는 이상한 점을 발견하는데, 편지를 보낸 '달토끼'는 1980년
모스크바 올림픽을 준비하려는 상황 속에 있는 사람이라는 점이다. 답장을
써 우유 상자에 넣으면 답장이 과거의 사람에게 전달되는 기적적인 일이
일어난다. 세 남자의 답장은 사랑하는 이의 곁으로 돌아가라는 것이었지

만, 그녀는 '나미야 잡화점'의 답장을 자신 나름대로 해석하여 훈련을 열심히 한다. 결국 그녀는 일본이 모스크바 올림픽을 보이콧하여 참여하지는 못하였지만, 나름대로 최선을 다해 꿈을 이루었으며, 자신이 올림픽에 집착하고 있었다는 것을 확인하는 기회가 되었다는 감사 편지를 보낸다.

세 남자는 생전 처음으로 자신들이 누군가의 고민을 들어주고 상담해 주었으며 감사의 편지를 받은 것을 기쁘게 생각한다. 그들이 떠나려 할 때 다시 상담편지가 온다. 뮤지션이 되려는 꿈을 가진 생선가게 집 아들의 고민이다. 그 역시 과거의 사람인데, 30년이 지난 시점의 사람들인 세 남자가 그의 편지를 읽게 된다. 시골에서 '우오마쓰' 생선가게라는 가업을 이어가는 아버지는 병이 들었다. 그런데도 그는 도쿄에서 자신의 능력을 제대로 발휘하지도, 무엇 하나 이룬 것도 없이 시간을 보내고 있고 가업을 이어나갈 수도 없는 실정이다. 세 남자는 인터넷을 검색하여 이 사람이 바로 환광원 화재에서 어린 남자 아이를 구하고 대신 죽어간 무명의 가수 '가쓰로'였다는 것을 확인한다. 그 남자 아이의 누나가 유명한 가수가 된 이후에 가쓰로에게 감사하는 마음으로 '재생'이라는 노래를 엄청나게 불러서 그 곡이 유명해졌기 때문이다. 결국 가쓰로는 죽었지만 꿈을 이룬 셈이다.

비틀스를 좋아하는 고스케는 유복한 집 아들이다. 비틀즈의 음반을 모조리 다 사 모아서 당시 흔치 않은 고급의 스테레오로 들을 수 있었다. 어느 날 부모님의 사업이 실패하여 야반도주를 계획한다. 고스케는 야반도주에 대해 나미야 잡화점에 고민을 상담한다. 이 편지는 나미야 할아버지가 병중에도 잠시 잡화점에 들러 어렵게 답장을 보낸 편지이다. 고스케는 상담을 받아서 부모님을 믿고 따르기로 결심하고 비틀즈의 음반을 친구에게 싼값에 다 팔아치우고 부모님을 따라 나선다. 휴게소에서 아버지의 한 마디에 서운함을 느낀 고스케는 몰래 남의 트럭에 승차하여 부모님과 헤어진다. 그러다가 결국 환광원에 들어가 살아가게 된다. 그는 성인이 된 후에 나미야 잡화점 인근에 있는 비틀즈 음악을 틀어주는 카페에 들어가 그 마담이 바로 자신의 음반을 모두 사갔던 친구의 사촌 여동생임을 알게 된다. 그리고 그녀를 통해 자신이 도망친 이후 부모님과 자신이 일가족 동반 자살로 알려져 있다는 것을 알게 된다. 결국 부모님이 아들이 죽은 것으로 위장해 주었음을 깨닫게 되고 부모님이 돌아가시면서 자신을 배려한 것을 알게 된다. 그리고 부모님을 믿으라고 했던 나미야 잡화점을 생각하며 감사하는 편지를 쓴다.

세 남자에게 들어온 새로운 편지는 부모를 잃고 이모할머니 집에 얹혀 사는 '길 잃은 강아지'라는 여자의 편지다. 그녀는 취직을 하였지만 잡무만을 처리하면서 일의 보람도 느끼지 못하고 돈도 많이 벌지 못해서 고민을 한다. 호스티스 역할을 하면 금방 돈을 많이 벌 수 있고, 애인 계약을 하면 새로운 가게를 가질 수 있어서 좋을 것이라는 생각을 하게 된 것이다. 세 남자는 30년 전 과거의 여인에게 이후 부동산 경기 전망이라든가 경제 관련 공부를 예언하듯 알려줌으로써 그녀가 돈을 벌 수 있도록 답장을 써 보낸다. 그녀는 반신반의 하면서도 나미야 잡화점의 편지 내용을 읽고 30년간 그대로 실현한 결과 많은 돈을 번 여사장이 된다. 그리고 자신이 어릴 적 보살핌을 받은 환광원의 경영이 어려운 것을 알고 그것을 돕고자 하지만, 어떤 사유로인지 러브호텔을 지을 것이라고 오해를 받는다. 그녀는 나미야 잡화점에 감사편지를 써서 가지고 가던 중 자신의 별장에서 환광원 출신의 세 명의 도둑을 만나 가방을 빼앗긴다. 세 남자는 가방을 가지고 나미야 잡화점에 들어가 과거의 사람들에게 상담을 해주다가 나온 뒤 가방 속 편지를 발견하고 자신들이 상담해준 '길 잃은 강아지'가 바로 여 사장인 것을 알고 가방을 돌려 줄 결심을 한다.

이 이야기는 사랑했던 두 사람이 거주한 공간을 중심으로 한 이야기다.

한쪽은 환광원이라는 고아원을 운영하였고, 그녀가 사랑했던 나미야 할아버지는 잡화점을 운영하였다. 환광원과 나미야 잡화점 두 공간이 시공을 초월하여 관련을 맺으며 그곳에 거쳐 가는 사람들이 서로서로의 삶에 영향을 끼치고 감사와 사랑의 삶으로 이어져 가는 모습을 그려내고 있다. 특히 각각의 주인공들이 꿈을 펼치기 위해 노력하는 상황과 그 꿈이 이루어진 이후의 상황이 같은 시공간에서 서로 연결되어 있다는 점이 삶의 긴 여정을 멀리서 바라볼 수 있게 해준다.

이 세상의 모든 삶이 이와 다르지 않다는 점이 바로 이 이야기에서 매력을 느끼도록 만든다. 지금 당장 눈에 보이지 않는다고 해도 우주적인 힘은 모든 개개인에게 작용하고 있다. 그리고 그들 간의 관계는 빛으로 서로 이어져 있다. 온 우주의 꿈과 빛을 연결하는 것이 바로 인간의 '마음'이다.

> 비디오 영상 속의 비틀스는 고스케의 기억과는 조금 달랐다. 옛날에 영화관에서 봤을 때는 그들의 마음이 뿔뿔이 흩어져 있고 연주도 서로 어우러지지 않는 것처럼 느꼈었다. 하지만 지금 이렇게 바라보니 그때와는 전혀 느낌이 달랐다.
>
> 네 명의 멤버는 열정적으로 연주하고 있었다. 즐기고 있는 것처럼 보이기도 했다. 설령 해체를 앞두고 있더라도 넷이서 연주할 때만은 예전의 마음으로 돌아갈 수 있었던 것일까.
>
> 영화관에서 봤을 때 지독한 연주라고 느꼈던 것은 고스케의 마음 상태가 원인이었는지도 모른다. 인간의 마음이 이어져 있다는 것을 어떻게도 믿을 수가 없었던 것이다.
>
> 고스케는 잔을 들어 위스키를 꿀꺽 마셨다. 조용히 눈을 감고 다시금 부모님의 명복을 빌었다.[1]

---

1) 히가시노 게이고/양윤옥 옮김(2012), 『나미야 잡화점의 기적』, 현대문학, 319-320쪽.

인간의 일상 속에 이런 일이 기적이기만 할까? 이런 일이 매일매일 일어나고 있어도 물질문명에 한껏 도취된 현대인의 분별심 속에서는 결코 눈에 보이지 않을지 모른다. 하지만 작가는 예리하게도 인간의 마음이 시공간을 초월하여 서로 연결되어 있음을 환의 형태로 구성된 소설로 분명하게 그려 보여주고 있다. 조금 더 마음에 귀를 기울여보라고, 조금 더 자신의 마음을 살펴보라고. 그러면 기적 같은 일상 속에서 과거와 미래가 따로 구분 없이 종횡무진 맞닿아 있어서 거기에 연결된 독자 자신이 어떻게 빛을 내고 꿈을 이루는지 볼 수 있을 거라고 말하고 있다.

"뭔가 설명을 잘 못하겠지만……." 고헤이가 우물우물 말했다.

"지금까지 살아오면서 오늘 밤 처음으로 남에게 도움 되는 일을 했다는 실감이 들었어. 나 같은 게. 나 같은 바보가."

아쓰야는 얼굴을 찌푸렸다.

"그래서 고민 상담실을 계속하겠다고? 땡전 한 푼 안 들어오는 일을?"

"돈이 문제가 아니야. 돈 버는 일이 아니니까 오히려 더 좋은 거야. 이익이니 손해니 그런 건 다 빼고 다른 누군가를 위해 진지하게 고민해 본 적이 지금까지 한 번도 없었어."

아쓰야는 큰 소리로 혀를 끌끌 찼다.

"그렇게 고민 고민해서 답장을 보내주고, 그래서 어떻게 됐는데? 우리가 보낸 답장이 실제로 도움이 된 것도 없잖아. 올림픽 후보라는 여자는 우리가 보낸 답장을 자기 좋을 대로 해석했을 뿐이고, 생선가게 뮤지션한테는 결국 아무것도 해주지 못했어. 애초에 내가 말했잖아. 우리 같은 쭉정이 백수들이 다른 사람의 고민을 상담해준다는 것 자체가 주제넘은 짓이라고."

"그래도 달 토끼씨가 보내준 마지막 편지에는 아쓰야 너도 흐뭇했잖아."

"그야 기분이 나쁘지는 않았지. 하지만 난 착각하지는 않아. 우리는 남에게 충고를 해줄 만한 인물들이 못 돼. 우리는 ……." 아쓰야는 방구석에 뒹굴고 있는 가방을 가리켰다. "우리는 기껏해야 좀도둑이잖아."

　　고헤이가 상처 입은 표정으로 고개를 떨구었다. 그 모습을 보고 아쓰야
　　는 홍 콧방귀를 날렸다. (330-331쪽)

　　좀도둑 세 사람이 이렇게 실랑이를 하지만, 이들이 다른 이들의 편지에
답장해 준 것은 바로 '사랑'이다. 그 사랑은 다른 사람에게 빛이 되었고
인생을 빛나게 해주었다. 그리고 그 빛은 바로 동시에 그들 자신에게로
돌아왔다. 원래 빛은 만나는 다른 것을 환하게 해주고 그로 인하여 반사
되어 더 멀리 뻗어 나가는 성질을 가졌으니까.

나. 삶과 사랑을 지키는 '지금 이 순간'

　　기욤 뮈소의 『지금 이 순간(L'instant Present)』은 일 년에 단 하루만을 살
아가는 사람이 주인공인 소설이다. 주인공 아서 코스텔로는 의사다. 어느
날 아버지로부터 24방위 바람의 등대를 유산으로 물려받는다. 등대의 지
하실에 있는 비밀 통로 속의 문을 절대 열지 말라는 조건에 응하는 것으
로 물려받지만, 그는 바로 그날 그 비밀의 문을 열게 된다. 그리고 그 방
안으로 들어가는 순간 서늘한 바람과 함께 1년 뒤 뉴욕의 성당에서 분홍
물방울무늬의 팬티차림으로 깨어난다. 그리고 그 이후에는 평균적으로 1
년에 하루만을 살아가게 된다. 깨어난 지 하루정도가 되면 오렌지 향기를
맡으며 사라지게 되기 때문이다. 그리고 다시 1년 후에 어느 여인의 욕실
에서 깨어나고 우여곡절 끝에 그녀 라자를 사랑하게 된다.

　　주인공 아서의 아버지는 어린 아서에게 침대에서 뛰어내리라고 해놓고
붙잡아주지 않음으로써 세상 누구도 믿어서는 안된다는 것을 가르친다.
그의 아버지는 세상을 살아가면서 두려움이 많은 사람임이 분명하다. 아
서는 자신과 같은 경험을 하고 24년간 일 년에 하루 정도만을 살아가다

정신병자로 갇혀 있는 할아버지를 구출한다. 할아버지는 등대의 저주인
'24방위 바람이 지나가고 나면 아무 것도 남지 않으리라'는 말을 되뇌며
자신의 24번의 사라짐과 돌아옴을 반복하는 동안 자신이 사랑한 여인 사
라와 딸 안나가 죽었으며 24년이 지난 뒤에 자신을 기억하는 사람이 하나
도 없었다고 충고한다. 주인공 아서는 할아버지와 같은 경우가 반복되지
않을 것을 믿으며 자신이 사랑하는 라자를 일 년에 한 번씩 만나며 아들
벤자민과 딸 소피아를 둔다. 아서는 일 년에 단 하루만을 가족과 함께 지
낼 수 있기에 모든 것을 버리고 오직 가족과 보내는 시간을 간절히 열망
하며 소중하게 살기를 바란다. 매번 가족과 헤어져야만 하는 것을 너무나
안타까워하고 미래에 대해 기약할 수 없는 사랑을 나눈다.

> 우리 둘 다 드러내놓고 말하지는 않았지만 적어도 한 가지 사항에 대해
> 암묵적인 합의를 했다고 느꼈다. 지금 이 순간을 살자는 것……. 불확실한
> 미래에 대해 걱정하느라 지금 이순간의 행복을 내팽개치지 말자는 것…….
> 지금 이 순간, 우리에게 모든 걱정과 우려는 시간 낭비였다. 우린 가장 가
> 치 있고 즐거운 일, 즉 사랑하는 일에 모든 시간을 할애했다. 우린 서로의
> 몸에 매달려 잠시도 떠나지 않았다.[2]

> 라자는 나를 보자마자 눈물을 펑펑 흘리며 달려와 내 목을 부둥켜안았
> 다. 9.11테러는 라자에게는 영원히 채워지지 않을 삶의 허기를 안겨주었
> 다. 충격적인 사건의 소용돌이 속에서 우리는 다시 만났고, 예전처럼 서로
> 를 사랑하기 시작했다. 우리는 미래에 대해 걱정하거나 시간이 흐르는 것
> 에 대해 안타까워하거나 다시 만날 날에 대한 기약도 없이 서로를 갈구했
> 다. (244쪽)

---

2) 기욤 뮈소/양영란 옮김(2015), 『지금 이 순간』, 밝은세상, 195쪽.

하지만 아서는 자신에게 일 년에 하루 밖에 없어서 안타까워하며 24번의 사라짐 이후에 일상으로 돌아갈 것을 기대하며 꿈꾼다. 그리하여 자신의 사라짐에 대해 감내하고 견뎌내려고 애쓴다.

> 인생의 수레바퀴는 계속 돌고 있었다.
> 인생이 가하는 타격을 감내할 수 있어야 해. 참을성 있게 견뎌야 해. 맷집을 키워야 해. 폭풍우나 대홍수가 밀어닥쳐도 살아남아야 해. 대개의 경우 고통을 견뎌내면 저울이 반대쪽으로 기울기 마련이니까. 종종 전혀 예기치 않은 행운이 찾아와 우리를 기쁘게 하는 일이 있으니까. (246쪽)

과연 그럴까? 이런 견뎌냄은 바로 지금 이 순간을 사는 일이 아닌 것을……. 작가가 하고 싶은 말은 무엇일까? 우리가 긴 세월을 살아가는 것 같아도 지금 이 순간 살아있는 순간은 결코 얼마 되지 않음을 깨닫기를 바라는 것 같다. 지금 이 순간 내가 나를 살고 있지 않다면 나는 도대체 누구를 살고 있는 것일까? 지금 이 순간을 산다는 것은 도대체 어떻게 사는 것이란 말인가? 독자는 이런 의문을 갖게 된다.

어느 날 사라졌다가 깨어났을 때 공원에서 딸 소피아가 아빠를 위해 그려준 그림을 들고 라자와 아이들이 같이 살고 있다는 작가 니콜라스 스튜어트 헐의 집에 간다. 그런데 소피아가 그려준 그림은 그림이 아니라 '아빠 작가는 아빠야'라는 말이다. 결국 아서는 자신이라고 믿었던 이가 자신이 아니며, 아내를 뺏어간 작가라고 미워했던 상대 니콜라스 스튜어트 헐도 자신이었음을 깨닫는다. 자신이 일 년에 하루를 제외하고 사라진 남자였던 것이 아니라, 일 년의 하루를 제외하고 가족들이 사라졌던 것이다.

> 누구나 내면에 두 명의 개인이 존재한다. 그 중에서 진짜는 상대방이다.
> ─호르헤 루이스 보르헤스(297쪽)

결국 아서는 깨닫는다. 아버지가 가르쳐준 교훈인 '아무도 믿지 말라'
는 말보다 더 중요한 것이 있다는 것을.

  "내가 인생에서 배운 가장 중요한 교훈이 뭔지 말해줄까? 우리의 유일
한 적은 바로 자기 자신이라는 거야."
  나의 도플갱어는 술병들이 가득 놓여 있는 테이블을 향해 걸어가더니
위스키를 한 잔 따랐다.
  "등대의 진실을 알고 싶나?"
  나는 어안이 벙벙해진 가운데 아무 말도 하지 못하고 그의 일거수일투
족을 주시했다. 그가 묵묵부답인 나를 향해 계속 떠들어댔다.
  "무엇이든 절대로 돌이킬 수 없다는 게 등대의 진실이야. 아무리 지우
려고 해도 지울 수 없어. 그렇기 때문에 주어진 대로 그냥 살아가면서 더
이상 실수를 저지르지 않도록 조심하는 수밖에 없지. 그게 바로 진실의 전
부야."
  내 이마에 땀방울이 송골송골 맺혔고, 눈에서 분노가 너울처럼 일렁거
렸다.
  "등대의 진실이 나와 무슨 상관이야?"
  그는 담배연기를 길게 내뿜었다.
  "넌 나를 바보 취급하는 게 아니라면 그동안 진실을 알고 싶어 하지 않
은 거야."
  (중략)
  바로 그 순간, 너무나 명백한 진실이 예리하게 내 눈을 후벼 팠다. 내가
이제껏 믿고 있었던 것과 달리 사라지는 건 내가 아니라 바로 내 가족들
이었다. (308-309쪽)

  이 소설은 다시 소설의 경계를 허문다. 결국 아서는 이 이야기의 등장
인물이지만 이 소설의 작가였다고 말하고 있다. 소설과 현실의 경계를 무
너뜨렸다.

"작가는 억압, 두려움, 고통, 환상 같은 질료를 바탕으로 작업을 한다고 생각하는데, 아닌가요?"

"당신은 내가 글을 쓸 경우 고통스런 인생의 한 페이지를 무사히 넘길 수 있다고 행각합니까?"

"난 당신에게 인생의 한 페이지를 무사히 넘기라고 권한 적이 없어요. 당신을 억압하는 고통스러운 상처를 픽션으로 승화시켜 거리를 두고 바라보라는 뜻으로 말했을 뿐이죠. 소설을 통해 현실에서는 도저히 받아들이기 힘든 문제를 받아들일 수 있는 것으로 만들어 보란 말입니다."

"나에게 그런 능력은 없어요."

에스더는 탁자 위에 놓아둔 파일에서 복사한 종이 몇 장을 꺼냈다.

"이 자료는 2011년 당신의 소설을 영국에서 출판하기로 결정되었을 때 『데일리 텔레그라프』지와 나눈 인터뷰 내용입니다. 내가 대신 읽어볼게요. '픽션이 지닌 환상적인 면의 이면엔 항상 일말의 진실이 감춰져 있다. 하나의 소설은 거의 언제나 자전적이라고 할 수 있는데, 작가가 감정과 감수성이라는 프리즘을 통해 자신이 경험한 일을 들려주기 때문이다.' 조금 더 뒤로 가면 이런 말도 있어요. '흥미로운 인물들을 창조하기 위해 나는 그들과 공감할 필요가 있다. 나는 차례로 내 등장인물이 되어 본다. 프리즘을 통과하는 빛처럼 나는 내 등장인물들의 내면으로 깊숙이 들어간다.' 좀 더 읽어볼까요?" (330쪽)

결국 24방향의 바람의 등대는 자기 자신을 들여다볼 수 있는 등대였다. 그 바람의 등대가 아서에게 '저주'로 인식되는 삶을 살게 하지만, 그는 그것으로 인하여 진실을 보게 되었고, 결국은 자신이 겪은 고통을 들여다보게 된다. 24방위 바람이 지나가는 길엔 아무것도 남지 않을지라도 두려움 없이 그것에 맞서며 그 바람을 맞이할 수 있는 힘을 얻게 되었다.

2. 하나됨의 완전성 체험

가. 진정한 평화

참 평화롭고도 아늑한 느낌을 주는 이야기를 소개한다. 『버드나무에 부는 바람』은 작가 케네스 그레이엄이 자신의 아들에게 주려고 쓴 이야기다. 편지 혹은 말로 들려주었던 것을 정리하여 동화로 발표하였고, 지금은 동화의 고전 중에서도 고전이 되었다.

이 이야기에는 숲이 우거진 강과 강둑과 마을 주변에서 일어나는 일이 담겨있다. 주인공은 밝고 따뜻한 모울(두더지), 영리하고 예민한 래트(쥐), 토드 홀 저택의 주인이자 장난꾸러기 토드(두꺼비), 그리고 현명한 어른인 배저아저씨(오소리)이다. 이들은 강과 강둑과 그 주변의 숲속에서 살아간다. 이웃한 마을의 사람들과도 함께.

이야기를 읽는 동안 이야기 속에 펼쳐지는 강과 숲과 강물과 햇살과 구름과 눈과 꽃 등 형언할 수 없이 아름다운 풍광에 마음이 평안하고 고요해진다. 작가가 표현하고 있는 자연의 모습은 독자가 눈으로 보면서도 미처 의식으로 떠올리지 못했던 아름답고 빛나는 이 세상의 모습을 의식하게 한다. 언어로 표현하였기 때문이다. 독자에게 읽힌 그 언어는 아름다운 강물과 온갖 꽃들과 햇살의 모습, 바람과 구름의 다양한 빛깔과 모양, 비와 눈이 내리는 여러 가지 계절 속의 모습이 생생하게 떠오르도록 이끈다. 우리가 실제 자연을 보면서 미처 실감나게 떠올리지 못했던 빛과 감각을 언어로 형상화된 이야기 속에서 경험하게 된다. 그 안에서 보트를 타고, 식사를 하고, 소풍을 다니고, 이야기를 나누며, 살아가는 동물들, 그들이 자연과 인간과 함께 펼치는 삶의 모습을 보면서 새삼 경험하지 못했던 편안함과 아늑함과 기쁨을 느낀다.

이 이야기는 동화이다. 밝고 따뜻한 성품을 지닌 모울이 래트와 만나고 우정을 지켜가는 모습, 배저 아저씨의 무뚝뚝하면서도 현명하고 사랑이 많은 삶, 열정적이지만 허풍과 장난으로 사건을 만들고 모험을 하는 토드, 그리고 토드를 향한 모울과 래트와 배저 아저씨의 사랑이 자연스럽게 묻어나는 줄거리를 가지고 있다. 어린아이들이 좋아할 만한 환상적인 이야기이다. 그렇지만 독자는 이 이야기 속에서 사람들이 어떻게 살아가는지를 떠올릴 수 있으며, 자연과 사람과 동물의 어우러짐을 경험하게 된다. 특히 네 주인공의 삶을 통해서 독자는 아름다운 사람의 삶의 이야기를 듣는다. 그러면서도 동물에 대한 친근감과 동물들의 마음과 삶에 대해 상상하게 된다.

세상 일로 마음이 복잡하거나 스트레스를 받는다면, 모든 것을 잊고 이 아름다운 강둑으로 산책을 나가는 것도 좋다. 이 책은 독자에게 바람이 산들산들 부는 강변 마을을 산책하며 온 세상을 온몸으로 향유하는 시간을 갖도록 해준다.

　모울은 발 닿는 대로 어슬렁거리다가 강물이 불어난 강기슭에서 우뚝 걸음을 멈추었다. 그리고 이제 행복이 완성되었다고 생각했다. 모울은 태어나서 한 번도 강을 본 적이 없었다. 강은 매끄럽고, 구불구불하고, 통통한 동물 같았다. 이 동물은 꼴꼴거리며 무언가를 쫓아가서 콸콸거리면서 붙잡았다가 쏴쏴거리면서 놓아주었다. 그리고 벗어나려고 버둥거리는 새 친구들의 뒤를 다시 덮쳤다. 강의 새 친구들은 붙잡혔다가 놓여나기를 되풀이 했다. 이 동물은 반짝거리면서 번쩍거리면서 팟팟거리면서 찰찰대면서 윙윙대면서 졸졸거리면서 보글거리면서 몸서리를 쳐 댔다.

　모울은 그 동물한테 반해서 얼이 나가고 넋이 빠졌다. 모울은 마치 신나는 이야기를 들려주는 이야기꾼 곁을 떠나지 못하는 어린애처럼 종종걸음을 치며 강가를 오락가락했다. 그러다 마침내 지쳐서 강둑에 주저 앉았다.

강은 여전히 졸졸거리면서 세상에서 가장 멋진 이야기들을 쉴새없이 재잘
거렸다.[3]

래트가 말했다.

"난 강 옆에서, 강과 함께, 강 위에서, 강 속에서 살아. 나한테 강은 형
이자 누이이자 숙모이자 친구이자 음식이고, 술이자 목욕탕이기도 해. 강
이 내 세상이고, 다른 건 하나도 필요 없어. 강이 갖고 있지 않은 건 가질
필요도 없고, 강이 모르는 건 알 필요도 없어. 신이여, 우리는 늘 함께 했
나이다! 여긴 봄, 여름, 가을 겨울 가릴 것 없이 철철이 재미있고 짜릿한
일을 찾을 수 있는 곳이지. 2월이 되어 홍수가 나면 우리 집 지하실과 창
고는 나한테 아무 쓸모없는 술로 가득차고, 흙탕물이 멋진 내 침실 창문까
지 차 올라와. 그리고 다시 물이 모두 빠지면서 건포도 케이크 냄새가 나
는 진흙이 여기저기 드러나고, 골풀과 잡초가 물길을 막으면 발을 적시지
않고도 강바닥을 누비고 돌아다니면서 신선한 음식을 찾을 수 있지. 덤벙
대는 인간들이 배에서 떨어뜨린 음식들이 있거든." (20쪽)

래트가 강에 처음 온 모울에게 강을 소개하는 부분이다. 인간이 자신이
사는 곳에 대해 아무런 감각이 없는 것과 비교하면 래트에게 강은 혈육과
같다. 래트가 강을 보며 느끼는 마음, 마치 강과 혈육으로 연결된 정도가
아니라 마치 한 몸인 듯 강 안에서 살고 있는 이런 마음은 바로 하나 되는
사랑의 마음이다. 개체로서 래트의 경계가 완전히 허물어지고 온 자연과
하나가 되는 경험을 묘사하고 있다. 바로 이런 부분에서 독자는 주인공의
마음을 느끼며 동화를 읽기 때문에 온 자연과 하나 되는 완전성을 체험할
수 있게 된다. 이 동화의 모든 부분에서 독자는 아름다운 자연과 바람과
들판과 강과 하나 되는 완전성의 체험으로 진정한 평화를 맛보게 된다.

3) 케네스 그레이엄/신수진 옮김(2003), 『버드나무에 부는 바람』, 시공주니어, 12-13쪽.

나. 하나 되는 삶의 기쁨과 떨림

루시 모드 몽고머리의 『빨간 머리 앤』에서 그려지는 앤은 온 세상과 하나 되는 완전한 사랑의 모습이다. 부모님을 잃고 여러 이웃집을 전전하다 고아원에서 지내던 앤은 커스버트 남매가 사는 초록 지붕 집으로 입양되어 온다. 오빠 매슈 커스버트는 입양할 남자아이를 데리러 기차역에 마중을 나갔다가, 빨간 머리 앤을 데리고 돌아온다. 매슈는 앤과 함께 집으로 돌아오는 중에 앤의 이야기를 들으며 앤을 키우고 싶은 마음이 든다. 앤은 아름다운 마을에서 진정한 가족을 만나 살게 된 기쁨에 한껏 들떠서 매슈와 함께 돌아오는 길의 아름다움을 보며 탄성을 지른다. 하지만, 초록 지붕 집에 도착해서는 남자 아이를 입양하려했다는 마릴라 커스버트의 말을 듣고 앤은 낙담하여 울다 잠이 든다. 다음날 아침 자신이 어떻게 될지도 모르는 상황이지만 앤은 초록지붕 집에서 맞이한 아름다운 풍광에 눈을 반짝이며 넋을 잃고 감탄한다.

"오, 물론 나무도 아름다워요. 네, 저 나무는 정말 눈부시게 아름다워요. 꽃도 많이 피었고요. 하지만 제 말은 꼭 나무만이 아니라 모든 것들이 말예요. 정원과 과수원, 시냇물과 숲…… 이 모든 세계를 말하는 거예요. 이런 아침에는 세상을 그저 사랑하기만 할 것 같지 않으세요? 시냇물의 웃음소리가 여기까지 들리는 것 같아요. 시냇물이 얼마나 즐거운 건지 아세요? 시냇물은 언제나 웃어요. 겨울에도 얼음 밑에서 웃는 소리가 들려요. 초록지붕 집 근처에 시내가 있어서 참 좋아요. 저를 여기서 데리고 살지 않을 텐데 무슨 소용이냐고 생각하실지 모르지만, 그렇지 않아요. 다시는 저 시냇물을 보지 못한다 해도, 저는 초록 지붕 집에 시내가 있었다는 사실을 기억할 거예요. 만약 시내가 없었다면 거기엔 꼭 시내가 있어야 하는데 하는 유쾌하지 못한 감정이 늘 붙어 다녔을 거예요. 저는 오늘 아침엔 절망의 구렁텅이에 빠지지 않았어요. 아침엔 절대 그럴 수가 없어요. 아침이 있다는 게 정말 좋지 않으세요? 하지만 무척 슬퍼요. 전 조금 전까지는 아주머니가 저를 원하셔서 여기서 영원히, 영원히 살 거라는 상상을 하고 있었거든요. 그러는 동안은 무척 위로가 되었어요. 하지만 상상의 가장 나쁜 점은, 상상을 그만둘 때 마음이 아프다는 거죠."4)

우여곡절 끝에 초록 지붕 집에서 살게 된 앤이 에이번리 마을에서 살아가는 매 순간은 바로 이런 모습이다. 앤의 눈에 보이는 나무와 하늘과 구름과 바람과 온갖 자연은 모두 빛으로 반짝인다. 사계절이 바뀌면 바뀌는 대로 매일매일 매순간 그녀의 온 감각과 온 마음은 새로움에 떨리고 감탄한다. 바로 초록지붕 집과 에이번리 마을의 자연과 온전히 하나가 된 삶이 주는 선물이다. 무엇하나 반복되는 것이 없는 늘 새로운 자연이 스스로와 하나가 된 인간에게 주는 행복감은 앤의 삶을 읽는 독자도 함께 느낄 수 있다. 이 책의 대부분은 앤의 감탄사와 앤의 상상의 말들 속에 드러나는 인간과 자연의 혼연일체된 삶이 무엇인지를 묘사하는 데에 할애되고 있다. 이 이야기를 읽는 독자는 자신도 모르게 앤의 마음에 감정이입하고 동일시하면서 온갖 자연의 신선하고 반짝거리는 아름다움에 푹 빠져들어 평안과 감사와 기쁨을 느끼게 된다.

앤의 삶이 독자에게 주는 또 한 가지 경험은 자연만이 아니라 자신의 마음과 다른 이의 마음에 따르는 감수성이다. 앤은 매일매일 새롭게 다가오는 아름다운 자연 속에서 경탄하는 삶을 살아간다. 또 학교에서 만나는 사람들과의 관계에서 혹은 학업에서 자신의 마음에 자신을 맡기는 일에 주저하지 않는다.

---

4) 루시모드 몽고메리 글/조디 리 그림(2015), 『빨간 머리 앤』, 시공주니어, 59-60쪽.

산사나무 꽃이 지고 나니 다음엔 제비꽃이 피어 제비꽃 골짜기는 온통 보랏빛으로 물들었다. 앤은 학교 가는 길에 마치 성지를 걷는 듯 경건한 발걸음과 경배하는 눈빛으로 그 골짜기를 지나갔다.

앤이 다이애나에게 말했다.

"어찌 된 일인지 난 이곳을 지날 때는 길버…… 아니 누가 우리 반에서 나보다 잘하든 못하든 전혀 신경이 쓰이지 않아. 하지만 학교에만 가면 모든 게 달라지고 여전히 신경이 쓰이는 거야. 내 속엔 여러 가지 앤이 들어 있나봐. 가끔씩은 난 왜 이렇게 골치 아픈 존재인가 하는 생각이 들기도 해. 내가 한결같은 앤이라면 훨씬 더 편하겠지만 재미는 절반밖에 안 될거야." (248쪽)

앤은 학교 가는 길에 보이는 골짜기를 '성지를 걷는 듯' 경배와 찬양과 감탄의 마음으로 바라보는 소녀다. 그러면서도 자신도 모르게 학교에서 길버트에게 끌리는 마음에 대해서는 스스로 설명하지 못하면서도 인정하고 있다. 그것이 무엇인지 몰라서 '골치 아픈' 것으로 여기기도 하지만, 그러한 자신을 그 상태 그대로 맡겨두면서 '한결같은 앤이라면' 재미가 없을 것이라고 생각하기도 한다. 바로 이러한 모습이 진정한 자신과 하나 된 삶을 보이는 부분이다. 자신의 마음이 끌려가는 것에 반항하고 힘들어 하는 것이 아니라 힘들면 힘든 그대로 진정한 자신의 삶의 의미를 깨달아 가는 모습이 진정한 자신과 하나 된 삶의 모습이다.

독자는 앤의 삶을 보면서 왜 자신이 그토록 행복하고 설레며 또 가끔은 마음이 아픈지 명확하게 설명할 수 없을지도 모른다. 앤은 자신의 마음에서 일어나는 어떠한 감정이나 어떤 마음도 나쁘다거나 옳지 않다고 생각하며 억누르고 저항하지 않는다. 그래서 앤과 동일시하는 독자는 그런 여러 가지 감정에 휩싸이면서도 결코 자신을 억압하지 않는 경험을 하게 된다.

부엌문가에 놓인 커다랗고 붉은 사암 평상에 앉아, 마릴라의 체크무늬 치마 위에 피곤한 곱슬머리를 올려놓고 목사관에 갔다 온 행복한 이야기를 들려주었다.

전나무가 우거진 서쪽 언덕에서 차가운 바람이 긴 추수기의 들판으로 불어오며 포플러 잎 사이로 바람 소리를 냈다. 과수원 위로 초롱초롱한 별이 하나 걸려 있고 개똥벌레가 연인의 오솔길 가에 핀 고사리와 살랑대는 가지들 사이로 날아다녔다. 앤은 그 모습을 바라보며 이야기 하다가 바람과 별과 개똥벌레의 어우러짐이 어떤 말로 형용할 수 없이 달콤하고 매혹적이라는 느낌이 들었다.

"오, 마릴라 아주머니, 전 정말 황홀한 시간을 보냈어요. 제가 헛되게 살지 않았다는 생각이 들었고 이런 기분은 다시 목사관에 초대를 받지 못한다고 해도 항상 계속될 것 같아요. 제가 그곳에 도착하니 사모님이 반갑게 맞아주셨어요. 주름 장식이 많이 달리고 소매가 팔꿈치까지 내려오는 예쁜 연분홍빛 모슬린 드레스를 입고 계셨는데 꼭 천사처럼 보였어요. 전 정말 커서 목사님 부인이 되고 싶어요. 꼭 천사처럼 보였어요. (275쪽)

앤은 무엇을 하든 감사하고 기쁜 마음이 흘러 넘친다. 그녀는 목사관에 초대 받아서 기쁘고 황홀한 것만큼, 그 이야기를 마릴라 아주머니에게 전하고 있는 순간에도 황홀함과 매혹적인 느낌을 받고 있다. 앤은 한 순간도 다른 곳에 가 있지 않은 삶을 산다. 지나간 시간의 황홀함을 이야기하고 있는 순간에도 숲과 별과 바람의 느낌을 온전히 느끼며 살아가고 있다.

진정한 자신과 하나가 된 사랑의 삶은 무엇이 진정한 자신을 사는 것인지를 저절로 안다. 그녀가 종종 '상상'이라고 표현하고 있지만, 그것은 상상이 아니다. 진정한 자신이 느낄 수 있는 것이라고 표현하는 것이 옳다.

나중에 앤은 마릴라에게 배리 할머니의 집은 '엄청나게 근사한' 가구들로 꽉 차 있다고 말했다. 배리 할머니가 응접실에 둘만 남겨두고 저녁 준비가 다 되었는지 보러나가자, 이 조그만 시골 여자아이들은 그 호화로운 방안을 쭉 둘러보고는 그만 어리둥절해지고 말았다.

다이애나가 속삭였다.

"꼭 궁전 같지 않니? 난 조세핀 할머니 댁에 한 번도 못 와 봤는데, 이렇게 굉장한 줄은 정말 몰랐어. 줄리아 벨이 여기에 와 봤어야 하는 건데. 그 앤 자기 엄마 응접실이 멋지다고 뽐내거든."

앤은 황홀한 듯 긴 한숨을 내쉬었다.

"벨벳 양탄자, 실크 커튼! 다이애나, 난 이런 걸 꿈꿨어. 근데 전혀 편안하지가 않아. 그런 기분 알겠니? 여긴 갖가지 물건들이 너무나 많고 전부 다 근사해서 더 이상 상상할 게 없어. 이럴 땐 가난하다는 게 위로가 돼. 상상할 거리가 훨씬 많으니까 말야." (352쪽)

부자인 조세핀 배리 할머니의 집에 초대되었을 때 다이애나와 앤의 대화는 바로 그것을 보여준다. 앤은 호화로운 응접실에서 '상상할 게' 없어서 불편하다는 마음을 그대로 말한다. 이것은 그녀의 '진정한 자아'가 느끼기 원하는 아름다움을 그녀 스스로 알고 있기 때문이다. 이런 앤의 삶은 흔히 예쁜 옷을 좋아하는 여자 아이들이 모두 유혹될 법한 보석이나 부 앞에서도 그대로 드러난다.

"그 여자들이 하고 있는 다이아몬드를 봤니? 너무 매혹적이었어. 너희들은 부자가 되고 싶지 않니?

제인이 한숨을 쉬며 말했다. 그러자 앤이 자신 있게 말했다.

"우린 부자야. 그래, 우린 15년 넘게 살았고 또 여왕처럼 행복하고 상상력도 가졌어. 저 바다를 봐, 얘들아, 은빛과 그림자와 어둠에 묻혀 있는 것들을. 우리가 백만 달러를 가지고 있고 다이아몬드가 수십 개 있다고 해서 저것들이 더 아름답게 느껴지겠니? 설사 그런 여자들 중 한 사람과 나를 바꿀 수 있다고 해도 난 그렇게 하고 싶지 않을 거야. 그 하얀 레이스 드레스를 입은 여자아이처럼 평생 동안 심술궂은 얼굴을 하고 지내고 싶니?

세상을 비웃기 위해 태어나기라도 한 것처럼 말야. 아니면 친절하고 마음
씨 좋긴 하지만 그렇게 뚱뚱하고 작달막해서 맵시라곤 하나도 없는 분홍
색 드레스를 입은 여자처럼 되고 싶니? 아니면 그렇게 슬픈 눈빛을 한 에
번스 부인처럼? 그 부인은 자신의 그런 모습을 무척 불행하게 생각할거야.
넌 그러지 않을 거라는 걸 알잖아, 제인 앤드루스!"

제인은 자신 없이 말을 받았다.

"난 모르겠어, 확실하게는 말야. 다이아몬드는 사람들을 많이 위로해 줄
것 같은데."

앤은 선언하듯이 말했다.

"글쎄, 난 나 자신 외에는 어떤 사람도 되고 싶지 않아. 평생 동안 다이
아몬드의 위로를 받지 못한다고 해도. 난 진주 목걸이를 한 초록 지붕 집
앤으로 아주 만족해. 매슈 아저씨가 분홍색 드레스를 입은 여자의 보석보
다 훨씬 더 귀한 사랑을 이 진주 목걸이에 담아주셨다는 걸 난 알거든."
(411-412쪽)

조금 자란 앤 셜리는 이제 친구들 앞에서 자기 자신 외에는 어떤 사람
도 되고 싶지 않다고 말한다. 그녀는 진정한 자신과 하나 된 사랑이 바로
참 자신이라는 것을, 그 하나 되어 빛나는 삶을 경험해 봄으로써 저절로
알게 되었다. 무엇이 자신의 참 삶이고 아닌지에 대해서 친구들 앞에서
설명할 수 있을 정도가 된 것이다. 이 책의 독자가 제대로 앤에게 감정이
입하고 동일시하면서 독서할 수 있다면 적어도 책을 읽는 동안이라도 하
나 된 사랑의 경험에 동참하게 된다.

앤의 주변 인물들은 앤을 알아가면서 본인들 스스로가 행복해진다. 진
정한 자신과 하나 되어 사는 사람의 행복감은 자연스럽게 주변의 사람들
과 연결되어 번져가기 때문이다. 마릴라 아주머니나 조세핀 할머니, 다이
애나를 비롯한 앤의 친구들은 모두 앤을 만나는 것을 기뻐한다. 특히 앤
을 기른 마음씨 착한 마릴라 아주머니는 자신을 표현하는 것을 어려워하

였고 '시 따위로 마음이 약해지는 걸 비웃는' 사람이었다. 그러나 그녀는
앤과 함께 살아가면서 자신도 모르게 조금씩 바뀐다.

　　어느 날 저녁 앤은 매슈와 마릴라에게 감사하는 뜻으로 그 드레스를 입
고 부엌에서 '소녀의 맹세'를 낭송했다. 마릴라는 밝고 생기 넘치는 얼굴
과 우아한 몸짓을 보며 앤이 초록 지붕 집에 처음 왔던 날 밤을 생각했다.
눈에는 눈물이 글썽글썽한 비통한 모습에 면모 교직물로 된 보기 흉한 황
갈색 원피스를 입고 두려운 듯 떨고 있던 그 기묘한 모습이 또렷이 떠올
랐다. 그 생각을 하자 마릴라는 눈물이 났다.
　　"제 낭송 때문에 우시는 거 맞죠, 마릴라 아주머니? 드디어 제 승리예요"
　　앤이 의자에 앉아 있는 마릴라의 뺨에 살짝 키스를 하려고 몸을 구부리
며 말했다.
　　시 따위로 마음이 약해지는 걸 비웃는 마릴라가 말했다.
　　"아냐, 네 낭송 때문에 운 게 아니다. 어렸을 적 네 모습을 생각하고 있
었어, 앤. 네가 항상 조그만 여자아이로 머물러 있었으면 하는 생각을 했
단다. 이제 넌 커서 떠나려고 하잖아. 더구나 넌 그 드레스를 입으니 너무
크고 날씬해 보여서 완전히 다른 아이처럼 보이는구나. 전혀 에이번리 아
이 같지가 않아. 그런 생각을 하니 좀 쓸쓸한 생각이 들었단다." (414쪽)

　　마릴라는 앤과 함께 살면서 자신의 마음을 잘 표현할 수 있게 되었고,
자신의 마음이 이끌리는 그대로 말할 수 있게 되었다. 앤이 조그만 여자
아이에서 자라나서 시를 읽는 모습을 보며 감격해 하며 눈물을 흘리며 자
신의 마음을 표현하는 모습을 보여주고 있다. 진정한 자신과 하나 되어
사는 사랑은 함께 있는 자에게 그것을 은연중에 전하게 된다.
　　진정한 자신과 하나 된 삶은 그것이 사랑이라는 이름이든 아니든 관심
도 없이 사랑으로 살게 된다. 앤은 매슈 아저씨가 돌아가시고 시력을 잃
어 가는 마릴라 아주머니가 초록지붕 집을 팔려고 하는 것을 알고 난 후

자신의 진로를 바꾼다. 그녀는 장학금으로 대학을 갈 수 있는 상황이었지만, 그녀는 다른 길을 택한다.

"아, 앤, 네가 여기에 있는다면 난 정말 좋을거야, 나도 알아. 하지만 나 때문에 널 희생시키고 싶진 않아. 그건 절대 안돼."

"말도 안돼요! 그건 희생이 아니에요. 초록 지붕 집을 포기하는 것보다 더 나쁜 일은 없어요. 그보다 더 가슴 아픈 일은 없을 거예요. 우린 정든 옛집을 지켜야만 해요. 전 결심했어요, 마릴라 아주머니. 레드먼드에 가지 않고 여기에 지내면서 애들을 가르칠 거예요. 제 걱정은 조금도 하지 마세요."

앤은 명랑하게 웃었다.

"하지만 너의 포부는, 그리고……."

"전 지금 어느 때보다도 포부에 차 있어요. 제 포부를 바꾼 것뿐이에요. 전 좋은 선생님이 되고, 또 아주머니가 시력을 잃지 않게 할 거예요. 게다가 이 집에서 독학으로 대학과정을 조금씩 공부할 거예요. 아, 전 계획이 너무 많아요, 마릴라 아주머니. 일주일 동안이나 생각했거든요. 전 여기서 최선을 다해 살 거고, 그 대가로 가장 훌륭한 것을 받을 거예요. 퀸스를 졸업할 때에 저의 미래는 제 앞에 곧게 뻗어 있었어요. 그 길을 따라가면 많은 이정표를 볼 수 있으리라고 생각했죠. 이제는 그 길에 모퉁이가 생겼어요. 그 모퉁이 길에 무엇이 있는지는 몰라요. 하지만 가장 좋은 일이 기다리고 있을 거라고 믿을 거예요. 모퉁이 길은 그 나름대로 매력이 있어요, 마릴라 아주머니. 그 모퉁이를 돌아서면 어떨지 궁금해요. 어떤 초록빛 영예와 각양각색의 빛과 그늘이 있을지, 어떤 새로운 풍경이 있을지, 어떤 새로운 아름다움이 있을지, 어떤 모퉁이와 언덕과 계곡이 펼쳐져 있을지 말이에요." (453쪽)

앤 셜리는 자신의 앞길에 펼쳐질 그 무엇도 두렵지 않은 삶을 산다. 대학을 나와서 더 많은 것을 할 수 있을 거라는 욕심은 처음부터 없었는지도 모른다. 그녀는 초록지붕 집에서 마릴라 아주머니를 돌보며 살아가는

삶을 선택한다. 이것은 선택이라기보다는 진정한 자신에게서 들려오는 목
소리를 따라 살아가는 삶을 사는 것뿐이다. 그녀는 모퉁이가 두렵지 않으
며, 오히려 설레는 마음으로 모퉁이를 돌겠다는 마음에 가득 차 있는, 진
정한 하나 된 사랑을 살고 있다.

다. 깨어남의 새로움과 넉넉함

봄이 오는도다.
풀어버린 머리로다.
달래나물처럼 헹구어지는
상긋한 뒷맛
이제 피는 좀 식어
제자리 제대로 돌 것이로다.

눈여겨볼 것이로다, 촉 트는 풀잎,
가려운 흙살이 터지면서
약간은 아픈 기도 있으면서
아, 그러면서 기쁘면서……
모든 살아 있는 것이
형뻘로 보이는 넉넉함이로다.

땅에는 목숨 뿌리를 박고
햇빛에 바람에
쉬다가 놀다가
하늘에는 솟으려는
가장 크면서 가장 작으면서

천지여!
어쩔 수 어쩔 수 없는

찬란한 몸짓이로다.

-박재삼, 「병후에」

온 우주와 하나 되는 삶은 상큼하고 맑고 깨끗한 기운을 느낀다. 눈에 보이는 온갖 풀과 나무와 사물들이 모두 명징하고 다정하게 다가온다. 작은 풀꽃 하나도 눈에 선명하게 보이고 나무와 나뭇잎들, 흙과 바위마저 깨끗하게 씻은 얼굴로 다가온다. 햇살과 바람과 하늘도 모두 처음 보는 것처럼 새롭고 아름답게 빛난다.

위 시의 시적 화자는 어딘가 아팠던 모양이다. '피는 좀 식어/제자리 제대로' 돌 것이라는 말은 그동안 달뜬 피가 제자리 제대로 돌지 못한 시절이 있었음을 짐작하게 한다. 인생의 겨울은 어둡고 아프고 힘들 수밖에 없다. 이제 봄이 와서 만물의 기운이 제자리를 찾아 원활하게 돌아갈 때 만물은 찬란하다.

독자가 몸이 아파 병석에서 앓고 난 이후 말갛게 씻은 얼굴처럼 깨끗한 봄햇살 아래에서 우주만물을 바라본 경험이 있다면 더 잘 느낄 수 있을 것이다. 아프고 난 후에 보는 세상은 오랜 동안 못 보았던 새로움으로 다가오지 않던가.

아프고 난 자는 결코 자기중심적이지 않다. 아픔을 극복한 것에 대한 감사로 가득하다. 고통 속에서 자신의 고통스러운 부위에 온갖 신경과 고민을 집중하고 열에 들떠 있었거나 막막했던 날은 그야말로 에고(ego)에 매몰되어 있던 시간이다. 병후의 사람은 이제 고통을 뚫고 나와 그동안 병에게로만 향하였던 눈을 전체를 향하여 바라볼 수 있게 된 사람이다.

작게 '촉 트는 풀잎, 가려운 흙살이 터지'는 모습이 보이고, 아직 '약간은 아픈 기'도 있지만 '아, 그러면서 기쁘면서……' 삶이 고맙고 기쁘다. 무언지 정확하게 말로 다 표현하기 어렵지만 기쁘고 고맙고 다정하다. 더

낮은 곳, 땅에 발은 담그고 있지만 햇살만큼 따뜻하고 봄바람처럼 자유로
우며 하늘처럼 높다. 그렇지만 열에 들뜬 채 무한정 크고 높아지려는 오
만은 아니며 작으면서도 크고, 크면서도 작은 그런 완전함이다.

　이제 막 갓 태어난 것처럼 모든 것이 경이로우면서도 감사하다. '모든
살아있는 것이 형뻘로' 보인다. 작은 풀꽃도 새싹도 나무도 벌레도 모두
가 다 '형'으로 보이니 나는 얼마나 그들이 믿음직하고 사랑스러운가? 온
우주가 형이니 나는 얼마나 편안한가? 온 우주 만물이 다 형이니 나는 얼
마나 작아도 되는 기쁨에 가득한가? 모든 것이 여유롭고 넉넉한 감사 속
에 있다.

　이 시는 '병후에'라는 제목으로 봄을 노래하면서 봄에 우주만물의 밝고
맑은 기운을 노래한다. 긴 겨울이 병석일 수 있고, 인생이 에고에만 매몰
되어 고통스럽고 갇혀있는 삶의 병석에 있었을 수도 있다. 독자가 생각할
수 있는 '병'은 다양하다. 무언가에 고착되고 틀에 갇히었고 분리되었고
그래서 힘들었거나 힘든 줄도 모르고 보낸 시간일 것이다. 그 껍질을 깨
고 나왔을 때 맑게 보이는 우주만물은 어쩔 수 없는 찬란함이다.

제3부

문학체험으로 하는 사랑교육

　문학교육 연구자나 교사와 학부모 독자들이 함께 읽을 수 있는 구체적인 문학작품을 들고, 그와 관련한 사랑의 경험 및 문학체험을 돕는 방법을 고민한다. 특히 문학체험 가운데에서 독자가 느끼는 삶과 사랑의 의미를 종교 경전이나 고전에서 드러나는 사랑과 삶의 의미를 바탕으로 구체적으로 기술한다. 대중적으로 읽히는 현대문학 작품을 통해 오늘날의 삶에서 필요한 사랑을 구체적으로 살펴보고, 독자가 문학체험으로 경험토록 하기 위한 안내 방향을 제시한다. 아동이나 청소년이 읽을 수 있는 시, 동화, 청소년 소설 속의 감추어진 다양한 사랑의 의미와 경험 과정을 탐색한다. 또 성인의 문학체험 과정도 예를 들었다. 이와 관련하여 학생과 학부모, 교사, 그 외에도 문학의 독자와 주변 사람이 함께 문학적 감동을 체험할 때 주고받을 '도움'의 내용이나 방법에 주안점을 두어 생각해 본다.

제1장

두려움의 극복 : 자신을 사랑하는 문학체험 교육

1. 두려움의 문제와 문학체험

현대의 많은 사람들이 두려움에 휩싸여 살아간다. 특히 권위에 의존하여 조건화된 삶을 사는 사람일수록 자신이 아닌 외적 잣대에 자신을 맞춰 살아가게 됨으로써, 언제나 그 잣대에 맞지 않게 될까봐 두려워하며 살게 된다. 인간의 유한성 때문에 외적 잣대에 맞추면서 살아간다는 것은 끊임없는 두려움과 공포의 삶을 산다는 의미이다. 이 두려움은 분노와도 밀접하게 연관된다. 두려움이 좌절을 낳고 좌절은 인간을 분노하게 만들기 때문이다. 두려움에 사로잡힌 현대인의 공통 특징은 두려움에서 벗어나기 위해서 더욱 자신을 압박하며 공격하고 상처 입히는 삶을 산다는 점이다. 많은 현대인이 우울증에 시달리고 폭력과 자살에 이른다는 보고가 이어진다. 이는 권위 의존적 삶을 사는 현대인들에게는 당연한 결과일 것이다.

두려움에서 벗어나기 위해서는 자신이 아닌 자신 바깥의 권위적 잣대에

맞추어 사는 삶이 아니라 자연스러운 자신을 있는 그대로 받아들이는 자세
가 필요하다. 특히 자신이 작고 부족하다고 느끼거나 자신을 부끄러워하는
마음이 두려움을 낳는다. 대부분의 사람들은 자신의 생각이나 감정을 권위
에 맞추어 포장하려고 한다. 특히 우리 자신의 에고는 현대인이 자연스러운
자신의 감정이나 생각을 부끄럽게 만들고 자책하게 만든다. 옹졸한 나, 화
를 내는 나, 능력이 부족한 나, 가진 것이 없는 나라고 여기며 스스로를 '나
쁘다'고 판단한다. 이 판단이 두려움과 분노로 이어져 고통을 낳는다.

  결국 권위에 의존하여 살아가는 사람의 두려움을 치유하고 참자아를
세우기 위한 가장 좋은 방법은 바로 '사랑'이다. 불교(佛敎)의 세 가지 보
시 가운데 가장 뛰어난 보시가 바로 두려움을 없애주는 무외시(無畏施)인
데, 이때 두려움을 없애주는 가장 좋은 방법은 그에게 사랑을 표현하는
것이다. 문학교육은 두려움에 시달리는 이들에게 두려움을 이길 수 있는
길을 스스로 찾도록 안내할 수 있다는 점에서 사랑의 실현 과정임이 분명
하다. 문학작품을 읽으며 자신의 삶에 의문을 가지고, 자신이 누구인가부
터 어디에서 어떻게 살아가고 있으며 어떻게 살아가야 할 것인가를 생각
해볼 기회를 갖고 실천하는 길을 갈 수 있다면 그는 사랑의 길로 들어설
수 있고 스스로의 참모습을 찾아낼 수 있다.

  참자아(Self)는 분별심을 갖지 않는다. 자신을 잘함과 못함으로 판단하고
으쓱대거나 좌절하지 않는다는 말이다. 하지만 현대를 살아가는 이들 대부
분은 옳음과 그름, 잘함과 잘못함을 구분하고 분별하며 살아간다. 물론 그
기준은 외적으로 제공되는 잣대이다. 어린아이가 처음 세상에 태어났을 때
는 분별심을 가지고 있지 않으나, 가족과 사회 등 삶의 환경 속에서 자라
면서 점차 에고(ego)를 발달시키게 된다. 에고는 내 삶을 분별하는 마음으
로 살아가도록 이끈다. 선악이 뚜렷한 이야기를 읽고 선악을 이분법적으로
학습하는 어린아이처럼 어느 순간부터는 좋은 것과 나쁜 것, 옳은 것과 그

른 것, 중요한 것과 중요하지 않은 것, 착한 것과 나쁜 것, 높은 것과 낮은 것의 틀을 만들어 모든 것을 틀에 맞춰 판단하며 살게 된다. 그리고 자신은 삶의 좋은 것, 옳은 것, 중요한 것, 높은 것, 즐거운 것만을 행하고 성취하면서 살기를 지향하는 사람이 된다. 자신이 지향하는 바에 제대로 다가가지 못한다고 여겨지는 순간에 바로 '두려움'에 휩싸인다. 특히 자기 스스로가 다른 사람과 비교하여 한참이나 뒤처진다고 생각할 때 더욱 두려워진다. 자신이 지향하고 추구하는 바, 바로 허구적 에고(ego)의 지향점과 현저히 다른 자신의 현재 모습을 자책하거나, 자신이 낮고 천하고 그릇되거나 나쁘다고 판단될 때 스스로 두려움을 느끼며 좌절하게 된다.

이를테면, 대부분의 현대인은 쉬지 않고 열심히 일하는 모습을 매우 긍정적이고 올바른 삶으로 인정하고 있으며 그런 삶을 계속하기를 추구한다. 하지만, 할 일이 없어 심심해하거나 빈둥거리는 모습에는 한심한 마음을 갖게 되고 이것이 계속 반복될 때 두려움을 느낀다. 하지만 이런 극단적 두 가지의 분별은 에고에 의해 기획된 생각일 뿐이다. 열심히 일하는 것이나 아무 하는 일 없이 있는 것 모두 주어진 삶의 상황에 알맞게 적절하게 살아가는 모습들 가운데 한 가지일 뿐이다. 이는 긍정이나 부정으로만 여기거나 기뻐하거나 두려워할 일이 결코 아니다. 삶의 전일체적 모습 속에서는 열심히 일할 때가 있고 빈둥거릴 때가 있을 수밖에 없다.

결국 현대인의 삶에서 두려움을 유발하는 요소로 가장 강력하게 작동하는 것은 바로 '자기 자신'이다. 자기 자신의 '판단', 곧 '분별심'이다. 자기 자신의 분별심이 스스로를 두려움 속으로 밀어 넣고 그 두려움에 빠져서 허우적거리며 진정한 삶의 순간을 놓치게 만든다.

결국 '두려움'은 자신(ego)의 허구성을 깨닫고 진정한 자신(Self)의 존재를 알게 됨으로써 극복할 수 있다. 아니, 진정한 자신을 제대로 알지 못하여도 '두려움'이란 진정한 자신이 아닌 에고에 의해 만들어지는 것임을 인식할 수 있다면, 그것으로 두려움을 극복할 방향을 찾을 수 있다. 여기서 '극복'이라는 어휘가 어울리지 않기도 하다. 왜냐하면 '두려움'에서 벗어나려고 애쓸수록 벗어나지 못하는 이도 많기 때문이다. 그저 자신이 두려워하고 있다는 사실을 아는 것, 그 이유가 무엇인지 찾아내는 것만으로도 진정한 자신의 존재를 인식하며 살아갈 수 있게 된다.

이를 위해서는 자신을 고통스럽게 하는 것이 무엇인지를 알아채야 한다. 종교적 귀의나 수행 등 여러 가지 방법이 있겠으나 문학체험도 그 한 가지 방법이 될 수 있다. 문학작품을 읽으며 자기를 성찰하고 바라볼 수 있다. 문학은 인간의 두려움을 상상적 경험으로 제공한다. 문학체험을 하는 가운데 두려움의 상황과 심리를 온전히 경험하게 한다. 그와 더불어 두려움의 문제를 깊이 있게 들여다보며 두려움에 대한 자신의 마음을 알아챌 수 있는 기회를 준다. 문학이 근본적으로 진정한 자신을 잃어버린 인간의 두려움을 속속들이 체험할 수 있도록 해준다는 점은 다른 어떤 형태의 언어나 자료보다도 효율적인 치유제가 된다는 의미이다. 독자에게 자신의 두려움을 들여다보고 알아챌 수 있게 해주는 기회를 주기 때문이다. 두려움에 찬 에고의 모습과 진정한 자아의 존재를 경험할 수 있는 기회를 주기 때문이다.

2. 두려움을 극복하는 문학체험 교육

여기서는 문학을 통한 사랑교육에서 에고와 참자아의 소통이 그려진 『몬스터 콜스』, 진정한 자신을 발견해 가는 과정의 한 예를 볼 수 있는 청소년 소설 『초콜릿 전쟁』과 시 「어디 우산 놓고 오듯」 체험의 예를 들며 두려움을 극복하는 사랑교육으로서 문학체험 과정을 살피며 교육 방향도 알아보기로 한다.

가. 참자아를 찾도록 돕기

문학체험은 우리의 삶 전체가 그러하듯, 주체와 대상이 분리되지 않는 현존이고 삶 그 자체이다. 흔히 문학 읽기를 주체인 독자가 대상인 작품을 읽는 것으로 여기지만, 주체와 대상을 분리하는 관점은 오랫동안 문학교육의 많은 부분을 잘못 설명해왔다. 여기서는 주체와 대상의 구분이 없는 삶으로서의 문학 행위를 강조하며 문학체험이라는 용어를 사용한다. 그런데 문학체험을 본서에서 글이나 말로 설명할 때 그 복합적 총체적 체험을 분절하지 않고 기술하는 것은 불가능하다. 문학교육이 말이나 글로 설명될 때 분절되고 주체와 대상이 분리된 것처럼 보이는 언어적 한계를 인식하며 소통하는 것이 필수적인 이유이다.

문학체험을 하는 독자 개인의 실존적 삶의 상황이나 삶 전체가 문학체험의 질을 결정한다. 또 개개인의 문학과 삶에 대한 가치관이나 이해력도 작용한다. 어떤 작품을 읽는 데에서 문학체험의 질적 깊이를 더하는 가장 중요한 교육 활동은 바로 독자 개개인의 그 작품에 대한 문학체험을 세밀하게 성찰하는 일이다. 이를 토대로 하여 문학체험의 더 깊은 숨은 길을 찾아낼 수 있기 때문이다.

1) 『몬스터 콜스』 체험하기

가) 문학체험의 다양성 이해

문학 경험을 통한 두려움의 극복 과정은 독자 개개인의 실존적 상황이나 문학체험의 질에 따라 매우 다양한 형태와 양적·질적 차이를 보일 수밖에 없다. 이를테면, 암 투병을 하는 엄마를 보며 악몽에 시달리는 소년 코너의 이야기인 『몬스터 콜스』를 읽는 독자의 문학체험을 생각해 보자.

이 이야기는(2부 1장 1절 참조) 이혼 부모 가정에서 투병생활을 하는 엄마와 단 둘이 살아가는 소년 코너의 이야기다. 코너는 학교에서 친구들에게 괴롭힘을 당하고, 밤마다 바람이 불고 땅이 흔들리는 악몽 속에서 헤맨다. 코너를 보살피러 온 외할머니와 싸우며, 학교에서 자신을 괴롭히는 친구를 때려서 문제를 일으키기도 한다. 하지만 그러한 문제들도 코너가 당하고 있는 아픔의 상황보다는 더 큰 일이 아니어서 코너는 어디서도 벌을 받지 않는다. 코너는 벌을 받지 못하는 자신의 그 상황, 바로 '엄마의 병의 위중함'이 힘들고 두렵다. 코너는 12시 7분에 나타나는 몬스터와의 대화와 교감을 통해서 삶의 깨달음을 얻어가며 진정한 자신을 찾아나간다.

이 이야기는 일반적 청소년 독자나 심지어 성인 독자에게도 결코 쉽게 이해되는 이야기가 아닐 수 있다. 문학 작품 『몬스터 콜스』를 읽으며 경험할 수 있는 것을 독자의 유형에 따라 나누어 생각해 볼 수 있다.

일상생활에 비교적 만족하며 특별한 어려움이나 불안 상황에 처하지 않은 독자를 먼저 생각해보자. 우연히 이 작품을 손에 들고 읽기 시작하는 독자라면 이야기에 등장하는 코너라는 소년과 12시 7분이 되면 나타나는 몬스터의 이야기에 대해 피상적 이해에 그칠 수도 있다. 그저 문학작품이니까 '몬스터'가 등장할 뿐 현실생활과는 거리가 먼 이야기로만 읽힐 수 있다. 왜냐하면 일반적인 상식에서 바라보면 '몬스터'가 삶에 나타나는 일은 허황된 이야기로 들리기 때문이다. 그런데 이 작품의 핵심은 바로 그 몬스터와 주인공 코너의 교감에 놓여 있다. 그래서 독자는 그저 작가가 이야기를 재미있게 진행하기 위해서 마련한 판타지적 요소라고 생각해버릴 수 있다. 특히 일반적인 초등 고학년, 중학생, 고등학생의 청소년이라면 에고(ego)가 정립해 놓은 선악과 호불호, 귀천과 옳고 그름의 기준을 더욱 단단하게 다지는 시기이기 때문에 그것을 넘어선 영혼의 세계나 일원론적 전일체의 세계를 끌어와 이해하기는 더더욱 어려울 수 있다.

이러한 독자에게 이 이야기는 엄마가 죽을지도 모르는 큰 병에 걸려 있는 불쌍한 아이의 이야기로 대상화될 가능성이 크다. 혹시 나(독자 자신)에게 이런 일이 일어난다면 큰 일일 것이고 힘들 것이며, 우리 엄마가 이렇게 아프지 않아서 다행이라든가, 엄마가 아프기 전에 더 잘해드려야겠다는 생각을 하는 정도에서 자신의 삶과 관련짓는 데에 그치게 된다.

이렇게 피상적 이해에 그치는 일반적 독자에게는 깊은 울림이나 두려움의 치유 작용은 당장에는 일어나기 힘들다. 물론 오랜 시간이 지난 후에 이 이야기를 기억해 낸다면, 그때 다시 깨달음을 경험할 수도 있다. 이이야기는 오히려 코너의 삶과 유사하거나 그렇지 않거나 자신 스스로의고통으로 힘들어하는 독자에게 더 깊은 울림을 줄 가능성이 있다.

지금 자신의 삶에서 유사한 고통을 겪고 있는 청소년이라면 조금은 더이 이야기에 깊이 다가서게 된다. 특히 그동안 생각해보지 못했던 삶과죽음의 문제나 영혼의 문제에 대해 생각해볼 수 있는 환경 속에 내던져져있다면, 이야기에 접근하는 몰입의 정도나 이야기로부터 자신의 삶으로받아들이는 정도가 일반 청소년과는 다를 수 있다.

일반적으로 독자가 몬스터에 대해 쉽게 몰입되지 못할 것이라는 점은작가도 잘 알고 있었는지 주인공 코너가 내뱉는 아래의 혼잣말이 독자에게도 현실감 있게 다가온다.

　"바보 같기는. 몬스터를 믿을 나이는 지났잖아."
　코너는 혼잣말을 했다.
　그랬다. 코너는 지난달에 열세 살이 되었다. 몬스터는 아기들이나 믿는
거다. 요를 적시는 애들이나.[1]

---

1) 시본 도우드, 패트릭 네스 글/짐 케이 그림/홍한별 옮김(2012), 『몬스터 콜스』, 웅진주니어, 13쪽. 이하 이 작품을 인용 시 ( ) 속에 쪽수만 표시함.

작가가 설정해 놓은 이러한 부분은 오히려 독자가 몬스터를 진지하게 대하도록 요구하는 부분이다. 일반적인 독자라면 몬스터가 무엇일까 하면서도 고통 속에 있는 코너에게 감정이입하며 독서 과정에서 몬스터에 대해 잘 살펴보려는 마음을 갖게 된다. 실제로 이 소설에서는 주인공 코너가 몬스터가 무엇인지에 대해 이해해가는 과정을 따라서 독자도 몬스터가 무엇인지를 찾아내고 이해해 가도록 구성이 되어 있다.

이 소설의 독자에게 무언가 도움을 주어야 한다면, 몬스터가 무엇일까에 대해 이해해 가는 과정을 반드시 생각해보도록 해야 할 것이다. 주인공 코너가 몬스터를 어떻게 이해하고 있고 그것이 어떻게 변화해 가는지, 독자 자신은 각 장면에서 몬스터가 무엇이고 어떻게 이해했는지를 어떻게 생각의 변화를 겪는지 살펴볼 기회를 주어야 한다.

독자가 보기에 코너는 결과적으로 여러 가지 문제를 일으킨 것으로 보일지라도 엄마의 투병 생활 속에서 '착한 아이'가 된다. 이 소설에서 주인공 코너의 내면심리가 매우 세밀하게 그려지기 때문에 독자는 '착한 아이' 코너의 아픔에 주목하고 바라 볼 수밖에 없고 그에게 감정이입하게 된다. 외할머니가 보살피러 온 것이 마음에 들지 않을 정도로, 스스로 아침을 먹고 쓰레기를 정리하고 버리면서 '치료 때문에 엄마 상태가 아무리 나빠져도 코너는 엄마가 낫기 위해서는 어쩔 수 없는 일이라고 생각했다.'(30쪽) 하지만 코너는 '소리 지르고 추락하는 꿈. 다른 누구에게도 절대 말하지 않을 꿈. 코너가 그 꿈을 꾸기 시작했을 때'(33쪽) 친구 해리로부터 괴롭힘을 당하기 시작하면서도 당하기만 하고 꾹 참는 모습 등에서 독자는 코너의 아픔에 쉽게 감정이입하게 된다.

일반적인 독자라면 이런 코너가 참 고통스럽겠다는 생각으로 안타까운 마음을 갖게 된다. 자신의 삶의 문제를 안고 있어서 힘든 상황에 있는 독자라면 코너의 아픔에 감정이입하면서도 자신의 문제와 비교하며 바라보게 된다. 독자 자신이 안고 있는 혹은 과거에 경험했던 아픔이나 외로움이나 결핍의 마음과 소설 속 주인공 코너의 삶의 문제와 마음이 오버 랩되어 읽히면서 코너의 답답한 상황을 바라보고 체험하게 된다.

독서의 초반부에는 무언지 알 수 없었던 몬스터는 독서가 진행될수록 독자에게 더 큰 존재감을 갖게 된다. 왜냐하면 몬스터가 코너와 대화하는 내용을 읽어갈수록 몬스터는 코너의 삶의 문제 전체를 훤하게 꿰뚫는 능력을 가지고 있는 절대적 능력을 가진 존재임을 드러내기 때문이다.

> "나한테 뭘 원해?"
> 코너가 말했다.
> 몬스터는 창문에 얼굴을 바짝 갖다 댔다.
> 내가 너한테 무얼 원하는 게 아니다. 코너 오말리. 네가 나한테 무얼 원하는 거지.
> "난 아무것도 원하지 않아."
> 코너가 말했다.
> 지금은 아니지. 원하게 될 거다. (47쪽)

> 코너 오말리. 하지만 꿈이 뭔가? 이거 말고 다른 모든 것들이 꿈이 아니라고 누가 말할 수 있나? (48쪽)

> 난 삶과 죽음의 문제가 아니면 아무 때나 걸어오지 않는다. 내 말을 새겨들어라. (53쪽)

> "알았어. 하지만 끝이 오기 전에 내가 두려워하게 될 거라고 했는데, 조금도 무섭게 들리지 않아."
> 코너가 말했다.
> 그렇지 않다는 걸 너도 안다. 코너 오말리, 너는 네 진실이, 네가 감추는 것이, 네가 가장 두려워하는 것이라는 걸 안다. (55쪽)

독자가 보기에 몬스터는 코너 자신도 정확히 모르는 코너의 두려움을 이미 알고 있는 존재이다. 몬스터는 코너의 의식세계 뿐만 아니라 무의식의 세계까지 속속들이 알고 있는 존재이다. 그래서 코너가 뚜렷이 알 수도 없는 두려움 속에서 결코 말하지도 인정하지도 않으려고 하는 것을 이미 알고 있는 거대한 존재라는 것을 독자가 파악해 내기는 어렵지 않다.

만약 몰입도가 낮은 독자가 몬스터가 어떤 존재인지를 충분히 이해하지 못한 채 단순한 괴물로만 생각한다면 이 소설의 핵심 가치를 찾아내거나 경험하는 일이 더 어려울 수밖에 없다. 그들에게 필요한 도움은 몬스터가 누구일지 생각하며 소설을 읽어가도록 안내하는 것이다. 그것이 어렵다면 몬스터가 코너에게 어떤 역할을 하고 있는지 주목하여 보도록 하는 것이 필요하다

이 소설은 몬스터가 코너에게 세 가지 이야기를 들려주는 구성으로 진행된다. 이 또한 작가가 독자에게 가르쳐주고 싶은 것이면서 몬스터가 코너에게 엄마를 잃는 두려움 속에서도 깨닫기 바라는 '진실'을 이야기하는 장치이다. 첫 번째 이야기는 마녀 왕비의 이야기이다. 그것을 듣고 코너와 몬스터는 이런 대화를 나눈다.

> 코너는 생각에 잠겨 마당을 서성거렸다. 조금 더 돌아다녔다.
> "이해가 안 가. 이 이야기에서 그럼 누가 좋은 사람이야?"
> 항상 좋은 사람은 없다. 항상 나쁜 사람도 없고. 대부분 사람들은 그 사이 어딘가에 있지.
> 코너는 고개를 흔들었다.
> "끔찍한 이야기야. 속임수이고"
> 진실이지. 진실은 속임수처럼 여겨질 때가 많다. 백성들은 자기들에게 걸맞는 왕을 갖게 되고, 농부의 딸은 억울하게 죽고, 때로는 마녀도 구원

을 받지. 사실 그럴 때가 꽤 많아. 알면 놀랄 거다.

몬스터가 말했다. (91쪽)

이 대화에서 독자는 코너가 좋고 나쁜 것을 이분법적으로 분별하는 마음을 가지고 있음을 눈치 챌 수 있다. 일반적인 청소년 독자라면 그들 자신도 코너와 별로 다르지 않은 관점을 가지고 있을 것이다. 이는 청소년기까지 대부분의 사회문화적 학습 요소가 분별심을 키우는 것으로 이루어지는 현실 세계의 삶에만 충실한 독자라면 당연한 반응이다. 철저하게 모든 것을 가르고 분별하는 에고(ego)의 세계만을 알고 있는 상황에서 진정한 자신(Self)의 존재를 인식할 수 없기 때문이다. 이들 독자에게는 첫 번째 이야기를 들은 코너의 반응과 유사한 정도의 의식에 머무르게 된다.

하지만 영혼의 세계에 대한 관심을 갖고 있거나 신의 존재를 인정하고 있거나, 전일체적 세계관에 대해 조금 알고 있는 독자라면 이 이야기는 남다르게 깊이 있게 몰입할 수 있다. 이 작가가 하고 싶은 말은 분별하는 마음만으로는 세계를 제대로 바라볼 수 없다는 것이겠다는 예상을 하면서 코너가 이분법적 분별심을 가지고 있어서 고통이 더 클 수 있다는 생각을 하게 된다. 그런데 영혼의 세계나 이분법적 분별이 아닌 것에 대한 관심은 인간의 삶의 여러 정황 속에서 진정한 자신를 찾거나 알아낼 수 있는 기회를 얻게 해준다. 독자 스스로의 삶이 그 이분법적 분별심으로 바라보았을 때 결코 평탄하거나 좋지 않을 때, 독자는 자신의 삶에서 고통을 느낀다. 두려움을 느끼는 거다. 그 두려움으로 인하여 오히려 이분법적 분별의 세계를 떠날 수 있고, 고통 속에서만 새로운 세계(영혼이나 전일체적 신의 세계 등)에 대한 관심을 가질 수 있게 된다. 그래서 독자 자신의 삶의 고통이 크면 클수록 코너의 처지에 대한 감정이입이나 몬스터가 누구인가에 대해 더 깊이 있는 이해와 해석으로 나아갈 수 있다.

이런 점에서 보면, 『몬스터 콜스』를 읽기 전에는 인간의 현실 세계와 영혼의 세계, 신과 인간의 관계 등에 대해 어떻게 생각하는지 이야기를 미리 나누는 것도 도움이 된다.

코너의 아빠가 미국에서 찾아오지만, 코너는 아빠와 함께 살 수 없다는 것을 확인하고 절망한다. 아빠는 코너에게 신경을 쓰기보다는 자신의 새 가정에 열중할 수밖에 없었다.

코너는 혼자였다.

코너는 값비싼 소파에 털썩 앉았다. 소파에 앉는 순간 삐걱거리는 소리가 들렸다. 소리를 들으니 기분이 좋아져 코너는 일어났다가 다시 털썩 앉았다. 그러고는 다시 일어나 소파에서 쿵쿵 뛰었다. 나무다리가 끼익거리며 마루 위에서 한 뼘 정도 움직였다. 마룻장 위에 긁힌 자국 네 개가 똑같은 모양으로 생겼다.

코너는 씩 웃었다. 기분이 좋았다.

코너는 소파에서 뛰어내려서 소파를 걷어차 멀리 밀었다. 자기가 숨을 헐떡이고 있다는 것도 몰랐다. 열이라도 나는 듯 머릿속이 뜨거웠다. 코너는 발을 들어 소파를 한 번 더 걷어찼다.

그때 고개를 들어 시계를 봤다.

벽난로 위에 걸린 외할머니의 값비싼 시계가 추를 양옆으로 흔들고 있었다. 코너한테는 전혀 신경 쓰지 않고 자기만의 삶을 살고 있는 것처럼 보였다.

코너는 주먹을 꽉 쥐고 천천히 시계 가까이로 갔다. 조금만 있으면 뎅뎅 울려 9시를 알릴 것이다. 코너는 긴 바늘이 돌아 12를 가리킬 때까지 거기 서 있었다. 종이 막 울리려는 순간 코너는 추를 잡아 가운데에서 붙들고 있었다.

시계가 뎅 소리를 제대로 내지 못해 득 소리만 공중에서 감돌았고 시계 기계 장치가 투덜거리는 소리가 들렸다. 코너는 다른 손으로 12에 서 있던 분침과 초침을 돌렸다. 시곗바늘들이 저항했지만 코너는 계속 손가락에 힘을 주었다. 크게 딱 하는 소리가 났지만 그래도 뭔가 속이 시원하지 않았다. 그러다 분침과 초침이 무언가에서 풀려난 것처럼 갑자기 자유롭게 움직이기 시작했다. 코너는 분침과 초침을 시침과 함께 돌리기 시작했다. 종소리가 계속 울리려다 말고 지그럭거렸다. 나무로 된 시계 안쪽 깊은 곳에서 고통스러운 듯 탁탁거리는 소리가 들렸다.

코너 이마에는 땀방울이 맺혔고 가슴은 불타는 듯 얼얼했다. (129-130쪽)

코너는 자신의 처지에 대한 절망 속에서 파괴적 행동을 한다. 이때 몬스터가 두 번째 이야기를 들려주는데, 이 또한 선한 목사가 선하지 않다는 결말의 이야기다. 여기서도 코너는 이 이야기가 무엇을 의미하는지 제대로 알지 못한다.

이 부분을 읽는 독자 중에서도 코너와 마찬가지로 몬스터의 이 이야기가 무엇을 의미하는지 분명히 알아듣지 못하는 독자와, 몬스터가 이 이야기를 하는 이유는 인간의 분별심이 가진 문제, 분별심이 인간 스스로의 삶에 압박을 가하고, 그 때문에 고통 속에서 헤매면서도 자신이 보고 싶은 것만 보게 만든다고 지적하려는 것을 감지하는 독자가 있다. 전자는 일반적인 청소년 독자나 성인 독자일 가능성이 크다. 후자는 이미 이분법적 분별심이 인간에게 존재하고 있다는 것을 비판적으로 의식하고 있는 독자에게 가능한 일이다. 두 유형의 독자 사이에 무수한 유형의 독자가 존재할 것인데, 이들의 독서에서 소설의 의미 구성 및 음미의 질적 차이는 클 수밖에 없다.

코너는 몬스터와 함께 외할머니 집 거실에 있는 것들을 깡그리 부순다. 그리고 학교에서 자신을 보이지 않는다고 놀린 해리에게 폭력을 휘둘러 문제를 일으킨다. 드디어 벌을 받게 된다고 생각하며 안도감을 느끼지만 코너가 처한 현재의 압박 상황 때문에 그는 벌을 받지 못한다. 코너는 벌을 받지 못하는 자신이 '보이지 않는 것보다 더 힘든 일'로 느낀다.

몬스터가 해준 세 번째 이야기는 코너가 해리에게 폭력을 행사하는 과정과 겹쳐져 있다.

> 옛날에 보이지 않는 사람이 있었다.
> 코너는 해리를 뚫어져라 쳐다보느라 돌아보지 않았지만 몬스터는 이야기를 계속했다.
> 그 사람은 보이지 않는다는 사실에 염증을 느꼈다.
> 코너는 해리의 뒤를 따라서 걷기 시작했다.
> 그 사람이 실제로 보이지 않았다는 말은 아니다.
> 몬스터는 코너를 따라 걸으며 말했다. 둘이 지나가자 식당 안에서 웅성거리던 소리가 잦아들었다.
> 사람들이 그 사람을 보지 않는 것에 익숙해진 것이었다. (195쪽)
>
> (중략)
> 그러다가 어느 날 보이지 않는 사람은 결심했다. 저들이 나를 보게 만들 것이다. (196쪽)
>
> (중략)
> 그 사람은, 몬스터를 불렀다.
> 그러더니 몬스터는 거대하고 무지막지한 주먹을 코너를 통해 뻗어 해리를 저 멀리 날려버렸다. (197쪽)

코너가 주먹으로 해리를 치는 행위와 그때의 마음은 몬스터가 코너를 통해 하는 행동이라는 것을 이 부분에서 독자가 의식할 수 있다. 물론 코너가 시계를 파괴하는 행위에서는 몬스터가 등장하지 않았지만, 외할머니의 거실을 파괴할 때도 몬스터가 코너에게 작용하였다는 것을 독자는 이 부분을 읽을 때쯤 의식하게 된다.

'몬스터'란 코너의 영혼과 관계가 있고, 온 세상 만물을 하나로 연결하는 근본적인 힘이며, 신이거나, 코너의 참자아를 표현한 등장인물이라는 사실을 쉽게 파악할 수 있는 독자는 그리 많지 않다. 몬스터와 코너를 별개의 존재로 분리하여 바라보는 일반적인 독자는 몬스터라는 존재가 무언가 코너의 무의식의 일부일 수도 있다고 상상할 수도 있다. 이것에 대해 깊이 생각해볼 수 있도록 도움을 주는 것이 이 소설이 인간의 영혼에 대해 말하고자 하는 것을 이해하는데 필요할 수 있다. 물론 이 소설 한 편만으로 인간의 영혼과 '몬스터'의 관계에 대해 제대로 이해할 수는 없을지도 모른다. 그래도 인간의 영혼에 대한 작가의 표현은 이 글을 읽는 독자에게 영혼에 대해 더 넓은 이해와 경험을 하도록 만든다. 내가 알고 있는 나 자신, 바로 에고(ego)가 나의 전부가 아님을 몬스터를 통해 어렴풋이 생각해 보거나 이해할 수 있다면 이 소설 작가의 의도와 독자의 문학체험이 어느 정도 잘 맞아 떨어진 것이 아닐까?

결국 몬스터의 예언대로 코너가 네 번째 이야기를 할 때가 된다. 코너가 밤마다 비명을 지르며 깨어나는 악몽이 바로 그것이다. 코너는 벼랑에서 떨어지는 엄마의 손을 잡고서 엄마를 놓아서는 안된다며 비명을 지르지만 엄마는 코너의 손에서 빠져 떨어지는 악몽에 시달렸다.

"더 이상 견딜 수가 없었어!"
불길이 너울너울 타오르는 가운데 코너가 울부짖었다.
"엄마가 죽을 거라는 걸 알고도 견딜 수가 없었어! 그저 끝나길 바랐어! 다 끝나길 바랐다고!"
그 순간 불길이 세상을 집어 삼켰다. 모든 것을 쓸어 갔다. 코너까지 모두.
코너는 편안한 마음으로 받아들였다. 마침내 코너가 받아야할 벌이 내려졌기 때문이다. (250쪽)

(중략)

"그러다가 이게 끝나기를 내가 얼마나 바라는가 하는 생각을 하게 됐어. 그저 이런 일을 생각하지 않아도 되기를 바랐어. 기다리는 걸 더 이상 견딜 수가 없었어. 그게 나를 이렇게 외롭게 만드는 걸 더 견딜 수가 없었어."

코너는 이제 정말로 엉엉 울기 시작했다. 지금까지 그렇게 울어본 적이 없을 정도로, 엄마가 아프다는 사실을 알게 되었을 때보다도 더 심하게 울었다.

이 일이 그저 끝나기를 바라는 마음이 있었던 거다. 그게 엄마를 잃는 일일지라도.

몬스터가 말했다. (252쪽)

결국 코너는 몬스터가 했던 앞의 세 가지 이야기에 대해 제대로 이해하지 못했던 것을 자신의 이야기를 말 하고서야 납득하게 된다.

코너는 훌쩍이며 몬스터의 얼굴을 올려다보았다. 벽이 앞에 있는 것처럼 커다란 얼굴이었다.

"어떻게 둘 다 진실일 수가 있어?"

사람은 복잡한 짐승이니까. 어떻게 여왕이 좋은 마녀이면서 또 나쁜 마녀일 수가 있는가? 왕손이 살인자이자 구원자일 수 있는가? 약제사가 성질이 고약하면서도 생각은 바를 수 있는가? 목사는 생각이 잘못되었으면서 선한 수 있는가? 보이지 않는 사람이 보이게 되었을 때 더 외로워질 수가 있는가?

몬스터가 말했다.

"모르겠어. 네 이야기는 하나도 이해가 안돼."

코너가 지친 듯 어깨를 으쓱했다.

네가 무슨 생각을 하든 그건 중요하지 않기 때문이다. 네 마음은 하루에도 수백 번 모순을 일으키기 때문이다. 너는 엄마가 떠나길 바랐고 동시에 엄마를 간절히 구하고 싶었다. 너는 거짓말을 하지 않을 수 없게 만드는 고통스러운 진실을 알면서도 마음을 달래 주는 거짓말을 믿은 것이다. 그리고 네 마음은 두 가지를 다 믿는 것에 대해 너를 벌주는 것이다.

이 부분에서 일반적인 독자라면 코너의 갈등과 두려움, 엄마가 돌아가실까봐 걱정되고 두렵고 떨리는 마음의 압박에 짓눌리는 생활 속에서 그 두려움이 너무나 커서 자신도 모르게 그 압박을 벗어나고픈 마음이 생겨난 것을 좀더 명확하게 알게 된다. 이들은 코너에게 공감하거나 감정이입할 수 있는 독자(A유형)와 그렇지 않은 독자(B유형)로 구분될 수 있을 것이다. 코너에게 공감하거나 감정이입하는 독자는 코너와 같은 상황에 처한다면 자신도 그럴지도 모른다는 상상을 하는 독자이다. 그렇지만 명확하게 자신의 삶이 아니기에 막연한 상상에 그칠 수 있다(A-1 유형). 몬스터가 말하는 '마음의 모순'에 대해 피상적으로 이해할 수 있거나 무엇인지 알려고 애쓰게 될 수 있다. 이들은 인간의 마음이 갖는 모순을 머리로 이해할 수 있지만 진정한 자신의 삶으로 생생하게 경험하지는 못한다. 이들에게 이 소설은 인간의 마음이 일으키는 모순ㅡ이것은 에고(ego)의 관점에서 본 모순이다.ㅡ이 있다는 것을 구체적인 정황을 통해 경험하는 새로운 기회를 제공한다.

또 코너에게 공감하는 독자 가운데에는 자신의 실제 삶에서 느껴보았던 '마음의 모순'을 떠올릴 수 있는 이들이 있다(A-2 유형). 이들은 코너가 자신의 마음을 제대로 알지 못하고 괴로워하는 모습을 읽어낼 수 있다. 자신의 실제 삶에서 마음의 모순 때문에 괴로웠던 경험이 떠오르기 때문이다. 이들 중에는 이제 곧 시간이 지나면 코너의 마음이 어떻게 변화되어갈지를 예상할 수 있는 이도 있다. 이들은 몬스터가 이런 코너에게 스스로의 마음을 살펴보게 하는 역할을 하고 있다고 믿는다.

물론 코너에게 공감할 수 없는 독자(B유형)도 있다. 어떻게 위험에 처한 엄마의 손을 놓을 수 있는지 도저히 이해할 수 없는 독자는 코너의 연약함을 비판하게 된다. 자신은 결코 그렇지 않았을 거라고 생각할 수도 있다. 쉽게 비판과 판단의 칼날을 들이대는 발언을 하게 된다. 그들은 아직 진정한 자아(Self)의 진실을 모른 채 분별심으로 가득 차 있을 수밖에 없다. 그래서 작가가 독자에게 하고 싶은 말이 무엇인지 찾아내는 것이 힘들어진다.

어떤 형태로건 코너와 유사한 경험이 있는 독자(A-2유형)라면 오히려 이런 마음의 갈등을 미리 알고 독서를 해왔을 수도 있다. 어쩌면 이들은 과거에 경험한 마음의 갈등과 두려움을 여전히 말하지 못한 채로 깊이 묻어두고 살아왔을 수 있다. 문학 작품을 통한 두려움의 극복이란 이러한 유형의 독자에게 가장 효율적으로 작용하게 된다. 이들은 자신이 오랫동안 의식·무의식 속에서 스스로를 압박하거나 숨겨온 마음의 모순과 갈등에 대해 이해하는 마음을 갖게 된다. 자신이 가져온 갈등과 모순을 부드러운 시선으로 바라보게 된다. 그리고 인간의 마음이란 모순투성일 수밖에 없다는 결론을 통해 그 갈등과 모순에서 괴롭힘을 당하는 자신을 오히려 다정하게 바라보게 된다. 코너에게 감정이입하면서 소설 속의 코너가 눈물을 흘리며 자신의 모순된 마음을 시인하고 그 갈등을 벗어날 수 있는 순간에 이들도 코너와 함께 자신의 갈등을 풀어 낼 수 있다. 그리고 자신의 모순에 대해 이해하고 따뜻한 시선을 갖기 시작할 때 다른 이들의 모순된 태도에 대해 이해하고 따뜻하게 바라볼 수 있는 힘을 갖기 시작한다.

나) 『몬스터 콜스』와 한 호흡으로 살기

이 세상 모든 독자가 한 편의 문학 작품을 읽고 자신을 깨닫고 자신이 가진 두려움을 완전히 극복할 힘을 얻는다고 말할 수는 없다. 그렇지만 문학체험에서 생각하고 느끼는 경험이 축적되어 자신을 누구로 어떻게 바라보아야 할지 삶을 어떻게 살아야 할지 스스로 결정하는 힘을 얻는 데에 도움을 주는 것은 분명하다. 이는 바로 진정한 자신을 찾아가는 길이기도 하다.

　진정한 자신을 인식하게 하는 문학체험의 길 안내는 타자와의 대화를 통해 이루어질 수 있다. 스스로 자신의 문학체험을 되짚어가며 깊이를 더하는 일, 문학작품을 함께 읽은 이들과의 대화, 곧 문학체험의 공유 등 여러 가지 활동 과정이 문학체험의 깊이를 더해가는 안내 역할을 한다. 이는 문학작품에 담겨 있는 '사랑'의 음미는 독자 자신이 무엇을 경험하는지를 의식해야만 가능하기 때문이다. 그래서 독자는 자신의 문학체험을 다른 이의 문학체험과 비교하고 비춰보면서 문학체험 속의 사랑을 찾아낼 수 있다.

　『몬스터 콜스』를 읽으며 하는 '문학체험 들여다보기'의 여러 가지 주요 관점과 활동을 생각해보기로 한다. 독자는 『몬스터 콜스』를 읽는 문학체험에서 '이야기를 바라보기'와 '나를 바라보기', 그리고 '삶에 비치는 이야기'를 총체적으로 경험하게 된다. 이때 주의해야 할 부분은 주체와 대상을 분리하는 관점이라면 나와 이야기는 분리되어 있으나, 실제로 문학체험의 순간은 나와 이야기가 분리되지 않은 '하나의 삶'이라는 점이다. 독자가 온전히 이야기를 바라볼 때는 독자 자신의 의도나 목적은 보이지 않는다. 그저 이야기와 한 호흡으로 숨을 쉬며 경험될 뿐이다. 모든 경험이 그러하듯이 독자의 인생 전체가 작용하게 된다. 독자는 단순히 수동적으로 이야기에 들어가 사는 것이 아니라, 자신의 인생 전체로 이야기 세계와 하나가 되어 '살아간다.' 이야기와 한 호흡으로 이루어지는 진정한 문학체험에서는 이를테면 교육과정이나 교과서에서 요구하는 질문에 대한 답을 찾는 활동을 하는 '나'는 존재하지 않는다. 이러 차원에서도 '이야기를 바라보기', '나를 바라보기', '삶에 비치는 이야기'가 따로따로 구분되어 일어나는 현상이 아님은 분명하다.

하지만 문학교육을 위해 언어로 기술하기 위해서 이 세 가지를 구분하여 진술할 수밖에 없는 언어의 한계를 인정하지 않을 수 없다. 언어란 '나'와 '이야기'를 따로 구분하여 지칭할 수밖에 없는 분리성을 전제하기 때문이다. 어떤 이는 '이야기를 바라보기'는 잘 하고도(잘 한다고 스스로 알아챈다), '이야기에서 나를 바라보기'는 미숙할 수 있다. 스스로 자신이 '이야기에서 나를 바라보기'를 잘 알아채지 못할 수 있다. 물론 이것들은 한꺼번에 경험된다. 또 어떤 이는 '삶에 비치는 이야기'를 알아채면서 '내가 이야기를 바라보기'를 깊이를 더해가며 진행할 수도 있다.

(1) 『몬스터 콜스』 만나기

'이야기 만나기'는 독자가 이야기 속 사건의 진행을 따라 인물들과 정황 및 사건들을 만나서 경험하는 일련의 심리적 활동을 의미한다. 그와 동시에 이야기를 만든 작가의 마음과 만나는 일을 포함한다. 여기서 '만나기'란 주체가 대상을 구별하여 놓고 쳐다보는 것과는 다르다. 독자의 가치관이나 지식, 인식 수준, 감수성 등 인생 전체와 이야기가 만나 하나의 호흡을 이루는 경험으로서의 총체성을 지닌다. '만나기'는 서로가 하나가 되어 삶을 온전히 사는 것을 의미한다.

이를테면 독자는 『몬스터 콜스』이야기를 만나 경험하면서 사람을 만나고, 상황을 만나고, 몬스터와 주인공 코너를 만난다. 그저 만나서 쳐다보기만 하는 것이 아니라, 코너의 마음을 상상하기도 하고, 갑자기 등장하는 몬스터에 대해서 놀라거나, 일련의 사건과 상황을 바라보며 당황하거나 안타까워하거나 대수롭지 않게 여기는 등의 독자 자신의 지식과 감성과 영혼의 활동 경험을 함께 한다.

 기본적으로 문학체험에서 이 '만나기'가 이루어져야만 문학체험의 깊이
가 깊어질 수 있다. '만나기'를 하지 못한 독서는 삶에서 어떤 일이건 피
상적으로 흘려보내는 경험만을 하는 사람이 깊이 있는 사고나 삶의 깨달
음을 얻지 못하는 것과 다르지 않다. 다만 문학체험에서 주의할 것은 '만
나기'를 충실하게 잘 하기 위해서 기본적으로 '나(독자)'의 삶 전체가 온전
히 이야기와 이야기 속 삶으로 몰입하여야 하고 전환되어 적극적으로 살
아가는 독서를 해야 한다. 사실 이야기를 읽는 순간에 독자는 이야기와 한
호흡을 가져야 되는데, 이는 수동적으로 이야기의 줄거리에 따라가는 의식
을 가지는 것을 의미하지는 않는다. 이야기와 한 호흡이 된다는 것은 우리
가 삶을 살아갈 때 하듯이 적극적으로 판단하고 감성을 표현하거나 이해
하고 대처하는 등 이야기에서 삶을 살아야 한다는 말이다. 이때 독자는 그
가 지금까지 살아온 삶, 그의 인생 전체로 '이야기 만나기'에 임하게 된다.
그러니 이야기 내용이 독자로 옮겨오는 것이 아니라는 점이 명확하다.
 『몬스터 콜스』 문학체험에서는 독자가 이야기를 읽어가며 다음 몇 가
지 내용과 물음이 자연스럽게 일어나야만 한 호흡이 될 수 있다. 제일 먼
저, 주인공 코너가 왜 두려워하지? 그의 문제가 무엇이지? 하는 마음이다.
'코너는 무슨 문제 때문에 왜 두려움에 떨고 있지?'라는 의문을 가지면서
이야기 속 코너의 삶을 만나 파악해 내야 한다. 이를 위해서는 차근차근
코너가 처한 상황이나 일어나는 사건을 이해하며 이야기에 몰입할 수 있
어야 한다. 이때의 독자는 앞에서 일어난 질문을 해결해가면서 새로운 상
황이 전개될 때마다 자신에게 어떤 마음이 일어나는지 확인할 수 있다.
 여기서 주의할 점이 있다. 독자가 이야기를 읽기 전에 '무엇'을 찾으려
고 하거나, 이야기에서 '어떤 것'을 추구하면서 그것만 의식한다면 이야
기와 독자는 한 몸, 한 호흡이 되기 어려울 수 있다. 어떤 질문이나 마음
이 '일어난다'는 표현은 결코 독자가 이야기를 읽기 전부터 의도적으로

질문을 만들고 그 대답을 찾으려고 하는 것과는 다르다. 독자는 '그냥' 이 야기와 한 몸이 되어 살며 생각이나 마음이 일어나면 그것을 의식하는 문 학체험을 해야 한다. 『몬스터 콜스』 속에 들어가 코너와 몬스터 등 인물 을 만나고 사건을 경험하며 일어나는 일들을 생각하고 의미부여하거나 판단하거나 감정을 느끼는 삶을 살아야 한다. 그래야만 몰입할 수 있고, 독자가 이야기에 몰입한다는 것은 어떤 형태이건 이야기에서의 삶을 살 며 그 의미(혹은 무의미)를 발견하거나 부여하고 있다는 뜻이다.

그 외에도 문학체험 전반에서 독자의 삶이 『몬스터 콜스』 이야기와 하 나가 되어 진행된다. 온전히 몰입한 독자라면 주인공 코너의 마음을 느끼 고, 몬스터가 나타났을 때 코너가 어떤 마음이나 생각이 들었는지를 같이 느끼거나 상상하는 일이 저절로 일어난다. 그럼으로써 독자는 『몬스터 콜 스』 '만나기'를 하며 문학체험으로 삶을 산다. 이야기의 내용에 대해 저절 로 의문이 일어나고 저절로 기쁘거나 분노하거나 고통스러워지는 등의 마음이 느껴지고, 어떤 일이나 사건을 알게 되면서 자연스럽게 이야기와 한 호흡이 되어 살게 된다.

독자가 문학체험은 어떻게 해야 하며, 어떤 문제를 파악해야 하는지 등 을 의식하고 그것을 추구하는 의식을 지나치게 갖게 되면 자연스러운 한 호흡이 되기 어렵다. 그래서 많은 학생이 학교에서 교사의 지시에 의해 무언가를 찾아내며 읽어야 하는 교과서 수록 작품을 읽는 일을 자유롭게 읽는 문학 독서보다 힘들고 어려운 일로 느끼곤 한다. 그들은 교과서에 수록된 작품을 읽을 때 무언가 해야만 하는 것이 있다고 스스로를 압박하 기 때문이다.

『몬스터 콜스』에 몰입한 독자는 주인공 코너에게 끊임없이 나타나 대 화하며 영향을 주는 '몬스터'에 대해 일어나는 생각을 스스로 펼쳐가고 정리한다. 몬스터가 무엇을 의미하는 것일지 자신만의 방식으로 이해해

나간다. 코너를 돕기 위해 나타나는 꿈속의 괴물로 이해하거나, 꿈이 아니라 실제 나무가 오는 것으로 여기거나, 코너의 무의식이라고 생각하거나, 코너의 영혼 속에 숨겨진 어떤 것이 아닐까라고 생각하거나, 종교적 관점에서 믿음이나 신으로 생각할 수도 있다.

『몬스터 콜스』 만나기를 계속하면서 '이 이야기에서 몬스터는 코너에게 어떤 힘을 주고 있는가?', '몬스터가 코너에게 어떤 역할을 하는 존재인가' 하는 생각이 들지 않을 수 없다. 자연스럽게 몬스터와 코너의 관계에 대해 느낌이나 생각을 떠올릴 수밖에 없다. 몬스터에 대해서 독자마다 다른 마음을 가질 수도 있는데, 코너가 괴로워하도록 만드는 역할, 코너가 스스로 빠진 두려움에서 벗어나도록 길을 안내하는 역할, 코너가 자신의 죄의식을 벗고 자신을 이해하도록 이야기를 들려주는 역할을 한다는 등 독자 자신의 관점을 바탕으로 다양하게 생각할 수 있을 것이다. 이는『몬스터 콜스』 만나기를 진행하는 과정에서 변화되기도 할 것이다. 그래서 독자는 '몬스터는 코너에게 무슨 말을 해주려고 하지 않을까?'라는 마음을 가지고 예측을 하기도 하고, '몬스터가 이런 말을 해주는 것은 코너를 돕기 위함일 것이야'라는 마음을 가질 수도 있다. 이런 부분에서 독자의 사회문화적, 역사적 삶이나 개인적 삶과 문학능력의 차이가 문학체험의 질적 차이를 야기하게 된다.

(2) 나를 알아채기

독자는 문학체험 과정에서 '나(독자 자신)'를 '알아채게' 된다. 물론 독자에 따라서는 전혀 자신을 바라보거나 의식하지 않고 오직 문학작품만을 대상화하여 멀찌감치 들여다보려고 노력하는 독서를 할 수도 있다. 하지만 실제로 독자와 이야기가 한 몸의 삶이 되는 독서는 순전한 대상화만으로는 불가능하다. 다만 독자 스스로가 자신의 변화를 알아채지 못하는 독서를 할 수 있다. 즉, 앞에서 말한 『몬스터 콜스』 '만나기'만을 의식하는 경우가 그런 경우에 해당한다. 그런 경우에는 독자가 문학과 한 몸이 되는 삶을 제대로 살지 못하고, 문학체험이라는 삶을 '나'와 분절화 하여 피상적으로 흘려보내버리기 쉽다. 이야기의 표면적 메시지만을 기억하거나 바라보고 문학체험을 끝내는 경우가 대부분 여기에 속한다.

독자가 『몬스터 콜스』 이야기와 온전히 한 호흡이 될 때 독자 스스로가 자신이 주인공 코너의 아픔을 어떻게 느끼고 의식하는지, 이야기에 얼마나 공감하고 있는지를 스스로 바라보게 된다. 혹은 코너에게 공감하지 못하고 있는 자신을 본다면 그 이유는 텍스트의 기술 문제인지, 자신의 공감 능력의 문제인지 등을 생각하기도 한다. 코너의 불안과 두려움을 직접 느끼고, 코너만큼 두려워하거나, 혹은 코너에게 어느 정도 공감하면서도 코너보다 더 넓은 시야로 바라볼 수 있는–이야기 독자는 이야기 주인공보다 넓은 시야를 가질 수 있다.–독자 위치의 이점을 살려 코너의 마음이 변화되어 갈 방향을 가늠할 수도 있다.

이를테면 『몬스터 콜스』읽기에서 '만나기'를 하는 자신을 독자가 스스로 '나를 알아채기'를 할 수 있다. '특히 이 부분에서 내가 코너의 마음을 잘 느끼고 있구나', '내가 몇 년 전 아팠을 때 그때 마음과 지금 코너의 마음이 유사하지 않을까? 내게 그 경험이 있기에 잘 느낄 수 있구나'라고 순간적으로 자신을 알아챈다. 또는 '내가 『몬스터 콜스』를 충분히 만나지 못해서 자꾸만 딴 생각을 하는구나'라는 생각을 할 수도 있다.

코너에게 몬스터가 이야기를 해주는 상황에서 몬스터의 말을 들으며 '정말 항상 좋은 사람도 항상 나쁜 사람도 없다는 것이 맞을까'라고 생각하는 자신을 알아채고 '내가 그 말을 믿어도 좋을지 생각하는구나'라고 자신에 대해 발견할 수 있다. 또 어떤 독자는 그 말에 동의하면서 '그동안 좋은 사람과 나쁜 사람을 너무 구분하여 생각하다가 이제 이 말을 듣고 그 말에 동의하는구나' 등 자신의 마음을 바라보기를 하며 자신을 성찰한다. 혹은 '항상 좋은 사람과 항상 나쁜 사람이 없다니 다행이야'라고 스스로 위로할 수도 있다.

'아, 다음에 몬스터가 언제 나타날지 어떻게 코너의 문제가 해결될지 궁금해. 나는 참 궁금한 것을 못 참지', '코너가 정말 힘들겠어. 내가 코너처럼 서운하고 안타까운 감정을 느낀 경험은 그때 그 일이 있을 때였지. 정말 그때의 마음은 지금도 잊을 수가 없지. 코너도 지금 그 마음이겠구나', '아버지가 미국으로 돌아간다고 코너가 서운할 것이라고 생각하는군. 나라면 온 세상에 홀로 남겨진 느낌일 거야' 등 저절로 일어나는 자신의 경험이나 생각을 바라볼 수 있다. 이것이 바로 독자가 스스로 일어나는 '나를 알아채기'이다.

'나를 알아채기'는 이야기를 읽는 과정에서 '이야기 만나기'와 동시에 진행되기도 하고, 이야기를 다 읽은 후에 음미하는 과정에서 일어나기도 한다.

'코너가 힘들어하는 것은 자신이 잘못했다고 생각해서였어. 코너는 자신을 속이고 있었네. 자신은 좋은 사람이고 좋은 사람이어야 한다고 생각해왔는데, 실제로 자신이 좋지 않다고 판단되어서 스스로 힘들었던 거야. 몬스터가 '항상 좋은 사람은 없다'(91쪽)는 말을 듣고 두려움을 이겨낼 수 있었던 것은 바로 자신이 좋은 사람이 아닐 거라는 생각 때문에 두려웠다는 것을 말해주는 거야.'

'만나기'와 동시에 진행되는 '나를 알아채기'는 비교적 장면이나 사건에서 주인공이나 인물에 대하여 일어나는 자신의 감정이나 이해 정도, 자신의 경험에 대한 해석적 견해나 그 관점을 알아채는 일이다. 그에 비해 이야기를 다 읽은 후에 음미하는 과정에서 '나를 알아채기'는 좀더 전체적이고 확장적이다.

이를테면 '이야기 속 몬스터가 처음에는 꿈속에 나타나는 괴물이라고 여기더니, 나중에는 교회에서 목사님이 말한 우리 안에 있는 '성령'이라고 생각하는구나', '몬스터가 옳으면서 나쁘고, 나쁘면서 옳은 것이 있다는 이야기를 해 주었는데, 나도 그 이야기를 듣는 것이 반갑다. 뭔가 그 뜻을 알 것 같은 말이야. 나도 그런 생각을 해본 적이 있었지', '이야기 작가가 하고 싶은 말은 우리가 가진 옳고 그름에 대한 분별심이 우리를 힘들게 한다는 얘기를 하고 싶어 한다고 판단하는군. 나도 옳고 그름의 분별심이 지나치게 커서 힘들었던 적이 많았지. 이번 이야기를 읽으며 좀 다른 관점도 가지게 되었구나' 등 독자 스스로『몬스터 콜스』의 핵심 내용에 대한 느낌, 견해나 해석적 견해를 어떻게 하고 있는지를 알아채는 것이 여기에 해당한다.

(3) 삶에 비치는『몬스터 콜스』

'삶에 비치는 이야기'는 독자가 삶을 사는 동안 이야기와의 만남에 자신의 삶을 비추어보는 것을 말한다. 삶을 이야기에 비추어본다는 것은 이야기와의 만남에서 겪은 경험이 독자의 삶의 여러 국면에서 작용하는 것을 의미한다. 혹은 거꾸로 독자가 삶의 경험 한 가운데서 이야기를 떠올리고 새롭게 재음미하는 심리 작용도 포함된다.

한 가지 생각해 볼 것이 있다. 독자가『몬스터 콜스』를 읽고 나서 음미하는 시간은 언제부터 언제까지 일까? 그 대답은 '독서 이후로 삶을 살아가며『몬스터 콜스』체험을 기억해 내는 내내'라고 말하는 것이 알맞다. 기억하거나 의식에 떠올릴 수 있는 정도는 독자가 얼마나 이야기에 몰입하여 한 호흡으로 살았느냐 하는 정도에 따라 다르긴 하다. 어떤 독자는 이야기는 물론 이야기를 읽을 때 느꼈던 마음조차도 쉽게 의식하지 못하는 경우도 있다. 어떤 독자는 삶의 여러 가지 장면이나 상황에서 『몬스터 콜스』 체험을 꺼내 펼칠 수 있다.

『몬스터 콜스』를 읽고 바로 그때 생생하게 독자의 삶의 문제와 이야기 속의 삶의 문제가 표면과 이면으로 겹쳐질 수 있다. '내가 이번 주 내내 갈등하고 있던 문제가 좀 가벼워졌어. 『몬스터 콜스』의 몬스터가 해 준 말을 생각하니 마음이 가벼워지네', '나도 내가 좋은 사람이기만 바랐는데, 그 일로 내가 좋은 사람이 아닌 것 같아서 무거웠어' 등 독자의 삶의 문제가 『몬스터 콜스』 독서와 함께 해결의 실마리를 찾아내거나, 위안감을 느끼게 했을 수도 있다. 이는 독자의 두려움이 『몬스터 콜스』의 코너의 두려움 해결과 함께 해결되어 가는 일이 될 수 있다.

시간이 얼마간 지난 후에도 이 『몬스터 콜스』 이야기를 잊지 않은 독자라면 어려운 일이 있거나 두려운 마음이 일어날 때 이 이야기의 한 부분이나 전체를 떠올릴 수도 있다. '내가 지금 이렇게 힘이 드는 것은 내가 나빴다고 스스로 판단하기 때문이야. 내가 알지 못하는 '나쁘면서도 옳은', '옳지 않지만 옳은' 사람에 대한 이야기가 있었지. 『몬스터 콜스』였나? 지나치게 분별하는 마음을 갖는 것이 스스로를 괴롭게 하는 것이라고 몬스터가 말했었지. 지금 내가 내 마음의 두려움을 어떻게 해야 할 지 조금 알겠어'라고 스스로 위로하는 생각을 다시 꺼내들 수도 있다. 이는 '진정한 자신'의 목소리에 귀 기울이기 이다.

성인이 되어 성경이나 불경 등을 읽을 때에 '성령', '진아(眞我)' 등의 개념을 이해하고자 하는 순간에 어릴 적 읽었던 『몬스터 콜스』를 다시 생각해 낼 수도 있다. '그때는 몰랐는데, 인간의 영혼 속에는 현실에서 이해하고 생각하는 '나' 말고 또다른 '진정한 나'가 있었어. '『몬스터 콜스』 작가는 그때 몬스터의 등장을 통해 '진정한 자아'에 대한 이야기를 하고 싶었던 걸 거야'라는 생각을 한다. 이것이 '삶에 비치는 이야기'이며, 삶이 이야기의 이해를 더욱 깊게 해주는 사례이다.

2) 『몬스터 콜스』 문학체험 도와주기

문학을 통한 사랑교육은 '진정한 나'를 알지 못한 채 두려움에 고통 받는 이가 문학을 통해 진정한 자신을 알아가도록 돕는 일이다. 일반적으로 교사가 학생의 학습을 돕는 것을 교육으로 보지만, 사랑교육은 그것에 더하여 자신 스스로를 돕는 자기교육 활동을 중요하게 여긴다. 여기서는 독자가 스스로의 문학체험을 돕는 것과 여러 독자가 서로를 돕는 경우를 모두 생각하며 '문학체험', 그 가운데에서도 『몬스터 콜스』 체험에서 두려움을 극복할 수 있도록 돕는 방향에 대해 탐색해 보기로 한다.

가) 독자와 『몬스터 콜스』가 하나 되도록 돕기

문학체험을 돕는 일에서 중요한 한 가지는 우선 독자가 '나'의 다른 문제를 의식하지 못할 정도로 이야기에 몰입하도록 도와야 한다는 점이다. 독자가 '나'를 많이 의식하면서 이야기를 대상화하며 이야기를 읽을 때 진정한 문학체험에 가까이 가기가 어렵다. 흔히 영화를 보거나 이야기를 읽을 때 '나'를 거의 의식하지 못할 정도로 이야기에 몰입하는 경우를 경험하곤 한다. 언제 어떻게 시간이 흘렀는지 알 수 없을 정도로 이야기 속 인물과 사건과 정황 속에서 하나가 되어 흥분하기도 하고 조마조마하거나 기뻐하기도 하며 좌절하기도 하는 이야기와 하나가 된 독자가 될 수 있도록 도와야 한다.

『몬스터 콜스』를 읽으며 독자는 코너와 그의 가족들이 처한 상황 속에 참여하여 충분히 감정이입하여야 한다. 또 몬스터가 나타나 코너와 대화를 나누는 여러 정황에 진지하게 참여하여야 한다. 그래야만 일어나고 있는 일과 앞으로 일어날 일을 예측하거나 과거에 있었던 일과 현재의 일의 관계를 생각하면서 이야기 속 인물인 코너의 삶을 가까이서 감정이입하거나 동일시하면서 이야기에 몰입하게 된다.

이를 위하여 독자는 여러 가지 물리적 환경을 독서에 알맞도록 안정적 환경으로 만들 필요가 있다. 또 이야기 속 인물이나 사건 정황에 진지하게 대면하여야 한다. '이런 일은 있을 수 없는 일인데 계속 보고 있는 것은 시간 낭비가 아닐까?'라든가, '이건 그저 이야기일 뿐이고 실제가 아니야'라는 생각은 몰입을 방해한다. 『몬스터 콜스』에 대한 부정적 선입견이나 가치 없다는 생각 등이 독자로 하여금 진지하게 몰입하지 못하도록 할 수 있다. 최대한 『몬스터 콜스』 만나기가 삶의 중요한 순간이나 재미있는 시간이라는 생각을 갖도록 해주는 것이 몰입을 돕는 일이다.

나) 『몬스터 콜스』와 삶을 되비추도록 돕기

『몬스터 콜스』 이야기와 만나기 전부터 무언가를 찾아내고자 혹은 얻어내고자 노력하지 않도록 하는 일이 필요하다. 『몬스터 콜스』를 독자 스스로의 삶과 만나도록 해야 하는데, 내용 이해를 돕기 위한다는 명목으로 특정한 내용을 찾아내거나 기억해 내고 그것에서 배울 점을 생각하도록 하는 등의 활동이 독자가 『몬스터 콜스』와 한 몸이 되는 것을 가로 막는다. '한 몸이 된다'는 의미는 독자가 이야기 전체를 만나서 알아가는 과정 전체에 적용된다. 서로 다른 사람들이 만나서 한 순간에 한 호흡으로 살아가기 어렵듯이 시간을 들여야만 만남이 이루어진다. 의도한 몇 가지만을 알아내고 밝혀내고자 하는 선택적 주의 집중은 일종의 편견에 해당할 수 있다.

온전히 독자의 삶과 이야기가 만날 수 있도록 도와야 한다. 코너의 마음이 독자 자신의 삶이나 마음과 어떻게 유사하고 다른지 생각이 일어나도록 도와야 한다. 코너의 아픔이나 놀람이 어느 정도일지 상상해보고 자신이라면 어떻게 대처해 나갔을지, 코너는 왜 나의 대처 방식과 유사하거나 다른지 등에 대한 생각이 일어나도록 도와야 한다. 독자가 습관적으로 『몬스터 콜스』이야기를 대상화하여 읽고 있지는 않은지 확인해야 한다.

이를 돕는 방법은 쉽지는 않다. 『몬스터 콜스』에서 일어나는 일을 멀찌감치 내려다 보기만 한다면 자신의 삶과 『몬스터 콜스』가 서로 되비추어지는 현상 속으로 들어서기 힘들 수 있다. 이런 독서 태도는 한 편의 문학 작품 읽기만으로 길러지기 어렵다. 『몬스터 콜스』를 읽은 여러 사람이 대화를 나누는 것도 좋은 방법이다. 혹은 이전의 다른 문학 작품 읽기에서 서로 대화를 나눈 경험이 도움이 될 수 있다. 한 편의 문학 독서 방법이나 과정은 그것으로 끝을 맺는 것이 아니라, 이후 다른 문학 독서의 방법이나 태도에 큰 영향을 준다. 『몬스터 콜스』와 독자의 삶을 서로 비추는 내용이나 방법은 여러 사람이 시도한 되비추기의 내용이나 방법을 공유하는 과정에서 학습할 수 있다.

"『몬스터 콜스』에서 엄마를 잃게 된 코너의 마음이 내가 당한 가장 고통스러웠던 상황의 마음과 비슷하지 않을까 생각해보았어.", "몬스터가 말한 이야기 가운데 '좋고도 나쁜' 왕비 이야기를 들으며 나는 어떤 사람은 좋은 사람, 어떤 사람은 나쁜 사람이라고 분명하게 선을 그어 놓고 사람들을 만났던 일이 잘못이라는 생각이 들었어." 등등의 반응을 서로 공유하는 것은 그런 생각이 일어나지 않았던 독자에게 도움이 된다. 자신도 그 부분을 읽을 때에 어떤 생각이 일어났었는지 알아채려고 노력하게 되고, 또 무언가 자신에게 일어나는 생각을 격려하도록 하기 때문이다. 이런 공유 활동은 그 자체가 '삶에 비추어보기'를 돕는 방법이다.

이렇듯 한 몸이 된(나와 이야기) 문학체험을 자연스럽게 누리도록 도와야 한다. 무언가 정답이 있다고 생각하거나, 깊이가 너무 얕고 표현하기 힘들다고 생각하거나, 내가 소박하게 읽으면 부끄럽다는 생각, 스스로의 문학체험에 대한 불신감 등에 의해 방해받지 않아야 한다. 그런데 사실 이러한 방해가 현실적으로 사라지기 어렵다. 학교나 사회에서 받은 문학교육 등이 오히려 문학체험을 방해할 가능성이 많은 것은 바로 이 부분이다. 학교 교육에서 이야기는 이렇게 읽어야 한다는 틀을 학습하거나 자신의 문학체험이 갖는 깊이 여하를 막론하고 자연스럽게 표현할 수 있는 자신감은 독자가 가진 인간적 정체성에 기반을 둔다. 가급적 문학체험의 초기부터 자연스럽게 자신의 감정이나 생각을 표현하는 데에 익숙하도록 해야 한다. 특히 문학체험에서 그 반응의 방향성에 대한 지나친 강요보다는 자유로운 자신의 반응을 신뢰하되 다른 이의 반응에 대해 깊이 생각해보고 그 생각을 이해하려는 노력을 시도할 필요가 있다. 물론 이 활동은 다른 이의 문학체험을 이해하면서 다른 사람을 만나 그 사람을 이해하는 일이다. 이런 활동이 독자가 『몬스터 콜스』와 한 몸이 되면서 삶을 사는 것을 돕는 일이다. 독자 스스로 『몬스터 콜스』 독서에서 일어났던 삶에 대한 생각을 표현하고, 다른 이의 표현을 받아들이는 등의 활동을 할 필요가 있다. 사회문화적으로 이러한 대화의 기회를 확대할 수 있다면 『몬스터 콜스』 문학체험에서 '삶에 되비추기'를 돕는 좋은 방법이다. 독자가 이런 솔직한 대화를 즐기며 행복해한다면 더 말할 것이 없다.

다) 허구적 자아(ego) 인식의 기회 확대

인간의 여러 가지 두려움을 극복하기 위한 가장 기본적 과정은 자신의 마음이 진정한 자신(Self)이 아니라는 점을 아는 일이다. 인간에게 두려움을 일으키는 마음은 바로 에고(ego)에 의한 것이다. 우리 대부분은 강력한 에고에만 사로잡혀 그것만이 '나'라고 생각하며 살아간다. 내 마음에서 일어나는 두려움은 바로 '나'가 다른 이보다 못하다는 생각 때문이고, '나'가 죽는다는 생각 때문이며, '나'가 영원하고 강력한 권력을 소유하고 명예로운 삶을 살아야만 한다는 욕망 때문이다. 이러한 생각은 인간 누구나 갖고 있지만 그것이 전부가 아니다. 이것만이 '진정한 나'가 아니다. 이것은 에고일 뿐이다. 에고에 집착하여 가려진 참자아의 모습을 볼 수 있어야만 두려움을 벗어날 수 있다.

인간의 에고에 대해 조금이라도 인식할 수 있는 경험을 갖도록 문학체험의 기회를 넓히는 것을 권유하는 것이 두려움 극복을 위한 기본 단계의 도움 활동이다. 몇 가지 문학작품이 에고의 존재를 인식하도록 다양한 방법과 유형의 경험을 갖게 할 수 있다.

나. 진정한 자신을 발견하도록 돕기

참자아의 발견과 동일성 회복의 여정으로 나아가는 문학체험과 교육이 개인의 두려움을 극복할 수 있도록 하는 사랑교육이다. 단 한 편의 문학체험으로 완전한 변화를 경험하기는 힘들다. 문학 경험을 축적함으로써 인간에게 조금씩 두려움을 이길 힘을 갖게 해주고, 결국에는 사랑을 회복하고 진정한 자신을 찾아내도록 돕는 역할을 한다는 점은 누구도 부인할 수 없다.

두려움의 극복을 위해 참자아의 발견으로 나아가는 과정에서 가장 먼저 필요한 것은 자신의 에고를 제대로 보는 일이다. 인간의 욕망으로 표현되는 에고의 모습을 가감 없이 제대로 바라보는 일이 진정한 자신(Self)을 찾아가는 첫걸음이다. 청소년 소설 『초콜릿 전쟁』의 문학체험에서 독자가 자신을 발견하는 부분에 초점을 두고 살펴본다. 또 시 「어디 우산 놓고 오듯」 체험에서 독자가 자신을 어떻게 발견할 수 있는지 살펴보기로 한다.

1)『초콜릿 전쟁』과 한 호흡으로 살기

가)『초콜릿 전쟁』체험의 다양성 살펴보기

이 이야기는(제2부 1장 2절 참조) 고등학교 내에서 벌어지는 폭력과 계략과 음모를 생생하게 드러낸다. 고등학생 독자라면 이와 똑같은 사건이 아니라도 자신의 학교에서 벌어지고 있는 왕따나 폭력과 계략에 빗대어 자신이 어떤 위치에 있는지를 상상하고 자신의 특징을 파악하며 읽을 수 있다.

고등학교에 존재하는 야경대와 유사한 조직의 일원이거나 리더인 독자, 왕따를 당하거나 폭력에 시달리는 독자, 교사의 폭력 문제를 인식하고 괴로워하는 독자, 교내의 사건이나 관계에 무감각하거나 방관하며 지내는 독자 등 다양한 입장의 독자가 자신의 삶의 모습을 지켜보며 자신의 삶에 대해 통찰할 수밖에 없는 소설이다.

그런데 이 이야기는 고등학교 내의 문제만을 이야기하는 것으로 볼 수는 없다. 인간 사회의 계략과 권모술수의 모습을 적나라하게 제시하고 있다고 보는 편이 옳다. 그런 차원에서 이 이야기를 읽는 성인독자도 자신의 삶을 통찰할 수밖에 없다. 고등학교에서 일어나고 있는 폭력과 권력과 거기에 대응하는 다양한 방식과 고민들은 사회에서 일어나는 모든 일들을 비유적으로 말해줄 수 있다. 학교 사회는 일반 사회의 축소판처럼 보인다. 그렇기 때문에 이 이야기와 만나는 성인독자도 자신이 속한 사회에서 일어나고 있는 일을 찬찬히 살피게 되고 자신이 무엇을 어떻게 하고 있는지 살피게 되며 자신의 생각과 행동을 바라볼 수밖에 없다.

나)『초콜릿 전쟁』체험

한 편의 문학작품을 읽고 난 후 곧바로 진정한 자신을 발견한다고 말할
수는 없다. 다만 문학작품을 만나가며 조금씩 더 자신에 대해 생각할 기
회를 가질 수 있을 뿐이다. 문학작품을 읽고 여러 가지 사건과 인물과 정
황을 탐색하는 과정에서 독자 자신이 누구인지 조금이라도 알아챘다면
점점 진정한 자아(Self)의 발견으로 다가서는 것이다. 독자가『초콜릿 전쟁』
과 한 호흡이 된다는 것은 이 행위가 체험이고 삶이 되는 것을 의미하며
그 과정에서 자신을 바라볼 수 있는 시각을 가지게 되는 것을 의미한다.

『초콜릿 전쟁』을 읽는 독자의 체험은 이야기와 더불어 독자 자신을 바
라볼 수밖에 없는 체험이다. 그것도 단순히 개인의 진정한 자아에 대한
고민에만 그치는 것이 아니라, 인간과 인간의 관계와 인간이 이루고 있는
사회의 진정한 자아에 대한 탐색이 이루어질 수 있는 기회를 준다. 트리
니티 고등학교라는 사회의 구성원들이 이루어내는 사회의 모습을 들여다
볼 수 있게 하고, 그 안에서 개개인들이 어떤 삶에 휩싸여 있는지, 그것이
본질적으로 진정한 인간의 자아의 삶인지, 그들과 '나'의 삶은 어떻게 같
고 다른지 비슷한지, 내가 그들의 감정이나 생각을 얼마나 공감하고 이해
할 수 있는지 등을 차분히 통찰할 기회를 갖게 해준다.

(1)『초콜릿 전쟁』만나기

『초콜릿 전쟁』만나기도 이야기 속 사건과 정황, 이야기를 만든 작가의
마음을 만나는 일이다. 그 정황을 바라보는 '나'를 만나는 일이다. '만나
기'란 어떤 주체와 대상이 구별되는 행위가 아니다. '만나기'는 이야기와
독자가 서로 하나의 호흡을 하는 경험을 창출하는 삶이다. 단순히 인물과
사건의 줄거리를 만나는 것이 아니라, 작가의 문장과 그 문장으로 그려진

사건이나 정황 속에서 '나'는 인물이 되고 인물을 만나고 자신을 표현하거나 생각하며 살아가는 일을 계속한다.

독자가 『초콜릿 전쟁』속의 제리를 만날 때 동시에 작가도 만나고 독자 자신의 과거 경험과 상상력을 만나며 모두가 함께 하나가 된다. 이를테면 학교에서 풋볼 팀에 들어가기 위해 온 전신을 구타당하다시피 연습을 하고 엉망인 채 집으로 돌아가던 제리가 버스정류장에서 어떤 히피에게 "어이, 우린 하류 인간이 아냐."라는 말과 함께 경멸이 담긴 말을 듣는 장면에서 그것을 생각할 수 있다.

> 그 사람의 목소리에는 경멸이 묻어 있었다.
> "열넷이나 열다섯 살짜리 모범생, 벌써 완전히 판에 박혔군. 대단해."
> 끼이익 소리와 매연을 내뿜으면서 버스가 도착했다. 제리는 그 사람에게서 멀어졌다.
> "가서 버스나 타라, 모범생. 그 버스를 놓치지 마라. 꼬마야, 넌 세상에서 많은 것을 놓치고 있다. 그러니 버스라도 놓치지 말아야지." (33-34쪽)

독자는 이야기의 초반부에 온몸이 부서지면서까지 풋볼 팀에 들어가려는 제리의 성격을 만나고, 기운 없이 집으로 돌아가다 제리가 당하는 이런 일을 함께 경험한다. 그리고 이 장면에서 독자는 작가가 무언가 '인생에서 놓치지 말아야 할 것이 있다'고 말하려고 하는 것이 아닐까 하는 생각을 하게 된다. 작가를 만나게 된 것이다. 특히 '모범생'으로 살아가는 일이 '판에 박힌' 일이라는 말에 대해 곰곰이 생각하게 된다. '판에 박힌' 삶이란 무엇일까? 모범생에게 판에 박힌 삶을 산다고 말하는 것이 왜 경멸이 될까? 등의 생각을 하면서 자신을 흘끗 엿보게 된다. 자신은 '모범생'을 무엇이라고 생각해왔고, 이 사건에서 말하는 모범생과 무엇이 다를까 등을 엿보게 된다.

물론 독자에 따라서는 작가가 의도했을 법한 이런 부분을 뚜렷한 자각 없이 넘어가기도 한다. 독자가 이야기와 작가를 만나는 것이 아니라, 이야기 줄거리를 정리하며 읽어내려고 할 때 진정한 만남이 이루어지지 않는 경우가 많기 때문이다. 여하튼 작가가 펼치는 이야기와 문장을 통해서 작품 속 인물과 작가를 동시에 만나고, 자신의 삶과 우리의 삶에 대해 생각하는 것이 중요하다고 여기는 자신도 만나게 된다. 어떤 독자는 다른 사람이 정해 놓은 기준에 맞추어 열심히 살아가는 모범생은 진정한 자신만의 삶을 살지 못하는 '판에 박힌' 삶이라는 의미를 구성하고, 또 어떤 독자는 그래도 여러 사람들이 만들어놓은 기준을 따라 살아가는 것이 안전한데 왜 이런 말을 하는 것일까 하는 의문 속에서 고개를 갸웃할 수도 있다. 『초콜릿 전쟁』 만나기에서는 이러한 미세하고도 부분적인 작은 만남들의 연속이 전체적 만남의 질을 좌우하게 된다.

아이들에게 두렵고 힘든 과제를 내면서 모든 사건의 실질적 권력자로 제리를 괴롭힐 상대로 판단되는 아치의 마음이 드러나는 구절을 읽을 때, 독자는 자신의 판단과 경험에 대해 더 면밀하게 바라보게 된다. 아치가 구버에게 유진 선생의 교실에 있는 모든 나사를 풀도록 한 과제를 낼 때 아치는 검은 상자에 있는 돌을 뽑아야 했다. 검은 돌을 뽑으면 자신이 그 과제를 수행해야 한다.

낡아서 버려진 교탁에 이르자 카터는 대장 자격으로 작고 검은 상자를 꺼냈다. 그것을 흔들자 안에서 돌들이 부딪치는 소리가 들렸다. 오비가 손에 열쇠를 들고 앞으로 나섰다. 오비의 얼굴에 있는 저것은 미소일까? 아치는 확신하지는 못했다. 그는 오비가 정말로 자기를 미워할까 궁금했다. 녀석들 모두 나를 미워할까? 상관없다. 아치가 권력을 쥐고 있는 한 상관없는 일이다. 그는 그들 모두를 정복할 것이다. 심지어는 이 검은 상자도. 카터가 오비에게서 열쇠를 받아 쳐들었다.

"준비됐어?"

"준비됐어."

아치가 대답했다. 얼굴엔 아무런 표정도 드러내지 않았다. 언제나 그렇
듯이 속을 알지 못하도록 조심하였다. 속으로는 겨드랑이에서 갈비뼈 쪽
으로 식은땀 한줄기가 흘러내렸다. 검은 상자는 그의 몫이었다. (중략)

상자를 향해 손을 뻗을 때 팔이 떨렸다. 아무도 눈치 채지 못하기를 바
랐다. 손이 바닥에 닿자 그는 돌 하나를 쥐고 손바닥 안에 감추었다. 손을
빼내서 팔을 쭉 뻗었다. 전혀 떨지 않았다. 아주 천천히 손을 활짝 펼쳤다.
하얀 돌이었다.

아치의 몸에 긴장이 풀리면서 입 가장자리가 씰룩거렸다. 그는 다시 녀
석들을 해치운 것이다. 한 번 더 이겼다. 난 아치다. 난 패배하지 않는다.

카터가 손가락을 꺾고 모임은 해산되었다. 갑자기 아치는 공허해졌다.
지치고 버림받은 느낌이었다. 구버가 당황한 채 거기 서 있는 것이 보였
다. 마치 울음을 터뜨릴 것 같은 모습이었다. 아치는 소년이 안됐다고 거
의 느낄 뻔했다. 거의. 그러나 조금 부족했다. (57-58쪽)

물론 독자가 어떤 가치에 관심이 있고, 어떤 삶을 살아가고 있는가에
따라서 민감하고 섬세하게 자신을 들여다보는 부분이 저마다 다를 수 있
다. 하지만 위의 장면에서 독자에 따라서는 가장 강력한 권력을 가진 아
치도 '식은땀'을 흘릴 정도로 긴장하거나 다른 아이들이 자신을 '미워할
까' 고민해보는 모습을 보인다. 독자는 이 장면이 의외라고 생각할 수 있
다. 혹은 교묘한 폭력을 휘두르는 전체 사건을 다 보지는 못했지만, 야경
대의 권력자 아치도 결코 일반 학생들과 다르지 않다는 느낌을 받을 수도
있다. 자신은 '패배하지 않는다'는 외침을 오히려 약한 모습으로 볼 수도
있다. 그와 더불어 작가는 아치의 이런 모습을 묘사한 이유가 무엇일까를
생각하게 되고 작가가 무슨 말을 하려고 하는지 생각해보게 된다. 어떤
사회에서 폭력을 행사하는 이의 마음이나 영혼의 특성이라는 것이 무엇

인지 생각해볼 기회를 갖게 된다.

실제 학교에서 왕따를 당하는 독자라면, 자신을 왕따 시키는 강력한 힘을 가진 것처럼 보이는 아이의 마음속에도 아치처럼 저런 약함이 있을까라는 상상을 할 수 있다. 혹은 성인 독자라면 사회에서 권력을 휘두르는 이들의 마음속에 과연 스스로 약한 마음을 더욱 광폭하게 포장하고 있는 것이 아닌가 하는 생각도 덧붙여 해볼 수 있다. 이렇게 독자가 『초콜릿 전쟁』을 만난다는 것은 독자 자신의 삶이 통째로 이 만남에 작용하게 됨이며, 『초콜릿 전쟁』과 독자의 삶은 누가 주체이고 대상인지에 대한 구분이 없이 하나의 호흡으로 삶을 엮어가게 된다. 이런 사례는 이 독서에서 끊임없이 이어진다.

레온 선생이 교실에서 아이들을 통제하고 다루는 일은 매우 교묘하고도 폭력적이다. 어느 날 수업시간에 베일리를 불러 뺨을 후려친 후에 레온이 베일리를 대하는 모습에서 그가 어떤 교사인지 잘 상상할 수 있다.

> "하지만 여기 증거를 봐라, 베일리. 너의 점수는 모두가 A야. 모든 시험, 모든 퀴즈, 모든 숙제가 다 A다. 오직 천재만이 그런 업적을 이룰 수가 있지. 넌 자신이 천재라고 주장하는 거냐, 베일리?"
>
> 베일리를 가지고 장난치고 있다.
>
> "네가 천재로 보인다는 점을 인정하겠다. 그 안경하며, 뾰족한 턱, 헝클어진 머리……."
>
> (중략)
>
> "선생님, 전 부정행위를 하지 않았어요."
>
> 베일리가 말했다. 그의 목소리에는 마지막 입장을 밝히는 것처럼 강인함이 배어 있었다.
>
> "그렇다면 넌 어떻게 A만 받지?"
>
> "모르겠습니다.
>
> (중략)

베일리는 말없이 호소하듯 처음으로 학급 아이들을 바라보았다. 마치 패배하고 누군가에게 상처받고 버림받은 것 같은 모습이었다.

(중략)

그만둬요, 선생님, 이제 그만 하세요.라고 제리는 속으로 외쳤다.

(중략)

"네가 부정행위를 한 거야!"

이 순간 제리는 레온 선생이 미웠다. 그는 배 속에서 그 미움을 느낄 수 있었다. 시고, 썩고, 타는 듯한 맛이었다.

"넌 부정행위를 했다, 베일리. 넌 거짓말쟁이야."

이 말은 채찍 같았다.

넌 쥐새끼야, 제리는 생각했다. 나쁜 새끼.

목소리 하나가 교실 뒤쪽에서 튀어 나왔다.

"오 그 애 좀 내버려 둬요." (66-69쪽)

이 부분에서 어떤 독자라도 레온을 좋은 교사라고 생각하기는 어렵다. 어떤 입장에 있는 독자라도 어떻게 이렇게 끔찍한 교사가 학교에 있는가라는 생각을 하게 된다. 『초콜릿 전쟁』과 한 호흡이 되었기 때문이다. 독자에 따라서는 세상에 이렇게 나쁜 교사가 있을 수 있을까라고 생각하거나, 이건 소설 속 이야기니까 그럴 것이라고 합리화하는 독자도 있을지 모른다. 혹은 자신을 혹독하게 다루었던 현실 속의 교사를 떠올리며 레온을 만날 수도 있다. 독자는 레온을 만나며 동시에 자신이 속한 학교나 사회를 떠올린다. 제리가 '그만둬요, 선생님, 이제 그만 하세요'라는 말을 입 밖으로 내지 못하고, 결국은 레온에게 마음속으로 욕을 퍼붓고도 결코 나서서 말리지 못하는 광경을 보인다. 독자는 제리의 마음에 공감하면서, 자신이 제리였다면 어떻게 하였을지 고민하며 책장을 넘기게 된다. 독자의 개인별 성향에 따라 다르겠으나 이럴 때 소리 내어 항의해야만 한다고 생각하는 독자도 있겠고, 제리가 소리 내어 항의하지 못하는 성격이라는 것을 파악하는 데서 그치는 독자도 있다.

결국 어느 날 신입생 제리 르노가 현재 학교의 최고 권력자 레온 선생에게 대항하게 된다. 초콜릿을 팔아 학교 재정에 보탠다는 명목으로 모든 학생에게 초콜릿을 팔도록 한 전통을 제리가 받아들이지 않는다.

> 구버는 믿을 수 없다는 듯이 제리를 바라보았다. 언제나 약간은 근심스러운 듯한, 심지어 그 멋진 패스를 훌륭하게 해내고 난 다음에도 별로 자신 없어 하던 녀석이 이 제리 르노 맞나? 언제나 어쩔 줄 몰라 하는 것 같았는데? 그 제리가 정말로 레온 선생에게 대들고 있다는 말인가? 레온 선생뿐만 아니라 트리니티의 전통에 대들고 있다고? 이제 레온 선생의 얼굴을 보니 총 천연색 영화 빛깔이었다. 뺨에서 붉은 빛이 소용돌이치고, 축축한 눈은 실험실 시험관 속의 표본 같았다. 마침내 레온 선생은 머리를 숙이고 연필을 든 손길을 움직였다. 마치 제리의 이름 옆에 끔찍한 표시를 하는 것 같았다.
> 교실 안의 침묵은 구버가 한 번도 경험한 적이 없는 것이었다. 끔찍하고 무시무시하고 질식할 것 같은 분위기였다. (120-121쪽)

독자는 막연하게 제리가 주인공이라고 여기며 읽어왔으나, 이 부분에서 드디어 제리가 가장 중요한 사건을 일으키고 있음을 확신하게 된다. 제리의 저항을 바라보며 시원함을 느끼거나 자신이 제리가 되어 '아니요'라고 대답한다. 숨죽이며 다른 인물들의 반응을 살피게 된다. 그동안 제리는 덩치가 작고 엄마를 잃은 슬픔을 겨우 이기고 있는 신입생이었고, 레온 선생이 베일리에게 횡포를 부릴 때도 결코 한 마디도 내뱉지 못하는 아이였다. 그런데 레온 선생의 요구에 '아니요'라고 답하다니. 독자는 제리가 레온 선생에게 대항하여 통쾌하게 악을 물리칠 정의의 사자가 되기를 기대하면서 제리를 응원하게 된다.

그런데 얼마 지나지 않아 제리의 레온 선생에 대한 대항은 야경대 아치 코스텔로가 내준 과제였던 것이 밝혀진다. 그러면 그렇지. 독자는 레온 선생의 폭압이 불합리하다고 판단하지만 제리의 성격으로는 특별히 대항하기 어려웠을 것이라는 점을 인정한다. 그런데 제리는 과제가 다 끝난 후에도 전혀 계획에 없던 '아니요'라는 대답을 계속한다. 독자는 다행이라고 생각하며 제리를 계속 응원하게 된다. 아치는 제리가 레온 선생에게 대항하다 결국 패배하는 모습을 전교생에게 보여줌으로써 초콜릿 판매를 도우려고 했던 것이라는 판단과 함께.

> 그는 그런 일을 계획하지 않았다. 이 끔찍한 과제가 끝나서 행복했다. 과제를 끝마치고 삶이 다시 정상으로 돌아와서 기뻤다. 매일 아침 그는 점호가 두려웠다. 레온 선생의 얼굴을 바라보면서 "아니요"라고 말하고 레온의 반응을 보는 것은 두려웠다.
> (중략)
> 그런데 어째서 오늘 아침에 "아니요."라고 말했던가? 그 괴로운 시련이 끝나기를 그토록 원하고 있었으면서. 그 끔찍한 "아니요"라는 말이 자기 입에서 튀어나오고 만 것이다.
> 제리는 꼼짝 않고 침대에 누워 있었다. 자려고 한 번 더 애를 썼다. 아버지가 코고는 소리를 들으면서 그는 아버지가 정말 잠으로 인생을 다 보내고 있다는 생각이 들었다. 심지어 아버지는 깨어서도 잠을 잔다는 느낌, 실제로는 살지 않는다는 느낌이 들었다. 나는 어떤가? 지난번에 길거리에서 만난 그 히피는 폴크스바겐 차에 턱을 괴고서 마치 세례 요한처럼 기묘하게 말하지 않았던가? 넌 세상에서 많은 것을 놓치고 있어, 하고 말이다. (168-170쪽)

제리가 레온 선생에게 대항하는 것이 야경대의 과제에서 비롯되었지만, 순전한 자신의 뜻으로 계속하게 되는 것을 보며 독자는 안도하는 마음을 갖게 된다. 물론 제리가 어떻게 싸워나갈 것인지 걱정하는 마음도 있다. 아버지가 '실제로 살지 않는다'는 느낌을 가지며 자신은 살고 있는지 생각해보는 제리를 만나면서 독자는 제리가 자신의 삶에 대해 깊이 탐색하고 성찰하는 성격을 보인다고 판단한다. 제리의 삶에 대한 성찰적 태도는 곧바로 독자에게로 번지는데, '살아 있으면서도 실제로 살지 않는 삶'은 무엇을 말하는지 독자는 생각하지 않을 수 없다. 어떤 독자는 그 의미가 구체적으로 떠오르진 않아도 그렇게 살아서는 안될 것이라는 생각을 하게 되고, 어떤 독자는 진정한 자신을 살지 못하고 주변에서 요구나 칭찬에 맞추어 사는 것을 의미하는 것이 아닐까라는 생각까지 하게 된다. 히피가 제리에게 '모범생'이라고 불렀던 것을 떠올리면서. 독자는 이 부분에서 작가를 좀 더 깊이 만나게 된다. 작가는 제리를 통해 무슨 말을 하고 싶은 것일까? 제리가 자신의 삶을 깊이 성찰하는 장면에서 왜 '모범생'으로 살지 않기를 권장하는 것처럼 묘사하고 있을까 등을 생각하게 된다. '모범생'으로 사는 것이 무슨 의미이며, 왜 진정한 자신을 살지 못하는 것일까라는 의문을 가지게 된다.

이후 아치와 야경대는 제리 르노 때문에 자신들의 영향력이 약해졌다고 판단한다. 제리가 초콜릿을 팔지 않겠다고 거부하면서 전교생이 초콜릿을 왜 팔아야 하는지 생각하며 제리가 옳다는 생각을 가진 아이들이 많아지기 때문이다. 독자는 이 부분에서 제리가 레온 선생의 횡포를 막는 거대한 힘을 얻게 되기를 간절히 바라게 된다. 하지만 마침내 아치와 야경대는 새로운 계획을 한다.

"우리는 초콜릿 판매를 인기 있는 일로 만들 거야. 그걸 파는 게 멋진 일이라는 걸 보여주는 거지. 우리는 구호를 전하는 거야. 그리고 우리는 조직한다. 각 학급의 반장들과 생활지도위원들. 학생회 임원들 그리고 영

향력을 가진 모든 아이들을. 트리니티의 빛나는 전통을 위해! 트리니티인
이여, 일어나라!" (257쪽)

그날 오후 늦게였다. 구버는 환호성에 이끌려 강당으로 갔다. 강당의 뒤
편에 서서 브라이언 코크란이 오늘의 판매고를 적는 것을 보았다. 그곳엔
애들이 50명이나 60명 정도 있었다. 이 시간 치고는 이상하게 많은 수였
다. 코크란이 새로운 판매량을 적어 나갈 때마다 애들은 큰소리를 내는 카
터의 부추김을 받아 환호성을 지르곤 했다. 그는 아마도 초콜릿을 전혀 팔
지 않고 다른 애들을 시켜서 자기 몫을 채웠을 것이다. (286쪽)

"구버가 50통을 팔았다."
누군가 소리쳤다.
만세, 박수와 귀가 떠나갈 듯한 휘파람 소리.
구버는 말도 안된다며 항의하러 앞으로 나가려고 했다. 그는 겨우 27개
만 팔았다. 그러고는 자기가 제리를 응원한다는 것을 보여주기 위해서, 아
무도 모르고 제리 자신도 모르는 한이 있더라도 어쨌든 그것을 보여주기
위해서 판매를 그만두었다. 그런데 이 모든 것이 사라졌다. 그는 자기가
그림자 속에 파묻힌 것을 보았다. 마치 완전히 움츠러들어 보이지 않는 존
재가 된 것 같았다. (287쪽)

결국 아치와 야경대, 그리고 레온 선생은 제리를 학교에서 왕따 당하게
만든다. 구버는 여전히 제리를 응원하지만, 제리는 전교생과 교사에게서
까지 괴롭힘을 당한다. 그러다가 아치의 계략으로 진저로부터 심한 폭력
을 당한다. 어느 날 밤 아치의 계략에 말려들어 학교 운동장에서 진저와
제비뽑기로 진행하는 복싱 시합에 참여한다.

저기 저 관중에게 강한 인상을 주려고 했단 말인가? 자신을 입증하려고
했더란 말인가? 빌어먹을, 그들은 자기가 패배하기를, 자기가 죽기를 바라

고 있었다.

진저의 주먹이 그의 관자놀이를 쳤다. 제리는 뒤로 비틀거렸다. 진저의 주먹이 배로 떨어지면서 배가 안으로 파였다. 배를 싸안자 이번엔 얼굴에 끔찍한 두 방이 날아들었다. 왼쪽 눈이 빠질 것 같았다. 눈동자가 뭉개졌다. 그의 몸은 통증으로 무너졌다.

(중략)

구버는 어쩔 줄을 모른 채로 마침내 제리가 무대에서 쓰러지는 것을 바라보았다. 피투성이가 되어서 입을 벌린 채 숨을 헐떡였다. 눈은 초점을 잃고 퉁퉁 부었다. 그의 몸은 한순간 상처 입은 짐승 같은 자세를 취하더니 정육점의 갈고리에서 떼어 낸 고깃덩이처럼 풀썩 쓰러졌다.

그리고 불이 나갔다. (352-353쪽)

독자가 만난 제리의 모습은 안타깝고 가슴이 아프다. 『초콜릿 전쟁』이야기와 만나는 내내 제리를 응원하던 독자는 끝내 고깃덩어리처럼 쓰러지는 신입생 제리를 보고 그것으로 이야기가 끝나는 것이 낯설고 비참하며 분노하게 된다. 도대체 작가는 무슨 말을 하려고 이런 결말을 그린단 말인가? 의문이 든다. 게다가 피를 흘리며 쓰러진 제리가 구버에게 해주고 싶은 말은 독자를 더 당황스럽게 만든다.

자신이 깨달은 것을 구버에게 알리는 것이 중요했다. 구버에게 풋볼을 하라고, 풋볼을 하라고 말해야 한다. 달리기를 하라고, 그리고 풋볼 팀에 돌아가라고, 또 초콜릿을 팔라고, 그들이 원하는 것은 무엇이든 다 팔고, 그들이 원하는 것은 무엇이든 다 하라고 말해야 한다. 그 말을 하기 위해 목소리를 되찾으려고 해보았지만 입에 무언가 이상이 있었다. (중략) 사람들은 네가 해야 할 일을 잘하라고 말하지. 하지만 진짜로는 그런 뜻이 아냐. 그들은 네가 너의 일을 하기를 바라지 않아. 네 일이 동시에 그들의 일이 아니라면 말이야. 웃기는 일이지만 구버, 속임수야. 우주의 질서를 방해하지 마라, 구버, 포스터가 뭐라고 말하든 상관없어. (358-359쪽)

학교와 지하조직 야경대의 불의에 항거한 고등학교 신입생 제리는 결국 표면적으로는 아무 것도 변화시키지 못한 채로 쓰러져간다. 제리를 통해 불의에 저항하던 독자의 기대는 절망으로 변한다. 이야기를 온전히 만나고 나서 더욱 기분이 나빠진다. 독자는 자꾸만 생각하게 된다. 작가가 이렇게 결말지은 것은 결국 제리가 구버에게 전하고 싶어하던 그 말처럼 살라는 메시지를 전하려는 것일까? 그건 결코 아닐 것이라고. 그럼 작가가 하려는 말이 무엇이란 말인가?

(2) 나를 알아채기

『초콜릿 전쟁』과의 만남은 '나'와 '우리 사회'를 알아채기가 더 쉬운 문학체험이다. 『초콜릿 전쟁』에서 '나'를 알아채기는 '만나기' 과정 중에 일어나는 것으로, 독자 자신이 어떻게 반응하고 어떻게 상상하고 어떤 감정에 휩싸이는지를 스스로 '바라보기'이다. 사실 '만나기'와 '바라보기'가 함께 이루어진다고 보는 것이 알맞다. 우리는 누군가와 어떤 세계와 만나면서 동시에 그 안에서의 삶을 이어가는 자신을 바라볼 수 있다. 자신이 그 만남에 어떻게 대응하고 무엇을 느끼며 무엇을 열망하는지 등을 스스로 알아챌 수 있다.

이를테면 『초콜릿 전쟁』 만나기에서 살펴본 내용 가운데, 제리가 버스 정류장에서 한 히피를 만나는데, 그가 한 "가서 버스나 타라, 모범생. 그 버스를 놓치지 마라. 꼬마야, 넌 세상에서 많은 것을 놓치고 있다. 그러니 버스라도 놓치지 말아야지."(33-34쪽)라는 말을 듣는 부분이다. 이 부분을 읽는 독자가 '작가는 인생에서 놓치지 말아야 할 것이 있다고 말하려고 하는 것이 아닐까 하는 생각'을 하는 자신 스스로를 보게 된다. 여기서 작가의 의도를 이렇게 해석하게 되는 자신을 보면서 자신이 인생에서 놓치지 말아야 할 것을 놓치고 있는 것은 아닌가 하는 의구심과 더불어 그러고 싶지 않은 마음을 갖고 있음을 엿보게 된다. 이것이 바로 나를 알아채는 한 예이다. 이러한 알아채기는 만남 속에서 지속적으로 이어진다.『초콜릿 전쟁』만나기에서 독자 스스로가 '판에 박힌' 삶이란 무엇일까? 모범생에게 판에 박힌 삶을 산다고 말하는 것이 왜 경멸이 될까? 등의 생각하는 자신 스스로를 본다면 스스로 모범생이 되고 싶지 않으며, 판에 박힌 삶을 살고 싶지 않은 자신을 엿보게 된다. 물론 그래도 모범생이 되는 것이 낫지 않은가 하는 스스로를 엿볼 독자도 있다.

한편 제리가 레온 선생에게 대항하여 '아니요'라고 대답하고 있을 때 독자는 레온의 폭압에서 제리와 학교가 벗어날 수 있기를 응원한다. 독자 스스로는 응원을 하는 자신을 알아채면서 현실 세계에서 제리와 같은 처지라면 결코 레온에게 대항하지 못하였을지 몰라도 마음 깊은 곳에서 제리를 응원하며 대항한다. 독자는 정의롭지 못한 레온 선생의 나쁜 의도와 지시를 따라야 하는 부당함을 바로잡고 싶어 하는 마음이 있음을 알 수 있다. 제리를 응원하는 독자 스스로는 제리를 응원하는 과정에서 자신이 이 사건이나 일에 대해 어떤 마음과 자세를 갖고 있는지를 지켜보는 시간을 갖는 것이다.

이 '나를 알아채기'는 여러 가지 수행(修行)의 과정에서 스스로에게 일어나는 마음이 무엇인지 '지켜보는' 방법에 해당한다. 문학체험은 바로 이러한 스스로를 바라보는 과정을 포함하고 있다. 이로써 문학이 진정한 자기 자신을 만나는 데에 기여할 수 있다는 단초를 마련할 수 있다.

독자는 제리가 끝까지 대항하고 있는 동안 아치가 '초콜릿 판매'를 인기 있는 일로 만들어내는 과정을 보면서 놀라고 안타까워하게 된다. 아치의 계략에 따라 '초콜릿 판매'가 인기 있는 일이 되어감을 보면서 '인기 있는 일' 조차도 조작해내는 권력의 폭압이 가져오는 문제를 생각하게 된다. 이때 독자는 또다시 자신을 보게 된다. 스스로도 일상에서 조작된 '인기 있는 일'에 열광하고 환호하는 대부분의 학생, 혹은 시민과 같지 않은가 돌아보며 그렇지 않기를 바라지만 실상은 어떠한지 확인하게 된다.

결국 독자는 신입생 제리가 혼자서 대항하다 고깃덩어리처럼 쓰러지며 하는 말을 들으면서 자신을 돌아보게 된다. 제리가 쓰러지며 구버에게 남기고 싶은 말들을 들으며 독자는 점점 더 기분이 나빠지는 자신을 보게 된다. 대부분의 독자는 제리를 응원하게 되는데, 결국 비참하게 쓰러지는 결말을 보면서 분노를 느낀다. 화가 나는 자신을 보면서 알아챌 수 있는 것은 삶이 이렇게 되어서는 안 된다는 마음이다. 삶이 이토록 부조리해서는 안 된다는 마음 때문에 화를 내게 된다. 결국 분노하는 자신을 보면서 작가의 의도를 생각한다. 그렇다면 작가는 왜 이런 비극적 결말을 제시하는가? 이런 의문으로 가득 찬 독자는 동시에 그런 의문 가운데에서도 무언가 작가의 긍정적 의도를 찾으려하고 있는 자신을 발견한다. 거대한 권력에 굴복하고 싶은 두려운 마음은 이때만큼은 매우 비굴하게 느껴진다. 문학체험이 이러할 지라도 현실 속에서는 뭔가 다른 시도가 필요하다는 생각을 하게 된다. 또는 현실은 결코 이렇게 되지는 않을 거라는 막연한 믿음을 갖게 된다. 물론 독자에 따라서는 현실의 벽이 훨씬 더 크고 두터워 넘을 자신감이 없게 느낄 수도 있다. 하지만 권력에 의해 대다수의 삶이 조롱당하는 모습을 『초콜릿 전쟁』에서 확인하고 바라본 독자는 조금씩 천천히 권력을 극복할 힘에 대해 바라보기 시작한다. 이것은 바로 두려움의 극복을 위한 시작이 된다.

결국 문학체험은 이렇듯 체험을 하는 과정 내내 문학 텍스트와 만남 속에서 독자 자신을 세밀하게 바라보며 알아채는 경험을 포함하고 있다. 문학텍스트와의 만남에서 독자가 자신을 바라보는 일이 세밀하고 민첩하며 더 지속적일수록 문학체험의 깊이가 깊어질 가능성이 높다. 스스로의 마음을 바라보는 일만으로도 진정한 자신을 발견하는 데에 한 걸음 더 가까이 다가가기 때문이다.

(3) 삶에 비치는『초콜릿 전쟁』

『초콜릿 전쟁』체험은 독자에게 이야기와 자신을 만나고 들여다보는 기회를 제공한다. 그 가운데에서 혹은 그 이후에도 삶의 여러 가지 면면을 이 체험으로 비추어가게 된다. 현실 세계의 학교에서 왕따를 당하는 학생을 바라보고 있는 독자라면 자신이 무엇을 어떻게 해야 하는지에 대해 더 생각하게 된다. 구버처럼 행동할 것인가, 아니면 다른 많은 아이들처럼 제리가 옳다고 생각하다가 결국은 아치의 계략에 말려들어 제리를 쓰러뜨리는 환호성을 지를 것인가, 아니면『초콜릿 전쟁』에서 제시하지 않은 새로운 방식으로 적극적으로 또 다른 제리가 발생하지 않도록 노력해볼 것인가를 고민하게 된다. 물론 어떤 실행이 아니더라도 고민하는 것 자체로 충분히『초콜릿 전쟁』이 독자의 삶에 비추어지는 일이다.

학생 독자가 아니라 성인 독자라면 사회문화적 권력, 정치적 권력의 힘을 생각하게 될 것이다. 독자 자신이 살아가는 바로 그 사회의 기득권층, 권력층에 대해 생각해보게 된다. 독자 자신이 스스로 기득권층이라고 여길지라도『초콜릿 전쟁』체험의 빛은 비추일 수밖에 없다. 기득권층이든 아니든 독자는 이제 전체를 바라볼 수 있는 힘을 조금 더 가졌기 때문이다. 저항이 어떠한 상처를 가져올 가능성이 있는지에 대해 예측할 수 있다. 하지만 저항이 가져온 상처가 어떤 힘을 더 가지게 되는지에 대해서도 생각할 수 있다. 사회 변화의 어려움을 실감할 수 있다. 하지만 사회 변화의 원동력이 어디에서 나올 수 있는지도 알 수 있다. 두려움의 베일은 조금씩 점차로 벗겨져 나가게 된다.

(4) 『초콜릿 전쟁』 문학체험 도와주기

문학체험을 돕는 일은 독자 자신의 스스로 돕기가 가장 효율적이다. 독자의 연령이나 경험 정도에 따라서는 스스로 돕기와 더불어 가까운 이들이나 주변 사람들과 함께 대화를 나누는 정도의 도움도 큰 역할을 할 수 있다.

문명사회로부터 조건화되어 있는 우리 인간의 에고가 갖는 이기적 욕망은 더욱 강한 권력욕을 부추기거나 그것을 지키기 위한 폭력과 압제의 모습으로 드러난다. 그 이기적 욕망의 또 다른 모습은 바로 그 폭력과 압제 앞에 두려움에 떨며 저항은커녕 그것을 제대로 바라보지도 못하고 일시적 안위에 매달리는 개인의 삶이다. 『초콜릿 전쟁』 문학체험은 독자가 사회 속에서 에고의 이기적 욕망이 어떻게 작용하고 있는지를 경험하며 진정한 자아를 발견하는 길로 나아가도록 도울 수 있다. 『초콜릿 전쟁』 문학체험에서 진정한 자아를 발견하는 길로 나아가도록 돕는 방향을 살펴보기로 한다.

(가) 『초콜릿 전쟁』과 독자가 하나 되도록 돕기

『초콜릿 전쟁』을 만나서 독자와 『초콜릿 전쟁』은 『초콜릿 전쟁』 문학체험으로 하나가 된다. 진정한 자아의 『초콜릿 전쟁』 체험은 독자가 주체가 되고 『초콜릿 전쟁』 텍스트가 대상이 되는 독서가 아니다. 『초콜릿 전쟁』 체험은 독자 자신의 진정한 자아를 발견하는 삶이 되어야 한다. 독서의 순간순간 마다 『초콜릿 전쟁』과 독자가 아니라 그저 삶으로서 온전한 전체로 호흡될 뿐이다. 독자와 『초콜릿 전쟁』이 한 호흡으로 살아가면 장면마다 진지하게 몰입하며 구석구석, 그리고 전체와 부분을 충분히 제대로 만나며, 알아채고, 삶에 비추는 일이 저절로 일어난다.

일반적으로 『초콜릿 전쟁』의 독자는 청소년 이상의 연령대이다. 청소년기 독자가 감각적 혹은 지각적으로 『초콜릿 전쟁』에 몰입할 수는 있지만 충분히 한 호흡으로 『초콜릿 전쟁』을 만나고, 자신을 알아채기는 쉽지 않다. 특히 독서를 방해하는 중요한 요소 중 한 가지는 『초콜릿 전쟁』을 대상화 하여 바라보기만 하는 습관이다. '이야기 책 속에서 일어나는 일일 뿐이야', '배워야 할 점은 무엇이지?', '주제를 나타내는 부분은 어디인가?' 등의 질문에 대한 답을 찾는 활동은 모두 『초콜릿 전쟁』을 대상화하게 만든다. 이런 태도는 『초콜릿 전쟁』을 전혀 만나지 못하게 만든다. 그 과정에서 자신을 쳐다보지도 못한다. 왜냐하면 대상만을 보고 있는 시선은 자신을 보지 못하기 때문이다.

그렇다면 그런 질문에 대한 대답을 찾기 위한 독서가 아니라, 진정한 『초콜릿 전쟁』 체험을 하도록 어떻게 도울 수 있을까? 가장 중요한 점은 스스로 진지하게 몰입하도록 하는 일이다. 체험의 순간순간은 진정한 자아에게는 바로 영원한 삶의 순간이다. 삶의 순간으로서 『초콜릿 전쟁』 체험을 온전히 하고자 하는 노력을 하도록 격려할 필요가 있다. 그래서 문학체험은 스스로를 돕는 방법이 가장 효율적임을 말하지 않을 수 없는 부분이다.

하지만 일반적인 독자들은 이미 『초콜릿 전쟁』이나 어떤 텍스트를 읽을 때 대상화하는 데에 익숙하다. 이것을 극복하는 가장 좋은 방법은 결국 독자가 가장 진지하게 몰입할 수 있게 만드는 텍스트와의 만남을 이루어나가는 길이다. 독자 스스로 선택한 흥미로운 텍스트여야 한다. 또 하나의 방법은 『초콜릿 전쟁』에 대한 진지한 만남과 체험을 이루어낸 독자와의 대화를 통해 『초콜릿 전쟁』의 묘미나 맛을 조금이라도 음미할 수 있게 되는 경험을 쌓아가는 일이다.

이를 위해서는 문학체험의 순간순간이 주는 진정한 맛을 알도록 주변

인의 도움이 장기적으로 필요하다. 그 가운데 하나는 여럿이 함께『초콜릿 전쟁』체험에 대해 대화하는 일이다. 사람마다『초콜릿 전쟁』체험의 내용은 똑같지 않다. 어떤 이는『초콜릿 전쟁』체험을 더 진지하게 표현할 수 있다. 또 어떤 이는 다른 독자가 미처 경험하지 못한 감정을 경험하고 표현할 수 있다. 또 어떤 이는 학교가 아닌 사회의 제반 문제와 결부하여 잘 표현할 수 있다. 또 어떤 이는 '모범생'이 왜 많은 것을 경험하지 못하고 있는지 설명할 수 있다. 또 다른 어떤 이는 아치의 마음을 더 잘 공감하고 표현할 수 있고, 또 어떤 이는 구버의 마음을 더 잘 느끼고 그것을 잘 표현할 수 있으며, 다른 이는 아버지의 입장을 말해 줄 수 있을지도 모른다. 한 독자가『초콜릿 전쟁』체험에서 제대로 의식하지 못한 부분이나 다양한 관점에서 볼 수 있는 부분을 대화를 통해서 의식하거나 확대할 수 있다. 그래서『초콜릿 전쟁』텍스트 만나기 이후에 그 만남에 대한 다양한 경우를 서로 나눌 수 있는 장을 마련하는 것이 스스로와 서로의『초콜릿 전쟁』체험의 질적 깊이를 더하는 데에 꼭 필요하다.

『초콜릿 전쟁』만나기와 알아채기에 대한 다양한 대화는 자기 자신과의 대화를 포함한다. 자신의『초콜릿 전쟁』체험을 서사화하여 기록하거나, 타인과의 대화를 기록할 수도 있다. 이는 만남이 다른 만남으로 이어지는 길이다. 특히『초콜릿 전쟁』만나기에 진정으로 참여하지 못하는 독자일수록 자신을 들여다볼 시간과 장치를 필요로 한다. 이런 독자에게는『초콜릿 전쟁』텍스트를 대상화하였을 때 보지 못했던 질문들에 답하도록 해야 한다. 주로『초콜릿 전쟁』읽기 과정에서 자신의 감정이나 생각의 미세한 변화를 정리하는 글을 쓰거나 말하는 등 표현할 기회를 주는 것이 좋다.

(나)『초콜릿 전쟁』과 삶을 되비추도록 돕기

『초콜릿 전쟁』 체험에서 독자는 '작가'와 '이야기'와 '자신'을 함께 만난다. 이 체험이 독자 자신의 삶의 구체적인 국면에 비춰지도록 도울 필요가 있다. 그저 이야기일 뿐이라고 넘겨 버리지 않도록 자신의 삶과 대비하여 표현할 기회를 많이 주는 것이 필요하다.

먼저『초콜릿 전쟁』이야기의 여러 부분이나 전체가 독자의 삶의 국면들에 어떻게 비춰지는지 살펴보도록 한다.『초콜릿 전쟁』속의 교사나 아치나 구버나 제리와 여러 아이들 같은 인물이 현실 세계에서 자신 주변에 어떤 이들과 비슷하게 여겨지는지 살펴보도록 하거나,『초콜릿 전쟁』속에서 일어난 일이 독자가 아는 학교나 학원, 사회 조직의 어떤 일들과 대비될 수 있는지 살피고 표현하도록 한다.

또『초콜릿 전쟁』체험에서 독자 스스로의 감정이나 생각, 혹은 감정의 변화나 생각의 변화가 어떻게 어떠한 양상으로 일어났는지, 왜 그렇게 되었는지, 자신의 가치관이 어떻게 영향을 받았는지 등을 살펴보고 표현해 보도록 기회를 줄 필요가 있다.

(다) 진정한 자신의 발견 기회 확대

문학체험에서 진정한 자아에 더 다가갈 기회를 주는 것은 문학 작품에 비친 자신이나 자신의 삶을 더욱더 깊이 있게 성찰하는 일이다.『초콜릿 전쟁』체험에서 독자 자신이 발견하거나 깨달은 것이 무엇인지, 왜 그렇게 생각하는 지에 대한 표현의 기회를 확대하는 것이 여기에 해당한다.

이런 자신에 대한 이야기를 중심으로 표현하도록 하는 일은 여러 가지 방법으로 가능하다.『초콜릿 전쟁』체험에서 발견한 자신을 좀더 깊이 있게 들여다보고 자신에 대한 자전적 서사를 써 보는 일,『초콜릿 전쟁』과 유사한 허구적 서사물을 구성해 보는 일,『초콜릿 전쟁』의 일부분을 자신

이 원하는 방식으로 재구성해보는 일, 그 외 독후감상문이나 개인적 감정
을 표현할 수 있는 다양한 글이나 활동을 구성해보는 일이 여기에 속한다.

그 외에도 『초콜릿 전쟁』과 관련하여 자신의 모습을 발견할 수 있는
다양한 작품을 더 찾아 새로운 문학체험을 하는 것도 필요하다.

2) 「어디 우산 놓고 오듯」과 한 호흡되기

시는 본질적으로 소설 체험과 차이가 있다. '만나기'와 '나를 알아채기'
가 구분이 더욱 안 된다는 점이 바로 그것이다. 억지로 구분하려 해도 시
를 읽는 문학체험은 시 '만나기'와 '나를 알아채기'가 동시에 일어난다.
시 체험의 특성상 만나는 것이 시이면서 바로 '나'이기 때문이다.

가) 「어디 우산 놓고 오듯」 만나기와 나를 알아채기

> 어디 우산 놓고 오듯
> 어디 나를 놓고 오지도 못하고
> 이 고생이구나
> 나를 떠나면
> 두루 하늘이고
> 사랑이고
> 자유인 것을
>
> — 정현종, 「어디 우산 놓고 오듯」[2]

A : 한 독자가 담담하게 시를 읽는다. 그는 생각한다. 우산을 어디다 놓
고 와서는 뒤늦게 그것을 알고 안타까워하는 경우가 많은데, 그렇게 우산

---

2) 정현종(2005), 『사랑할 시간이 많지 않다』, 세계사.

을 놓고 온 상황처럼 나를 놓고 오지 못해서 고생이라고 시적화자는 말한
다. 나를 어디다 놓고 온다는 것이 무슨 뜻일까? 나를 떠나면 하늘이고
사랑이고 자유라니 무슨 말일까? 우산을 잃어버린 적은 많았다. 비가 올
때 들고 나가서 비가 그친 뒤에 돌아오게 된다면 거의 잃어버리고 어딘가
에 두고 온 적이 많았었다. 그렇게 나를 어디에다 두고 온다는 말이 무엇
을 의미하는 걸까? 나를 두고 오지 못해 고생이라니 그것은 또 무슨 말일
까? '나를 떠나면'은 무슨 의미이지?

　이런 질문에서 헤어나지 못한다면 이 시를 충분히 만나지도 음미하지
도 못한 상태이다. 주변 사람들과 대화하고 도움을 받으며 다시 천천히
읽어봐야 할 독자이다. 아니면 시의 맛을 충분히 느끼지 못해서 그냥 다
음 시로 넘어가야할 수도 있는 독자이다.

　이런 경우에는 '만나기'와 '나를 알아채기'가 비교적 뚜렷하게 구분될
수도 있다. 이 독자는 「어디 우산 놓고 오듯」을 만나기 위해 비교적 상세
하게 이 시의 장면을 떠올릴 수 있도록 도움을 받아야만 만날 수 있다.
이를 위해서는 주변의 다른 독자로부터 도움을 받아야 한다. 구체적인 예
시 상황을 듣거나, '나를 떠나면 하늘'이라는 말에 대한 한 예라도 상상할
수 있다면 이 시를 만날 수 있게 된다. 이후 독자 자신의 '나를 알아채기'
가 이루어 질 수 있으니 비교적 두 가지가 뚜렷하게 구별될 수도 있다.

　B : 다른 한 독자는 시를 읽고는 금방 '아! 그렇구나'라고 감탄한다. 우
산을 어딘가 남겨두고 간 사람처럼 나를 어디다 버리고 올 수 있다는 말
에 공감을 하는 독자다. 스스로 '나를 버리는 것'에 대해 한 가지 예시
장면이라도 자신의 힘으로 상상할 수 있는 독자이다. '나를 떠나'는 것이
무엇인지 상상할 수 있는 독자이다. 이 독자는 생각한다. 나를 떠난다는
것은 나의 주장, 나의 고집, 나의 생각, 나의 취향, 나의 믿음, 신조 등을

내려놓는다는 의미이겠구나. 내가 '기필코' 무엇을 해야 하겠다거나 어떠해야 한다고 생각했을 때의 구속감과 부담감이 떠오른다. 내가 반드시 이렇게 해야 한다고 고집했던 일들 때문에 힘들고 어려웠던 경험이나 상황을 생각한다. 그런 나를 떠날 수 있었다면 그때 그만큼 힘들지 않았을지 모르겠다고 생각한다. 친구들이나 형제간, 가족 간, 직장이나 사회에서 나를 고집하고 내 주장을 강하게 내세울 때, 내가 옳다고 생각할 때 오히려 나는 얼마나 힘들고 어려웠었나. 내가 한 발 물러서면 모든 게 평화로웠겠지.

사람들과의 관계에서 뿐만 아니라 나 스스로 설정해 놓은 어떤 틀에 내가 갇혀서 나를 괴롭히는 경우도 생각이 난다. 내가 기필코 나를 고집하고 내 주장과 확신을 붙잡고 있을 때 나는 얼마나 마음을 졸이고 다른 사람을 닦달하고 나 자신을 곧추 세웠던가? 하는 마음이 든다. 부끄럽지 않아야 하고, 잘 알아야 하고, 멋있어야 하고, 당당해야 한다며 나에게 특정한 행동과 말과 표정을 짓도록 만들던 일들은 나를 힘들게 했다.

그렇지, 그렇게 틀에 가두어 두고 있는 나를 떠나면 '두루 하늘이고 사랑이고 자유'일 거야. 하늘은 넓고 편안한 이미지이다. 사랑과 자유도 좁은 내 욕망을 벗어난 뒤의 자유로운 평안함을 느끼게 한다. 다른 이를 닦달하지 않고 미워하지 않고 무시하거나 경쟁하지 않으니 사랑일 것이다. 나를 너무 채찍질하지 않아도 되니 사랑이고 나는 진정한 무엇에 따라 자유롭게 평안하게 될 것이다. 나를 떠나지 못해서 얼마나 머리가 아픈가?

C : 이 시는 우리 인간이 에고(ego)를 '나'라고 의식하며 살아가는 불편함을 이야기하고 있구나. 우리는 의식할 수 있는 에고만이 '나'인 줄로 알고 그것에 매여서 살아간다. '나'의 에고는 옳고 그름을 명확히 하고, 잘잘못을 따지며 자신을 확장하고 부풀리려는 욕망에 사로잡혀 있다. 더 행

복하고, 더 멋지고, 더 근사하게, 더 높이 보이려는 자신의 욕망을 갈구하는 에고의 특성상 나는 끊임없이 자신을 채찍질하고, 남과 비교하여 더 멋지게, 더 근사하게, 더 높이 존재하려고 애를 쓴다. 그때마다 다른 사람들과 부딪치거나 타인을 억압하게 되기도 한다. '나'의 에고는 끊임없이 확장되기를 좋아하기 때문에 만족할 줄 모른다. 그 에고의 욕망에 이끌리어 사는 삶은 그야말로 '고생'이다. 내가 아무 일도 아닌 일에 나 자신을 몰아붙이고, 스스로에게 화를 내고, 다른 이들을 힐난하거나 무시하거나, 때로는 대단하다며 경외하고 존경한 일이 얼마나 많은가? 이것이 모두 '나', 바로 나의 에고 때문이다. '나'를 버릴 수만 있다면 진정한 나는 자유로울 것이다. 참나는 자연스럽게 사랑이 된다.

어느 날 자신이 이런 '나'에 사로잡혀 산다는 것을 깨닫고 나서부터는 에고를 적으로 삼아 없애기 위해 애를 쓴다. 그런데 이것조차도 에고의 욕망일 뿐이다. 참으로 끔찍하게도 '나'를 떠나는 일은 어렵고 불가능하다. 그저 에고가 아닌 진정한 나를 찾아보기만 한다면, 내가 에고에 매여 있음을 인정하고 '참나'를 보기만 할 수 있다면 하늘처럼 포근하고 넓고 평안한 사랑과 자유를 누릴 터인데.

이 시에 대한 A, B, C 세 독자는 저마다 다른 수준이긴 하지만, 시를 보면서 자신이 어떻게 살고 있는지를 들여다보게 된다. 독자 자신이 얽매여 있는 것이 무엇인지를 보게 된 B와 C, B는 자신이 현재 사로잡혀 있는 삶이 결코 진정한 삶이 아닐지도 모른다는 의혹을 제기하게 된다. C는 자신이 에고에 사로잡혀 있으며, 그것을 벗어버리려는 노력조차도 에고의 욕망임을 바라보게 된다. A독자는 이 시가 자신이 이해하기에 어려움이 크다는 점을 인식한다. 다른 사람의 도움을 받아 시의 분위기를 이해하게 된 후에 자신이 생각지도 못했던 '나'가 존재함을 어렴풋하게 느끼게 된다. 진정한 자신이 누구인지에 대한 발견의 길로 들어서는 첫걸음을 뗀다.

나) 삶에 비치는 「어디 우산 놓고 오듯」

「어디 우산 놓고 오듯」 체험에서 독자는 시를 '만나고' '나를 알아채면서' 동시에 구체적인 삶의 장면을 떠올린다. 독자가 자신의 삶을 돌아보면서 어느 날엔가 자존심을 잃지 않기 위해서 내가 옳다고 강력하게 주장함으로써 얼마나 힘들었는지 떠올릴 수 있다. 삶에서 내가 부족하다거나 무시되었다고 판단되었을 때 '나'는 그것이 속상해서 잠도 제대로 자지 못했던 장면을 그려낼 수도 있다. 그것은 에고에 사로잡혀 전전긍긍하는 부자유한 모습이다. 하지만 이 모습은 우리들 대다수의 모습이다.

일상에서 다른 이의 시선에 신경을 쓰느라 피곤하게 지내는 일들이 많았음을 상상할 수도 있다. 다른 사람이 나를 어떻게 생각할지 두렵고 걱정 되어서 내가 하고 싶은 일이나 내가 원하는 방향으로 나아가지 못하는 내내 그 얼마나 피곤하고 힘들고 부자유한가. 그렇게 다른 사람의 시선을 의식하고 신경 쓰는 나, 그런 나를 손쉽게 우산처럼 어디다 놓고 와버릴 수 있다면 참으로 홀가분하고 가벼울 텐데…….

나를 놓지 못해 머리가 아픈 사례는 많고도 많다. 그것을 말로 표현하거나 글로 써서 표현할 수 있다.

> 한두 달에 한 번 모이는 모임이 있는데, 그 모임에 다녀올 때마다 뭔지 모를 스트레스로 마음이 불편하거나 머리가 아프다. 어느 날 그 모임의 카톡 방에서 이루어지는 대화를 보고 있자니 그 다음 모임을 서울에서 하자는 데에 거의 동의가 이루어지고 있다. 대구에 사는 나는 마음이 불편해진다. 그 긴 대화가 오가는 동안에 아무도 대구에 사는 이를 고려해서 대전이나 오송쯤에서 하자는 말을 하지 않는 것을 보고 서운한 마음이 커진다. 못 간다는 말은 차마 못하고, 속으로 '대구에서 서울까지 가려면 KTX 2시간, 타러 나가는 시간과 서울에서 모임 장소까지 지하철 타는 시간을 합하면 4시간, 왕복 8시간이 걸린다'는 계산을 한다. 모임이 한두 시간에 끝나

는 회의와는 그 성질이 달라 네다섯 시간은 걸리니 그것이 가능한가부터 시작해서, 내 나이가 몇인데 얼마나 몸이 피곤한데 등등의 생각이 연이어 솟아오르면서 서운함이 올라온다. 또 그러지 않아도 즐겁게 참여하고 있지 못한데, 이렇듯 관심과 배려 받지 못하는 모임에 계속 나가야 하나 하는 마음으로 신경이 곤두선다. 억지로 마음을 달래보려고 해도 계속해서 신경이 곤두서 있어서 뒷목이 뻐근하다. 아무 것도 아닌 일로 다른 일을 하는 데에도 방해가 된다.

그러다가 새로운 속상함이 나를 강타한다. 바로 '나는 왜 이렇게 마음이 옹졸해가지고 그만한 일로 혼자서 끙끙 앓고 있는가?' 하는 두 번째 화살이다. 그냥 넘겨버리려 해도 다른 일까지 떠올리며 나를 닦달한다. '모두 다 네가 옹졸해서 그러는 거잖아. 이렇게 옹졸하니 누가 너를 배려해주겠어'라는 마음이 든다. 이쯤 되면 나는 만신창이가 된다. 내 옹졸함이 너무나 싫고 힘들어서 눈물이 나올 것 같다. 온 세상이 불안하다. 바로 이런 모습이 '나를 어디 놓고 오지 못하는' 모습 가운데 하나일 것이다. 이런 일은 그 질적 수준의 차이는 있지만 삶 속에 셀 수 없이 많다.

이런 상황에서 '나를 놓고 오는 일'은 무엇일까 생각해본다. 첫 번째 화살은 어쩔 수가 없다. 그것은 상황이기에 놓을 수 있는 '나'의 문제가 아니다. 두 번째 화살이 바로 에고(ego)의 화살이다. '나는 옹졸하지 않아야 한다'는 마음, 이것이 바로 에고의 마음이다. 에고가 옹졸하게 보이는 자신을 향해 화살을 날린다. 실제로 두 번째 화살이 첫 번째 화살보다 훨씬 더 아프고 힘들다. 그렇다면 이 에고, '나'를 어떻게 '우산 놓고 오듯' 놓아버릴 수 있을까? 그것은 실행은 힘들지만 단순하다. 이 두 번째 화살이 바로 에고 때문에 생긴 화살이라는 것을 알아채기만 하면 된다. 그러면 그 에고의 화살은 얼른 거두어진다. '옹졸한 것은 좋지 않다는 생각은 에고의 생각이구나. 진정한 내가 아니고 에고의 생각이야'라고 알아채는 것이 필요하다. 그러면 에고에 사로잡힌 눈이 아닌 다른 눈으로 전체 상황을 볼 수 있게 된다. 그리고 사실 '좀 옹졸할 수도 있지. 옹졸하면 좋은 점도 있어. 사람이 겸손해지거든', '옹졸한 사람도 있고 때로 옹졸해 질 때도 있지'라고 놓아버릴 수 있다. 옹졸함은 나쁜 것이라고 명확히 구분해서 화살을 쏘는 것이 에고의 특성이다. 명확한 이원론적 세계에서 자신은 좋고, 우아하고, 행복하고, 즐겁고, 명예롭고, 우등해야 함을 지향하는 것이 에고의 특성이다. 그에 비해 참자아(Self)는 전일체적 전체성이며 사랑이다.

또 다른 독자는 자신이 가지고 있는 두려움이 바로 '나' 때문에 생길 수 있다는 상상을 할 수도 있다. 다른 친구보다 모든 면에서 능력이 부족해 보이는 나, 집안도 부유하지 않아서 내세울 것이 없고, 학교에서 공부를 잘 하지도 못하고, 무엇인가 잘해보려고 노력해도 나는 잘 되지도 않는 것 같고, 부모님은 나에게 많은 기대를 하지만 정작 무엇 하나 잘하는 것도 없는 내가 한심해 보여서 두렵기만 하다. 새로운 일을 시작하려고 해도 걱정이 앞선다. '나는 왜 이렇게 한심하고 부족하기만 할까?'라고 늘 생각해 왔다. 자신감은 점점 줄어들기만 한다. 이런 내가 버려야 할 '나'가 있기나 한지 모르겠다. 그런데 곰곰이 생각해보니, 다른 사람들과 비교하며 더 잘해야 한다거나 비슷해져야 한다는 마음만 없다면 나는 이렇게 노심초사하지 않아도 될지 모르겠다. 무엇하나 잘하는 것이나 내세울 것이 없다고 힘들어하고 전전긍긍하는 것도 결국은 다른 사람에게 무시당하기 싫다거나 다른 사람보다 우위에 있고 싶다는 '나(ego)'의 고집 때문이 아닐까? 이렇듯 나를 내세우고 싶은 마음만 없다면 하늘이고 사랑이고 자유이다. 공부나 집안의 재산 같은 기준으로 나를 닦달하는 것은 결국 '나'이다. 이런 나를 버릴 수 있다면 나는 하늘을 가볍게 날 수 있다. 공부나 재산이 아니라 그저 있는 나의 모습 그대로 살기로 마음먹을 수 있다면 나는 더 사랑스러운 사람이 될지도 모른다는 것을 아는 시간을 갖게 된다. 이 세상 모든 사람은 다 다르고 저마다 나름의 특성을 가지고 있는데, 인간이 정한 몇 가지 기준으로 그 다름을 인정하지 않고 서열화하여 줄을 세우려는 인식이 바로 '나(ego)'의 특징이다.

사실 「어디 우산 놓고 오듯」 체험 후에 실제적인 행동의 변화가 없을 수 있다. 이후에도 여전히 자신을 붙들고 전전긍긍할 때가 올 수도 있다. 그러나 적어도 그것이 자신의 에고에 의한 것이라는 것을 알아채는 기회를 갖게 된 것이고 이러한 알아챔의 반복이 에고를 더 작게 만들어가는 과정이 될 수 있다.

다) 「어디 우산 놓고 오듯」 문학체험 도와주기

시를 읽는 독자를 돕는 일은 한계가 있다. 일단 시를 읽는 일이 독자 자신의 상상력을 읽는 일과 다르지 않기 때문이다. 시어의 특성상 언어 자체의 사전적 의미 해석에 머무르는 것은 여전히 시를 만나지 못한 상태이다. 「어디 우산 놓고 오듯」 체험에서 A, B, C 독자에게 어떤 도움이 필요할지 생각해보기로 한다.

(1) 「어디 우산 놓고 오듯」과 독자가 하나 되도록 돕기

A독자는 자신의 힘으로 '어디 우산 놓고 오듯'의 본질적 즐거움을 누리기가 어렵다. 우선 제시된 시의 구절마다 어떤 의미일지 생각하거나 그려내지 못하고 의문으로 그치기 때문이다. 누군가 함께 시를 읽는 이가 있어 동등한 독자의 입장에서 그의 상상력을 표현하는 것만이 A독자를 도울 수 있는 길이다.

이를테면 A독자는 우산을 놓고 오듯 나를 두고 온다는 말의 실감을 느끼지 못하고 있다. 이때 B독자가 도움이 될 수 있다. 나를 두고 온다는 것, 나를 떠난다는 것은 나의 주장, 나의 고집, 나의 생각, 나의 취향, 나의 믿음 등을 내려놓는다는 의미이겠다고 생각하고 '나'가 기필코 무엇을 해야겠다고 생각했을 때의 구속감과 부담감을 떠올릴 수 있게 자극한다. 이때 B독자가 자신이 떠올린 구속감이나 부담감 혹은 그동안 힘들다고 느끼지도 못했지만 자신을 힘들게 했던 것으로 판단되는 상황을 이야기하면 A독자는 '어디 우산 놓고 오듯 나를 두고 온다'는 말의 의미를 자신의 경험에 비추어 상상할 수 있게 된다.

다른 이의 삶에 비춰진 「어디 우산 놓고 오듯」 이야기도 도움이 된다. 앞에서 살펴본 구체적인 경험담을 들으며 A독자는 자신의 유사한 경험을 떠올리게 되고 그것으로부터 「어디 우산 놓고 오듯」을 다시 만나고 자신을 알아채게 된다. 자신이 전혀 생각지 못했던 '틀', 이렇게 살아야 한다든가 이렇게 해야 한다는 등의 자기 주장이나 신념으로 인해 스스로의 삶을 힘들게 한 경험을 떠올려볼 수 있다. 그러면 자신의 경험을 표현할 수 있게 되고, 자기를 떠나면 하늘이고 사랑이고 자유인 것을 상상해서 말할 수 있게 된다.

「어디 우산 놓고 오듯」의 핵심적인 시어가 A독자에게는 실감을 주지 못했지만, 다른 독자의 경험이나 상상이 독자A의 상상으로 이어지고 시어의 실감으로 이끌어 줄 수 있다. 그러면 독자A도 시의 전반적인 분위기와 만나게 되면서 다시 시를 만나고 또 자신의 삶을 볼 수 있게 된다. 물론 깊이 면에서 B보다 부족할 수도 있지만, 적어도 시의 표면적 내용을 이해할 수 있게 되고 자신을 바라볼 기회도 갖게 된다.

(2) 「어디 우산 놓고 오듯」과 삶을 되비추도록 돕기

사실 「어디 우산 놓고 오듯」 체험에서는 만나기와 알아채기에서 이미 삶에 되비추기가 이루어진다. 시를 읽는 활동은 독자가 자신의 삶을 바라보아야만 향유할 수 있기 때문이다. 결국 삶에 되비치는 「어디 우산 놓고

오듯」은 구체적인 장면이나 상황이나 그때의 마음들을 더듬어 살려내고 그것을 바라보는 일이다. 독자가 자신을 꼭 붙들고 있음으로써 스스로를 힘들게 했던 장면을 구체적으로 그려내고 바라보는 일이다. 이는 시가 자기성찰적인 문학인 이유이다. 자신의 모습을 발견하기, 자신의 삶을 발견하고 바라보기는 해탈을 꿈꾸는 수행의 과정과 매우 닮아있다.

수행은 타인에 의해 도움을 받기 어렵다. 말로 전달되지 않는 것이기 때문이다. 큰 수행자들이 제자에게 침묵으로 가르침을 내리거나 선문답으로 수행을 돕는 것도 바로 말로 설명할 수 없는 어려움 때문이다. 마찬가지로 시의 독자가 자신을 성찰하고 자신의 모습을 바라보는 일, 독자 자신의 삶을 비추어 보는 일 등을 격려하는 일은 쉽지 않다. 그나마 주변 독자들과의 대화가 가장 좋은 방법이다.

　한 목사님의 이야기이다. 그는 신도들에게 설교를 하면서 인간은 하나님의 성령으로 충만한 믿음을 가진 자라고 할지라도 삶의 일상에서 언제나 그 믿음이 흔들릴 수 있다는 말씀을 하고 있었다. 성경(사무엘상)에 나오는 유명한 다윗이 나발이라는 자에게 자존심을 상하고 나서 그의 족속을 멸하겠다며 칼을 들고 복수에 나선 부분에 대한 설교였다. 다윗은 나발의 아내 아비가일의 지혜로운 말을 듣고서야 자신이 성령의 끈을 놓친 것을 알아차리고 일깨워 주신 하나님께 감사하였다고 한다. 그 말을 하면서 목사님 자신도 그러하다고 고백하였다. 그는 전국의 여러 교회 담임목사들과 스텝들과 함께 독일에서 열리는 회의에 참석하였다. 이 목사님은 비교적 젊은 담임목사이자 동안이었던 터라 동행하였던 집사가 커다란 상자를 옮기라는 명령을 그에게 내렸다고 한다. 그는 상식적으로 보면 교회에서 당회장인 담임목사님께 내리기 어려운 명령을 내린 것이다. 목사님을 스텝 중의 한 명이라고 오해한 모양이다. 그 순간 목사님의 뇌리에 0.3초 정도는 '내가 우리 교회의 담임목사인데'하는 마음이 올라왔다는 고백이다. 물론 그는 그 상자를 들어 옮겼다고 한다.

그 목사님이 스스로의 마음에 대한 고백을 많은 성도들 앞에서 스스럼
없이 할 수 있었던 것은 이미 그는 '나(ego)'를 철저하게 지켜보며 살고 있
기 때문이다. 목사라는 수행자로서 그러한 자신의 에고를 고백하고 표현
한 것은 성도들이 스스로 알아채지도 내려놓지도 못한 에고를 쳐다볼 수
있도록 하기 위한 방편이었을 것이다. '나는 이런 사람'이라는 마음은 밤
낮으로 수행하는 성직자에게도 내려놓기 어려운 일임을 보여준다. 목사님
도 '어디 우산 놓고 오듯' 자신을 놓고 오기는 쉽지 않다는 이야기다. 이
러한 사례를 이해하는 것이 독자 자신을 성찰하고 스스로의 에고가 어떻
게 자신을 옥죄고 있는지 알아차리는 길을 안내할 수 있다. 그래서 여럿
이 진솔한 이야기를 나누고, 시간과 노력을 들여서 시적체험을 글로 표현
하고 다듬어 소통한다. 「어디 우산 놓고 오듯」 체험으로 자신의 삶을 되
비추도록 하기 위해서는 독자들 간의 깊은 내면의 소통이 필요하다. 한
순간으로 완성될 일은 아닐 것이다.

—
제2장

관계의 회복 : 타인을 사랑하는 문학체험 교육

1. 관계의 문제와 문학

이 책의 1부에서 살펴보았듯이 오늘날 많은 이들이 관계의 단절 속에서 살아간다. 오히려 관계를 회피하면서 살아간다. '히키코모리', '혼밥', '혼술', '포미족', 'yolo족'이라는 어휘들만 떠올려보아도 오늘날의 관계란 어떤 모습인지를 상상하기가 어렵지 않다. 많은 사람들이 관계 속에서 하나 됨을 경험하기보다는 상처를 입고 있다는 반증이다.

한 사람의 마음의 중심에는 그가 자신이라고 믿고 있는 특정한 생각들, 감정들의 덩어리가 있는데, 이것이 바로 에고(ego)이다. 에고는 성장 배경이나 가정환경, 문화적 환경 등에 의해 만들어진 생각이나 감정, 기억, 관점을 담고 있는 '나'라는 느낌을 말한다.[1] 정확하게는 그 생각이나 감정,

---

1) 에크하르트 톨레/류시화역(2012), 『Now(A New Earth)』, 조화로운 삶, 75쪽.

기억과 관점 등은 순수한 내가 아니다. 하지만 생각과 나를 동일시하고, 감정과 나를 동일시하고, 기억이나 말과 나를 동일시하는 대부분의 사람들은 그것, 바로 에고에 사로잡혀 살아간다. 에고(ego)는 인간이 '나'라고 동일시하는 것이면서 강력하게 '남', '상대'와 분리된 개체로만 바라보는 특성을 가지고 있다. 분리된 '나'로서의 욕망과 경쟁은 타인을 '나'의 목적을 위한 수단으로 삼거나 극복할 대상으로만 바라보기 때문에 서로를 구속하고 압박하며 상처를 입힐 수밖에 없다. 다른 사람의 문제를 들추는 자기중심적 충동은 불평과 분노를 불러오고 분열과 갈등을 야기한다. 결국 그 어느 시대보다도 빠르고 간단하게 소통을 할 수 있는 SNS 등 소통 매체가 발달된 환경 속에서도 오히려 구속과 압박과 상처로 얼룩진 관계 속에서 소외된 삶을 살아가는 사람들이 훨씬 더 많아졌다.

　에고는 주체와 대상을 분리하며 '나'를 따로 분리된 존재라고 생각한다. 남과 나를 명확히 구분하여 바라보고 '나' 아닌 사람이나 사물이나 다른 생명체를 대상화한다. 이때의 관계는 의존적 관계일 수밖에 없다. 의존적 관계는 목적과 수단의 관계를 형성하게 된다. '나'가 혼자이면 외롭고 심심하니 함께 있어줄 이가 필요하고, '나'가 어렵고 힘드니 도움을 줄 사람이 필요하고, '나'가 혼자 모든 일을 해결하지 못하니 많은 일을 해결해 줄 다른 이가 필요하다. 이때의 '나'는 '행복'을 위하여 관계를 맺는 상대나 대상을 수단으로 보게 된다. 이것은 사랑이 아니며 참나(Self)의 삶이 아니다. 사랑의 무목적성과 충만성에 대해서는 1부 2장에서 자세하게 논의하였다. 그렇다면 사랑의 무위(無爲)성은 어떻게 이루어지는가?

　진정한 자아(Self)는 '나'와 '남'을 피부 경계선으로 구분하여 바라보지 않는다. 온 우주 만물을 하나의 전체를 이루는 하나의 '온생명'으로 바라본다. 내가 의식하는 '남'은 나와 분리된 대상이 아니라 나이다. '나'가 아닌 다른 이란 없으며 모두가 하나인 관계를 이룬다. 부처는 이를 '천상천하(天上天下) 유아독존(唯我獨尊)'이라고 하였다. 온 천지에 오직 나만이 있으며 나 아닌 것이 없다는 의미이니 '온 세상이 나'라는 말이다. 온 우주만물이 '나'이니, 여기서 관계는 대상이나 목적을 위한 수단이 아니라 그 자체가 목적이고 사랑이다. 진정한 자아(Self)의 삶은 존재 자체를 감사와 사랑으로 향기롭게 하는 관계의 충만성을 보이게 된다. 이때의 관계에서는 상대가 누구이든지 집착하거나 혐오하거나 의존하지 않기를 바라게 된다. 그리하여 '나'는 진정한 자유를 누릴 수 있다. 불가(佛家)에서 말하는 '해탈(解脫)'은 '다른 사람이나 삶에게 자신을 행복하게 해 달라고 요구하지 않는 것'을 의미한다고 한다. 진정한 사랑의 관계는 해탈의 경지인 셈이다.

사랑은 각각의 존재가 있는 그대로 존재 자체로 충만한 사랑이 될 때에 자연스럽게 그 사랑과 지혜가 흘러넘쳐 이루는 관계이다. 사랑을 위해서 무언가를 의지로 이루지 않아도, 자신을 진정으로 사랑함으로써 온 우주만물을 사랑하게 되는 무위(無爲)가 사랑이다. 진정한 자기 자신이 바로 있는 그대로 자유임을 깨닫게 될 때, 더 이상 추구해야할 조건들이 없어질 때 그것이 바로 해탈이고 사랑이다. 그러면 개개의 낱생명은 존재 자체로 그에게서 흘러나오는 사랑이 다른 이들에게로 넘쳐가는 사랑을 이루게 된다.

하지만 우리들 대부분은 해탈의 경지에 이르지 못하고 타인과 나의 분리감을 이겨내지 못한 사람이다. 현대사회가 더욱더 고립되고 단절된 관계를 보이는 것은 이러한 분리감에서 비롯되는 갈등과 상처를 제대로 넘어서지 못하기 때문이 아닐까?

앞 장에서 에고(ego)에 휩싸여 살고 있는 독자 자신을 문학체험에서 자각함으로써 진정한 자신을 찾아가는 데에 한 걸음 나아가는 삶을 살고 사랑하도록 하는 교육에 대하여 논의하였다. 이것은 결국 그 자신을 자각하고 진정한 자신으로 살아감으로써 사랑이 넘쳐흘러 자연스럽게 타인에 대한 사랑으로 이어지게 되기 때문이다. 자신을 제대로 사랑하지 못하는 자는 결코 타인을 사랑할 수 없으며, 자신을 진정으로 사랑하는 자만이 타인을 사랑하게 된다. 자신을 사랑하는 것이 타인을 사랑하는 것과 다르지 않은 일이기 때문이다. 이 관점에서 보면 모든 문학은 사랑을 담고 있다. 독자로 하여금 문학체험 중에 에고를 자각하고 진정한 자기 자신을 알기 위해 노력하도록 하며, 진정한 자신을 회복함으로써 평화와 사랑이 되게 만드는 것이 문학교육이기 때문이다.

물론 한 편의 문학 작품이 우리들의 잃어버린 사랑의 회복 과정 전체를 포괄하고 있다고 보기는 어렵다. 그렇지만 독자의 문학체험 과정은 인간이 에고를 자각하고 그것을 넘어서서 진정한 자아(Self)로 살아가기 위한 회복 과정을 어느 정도 포괄하고 있다. 문학작품 속 인물이나 작가가 전하려는 메시지는 인간의 에고에 의한 생각과 감정, 그리고 갈등을 담고 있다. 독자가 작품 속 인물의 에고와 그 결과로 생기는 갈등과 고통을 보는 것만으로도 자신의 마음속에서 끊임없이 목소리를 내고 있는 에고를 지켜보고 자각해내는 힘이 될 수 있다.

타인과의 관계에서 에고가 아닌 진정한 자아의 삶을 사는 것으로 사랑에 이를 수 있음을 알아갈 수 있다. 에고에 의해 단절되고 파편화된 관계는 진정한 자아의 회복으로 치유될 수 있다.

2. 관계의 회복을 위한 문학체험 교육

가. 관계를 통해 치유하도록 돕기

1) 문학체험의 다양성 살펴보기

한 편의 소설을 읽는 동안에 겪는 문학체험의 차이는 독자의 수, 그 이상으로 다양할 수밖에 없다. 그것을 넘어서 독자의 독서 시기나 삶의 상황마다에서도 서로 다른 문학체험을 경험하게 된다. 뿐만 아니라, 한 독자가 한 가지 소설을 읽는 동안에 만나는 인물은 소설 속 등장인물이면서 화자, 작가 등 여러 목소리를 함께 만나도록 한다. 그들 인물에 대한 이해와 소설 속의 여러 가지 상황에 대한 이해, 그리고 그 각각에 대한 공감과 동일시 정도에 따라 독자의 문학체험 방향은 서로 다르다. 궁극적으로는 작가와 그의 삶을 만나서 나누는 대화이기 때문에 인물뿐만 아니라 작가가 설정해놓은 소설의 구성이나 장치들이 만들어내는 의미에도 주목하지 않을 수 없다. 이러다보면 독자의 정신세계와 현실세계, 작가의 삶과 목소리, 그가 만들어낸 인물들의 세계가 여러 방향으로 만남을 이루면서 다양한 의미의 차이를 만들어낼 수밖에 없다.

특히 소설 『고슴도치의 우아함』은 두 명의 화자의 삶을 중심으로 파리의 상류층의 아파트에서 일어나는 일을 이야기하고 있다는 점에서 동양의 한국인 독자로서 겪는 문학체험의 질은 다양할 수밖에 없다. 한국의 일반적인 독자라면 파리의 상류층에 대한 이해나 프랑스인 작가의 삶에 대한 이해가 상대적으로 낮을 수밖에 없기 때문이다. 또 화자인 수위 '르네'와 열두 살 소녀 '팔로마'의 삶에 대한 철학적 문화적 통찰력을 통해 드러나는 현대인의 삶의 문제에 대하여 독자가 어느 정도 이해하고 공감하는지가 이 소설에 대한 독자의 문학체험의 질을 좌우하는 요인이기도

하다. 전반적으로 작가가 그려내고자 하는 현대인의 삶이 안고 있는 문제는 소설 속의 인물들이나 우리나라 현실에서의 상류층이 갖고 있는 문제와 다르지 않아 보인다. 그런 점에서 이 외국소설이 섬세하게 그려내고 있는 문제와 극복방안에 대해 공감과 동일시가 전혀 어려워보이지는 않는다.

독자에 따라서는 소설의 줄거리와 작가의 비판정신에 초점을 두고 즐길 수 있다. 이들은 우아함을 숨기고 사는 르네라는 수위의 삶에 초점을 두거나, 자살과 방화를 계획하는 열두 살 소녀 팔로마의 문제 해결에 초점을 두고 읽을 수도 있다. 또 다른 독자는 소설의 부분이나 장면별로 현대인의 삶이 구체적으로 어떤 문제가 있는지, 그리하여 본인도 모르는 어떤 병을 앓고 있는지를 살펴내는 일에 초점을 두고 읽을 수도 있다. 더 크게는 작가가 현대인의 삶에 대해 하고 싶은 말이 무엇인가에 초점을 두고 읽을 수도 있다. 독자는 이 여러 가지 메시지를 전체적으로 혹은 부분적 삽화별로 그 의미를 바라보고 그때마다 자신의 삶도 함께 비춰볼 수 있어야 할 것이다.

2)『고슴도치의 우아함』과 한 호흡으로 살기

가)『고슴도치의 우아함』만나기

소설『고슴도치의 우아함』의 화자는 프랑스 파리의 상류층이 사는 그르넬가 7번지 아파트의 수위인 54세 르네와 그곳에 사는 소녀 팔로마이다. 아파트 주민에게는 평범한 수위로 보이지만, 르네는 마르크스를 비롯하여 엄청난 책을 읽으며 문화 예술적 소양을 누구보다 많이 갖춘 사람이다. 르네는 아무도 모르게 책 읽는 것을 배워 독서의 기쁨과 흥미를 알았지만 꽁꽁 숨겼다. 가난한 집의 딸로 열두 살에 학교를 그만두었고 열일곱 살에 결혼을 했고 지금은 과부이다.

팔로마는 이 아파트 6층에 사는 장관의 둘째 딸로 예리한 통찰력을 지닌 천재 소녀이다. 르네는 이 아파트 수위실에 살면서 겪는 일을 23가지 제목으로 이야기하고, 팔로마는 '심오한 사고' 16가지와 '세계 운동에 관한 고찰' 7가지를 일기 형식으로 써서 말하고 있다. 르네와 팔로마의 이야기가 교차하며 엮여『고슴도치의 우아함』이 완성된다.

수위 르네가 고용주의 아들인 앙투안 팔리에르가 마르크스의 책에 대해 하는 말을 들으며 자신도 모르게『독일 이데올로기』를 꼭 읽어보라는 말로 자신을 드러내는 것이 첫 장면이다. 여기서 독자는 르네가 특별한 수위라는 것을 파악한다. (물론 이 소설에 깔린 생각 가운데 수위는 특별하지 않다는 것이 일반적이라는 관점은 오히려 문제로 보인다. 그래도 소설이 추구하는 논리를 따라 읽어나가는 것이 필요하다.) 그녀는 다른 이들에게 자신을 숨기며 안뜰과 정원이 있는 아파트의 수위로 수컷 고양이와 같이 산다. 수위실에서 예술 영화와 음악과 책을 보며 일반인들이 전혀 상상하지 못하는 혼자만의 예술적 황홀경에 빠지기도 한다. 독자는 특별한 수위인 르네가 '고슴도치의 우아함'이라는 제목의 '고슴도치'가 아닐까 쉽게 추론하게 된다. 수위이지만 '우아한' 르네의 시선을 통해 무언가를 그려낼 것이라고 예측하게 된다.

점점 그 기대는 확실해 지는데, 르네가 절친한 친구 마뉘엘라와 차를 마시며 나누는 대화를 통해서 상류층 사람들의 문제에 대해 독자도 어느 정도 의식하게 된다. 마뉘엘라는 아파트 주민 아르탕스와 드브로이 씨네 가정부로 일하지만, 가진 돈을 다 동원해도 그 비열함을 감출 수 없는 고용주 마나님들의 저속함에 비하면 우아함이 느껴지는 귀부인으로 표현되기 때문이다.

사물을 보면서도 그 속의 생명과 숨결을 못 보는 사람들이 있으니까. 그
런 이들은 인간에 대해 일장연설을 하지만 거의 기계적으로 하는 것이, 사
물에 대해서 장황하게 묘사를 하지만 자기 주관적 영감에 따라 말해질 수
있는 것만 말할 뿐 묘사된 사물에는 어떤 영혼도 없다.[2]

『고슴도치의 우아함』에서 르네는 수위이지만 그 아파트에 사는 누구보
다도 우아한 영혼의 소유자이다. 차를 마시며 칸트와 현상학을 읽고 비판
하고, 고양이의 이름도 자신이 좋아하는 대문호 톨스토이의 이름에서 따
와서 레옹이라고 붙인다. 그녀가 좋아하는 블록버스터 영화나 오락영화를
포함하여 그녀의 삶의 구석구석에는 그녀의 엘리트적 모습을 담고 있다.
독자는 르네 본인 스스로가 화자이면서 상류층의 삶에 대해 경멸어린 비
판을 하는 것에 쉽게 납득하지 못할 가능성이 있다. 하지만, 사실 르네가
상류층 사람들에 대해 하는 말의 내용이 너무나 적확하고 통찰력 있는 내
용이라 독자는 동의하지 않을 수 없다. 부와 권력을 가진 자들이 멋지게
살아가고 있다고 스스로 믿고 있겠지만, 사실 진정한 삶이 아니라 허상에
싸여 살아가는 경우가 많음을 독자도 인정하게 되고 공감하게 된다.

이 아파트에 사는 외교관, 장관, 유명한 요리 평론가 가족 등 주민들은
우울하거나 폭력적이거나, 권위적이거나, 편견에 가득 차 있는 것으로 묘
사된다. 독자가 보기에 르네는 그들보다 삶의 진정한 의미를 더 많이 알
고 깨달은 사람으로 보인다. 온 우주 만물 가운데 하나로서 인간을 바라
보기도 하고, 삶의 행복과 충만성을 느끼기도 하는 대화나 묘사를 보여주
기 때문이다.

---

2) 뮈리엘 바르베리/류재화 옮김(2015), 『고슴도치의 우아함』, 문학동네, 40쪽. 이하 이 작품을
인용 시 ( ) 속에 인용 쪽수를 기록함. 밑줄은 필자 강조.

"그럼, 어떻게 치료해요?"

"사람하고 똑같아요." 올랭프는 웃으며 말했다. "프로작을 처방해줘요."

"정말요?" 내가 말했다.

"정말요." 올랭프가 대답했다.

거봐, 내가 그러지 않았나. 우리는 동물이고, 동물로 남을 것이라고. 부잣집 암코양이가 문명화된 여성과 똑같은 고통을 겪고 있다니. 동물들이 학대받고 있다고, 인간이 순수 애완동물을 오염시키고 있다고 외쳐댈 일은 아니다. 그 반대로 우리가 같은 동물적 운명으로 엮여 있음을 다시 한번 확인하며 깊은 연대감을 느끼는 거다. 우리는 같은 욕구 때문에 살고, 같은 아픔으로 고통 받는다. (163쪽)

바로 이런 장면에서 독자는 르네가 범상치 않은 정신세계의 소유자라고 판단하게 된다. 동물도 인간과 다르지 않은 동등한 피조물이며 모두다 '동물적 운명'을 가진 연대감 속에 살아간다는 철학적 언술은 독자로하여금 르네의 정신적 깊이를 가늠하게 한다.

우리가 행복을 만끽하는 것은 바로 이런 순간들이다. 마음의 바닷속을 유영하며 결정하고 의도해야 하는 부담감을 벗어버리고 다양한 동작을 하면서 타자의 행위인 듯 무의지성에 자신을 내맡기는 것이다. 글쓰기도 마찬가지다. 풀을 베듯 글을 쓰는 것이지, 늙어빠진 수위의 이 가소로운 일기에 무슨 다른 이유가 있을까? 내가 쓴 행들이 자기 스스로 조물주가 된다. 나도 모르게 기적처럼 내 의지를 벗어나는 문장들이 종이 위에서 탄생하는 것을 보며, 내가 알지도 못하고 알려고도 하지 않았던 것을 배운다. 고통 없는 출산, 노동도 확신도 아닌 그저 경이로운 행복감. 알아서 나를 데려가는 펜을 그대로 따라가며 난 미리 협의된 것 없는 확실성을 기꺼이 즐긴다.

충만한 확실성과 '나'라는 피류 속에서 나 자신을 망각하며 황홀경에 가까운 것을 느낀다. 이런 방관자적 의식을 통해 행복한 고요를 맛본다. (171쪽)

이런 표현들에서 독자는 르네가 영적으로 깨어나서 자신에게 얽매이지도 않으며 삶의 충만감과 행복감을 느끼며 살아가는 인물이라고 판단하게 된다. 작가는 르네라는 인물을 통해 무언가 진정한 삶에 대하여 말하려 한다는 생각을 하게 된다. 진정한 삶이란 이 아파트 사람들이 가진 부와 권력과 겉으로 보이는 권위의식으로 누릴 수 있는 것이 아니라는 말을 하고 있다고 판단하게 된다. 마치 에고의 욕망으로 많은 것을 소유하면서도 결코 두려움을 떨칠 수 없는 사람들처럼 이 아파트에 사는 상류층 인사들은 자기중심적으로 살아간다.

르네가 근무한 27년 동안 입주자 가족이 한 번도 바뀌지 않았던 이 아파트에 어느 날 입주자가 바뀌는 상황이 발생한다. 안나 아르탕스가 집을 팔았고 그 집을 일본인 가쿠로 오즈가 사게 된다. 르네는 입주자가 바뀌는 상황이 처음이라 충격을 받는다.

한편, 또 다른 주인공 열두 살 소녀 팔로마는 '허무한 부르주아 인생'을 알고 삶의 의미를 잃어버린 상태에 있다. 자신처럼 특별히 똑똑하고 통찰력이 있는 존재의 '심오한 사고'의 결과로 인생의 부조리한 '뻔한 길'이 보인다는 것이 슬프고 우울하다. 그래서 6월 16일에 아파트에 불을 지르고 자살할 결심을 한다. 자신이 자살하는 행위에 대한 확신을 위해 일말의 세상의 살만한 가치가 있는지 살펴보기 위한 '세계 운동에 관한 고찰'을 일기로 쓴다. 독자는 팔로마를 보면서 열두 살 소녀이지만 삶을 관조하는 시선으로 말하고 있는 것에 놀란다. 그러면서도 자살과 방화 사건을 계획하고 있어서 그 나이의 소녀답게 보인다고 느낀다. 하지만 그녀의 어투나 발언 내용은 어린 소녀의 그것으로 보기 어렵다.

세계의 아름다움이란, 생의 운동 속에서 우리를 자라게 하는 것이라고 나는 생각한다. 따라서 '세계 운동에 관한 고찰'은 사람들과 신체의 운동,

정 말할 게 없으면 사물들, 삶에 어떤 가치를 줄 만큼 <u>미적인 어떤 것, 우</u>
<u>아함, 아름다움, 조화, 강렬함 등을 발견해 보려는 노력이 될 것이다. 만일</u>
<u>그것을 발견한다면, 난 내 선택을 재고해볼 것이다.</u> (46쪽)

독자는 팔로마의 이런 생각이 인생의 깊은 의미를 탐구해낸 자의 것이
라 놀랄 수밖에 없다. 어린 소녀가 아니라 작가의 관점으로 보이는 경우
가 더 많다. 팔로마는 텔레비전에서 뉴질랜드 럭비팀의 하카와 경기를 보
면서 한 선수의 동작에서 정적인 움직임을 찾아내지만, 그것이 자신이 삶
을 유지할 가치에는 충분하지 않다고 생각한다. '심오한 사고2'에서 팔로
마는 현대의 토템이자 장식품 역할을 하는 이 땅의 고양이에 대해 생각한
다. 자기 엄마와 고양이의 관계에서 자신의 가족이 안고 있는 문제에 대
해 공격적으로 발언한다.

　엄마는 자기가 원하는 것을 고양이를 통해 실현한다. 우리에게 바라는 것
이나 절대 그러지 말았으면 하는 것을 고양이한테도 주입한다. 솔직히 조스
성을 가진 세 사람보다 더 오만하고 더 예민한 사람이 있을까? 아빠, 엄마,
콜롱브 이들은 완전히 무기력하고 불감증인데다 감정도 없다. (67-68쪽)

팔로마는 가족으로서 아빠, 엄마, 언니의 삶에 대해 매우 비판적이고
공격적이다. 그렇지만 독자는 열두 살 소녀의 말에 설득될 수밖에 없다.
그녀의 말은 매우 깊은 통찰의 결과로 나온 것으로 독자도 공감하지 않을
수 없는 내용이기 때문이다.
팔로마는 '인간 세계의 강자들은 아무 것도 하지 않으며 말하고 또 말
할 뿐이라'고 결론을 짓는다. 그녀의 가족관계는 원만하지 않으며 가족에
게서 삶의 의미를 발견하지 못한다. 오히려 가족을 통해서 삶에 대한 허
무감만을 더 느낄 뿐이다. 또 그녀를 통해서 보이는 아파트 사람들의 삶

은 동물의 그것과 같으며, 고통 받는 동물은 오히려 인간일 뿐이다(세계운동에 관한 고찰2). 팔로마는 자신의 엄마와 아빠를 비롯하여 아파트의 어른들을 '못된 사람', '살아있지만 죽은 사람'이라고 생각한다.

> 내가 "정말 못된 사람이야."하고 말할 때는, 자기 안에 좋은 게 있는데 그걸 다 부인하는 사람을 뜻한다. 그러니까 아직 살아있는데 시체 같은, 사람 냄새 하나도 안 나는 사람 말이다. 왜냐하면 진짜 못된 사람은 모든 사람을 싫어하기 때문이다. 그건 확실하다. 그런데 무엇보다 자기 자신을 제일 싫어한다. 자신을 증오하는 사람들한테서는 그런 게 느껴지지 않나? 모든 게 잘 살아 있는데도 죽게 만들고, 자기 혐오감을 느끼지 않기 위해 나쁜 감정은 물론 좋은 감정까지 다 마비시켜버린다. (127쪽)

분명 열두 살 소녀의 이런 말들을 독자가 시인하고 공감할 수밖에 없는 것은 현대인의 삶이 보이는 여러 국면이 실제로 이 아파트 사람들의 그것과 다르지 않기 때문이다. 또 팔로마가 지적하는 문제들이 모두 그 가족뿐만 아니라 현대인이 안고 있는 심리적 문제로 인정되기 때문이다.

부모와 언니, 아파트 이웃 어른의 삶을 보면서 환멸에 차 있는 팔로마에게 위로가 되는 것은 오직 일본 문화이다. 일본 만화를 좋아하고 일본 문화를 높이 평가한다. 독자는 이쯤에서 작가가 동양적 삶에 높은 가치를 두고 있다는 생각을 하게 된다. 팔로마가 일본인을 좋아하고, 르네도 일본 영화를 높이 평가하며, 일본인 가쿠로를 이상적인 인물로 그려내고 있기 때문이다. 이는 독자로 하여금 작가가 현대 사회의 서구적 삶이 안고 있는 문제를 극복하기 위해서 동양적 가치관에 대해 새롭게 조망하고 있는 것은 아닌가 하는 생각을 떠올리게 한다.

팔로마는 아르탕스씨네 집이 팔리고 일본인 오즈 가쿠로가 이 집으로 이사를 온다고 하니 죽으려고 결심 했던 문제를 다시 생각해보게 된다.

그런데 이사 온 오즈 가쿠로가 수위 아줌마에게 관심이 많다며 팔로마에게 그녀에 대해 묻는다.

> 그래, 지성이 살아 있다. 그런데 평범한 수위처럼 행동하기 위해, 일부러 아둔해 보이려고 스스로 애를 쓰고 있는 것 같다. 하지만 난 미셸부인이 장 아르탕스에게 말할 때, 디안의 등뒤에서 넵튄에게 말할 때, 또 인사도 없이 자기 앞을 지나가는 건물 부인네들을 쳐다볼 때 이미 간파했다. 미셸부인에겐 고슴도치의 우아함이 있다. 겉은 진짜 철옹성 같은 가시로 뒤덮여 있지만, 안은 부드럽고 섬세하다. 무딘 듯하나 무디지 않고 몹시도 고독하고 더없이 우아한 작은 짐승, 고슴도치처럼. (199-200쪽)

팔로마는 수위 르네가 고슴도치의 우아함을 가졌음을 간파한다. 일본인 가쿠로씨와 함께 미셸부인의 비범함에 대해 조사하기로 한다. '심오한 생각'에 이렇게 쓴다.

> 우린 절대 우리의 확신 너머를 보지 못한다. 더 심각한 것은 그 확신 너머와 마주하는 것을 포기한다는 것이다. 우리는 우리 자신하고만 만날 뿐이다. 늘 따라다니는 거울 속에서는 알아보지 못하면서. 만일 우리가 타인 속에서도 우리 자신의 모습을 볼 뿐이라는 것을 깨닫는다면, 사막 속에 우리가 혼자라는 것을 깨닫는다면, 우리는 미쳐버릴 것이다. 엄마는 라뒤레 마카롱을 드 브로이 부인한테 대접하면서 드 브로이 부인이 아니라 자기 자신한테 자기 이야기를 한 것이며, 자기만의 흥취를 느꼈을 뿐이다. 아빠가 커피를 마시고 신문을 읽을 때 아빠는 에밀 쿠에의 방식으로 거울 속의 자신을 응시하는 것이다. 콜롱브가 마리앙의 강의에 대해 말할 때 콜롱브는 자기 자신의 반영을 비난하는 것이고, 사람들이 수위 아줌마 앞을 지날 때 그들은 수위가 자신이 아니기 때문에 수위를 보면서도 아무것도 안보는 것이다.
> 나는, 나 자신 그 너머를 보고, 누군가를 만나는 기회가 내게 주어지기를 운명의 여신에게 간청해본다. (201-202쪽)

독자는 팔로마의 '심오한 사고'에 적힌 위와 같은 내용에서 현대를 살
아가는 인간이 자신에게서 진정한 자신을 보지 못하고, 타인에게서도 자
신의 확신만을 바라보면서 살아가고 있다는 사실을 깨닫거나 공감하게
된다. 누구나 자신이 생각하는 수위에 대한 선입견으로 그 사람을 본다는
것을 인정하면서 팔로마의 입을 통해 말하는 작가의 진정한 의도를 곰곰
이 생각하게 된다. 현대인의 삶에서 진정한 소통이나 관계가 이루어지지
못함은 바로 편견이나 선입견에 사로잡혀 있는 이해력의 문제가 아닐까
생각하게 된다. 또 위와 같은 내용의 철학적 깊이를 생각하면, 이 말이 열
두 살 어린 소녀의 입에서 나온 말로만 들리지는 않는다. 하지만 이 소설
의 구도는 특별하게 우아한 수위와 천재적인 통찰력의 어린 소녀의 시선
으로 현대인의 삶을 분석하고 비판하는 방식으로 이루어진다는 점을 확
인하며 소설의 구도를 따라 가기로 한다.

삶의 환멸 속에서 죽음과 방화를 결심했던 팔로마는 가쿠로씨와 자주
이야기하며 자신이 점점 자라가고 있음을 느낀다. 가쿠로씨는 진정으로
타인과 소통하고 관계를 이어가기 때문이다. 가쿠로는 팔로마가 그동안
알고 있었던 어떤 어른이나 이웃과도 달랐다.

> 그런데 가쿠로 씨와 이야기를 나누면 정말 좋은 것이 그가 이런 이야기
> 를 아주 겸손하고 점잖게 한다는 거다. 그가 하는 말을 듣다보면 기분이
> 좋아진다. 그의 말을 제대로 안 들어도 그는 진정으로 말하며, 진실하게
> 말을 걸기 때문이다. 나한테 이야기를 하면서 나를 관심있게 보는 사람을
> 나는 처음으로 만났다. (233쪽)

> (중략)
> 나무를 사랑하는 이런 능력에는 정말 인간적인 것이 있다. 처음 느낀 경
> 이로움에 대한 향수, 거대한 자연 속에서 인간의 미미함을 느끼게 하는 그

힘. 그래 그거다. 나무들을 떠올리며 그 위대한 무심함을 깨닫는다. 나무에
대한 사랑을 떠올리며 우리가 얼마나 가소로운지, 지구 표면에 우글우글 기
생하는 벌레들처럼 우리가 얼마나 하찮은 존재인지, 그러나 그래도 세상을
살 만한 가치가 있다는 것 등을 깨닫는다. 왜냐하면 우리에게 빚진 것도 없
는 것들의 아름다움을 발견할 능력이 그래도 우리에겐 있기 때문이다.

가쿠로 씨는 자작나무에 대해 이야기했고, 덕분에 나는 정신 분석가들
과 지식 가공밖에 할 줄 모르는 지식인들을 잊은 채 더 없이 위대한 아름
다움을 포착할 수 있을 정도로 내가 부쩍 자란 것 같은 느낌이 들었다.
(235쪽)

팔로마가 가쿠로의 삶의 태도에 대해 경탄할 때, 한국의 독자는 오히려
오늘날 동양의 여러 나라도 서구화되어 서구와 마찬가지의 삶의 문제를
앓고 있다는 점을 생각하게 된다. 소설 속에서 가쿠로는 이상적인 인간으
로 그려진다. 하지만 오늘날 우리의 현실은 동양과 서양할 것 없이 서구
적 가치관에 의한 부작용으로 몸살을 앓고 있다는 생각을 하게 된다. 그
들의 삶이 '지식 가공' 속에서 아름다움의 진정한 의미를 알지 못한 상태
로 이루어지고 있음이 안타까워진다.

한편, 가쿠로 오즈 씨는 미셸부인에게 선물 소포를 보낸다. 르네는 자
신의 가면이 벗겨졌음을 느낀다. 그러다 그의 첫 식사 초대를 받는다. 르
네는 오즈 씨 댁의 저녁식사 약속을 위해 미장원에 가고, 입고 갈 옷을
준비한다. 오즈 씨 댁에서 식사하며 '지속이 아닌 현존', '구체적이고 적
확한 형태이면서도 시간을 초월하는 무시간성', '신비한 합일'의 시간을
보낸다. 르네는 가쿠로에게 자신의 진정한 모습을 들키고 나서부터 점점
자신을 드러내고 진정한 대화를 나누게 된다. 가쿠로에게서 진정한 인간
의 아름다움을 느끼기 때문이다. 르네는 가쿠로에 대하여 한 인간과 인간
사이의 진정한 관계에서 느끼는 친밀감을 갖게 된다. 그리고 그동안 르네

가 만나왔던 사람들의 '거만과 잔인'함이 아닌 '열정과 어린 아이같은 천
진함', '현자 같은 주의력과 넓은 아량'을 느낀다. 독자는 소설 속의 가쿠
로의 모습이 매우 이상적이라고 생각하지만, 현실성이 떨어진다는 느낌을
받는다. 그래도 이 소설의 전체 구도 속에서 르네가 가쿠로를 만나서 진
정한 관계를 보여주는 것에 안도하게 된다.

가쿠로와 점점 친밀해지는 가운데 르네는 그동안의 만남에 가슴이 설
레는 자신을 나무란다. 어느 날 가쿠로가 자신의 생일에 식사를 같이 하
자고 데이트 신청을 한다. 르네는 당황하며 거절한다. 르네에게는 상처가
있었기 때문이다.

가쿠로의 데이트 신청을 거절한 르네는 6층에 사는 조스 씨네 둘째 딸
열두 살짜리 소녀 팔로마에게 자신의 상처를 드러내며 눈물을 흘린다. 그
녀의 언니 리제트가 사회 계급적 차이를 가진 자를 사랑하고 고통 받으며
죽어간 것을 경험하였기 때문이다. 르네는 '칼날 같은 예리함과 차가운
통찰력', '인류의 판사 같은'(340쪽) 인상의 어린 소녀 팔로마와 가까워져
영혼의 친구가 된다. 그리고 영혼의 친구 르네는 자신도 모르게 팔로마의
운명을 바꾼다.

문득 내가 부엌에 앉아 있다는 사실을 깨닫는다. 파리라는 또 다른 세
계, 나를 절대 섞지 않으려 애쓰면서 내가 보이지 않는 작은 둥지를 파고
있는 또 다른 세계. 믿을 수 없을 정도로 따뜻한 눈빛의 작은 소녀가 내
손을 잡고 부드럽게 내 손가락을 어루만져주고 있다. 나는 뜨거운 눈물을
흘렸다. 나는 다 말했다. 다 이야기하고 만 것이다. 리제트, 내 엄마, 비,
더럽혀진 아름다움, 그리고 죽은 엄마가 죽은 갓난아기가 태어나길 바라
며 내민 그 운명의 질긴 손을. 나는 한참을 사무치게 울었다. 혼란스러웠
다. 팔로마의 슬프고도 심각한 눈빛이 따뜻한 우물로 바뀌나 나는 이해할
수 없을 정도로 행복했다. 나는 오열했다.

"세상에, 팔로마, 나 정말 웃기지?" 나는 좀 진정하려 애쓰며 말했다.

"미셸 아줌마, 아줌마가 저에게 희망을 다시 주셨어요." 팔로마가 대답했다.

"희망이라고?" 나는 코를 훌쩍이며 물었다.

"예, 운명을 바꿀 수도 있을 거 같아요."

우리는 아무 말 없이 손을 잡았다. 한참을 그러고 있었다. 나는 열두 살 짜리 아름다운 영혼의 친구가 되었다. 그리고 그 영혼에 감사했다. 나이가 다르고 조건이 다르고 상황이 다른 이 엉뚱한 비대칭성의 결착도 우리의 순결한 감정을 얼룩지게 하지는 못한다. (406쪽)

한편 팔로마는 자신 앞에서 눈물을 흘리며 트라우마를 고백한 미셸부인을 만나서 새로운 깨달음을 얻는다.

우는 아줌마를 보면서, 특히 나에게 그 모든 이야기를 다 해주며 한결 좋아진 아줌마를 보면서 나는 어떤 것을 절절히 느끼게 되었다. 나는 내 주변 사람들을 위해 무언가 해줄 수 있는 게 없었기 때문에 고통 받았다는 걸 깨달았다. 아빠한테, 엄마한테, 콜롱브한테 그렇게 해주고 싶었지만, 난 그들에게 쓸모가 없었다. 왜냐하면 그들을 위해 난 아무 것도 할 수 없었으니까. 그들의 병은 너무 깊었고, 난 너무나 나약했다. 난 그들 병의 징후를 잘 안다. 하지만 그들을 치료해줄 능력이 없다. 그래서 나를 아프게 하는 것만큼 그들을 아프게 했는데, 난 그걸 몰랐다. 그런데 난 미셸 아줌마의 손을 잡으며 난 나 역시 아프다는 것을 깨달았다. 어쨌든 확실한 것은, 내가 치료해줄 수 없는 사람을 벌주면서 날 치료할 수는 없다는 것이다. 방화와 자살 건을 다시 생각해봐야 할 것 같다. 또 이것을 고백해야 한다. 난 더 이상 죽고 싶지 않다.

(중략) 순간 내 임무를 발견했다는 생각이 들었다. 날 치유하기 위해서는 다른 사람을, '치료 가능한' 다른 사람을, 구원될 수 있는 사람을 치료해야 한다는 것을. (408쪽)

결국 독자는 르네와 팔로마, 가쿠로의 관계에서 다른 사람들이 경험하지 못하는 진정한 관계의 모습을 보게 된다. 이들의 관계는 연령이나 사회적 계층을 넘어 영혼의 소통 문제임을 생각하게 해준다. 팔로마는 르네를 만나 '영혼의 친구'가 되고서 자살과 방화를 계획하던 어린 소녀의 운명을 벗어날 수 있게 되었다. 그리고 좁은 세계 속에 혼자 갇혀있던 고슴도치인 르네도 가쿠로와 팔로마를 만나서 상처를 회복하고 우아함을 드러내고 살아갈 용기를 얻게 된다. 사실 그들은 서로서로의 운명을 바꾼다. 물론 팔로마의 가족들과 아파트 사람들의 삶이 이런 진정한 관계를 이루지 못하는 것은 그들 개개인의 삶 자체가 자신에게만 갇혀 있기 때문이기도 하다.

나) '나'를 알아채기

소설 『고슴도치의 우아함』은 분량이나 내용적 특성으로 볼 때 대학생이상 성인 독자라야 읽을 수 있는 소설이다. 독자가 이 소설을 읽으면서 스스로를 알아챌 수 있는 부분은 아파트의 일상생활에 대한 르네와 팔로마의 이야기를 들을 때이다. 상류층 아파트 주민들의 삶에 대해 비판적 시선으로 구체적인 정황을 그려나갈 때마다 독자는 그 정황 속의 주인공들을 르네나 팔로마의 시선으로 바라보며, 동시에 독자 스스로의 삶도 들여다보게 된다.

『고슴도치의 우아함』을 읽는 동안 독자는 르네 혹은 팔로마의 시선으로 등장인물의 삶을 바라보게 된다. 그들의 삶에 대해 르네나 팔로마가 문제를 조목조목 짚어내며 통찰력을 발휘할 때마다 독자 자신의 삶도 그 조목에 따라 들여다보게 된다. 등장인물의 삶에 대한 문제의식이 에피소드로 연결되어 있어 그 장면 장면마다 등장인물과 자신과 화자인 르네나

팔로마의 생각이나 삶의 자세를 비교하게 되는 셈이다. 팔로마가 자신의
언니 콜롱브에 대해 쓴 일부분을 읽어보기로 하자.

몇 달 전부터 콜롱브는 두 가지에 집착하고 있다. 정리정돈과 청결. 결
과는 나쁘지 않았다. 좀비였던 나는 상대적으로 더러운 애가 되었다. 부엌
에 빵 부스러기들을 흘리고 다닌다고 잔소리를 해대더니 오늘 아침에는
샤워하고 난 욕실 바닥이 머리카락투성이라고 고래고래 소리를 질렀다.
나한테만 그러는 것도 아니다. 정리도 안 되어 있고 바닥에 무슨 부스러기
가 이렇게 많으냐고 신경질이니 아침부터 저녁까지 다들 들들 볶인다. 자
기 방은 어떤가? 말도 안되는 난장판이었는데 어느 순간 진료소가 되었다.
물건은 전부 줄이 맞아야 하고, 먼지 하나 없어야 한다. 다 제자리를 지켜
야 함은 말할 것도 없고, 청소가 끝난 다음 자기 물건이 제자리에 있지 않
으면 온갖 짜증을 부리니 괜히 그레몽 부인만 불쌍해진다. 콜롱브 방은 거
의 병원이다. 콜롱브가 그렇게 편집광이 되는 게 나한테 피해를 주는 건
아니다. 내가 참을 수 없는 건, 그러면서도 자기는 쿨한 척한다는 것이다.
분명 문제가 있지만 사람들이 그 문제를 못 본 척 하니까 콜롱브는 계속
해서 우리 둘 중 자기만 무슨 에피쿠로스 같은 삶을 사는 줄 안다. 향락주
의자? 하루에 샤워를 세 번 하고 침대 램프가 3센티미터만 틀어져 있어도
미친 사람처럼 소리를 지르는데, 그게 무슨 향락주의자인가?

콜롱브의 문제는 무엇일까? 그건 나도 모른다. 아무래도 모든 사람을 박
살내고 싶은 나머지 말 그대로 군인으로 변해버린 것 같다. 모든 게 다 일
렬종대여야 하고 군대에 있는 것처럼 빡빡 닦고 광을 낸다. 알다시피 군인
은 정돈과 청결에 집착한다. 전투의 무질서, 전쟁터의 불결함, 전쟁 뒤에
남는 인간의 모든 부스러기에 맞서려면 그래야 하는 법이다. 하지만 그 표
준을 드러내는 가장 나쁜 예는 콜롱브가 아닐까 생각한다. 사실 우리 모두
는 병역 의무를 수행하듯 인생을 사는 건 아닐까? 제대나 출전을 기다리
면서. 어떤 사람은 내무반을 문질러 닦아야 하고, 어떤 사람은 게으름을
피우고, 카드놀이를 하거나 암거래를 하며 음모를 꾸미는 데 시간을 보낸
다. 장교는 명령하고, 졸병은 복종하지만 아무도 이런 비공개 코미디에 속

지 않는다. 어느 날 아침이면 상관이든 졸병이든, 암시장에서 담배를 거래
하든 PQ를 밀매하든, 약삭빠른 녀석이든 머저리든 죽으러 가야 하는 건
다 마찬가지다. (116-117쪽)

팔로마는 이 부분에 대해 '심오한 사고 ─ 모든 사람의 삶 병역 의무 ─'
라는 제목을 달고 있다. 팔로마는 언니 콜롱브가 정리와 청결에 집착하며
주변 사람을 힘들게 하는 것을 지적한다. 결국 여기서 작가가 하고 싶은
말은 콜롱브의 문제가 아니다. 현대인의 삶 속에 이러한 집착이 있으며,
이런 집착은 인생을 '병역 의무'처럼 의무적으로 살아가며 시간을 보내는
데에서 발생하는 문제라고 말한다. 독자는 이 부분을 읽으며 자신은 누구
와 동일시되는지 들여다보게 된다. 자신이 콜롱브처럼 편집광적으로 집착
하고 있는 것은 무엇인지 되묻게 된다. 과연 독자 자신, '나'는 내 인생을
병역의무처럼 살고 있지는 않은지, 사회문화적으로 대부분의 사람들이 가
는 정해진 길을 따라 반듯하게 달려야만 한다고 집착하고 있지는 않은지,
어서 빨리 목표하는 지점에 도착하여야 한다고 생각하고 있지는 않은지
생각해보지 않을 수 없다. 이쯤이면 독자는 자신이 삶의 틀 속에서 반드
시 해야만 하는 일이라고 생각하며 수행해온 많은 것들을 떠올릴 수 있
다. 학교와 학력에 대한 선망, 사회적 지위를 향한 열망, 다른 사람들보다
앞서야 하는 여러 가지 일들, 다른 사람들의 시선을 의식하며 거기에 맞
추어 살아가는 일. 이런 일들을 해오면서 진정한 자신의 삶이라고 여기고
있지는 않은지 들여다보게 된다. 그리고 그것을 타인과의 관계에서도 그
대로 적용해서 타인을 바라보고 요구하며 관계를 단절시키고 있지는 않
은지 생각하게 된다.

팔로마가 자신의 엄마와 정신분석가에 대해 말하고 있는 것 가운데 한
가지 더 예를 들어보자.

내 생각엔 엄마가 항우울제를 복용하는 것은 불안과 근심을 덜기 위해
서가 아니라, 정신분석을 계속 받고 싶어서다. 엄마가 상담 받은 이야기를
듣다보면 정말 벽에 머리를 박고 싶은 심정이다. 정신분석가라는 사람은
엄마가 하는 말을 반복하면서 '흐음' 소리를 집어넣는다. 그러니까 이렇게.
"그리고 제 어머니랑 르노트르 과자점에 갔었는데요." "흐음, 당신 어머니
랑요?" 또 "전 초콜릿을 좋아하거든요." "흐음, 초콜릿을요?" 이런 식이라
면 나는 내일이라도 당장 정신분석가로 발탁될 수 있다. 또 그 사람은 엄
마에게 '프로이트 원리'를 늘어놓는데, 우리가 생각하는 것과는 달리 그건
수수께끼가 아니고 무엇인가를 의미해야만 하는 것이다. 지성에 대한 매
혹은 매혹적인 뭔가가 있다. 그런데 나에게 그건 가치 자체는 아니다. 지
식인들은 한 트럭이다. 그 가운데는 얼간이도 많고 유능한 뇌도 많다. 내
말은 다 시시하다는 거다. 지식, 그 자체는 어떤 가치도, 이익도 없다. 가
령 아주 지적인 사람들은 그들 인생을 천사들의 성(性)같은 문제에 바친다.
하지만 많은 지식인들이 범하는 오류가 있다. 지성이 끝이라고 생각하는
것이다. 머릿속에 오로지 한 가지 생각밖에 없다. 지식 많은 거. 그것 참
바보 같은 것이다. 지성이 하나의 목표가 되는 순간 이상한 기능을 한다.
지성이 존재한다는 증거는 그것이 생산해내는 창의성, 간결성에서가 아니
라, 그 표현의 난해함에서 찾을 수 있다. 엄마가 상담에서 배워온 '문학'을
보라. 늘 상징화하고, 시효가 상실된 건 단칼에 베어버리고, 습관적으로
도식화하고 억지로 종합하며 실재를 포섭하려고 한다. 말도 안 되는 거다!
(229-230쪽)

팔로마의 말을 통해서 독자는 오늘날의 '지식인'에 대해, 그리고 지식
중심의 우리 삶에 대해 다시 생각해보게 된다. 이는 독자 자신이 지식이
나 지식인에 대해 어떤 가치관을 가지고 있었느냐에 대한 검토를 하는 계
기가 된다. 대부분의 현대인은 지식을 많이 소유하려고만 들고, 우리나라
의 학교에서 주로 지식이나 정보 전달에 초점을 둔 '공부'를 하고 있다.
지식을 많이 소유하기 위해서 공부하고 애쓰던 독자라면 누구나 자신이

비판받고 있다고 느낄 것이다. 지식을 많이 가지는 것이 결코 목표가 될 수 없는데도 우리가 결국 그렇게 살아가고 있지는 않은지 독자는 고민하게 된다.

이번에는 수위 르네가 말한 에피소드 가운데 한두 가지를 예로 들어보자.

올랭프 생니스는 그 대단한 이름처럼 살고 싶어하지 않는다. 부유한 결혼도 바라지 않고, 권력지향적이지도 않고, 외교적이지도 않으며 스타처럼 굴지도 않는다. 올랭프 생니스는 수의사가 되고 싶어한다. (중략)

올랭프는 이 건물의 몇몇 입주자들처럼 이야기할 때 '편견 없는 좌파로 잘 자랐기 때문에 수위하고도 스스럼없이 지낸다'는 억지 티를 내지 않는다. 올랭프는 내가 고양이를 키우기 때문에 나랑 이야기를 나누는 것이다. 서로의 공통 관심사가 있으니까. 사회가 우리의 우스꽝스러운 길 위에 끊임없이 쳐놓은 장벽 같은 것을 의식조차 하지 않는 올랭프의 태도가 나는 참 좋다.

"헌법이한테 무슨 일이 생겼는지 말해주려고요." 내가 문을 열어주자 올랭프가 말했다.

"그러면 들어와요 오 분 정도는 시간 있죠?"

고양이와 그들의 소소한 문제에 대해 이야기를 나눌 수 있는 누군가를 찾은 것이 너무 좋았는지, 올랭프는 오 분이 아니라 차를 연속 다섯 잔을 마시며 한 시간도 더 있었다. (158-159쪽)

르네는 아파트 주민 가운데 팔로마와 가쿠로 외에 4층 외교관의 딸인 올랭프를 좋아한다. 올랭프가 사회적 계층의 장벽에 대한 '의식조차 하지 않으며' 순수하게 상대방을 대하고, 인간뿐만 아니라 동물에게까지도 같은 마음을 쓰는 것을 좋아한다. 르네가 좋아하는 이런 삶의 자세에 대해 독자는 무엇을 생각하게 될까? 인간의 사회가 만들어놓은 여러 가지 장벽에 얽매이지 않고 살아가기를 좋아하는 독자라면 깊이 공감하며 읽게 될

것이다. 그렇지 않고 사회적 장벽은 엄연히 존재한다고 생각해온 독자라
면 주인공 르네가 올랭프를 바라보는 시선과 동일시하여 그녀를 바라보
면서 독자 자신의 가치관을 한 번쯤 의심해볼 수도 있다.

한편 이 소설에서 말해지는 많은 에피소드들은 르네와 팔로마와 가쿠
로처럼 영혼의 소통을 이루는 사람의 관계와 절묘하게 대비되는 문학체
험을 제공한다. 대부분의 에피소드들은 현대인 곧 우리들이 안고 있는 단
절되고 고립된 '나'라는 가치관에 따른 삶의 문제이다. 특히 서구화된 기
계 문명과 과학주의 가치관을 의심해본 적이 없는 독자에게는 『고슴도치
의 우아함』의 체험이 그 문제점을 생생하게 발견하도록 이끌어준다.

다) 삶에 비치는 『고슴도치의 우아함』

오늘날 대부분의 사람들은 영혼의 친구라고 부를 만큼 깊은 우정이나
사랑의 관계를 맺는 사람이 많지 않다고 한다. 『고슴도치의 우아함』의 독
자는 등장인물인 수위 르네 혹은 열두 살 팔로마의 삶을 보면서 자신의
삶에 비추어보게 된다. 자신에게 다른 이들에게서 받은 상처가 무엇인지,
그 상처를 인식하고 있는지, 어떻게 치유해왔는지 생각해보게 된다. 그리
고 영혼의 친구라고 부를 관계를 가진 자가 자신에게도 있는지 생각해보
게 된다. 르네처럼 상처를 안고도 혼자서 우아함을 키우며 다른 사람과의
관계를 두려워하며 지내는 독자도 있을 수 있다. 팔로마처럼 상처 때문에
괴로워하며 삶에 환멸을 느끼고 있는 독자도 있을 수 있다.

그러나 독자가 분명하게 느낄 수 있는 것 가운데 한 가지는 진정으로
마음을 나눌 사람을 만나 하나가 된다면 상처를 치유하고 삶의 의미를 찾
아낼 수 있다는 점이다. 르네가 가쿠로를 만나 가쿠로와 공감하고 그에게
서 자신과 같은 감수성을 발견하면서 친밀해지는 것처럼, 팔로마가 르네

의 상처받은 영혼을 보며 자신의 삶의 의미를 발견하는 것처럼 하나됨이란 타인에게서 자신의 의미를 보는 일이다. 독자도 르네와 팔로마의 삶을 보면서 그들에게서 자신을 볼 수 있다면 위로를 받는다. 르네나 팔로마의 상처와 꼭 같지 않은 일이라도 독자 자신의 상처가 치유되었던 경험을 떠올릴 수도 있다. 그 과정에서 만난 어떤 사람의 영혼을 생각할 수도 있다. 여전히 상처를 안고 있는 독자라면 누군가 자신과 하나가 되어줄 영혼의 친구를 만나길 기다리는 희망을 가질 수 있지 않을까? 르네가 사람들과 단절된 채 혼자서 그렇게 해왔던 것처럼. 팔로마가 자신의 삶의 의미를 확인하기 위해 글을 써 왔던 것처럼.

『고슴도치의 우아함』이야기를 삶에 비추는 또 다른 방법으로는 르네나 팔로마가 말한 내용들을 음미하며 독자의 실제 삶과 대비해보는 일이다. 예컨대 내 주변에 다음과 같은 여자가 있다.

> 학벌을 중요하게 여기는 부모가 있다. 그 아버지는 지방대학에서 박사 학위를 받았지만 원하는 직업을 가지지는 못한 아픔을 가지고 있다. 부모는 자식의 교육에 최선을 다했으며, 딸은 부모의 바람대로 S대학에 들어가지는 못하였지만 수도권의 대학을 졸업하였다. 딸은 매우 성실한 청년으로 자랐다. 청년 실업률이 어느 때 보다 높은 요즘에도 빈둥거리며 놀지는 않는다. 비정규직이긴 하지만 일을 하며 돈도 모으고 아르바이트를 하며 독립하여 스스로 생활을 꾸려나갔다. 부모는 딸의 그 모든 노력을 부정한다. 오직 대학원에 가야하니 공부를 하라고 닦달한다. 부모의 자식 사랑에는 요즘 세상에서 제대로 된 직업을 가지고 번듯하게 살아가려면 학벌이 중요하다는 가치관이 담겨 있다. 독실한 기독교 신자인 딸은 자신의 삶은 진정한 자아를 찾아 살아가는 일이라고 생각하며 대학원에 가기를 거부한다. 부모는 자식을 포기하고 자식으로 여기지 않겠다고 선언한다. 그렇지만 딸은 혼자서 일도 하고 성경을 읽으며 목회자가 되려는 자신의 꿈을 위해 애쓴다.

이 이야기의 부모는 『고슴도치의 우아함』에 등장하는 팔로마의 가족들과 크게 다르지 않다. 이들이 『고슴도치의 우아함』를 읽는다면 어떤 생각을 하게 될까? 쉽게 생각을 바꿀 것 같지는 않다. 그들은 자신이 과거 경험해온 것을 토대로 한 각자의 에고를 가지고 있다. 비정규직은 하찮은 일이고 좋은 삶을 사는 데에는 애초에 적절하지 않은 일이라고 생각하는 지도 모른다. 수위 르네를 마치 전혀 다른 종류의 삶을 사는 종족으로 바라보는 파리의 상류층 아파트 주민들처럼 직업이, 그 사람의 수입이나 명예가 사람의 삶의 가치를 결정짓는다고 생각하기 때문일 것이다. 이런 생각을 가진 부모가 『고슴도치의 우아함』을 읽는다면 어떤 마음의 변화를 가지게 될까? 읽는 동안에는 그들 자신을 팔로마의 부모나 이웃 사람들에 비추어 보게 될 것이다. 오랜 세월동안 형성해온 서구 중심적 지식관과 직업에 대한 가치관은 쉽게 바뀌지 않을 것이다. 하지만 적어도 다르게 생각하는 사람들이 있다는 것을 한 순간이라도 경험하게 될 것이다.

한편 이 딸이 『고슴도치의 우아함』을 읽는다면 어떤 독자가 될까? 팔로마가 자신의 엄마, 아빠, 언니 콜롱브를 비웃듯이 부모를 비웃고 있었는지는 알 수 없지만, 자신의 가치관과 다른 부모 때문에 집에서 쫓겨난 아픔에 힘들어하고 있을 것이 분명하다. 『고슴도치의 우아함』의 화자들이 하는 말에 쉽게 공감하게 될 것이다. 어쩌면 팔로마가 자신의 가족에 대해 공격적으로 비난할 때 딸은 위로를 받을 수도 있다. 부모와 가치관이 달라 고생하는 자녀가 자신만은 아님을 경험하고, 결국 팔로마가 부모를 치유하겠다는 생각을 하는 것에도 공감하게 될 수도 있다.

위의 사례처럼 『고슴도치의 우아함』은 독자 개개인의 삶에 맞게 다양하게 비춰질 것이다. 분명한 것은 이들 두 화자를 통해 드러나는 작가의 생각은 현대인의 삶의 자세나 가치관에 대해 비판하고 있다는 점이다. 그렇기 때문에 독자는 스스로의 삶이 작가가 하고 싶은 말에 비춰보았을 때 어떤 모습인가를 들여다보게 된다. 과연 이 시대에 무엇이 바른 삶의 자세인지 고민하게 된다는 점이다.

한편 『고슴도치의 우아함』에서 자살과 방화를 계획하던 팔로마는 상처 때문에 눈물을 흘리는 르네의 손을 잡으면서 자신이 아프다는 사실을 깨닫는다. 자신은 '주변 사람들에게 무언가 해줄 수 있는 게 없었기 때문에 고통 받았다는 것을 깨달았다'(408쪽)고 고백한다. 그리고 '확실한 건 내가 치료해 줄 수 없는 사람을 벌주면서 날 치료할 수는 없다'(408쪽)는 말을 덧붙인다.

많은 사람들이 자신이 아프다는 사실을 알지 못한다. 모두가 자신은 정상이라고 생각한다. 아프다는 사실을 깨닫는 것이나 그 원인이 뭔가를 아는 것만으로도 한 걸음 더 나아갈 수 있다. 독자는 『고슴도치의 우아함』 체험에서 자신이 타인에게 탓하고 벌주고 있는 일이 무엇인지를 생각해 볼 수 있다. 어린 팔로마처럼 자살과 방화를 계획하지 않지만, 자신이 벌주려고 하는 사람이 누구인지, 무엇 때문일지 깊이 성찰할 기회를 가질 수 있다. 다음은 나의 경험이다.

그녀를 미워한다고 생각하지는 않는데 만나면 불편한 한 사람이 있다. 모임에서 그 사람과 만나면 마찰이 자주 일어난다. 겉으로 마찰이 일어나지 않더라도 나는 마음이 불편해지고 스트레스로 뒷골이 뻐근해지는 경험을 여러 번 하기도 하였다. 모임이 끝나고 집에 돌아와서도 무언가 끈질기게 나를 괴롭힌다. 그녀가 특별히 나에게 잘못하는 일은 없다. 그녀는 만나는 사람마다에게 다정하게 인사를 하고—나에게는 지나치게 과장된 표현으로 보인다.—때로 자신이 연장자로서 품위와 권위를 지키려는 듯 단호한 말투를 쓰고, 때로 다른 이들을 가르치려는 말을 하고, 때로 자신의 주장을 강력히 논리적으로 내세우고, 때로 조용히 있었으면 싶을 때에 나서서 분위기를 엉뚱하게 몰고 가거나 시간을 소모하고, 때로 자신의 과를 슬며시 덮고 공을 드러내며 다른 사람을 배려하지 못한다. 내 눈에 가끔은 그녀가 모든 일을 '논리'라는 생각에 맞추어 진행하고 있어서 답답해 보이고, 가끔은 그 다정한 인사말과는 달리 전혀 나를 배려하지 않아서 화나게 하며, 가끔은 말과 실제를 혼동하고 있어서 틀에 박혀있다는 생각이 든다. 그래서 그녀를 만나는 날은 내 신경이 곤두서고 내가 또 무엇을 지적하거나 답답해하다가 마찰이 일어나지 않을까 걱정이 된다.

나는 오랫동안 내가 아프다고 생각하지 않았다. 그녀가 그렇게 행동하는 것이 무엇 때문인지만 걱정하면서 한심하다고 여겼다. 그러다가 예전에 읽었던 톨레를 다시 읽게 된 날, 톨레는 「진실한 관계는 가짜 이미지를 만들거나 자신을 부풀리려는 에고에 지배되지 않는 관계다. 진실한 관계에는 상대방을 향해 열려 있는 주의력이 있으며, 그 깨어 있는 주의력은 상대방을 향해 외부로 흘러간다.」[3]는 구절로 나를 되돌아보게 만들었다. 나는 아픈 상태였던 거다. 내 에고는 나에게 그런 비판적 눈으로 그녀를 봄으로써 자신을 크게 만들려 했던 것이다. 나는 내 에고가 확장하려는 것 때문에 아프다는 사실을 깨닫게 되었다. 나에게 답답함과 미움의 고통을 주는 에고는 그녀의 모습을 불평하고 비판하면서 스스로 이야기를 만들어내었을 것이라는 생각이 들었다. 그리고 그 이야기에 내 에고는 더욱 크게 자라났다. 그녀 또한 어떤 행동을 했건 그것은 그녀의 에고일 뿐이다. 그녀의 순수 존재가 아니라 그녀의 에고가 나에게 반응하였고 나의 에고가 그 반응에 반응하였다는 생각이 든다. 우리는 둘 다 진정한 자신이 아닌 허구적 자아의 삶에 휘둘리어 그것만으로 소통하며 살았던 셈이다. 내 허구적 자아는 그녀의 에고만을 볼 뿐 순수 존재로서 그녀를 알아보지 못했다. 톨레는 말한다. 「사랑은 다른 사람 안에서 자신을 발견하는 것이다. 상대방이 당신의 순수 존재를 알아볼 때 그 알아봄이 이 세상 속으로 두 사람을 통해 더 많은 순수 존재의 차원을 가져다준다.」[4]고.

---

3) 에크하르트 톨레/류시화 옮김(2008), 앞의 책, 102쪽.
4) 에크하르트 톨레/류시화 옮김(2008), 위의 책.

팔로마나 르네가 서로의 순수 존재를 알아보고 서로의 삶을 치유하듯이, 좋은 만남은 서로의 허구적 자아가 아니라 서로의 순수 존재를 알아볼 때 이루어진다. 그 만남이란 직접 만나는 사람 가운데에도 있고, 책을 통해 만나는 인물에게서도 이루어질 수도 있지 않을까?

라) 『고슴도치의 우아함』 문학체험 도와주기

(1) 『고슴도치의 우아함』과 독자가 하나 되도록 돕기

성인 독자가 『고슴도치의 우아함』을 읽을 때에도 도움은 필요하다. 실제로 소설에 등장하는 파리의 생활 풍속, 등장하는 개의 종류나 그림, 영화 등에 대한 사실적 이해도 평범한 독자가 다 알기에 어려운 부분이 많다. 이런 정보 차원의 사실적 이해에 대한 도움 외에도 이 소설을 계속해서 몰입해서 읽어나갈 수 있도록 하는 데에도 도움이 필요할 수도 있다. 도움이 필요한 대부분은 르네나 팔로마의 비판적 시선이나 그들의 이야기가 현대인의 삶과 어떻게 연관되는지 상상하기 힘든 경우이다. 현대를 살아가는 사람들의 모습에 대해 평소에 깊이 생각해보지 않고 살아가는 독자라면 화자들의 말에 의미부여 하기가 쉽지만은 않을 수 있다.

또 다른 종류의 독자는 큰 도움이 없이도 즐겁게 『고슴도치의 우아함』을 읽을 수 있다. 특히 서구문명에 대해 비판적 관점에 대한 어느 정도의 이해를 공유하고 있거나 현대 사회의 병폐가 개개인과 가족, 사회 구성원 간의 관계를 어떻게 무력화하고 단절하고 있는지에 관한 관심을 가진 독자라면 이 소설의 내용은 쉽게 와 닿는다.

『고슴도치의 우아함』이 읽기가 어려운 독자라도 우선 표면적 의미부터 몰입하여 읽고 대화에 참여하는 것이 도움이 된다. 서구 근대 문명의 권위주의와 기계화, 이원론적 가치관이 가져다준 인간의 고통에 대해 이해할 수 있다면 훨씬 더 재미있게 문학체험에 참여할 수 있을 것이다. 그러나 꼭 현대인의 가치관이나 사회문화적 병폐에 대한 사회학적 · 철학적 이해가 없더라도 『고슴도치의 우아함』에서 일어나는 일들을 단순히 이해하고 자신의 삶과 비추어 보는 것으로도 문학체험의 즐거움을 누릴 수 있다.

(2) 『고슴도치의 우아함』과 삶을 되비추도록 돕기

대부분 독자는 소설을 읽으며 소설 속 주인공이나 사건을 보면서 자동적으로 자신의 삶과 비추어 보게 된다. 다만 그 양적 질적 성찰의 차이가 있을 뿐이다. 『고슴도치의 우아함』의 더 많은 장면이 독자의 삶과 되비추어지도록 안내하는 것은 결국 독자에게 가장 인상적인 장면이나 인물은 누구인지 생각하도록 하고, 그것이 왜 자신에게 가장 인상적인지를 곰곰이 생각하고 표현하게 하는 것에서 시작된다. 『고슴도치의 우아함』은 아파트 내에서 일어나는 여러 가지 에피소드들이 엮이면서 주인공이자 화자인 르네와 팔로마의 삶과 성찰에 함께 참여하도록 구성되어 있다. 여러 에피소드 가운데 한두 가지를 충분히 이해하지 못하였다고 하여도 주인공의 성격이나 사건의 진행을 이해하는 데에는 큰 어려움이 없다. 여러 가지 에피소드들 가운데 독자에게 어떤 에피소드가 기억에 남는지, 왜 그러한지를 생각하며 읽도록 할 필요가 있다.

독자가 가장 쉽게 동일시한 인물은 누구인지 생각하고 그것을 표현하는 활동을 하도록 독자 스스로를 도울 필요가 있다. 성인 독자에게 누군가가 교사처럼 안내를 하고 말을 걸지는 않는다. 성인 독자는 자신의 독서 활동에 대해 스스로 시간을 내야 한다. 자신이 팔로마처럼 어디가 어떻게 아픈지 알지 못하면서 모든 것을 통찰하고 있는 천재라고 여기지는 않는지 생각해 볼 기회를 가져야 한다. 또 르네처럼 고슴도치 가시 속에

웅크리고 자신을 드러낼 용기를 내지 못하는 자신이 아닌지, 그렇다면 왜 그렇게 되었는지를 정리하기 위해 조용히 생각하거나 글을 쓸 시간이 필요하다.

또 여러 독자가 함께 대화하는 것도 도움이 된다. 독서 후에 삶에 대한 태도, 자신과 타인의 관계와 아픔 등에 대하여 정리한 것을 서로 나누는 상황은 『고슴도치의 우아함』을 다시 한 번 더 새롭게 경험하게 도와줄 수 있다. 다른 이들의 삶에 비친 『고슴도치의 우아함』 이야기를 들어보는 것, 다른 이들의 인상적인 장면이나 생각에 대해 듣고 다시 생각해보는 것 등은 독자의 문학체험을 더 깊이 있게 해 줄 수 있다.

나. 진정한 자신을 사랑하도록 돕기

관계를 회복하는 길은 자신의 순수 존재를 있는 그대로를 바라보는 일에서 시작된다. 인간이 진정한 자신을 알지 못하고 자신을 왜곡하는 데에서 관계의 단절과 고통이 파생된다. 있는 그대로 진정한 자신을 깨닫기만 한다면 모든 영혼은 하나를 이루고 사랑이 될 수 있다.

순수 존재로서 자신을 제대로 볼 수 있다면, 불평과 화를 돋우며 자신을 부풀리려는 에고에 사로잡히지 않을 수 있다. 허구적 자아의 확장에 사로잡히지 않은 진정한 자신은 언제 어떤 상황에 있건 '지금 여기'의 있는 그대로 완전한 자신을 산다. 좋음과 나쁨의 이분법적 생각에 사로잡혀 두려움을 느끼지는 않는다.

현대 사회의 개인은 허구적 자아의 확장을 지향하며 경쟁하고 추구하며 달려왔다. 에고(ego)의 확장이라는 욕망을 위하여 달려갈 때 순수 존재로서 관계는 이루어질 수가 없다. 그래서 현대의 개개인은 저마다 상처와 고통 속에서 자신의 '겉사람'에만 매달려 살아가게 되었다. 이러한 진정한 관계의 단절은 결국 개개인이 타인의 순수 존재를 통해 자신을 발견할 기회를 빼앗았다. 진정한 자신을 제대로 깨닫는 것은 타인의 순수 존재(Self)를 보며 자신에게도 존재하는 그 순수 존재를 발견하여야만 가능하다.

여기서는 독자가 「상한 영혼을 위하여」의 화자와의 만남을 통해 어떻게 자신의 순수 존재를 만날 수 있게 되는지 살펴본다. 그리하여 진정한 자신을 사랑하고 사랑의 관계를 이루는 사례를 살펴보기로 한다.

1) 「상한 영혼을 위하여」와 한 호흡으로 살기

가) 「상한 영혼을 위하여」를 만나며 나를 알아채기

상한 갈대라도 하늘 아래선
한 계절 넉넉히 흔들리거니
뿌리 깊으면야
밑둥 잘리어도 새순은 돋거니
충분히 흔들리자 상한 영혼이여
충분히 흔들리자 고통에게로 가자

뿌리 없이 흔들리는 부평초 잎이라도
물 고이면 꽃은 피거니
이 세상 어디서나 개울은 흐르고
이 세상 어디서나 등불은 켜지듯
가자 고통이여 살 맞대고 가자
외롭기로 작정하면 어딘들 못 가랴
가기로 목숨 걸면 지는 해가 문제랴

고통과 설움의 땅 훨훨 지나서
뿌리 깊은 벌판에 서자

두 팔로 막아도 바람은 불듯
영원한 눈물이란 없느니라
영원한 비탄이란 없느니라

캄캄한 밤이라도 하늘 아래선
마주 잡을 손 하나 오고 있거니

 ─고정희, 「상한 영혼을 위하여」

시 「상한 영혼을 위하여」의 화자는 고통을 정면으로 바라본다. 고통에
저항하거나 고통을 피하려고 안간힘을 쓰지 않는다. 상한 갈대라도 상한
채로도 한 계절을 살아가고, 뿌리만 있으면 가지와 잎과 줄기가 모두 잘
리어도 새싹을 다시 피우는 식물의 생명력에 화자 자신의 생명력을 빗댄
다. 더 나아가 뿌리가 없더라도 물위에 떠다니며 꽃을 피우는 부평초에게
서 생명으로서 자신을 본다. 어떠한 곳에서라도 개울은 흐르기 마련이고
등불은 켜지고 어둠을 물리치듯이 고통과 '살 맞대고' 살겠다고 절규한다.
더 이상 고통을 피하지 않겠다는 강인한 목소리가 들린다.

「상한 영혼을 위하여」의 독자는 시적 화자의 고통에 대한 정면대응을
보면서 화들짝 놀라는 자신을 보게 된다. 그러면서도 시적화자에게 공감
하게 된다. 삶이 힘들고 어려워서 고통을 피하려고만 하던 독자도 시적화
자의 당찬 발언에 놀라 자신의 힘을 다시 추스르게 된다. 이렇게 고통을
정면으로 응시하기 까지 얼마나 아픈 시간을 보냈을까를 생각하게 된다.
나는 얼마나 고통을 피하려고 애써 왔는가? 나는 얼마나 안락하기만을 고
대하며 조금이라도 어려운 상황이 오면 달아나려고 힘쓰지 않았는가? 이
화자는 어떻게 이렇게 고통에게로 가자고 목숨 걸자고 당당하게 말하고
있는가? 그는 얼마나 수많은 고통을 겪고 이겨내고 또 겪었기에 고통을
제대로 바라볼 있게 되었을까? 늘 고통을 피하려고 애쓰는 나에게도 화자

와 같은 힘이 있을까? 시 「상한 영혼을 위하여」를 읽으며 시적화자가 되어 스스로에게 되묻는다. '가자 고통이여 살 맞대고 가자'라고.

고통에 대한 정면대응의 힘은 바로 '믿음'이다. '캄캄한 밤이라도 하늘 아래선/마주잡을 손 하나 오고 있거니'라고 넉넉하게 믿는 마음이 고통과 설움을 똑바로 쳐다볼 수 있게 한다. 이 믿음은 바로 나를 절대자에게 내어 맡기는 믿음일 터이다. 어떤 일이건 어떤 상황이건 나에게 주어진 '지금 여기'를 살아냄으로써 그 이후의 모든 것을 절대자에게 맡기는 마음이 바로 '캄캄한 밤이라도 하늘 아래선/ 마주 잡을 손 하나 오고 있거니'라는 마음이다.

독자는 이 시를 읽을 때에 아직 믿음이 없는 상태일 수도 있다. 하지만 시적화자의 강인한 목소리를 들으면서 동시에 자신의 마음의 목소리도 그것을 따라 절규한다. 독자 자신을 힘들게 하고 이럴까 저럴까 아파하고 고민하게 만들었던 약한 마음은 시적화자의 목소리에 물이라도 든 듯이 믿음을 발견해 내기도 한다. 비록 시를 읽는 짧은 순간일지라도. '영원한 눈물이란 없느니라/영원한 비탄이란 없느니라' 되뇌이게 된다.

모든 인간은 행복을 소망한다. 날마다 편안하고 기쁘고 명예롭고 평화로운 상황에 자신이 놓여 있기를 원한다. 현대 사회를 살아가는 우리는 그 어느 때보다도 더 편안하고 안락한 삶을 추구해 왔고 끊임없이 행복을 추구하며 살아간다. 하지만 지금 여기 대한민국의 우리들 가운데에는 그 어느 때 보다도 불행하게 사는 사람들이 많다. 그 많은 현대인 가운데 한 사람으로서 독자는 자신이 언제 고통을 정면으로 응시한 적이 있었는지 스스로를 점검하게 된다. 대부분의 독자는 고통을 피하기 위해서 이런 저런 노력을 하면서 또 고통에 저항하느라 더 힘든 나날을 보내었음을 고백할 수밖에 없다. 고통을 두려워하면서 미처 맞닥뜨리기 전에 벌써 어떻게 피할지를 궁리하느라 혼비백산하였음을 기억한다. 삶에서 좋은 것과 좋지 않은 것, 원하는 것과 원하지 않는 것을 명확히 구분해 놓고 좋은 것만을 살기 위해 애써왔던 모든 독자는 시적 화자가 고통을 정면대응하며 받아들이는 모습에 낯설지만 힘찬 용기를 얻는다. 자신에게도 이런 힘이 불끈 솟는 느낌을 받는다.

나) 삶에 비치는 「상한 영혼을 위하여」

시 「상한 영혼을 위하여」를 읽으며 시적화자의 목소리에서 자신을 압도하는 내부적 힘을 느낄 수 있는 독자라면 시 읽기에서 훌륭한 독자이다. 시를 음미하는 것은 소설 속의 인물을 만나는 것과는 달리 시의 목소리나 장면과 시 속 인물의 마음과 행동을 온전히 독자 자신의 목소리와 행동으로 동일시하며 경험하게 된다. 시의 화자가 내는 목소리는 독자 자신의 것으로 경험된다.

「상한 영혼을 위하여」를 읽으며 독자는 고통을 경험한다. 현재 특별한 고통 속에 있지 않더라도 독자 자신이 당하였던 과거의 어려움과 고통을 다시 경험하면서 이제는 더 이상 고통에서 벗어나려고 애쓰지 않겠다는 마음을 갖게 된다. 시적화자의 목소리가 있는 그대로 고통을 받아들이고 '살 맞대고 함께 가자'고 외치고 있기 때문이다. 독자도 시적화자의 목소리를 그대로 내면서 자신의 가장 어렵고 힘든 때를 상상하며 그것을 응시하게 된다.

아주 깊은 상처 속에서 헤매고 있는 독자라면 「상한 영혼을 위하여」를 한두 번 읽고 자신의 고통을 있는 그대로 응시할 수 있을지는 의문이다. 다만 한두 번 이 시를 읽을 동안만큼은 지금 겪고 있는 고통을 응시하라는 메시지를 자신에게 보낼 수 있을 것이다. 이 시의 마음을 인간이 지성으로 이해할 수 있다고 하여도 실제로 온몸과 마음으로 실천하기는 어려운 내용이기 때문이다.

일상의 소소한 고통을 감내하는 독자라면 이 시의 음미로도 충분히 큰 힘을 얻을 수 있다. 자신의 힘든 일을 똑바로 쳐다보면서 겁먹지 않음으로써 오히려 고통을 줄일 수 있을 것이기 때문이다. 실제로 고통 그 자체보다도 고통에 대한 두려움 때문에 훨씬 더 크고 증폭된 고통을 당하는 경우가 많다. 다음은 한 여자의 이야기다.

딸 둘을 둔 60대 여인이 A가 있다. 그녀는 남편과 사이가 좋지 않아 별거 중이다. 그런 그녀에게 가장 소중한 사람은 그녀의 자랑스러운 두 딸이다. 두 딸은 모두 커서 출가하여 둘 다 한의사 남편을 두었다. 큰 사위는 인정받는 대형 한의원 원장으로 호황을 누리며 온 가족이 화목하게 산다. A는 다정다감한 큰사위의 배려를 느낄 때마다 큰 사위가 사랑스럽고 고맙다. 그에 비해 둘째 사위는 한의사이긴 하지만 처음부터 썩 마음에 차지 않아 결혼을 반대하였었다. 둘째 사위는 첨단 의료기기를 들여놓아도 환자가 모이지 않아서 갈수록 빚이 늘어갔다. 그때마다 둘째 딸은 엄마에게 손을 벌리곤 하였다. 그런데도 비싼 외제차를 여러 대 사며 자신의 스트레스를 해소하려는 사위의 모습이 그녀에게는 속상하고 안타깝기만 하다. 그녀는 딸에게 사위의 그런 일에 대해 따끔하게 말하여 좋지 않은 습관을 끊도록 하라고 충고하곤 한다. 그런 일이 반복되던 어느 날, 둘째 사위는 큰 빚을 떠안은 가운데 우울증에 걸려 둘째 딸에게 소리를 지르고 화를 냈다. 장모는 한 번도 자신을 인정하지 않았고, 늘 자신을 큰 사위와 비교하며 힘들게 했으며, 아내도 장모와 마찬가지로 자신을 학대하였다며 소리를 지르고 이혼까지 언급했다. A는 그날부터 둘째 딸과 사위 걱정에 밤잠을 자지 못한다. A는 아는 이들을 만날 때마다 둘째 딸과 사위를 걱정하느라 지치고 몸이 아픈 상태에 있으니 이를 어쩌면 좋겠냐고 하소연을 하고 눈물을 흘린다. 밤에는 수면제가 없으면 잠을 못자고 자주 대상포진에 걸려 드러눕기 일쑤다. 둘째 딸에게 무엇을 어떻게 하라고 말해주어야 할지 고민을 하고 다른 이들에게 하소연하고 그들의 충고를 딸에게 전해주기도 한다.

A는 조그만 일에도 안절부절못하며 이렇게 할까 저렇게 할까 걱정하고 고민하며 살아간다. 그녀를 옆에서 보고 있자면 고통스러운 일이 자신에게 닥칠까 두려워서 실제 일어난 일보다 훨씬 더 큰 고통을 겪는 모습의 전형이라는 생각이 든다. 우리 대부분의 사람들이 걱정거리 앞에서 이와 크게 다르지 않다. 하지만 「상한 영혼을 위하여」의 시적화자는 다르다. '그래, 고통이여 올 테면 오라.' 그 고통과 살 맞대고 살아보겠다며 영원히 그렇게 힘들기만 하겠냐는 믿음의 목소리를 들려준다.

A가 「상한 영혼을 위하여」를 읽고 조금이라도 공감한다면, 둘째 딸과 사위의 일은 그들 자신에게 맡기기로 결정할 수도 있지 않을까? A는 주변에 있는 이들에게 늘 자신의 어려움이나 아픔을 토로한다. 처음에는 그녀의 아픔이 안타까워 그 고민에 깊이 동참하던 사람도 얼마 지나지 않아 그것이 A의 습관적 삶의 태도임을 알게 된다. 그녀는 모든 일을 걱정하며 살기에 그 주변 사람들마저도 힘들어져서 원만한 관계를 이루지 못하게 되기 때문이다. 그렇지만 이 시의 독자가 되어 공감하는 한 순간이라도 자신을 돌아보게 된다면 자신의 고통을 제대로 바라보며 살아보겠다는 생각을 잠시라도 가지게 되지 않을지. 사실 A의 고통은 그녀가 딸의 고통을 자신의 것으로 가져와서 걱정하고 고민하며 일으키는 고통이다. (우리나라의 대부분 부모는 모두 자녀의 고통을 자신의 고통으로 삼는다.) 그래서 A가 자신의 고통을 조금만 더 정면으로 응시하게 된다면 그것이 자신의 것이 아니라 딸의 고통이라는 점을 볼 수도 있다. 이제 다 커서 출가한 딸의 일이니 그들이 해결하도록 맡겨두자는 생각을 해낼 수도 있다. 자신이 딸에게 도움이 될 구체적인 방법이 없다면, 힘들고 어렵지만 딸이 사위와 함께 어려움을 잘 이겨내도록 기도하는 마음으로 담담하게 지켜보며 지낼 수 있다. A에게 시 「상한 영혼을 위하여」에서 시적화자가 말하는 '마주 잡을 손'에 대한 믿음에 공감한다면 딸의 일을 그 절대자가 보내준 이

에게 맡길 수도 있다. 우선 그녀가 할 수 있는 기도를 하며 기다려준다면 딸이 고통의 시간을 지나 또 새로운 국면을 맞을 수 있음을 믿을 것이다.

또 다른 한 독자를 더 예를 들어보자. 대학생인 B는 건강이 좋지 않다는 진단을 받고 약을 복용하고 있다. B는 자신의 병 때문에 늘 두렵고 떨리는 마음이 들어 마음의 병까지 얻게 되었다. 친구나 가족과 재미있는 이야기를 해도 전혀 즐겁지도 행복하지도 않고 웃을 기분이 아니라서 힘들고, 축하해주고 즐거워해야 상황에서는 자신을 속이며 억지로 웃는 얼굴을 짓는다. B는 「상한 영혼을 위하여」를 읽으며 자신이 너무나 부정적이고 나약하였음을 느낀다. 시적화자가 절규하듯 외치는 '두 팔로 막아도 바람은 불 듯/영원한 눈물이란 없느니라/영원한 비탄이란 없느니라'라는 구절을 읽으며 그 목소리를 상상하니 마음이 울컥한다. '내가 아프고 힘들고 두려운 건 당연하다. 두려울 때 두려워하기로 하자. 두려워하고 힘들어하는 나를 껴안아 주기로 하자. 그렇지만 몸이 아픈 건 약을 먹는 것 외에 다른 해결 방법이 없으니 두려워한다고 해결되는 것이 아니다. 약을 잘 먹어야겠다. 이 잠깐의 불행도 더 나은 나를 위한 시험이라고 생각하고 힘차게 나아가고 싶다'는 마음을 갖게 된다. 자신의 고통을 제대로 응시하게 되면 더 크게 과장하거나 회피하기만 하면서 겪는 마음의 억눌림에서는 좀 벗어날 수 있게 된다.

시 「상한 영혼을 위하여」를 체험하며 독자는 시적화자의 목소리를 들으며 그에 공명하는 자신의 목소리를 내게 된다. 시적화자의 목소리에 공명하며 지나치게 연약하였던 자신을 보게 되고 더 강인한 자신을 되찾으려는 마음을 잠시나마 갖게 된다. 고통 속에서 아파하고 회피하는 자신보다 고통을 고통으로 경험하고 겪어내는 참자아를 응시하는 것이 진정 자신을 사랑하는 길이다. 하지만 시적화자와 같은 담대함을 갖기 위해서 얼마나 많은 크고 작은 고통을 겪고 아파하고 힘들어했을지 떠올려 보는 일

도 필요하다. 그 고통 끝에 얻어낸 담대한 정면 응시임을 알 수 있다면,
힘들어 하고 아파하는 우리들 소시민의 모습 역시 괜찮다고 위로하지 않
을 수 없다. 오랜 고통 속에서 담대함을 얻어낼 수 있을 테니까.

다)「상한 영혼을 위하여」문학체험 도와주기

(1)「상한 영혼을 위하여」와 독자가 하나 되도록 돕기

연령이 얼마이건 어떤 상황에 처한 독자이건 간에 삶을 살아가는 인간
은 고통을 가지고 있다. 일상의 관계 속에서 겪은 아픔이든 오랜 세월 마
음으로 겪고 있는 일이든 간에 크고 작은 고통을 겪으며 살아가는 것이
인생이기 때문이다. 이 시를 더 큰 감동으로 느끼고 공명하는 독자는 아
마도 지금 현재 힘들고 어려운 한가운데에서 그 고통을 피하려고 애쓰며
몸부림을 치고 있는 독자일 터이다.

이 시의 독자를 돕는 방법으로 첫 번째는 몰입하여 읽으며 시적화자의
목소리를 듣도록 하는 일이다. 시의 표면적 의미가 독자에게 구체적 장면
이나 목소리로 다가갈 수 있도록 몰입할 수 있어야 한다. 그러려면 어떤
독자라도 자신의 고통을 생각하며 상한 영혼을 가진 독자가 되어 이 시를
읽어야 할 터이다. 독자가 자신의 아팠던 경험과 그때 어떻게 대처하였는
지를 상상하면서 시적화자의 목소리를 듣도록 하는 것이 도움이 된다.

그 다음으로는 시적화자의 절규가 자신의 것이 되도록 경험하는 일이
다. 자신의 고통스러운 상황을 구절마다 대입하여 그려보고 느끼면서 시
적화자가 어떻게 하자는 것인지 구체적으로 상상해보는 일을 하도록 해
야 한다. '고통이여 살 맞대고 가자'는 무슨 의미일지 자신의 입장을 반영
하여 상상해보고, '마주잡을 손 하나 오고 있거니'는 무슨 마음인지 자신
의 삶으로 그려보면서 읽도록 안내할 필요가 있다.

시의 전체적 의미 전달 가운데 어떤 구절이 가장 자신의 마음을 강력하게 사로잡고 있는지 생각해보는 것도 좋다. 왜 내가 그 구절에 마음이 그토록 강하게 이끌리는 것인지 스스로 생각해보는 것도 필요하다. 이런 방법으로 시와 자신을 동시에 만나는 과정이 시를 체험하며 읽는 방법이다.

(2)「상한 영혼을 위하여」와 삶을 되비추도록 돕기

시를 읽는 일은 읽는 과정 자체가 삶과 시를 비추는 일이다. 그 두 가지가 동시에 잘 이루어지지 않는 독자라면 그 과정을 분리하여 시에 삶을 비추어보는 시간을 충분히 갖는 것이 도움이 된다. 여기에는 두 가지 방법이 있는데 하나는 다른 이들과의 대화이다. 대화 과정에서 가급적 자신의 고통스러운 상황에 대해 이야기하고 그때의 자신의 목소리나 자신의 마음은 어떤 상태에 있었는지를 바라보는 기회를 가지게 된다면 큰 도움이 된다. "요즘 가장 고통스러운 일은 무엇인가?", "힘들고 어려운 일에 자신은 어떤 모습으로 대처하고 있는가?", "「상한 영혼을 위하여」의 시적 화자가 '충분히 흔들리자 고통에게로 가자'고 외치는 소리를 들으면 어떤 마음이 드는가?", "내 고통과 살 맞대고 가는 것은 내가 어떻게 하는 일일까? 혹은 나는 고통과 살 맞대고 살아본 적이 있는가? 언제 어떻게 했었나?" 등의 질문을 주고받으며 시를 읽는 것이 좋다.

또 한 가지 방법은 글을 쓰는 일이다. 시의 구절에서 자신이 받은 감동을 글로 표현하는 일이다. 시의 인상적인 구절들, 그 구절들이 왜 자신의 마음을 흔들었는지 생각해 보는 일, 또 시적 화자가 말하는 '고통이여, 살 맞대고 가자'는 말은 무엇을 의미하는 것일지에 대한 독자의 생각, 자신의 삶에 놓여 있는 고통을 어떻게 대하는 것이 그 의미에 합당할 것인지 등에 대해 글로 표현하는 일, 자신의 고통에 대한 여러 가지 생각을 표현하는 일 등이 포함된 글을 쓰는 시간이 필요하다. 이것이 시 「상한 영혼을 위하여」를 삶에 비추어보는 일이고 이러한 시간을 갖도록 물적 심적 기회를 제공하는 일이 그것을 돕는 일이다.

그것이 고통이고 부끄러움일 지라도 자신의 진정한 모습을 있는 그대로 사랑하는 일은 사랑의 관계 형성에서 가장 기본이 된다. 있는 그대로, 미숙한 그대로, 미천한 그대로 자신의 모습을 사랑하고 살아가는 일이 타인을 있는 그대로 사랑하도록 하는 힘이기 때문이다.

다. 사랑의 '넘쳐 흘러감'을 경험하도록 돕기

『오 자히르』의 주요 등장인물은 이 소설의 화자인 '나', 그의 아내 에스테르, '나'의 연인 마리, 미하일 등이다. 주인공 '나'와 아내의 이야기를 중심으로 '나'의 내면심리의 변화를 주로 다룬다. 표면적으로 부부의 이야기를 다루고 있다는 점과 인간의 내면 심리와 삶의 참 의미에 대해 말하고 있다는 점에서 독자의 삶과 연륜이 『오 자히르』의 이해에 중요한 실마리로 작용할 수 있다. 그렇긴 하지만 무엇이 인간의 진정한 삶이고 사랑인지에 대한 고뇌를 '나'의 심리를 통해 보여준다는 점에서 모든 독자가 함께 고민하며 체험할 수 있는 소설이기도 하다.

또한 『오 자히르』 등장인물들 간의 사랑의 흘러넘침을 살펴 볼 수 있는 내용이기도 하다. '나'의 아내 에스테르가 진정한 삶과 사랑에 대해 고뇌하고 그것을 찾아 떠나가면서 남편인 나도 그녀 옆에서 진정한 사랑을 찾아 떠나고, 마침내 참 삶이란 바로 사랑이라는 점을 깨닫게 되는 이야기이다.

1) 『오 자히르』와 한 호흡으로 살기

가) 『오 자히르』 만나기

줄거리는 간단하다. 갑자기 아내가 사라져서 경찰에 신고하고 조사를 받고 풀려나는 남자 '나'의 이야기에서 시작한다. 그는 많은 생각 끝에 아내를 찾아 나서는데, 결국 진정한 자신의 삶이 무엇인지 찾아 나선다는 이야기다. 구금에서 풀려난 '나'는 '나는 자유다'라고 외치지만 스스로 자유를 갈망하면서 끊임없이 자신에게 상처를 입히며 살아왔음을 고백한다.

> 투쟁을 하면서 나는 사람들이 자유의 이름으로 하는 말을 들었다. 그런데 그 별난 권리를 옹호하면 할수록, 그들은 점점 무언가의 노예가 되어갔다. 부모의 욕망의 노예, 타인과 '여생을' 함께 하기로 약속한 결혼생활의 노예, 체중계의 노예, 정치체제의 노예, 금방 포기하게 될 무수한 결심들의 노예였다. 풍요로움의 노예, 풍요로움의 겉치레의 노예. 자신의 의지에 따라서가 아니라 다른 누군가가 그게 더 가치 있는 삶이라고 말했기 때문에 그렇게 살기로 결심한 삶의 노예. 그들의 낮과 밤은 그렇게 이어지고, 서로 닮아갔다.[5]

'나'는 끊임없이 자유를 갈구하면서 살아왔지만, 지금 여전히 자유롭지 못하다. 아내가 사라져 마음의 상처를 입었다. '나'는 아내가 다른 남자와 함께 떠나갔다는 생각에 고통스러워한다. 하지만 아내 에스테르가 사라진 후에야 그녀와 함께 나누었던 대화들을 하나하나 음미하기 시작한다.

---

5) 파울료 코엘료/최정수 옮김(2005), 『오 자히르』, 문학동네, 24쪽. 이하 이 작품을 인용 시 ( ) 속에 인용면의 쪽수만 기록함.

"그래, 당신은 나와 함께 있는 걸 좋아해. 하지만 자기 자신과 홀로 마
주하는 건 싫어하지. 당신은 중요한 걸 잊기 위해 늘 모험을 찾아 헤매.
당신은 혈관 가득 아드레날린이 고동쳐야 하는 사람이야. 그래야만 혈관
속에 진짜로 흘러야 하는 게 피라는 사실을 잊을 수 있으니까." (38쪽)

에스테르와 '사랑'에 대해 실랑이를 하다가 자신이 사랑이 무엇인지 모
른다는 것을 깨닫는다. 에스테르와 대화하면서 그녀 이전 아내들과의 결
혼생활의 좌절이 '나'에서 비롯되었음을 깨닫게 된다. 에스테르로 인하여
'나'는 '그녀에게 가 닿기 위해서 우선 나 자신을 만나야 한다'(57쪽)는 사
실을 깨닫게 된다.

"바로 그거야. 나는 모든 것을 가졌지만 불행해. 그리고 그런 사람이 나
혼자는 아니야. 최근 몇 년 동안 나는 많은 사람들을 만나고 인터뷰했어.
부자, 가난한 사람, 권력자, 비참한 사람, 내 눈과 마주치는 그 모든 눈들
속에서 내가 읽은 것은 무한한 번민이었어. 언제나 감내할 수 없는 슬
픔……사람들이 입 밖에 내어 얘기하진 않지만 분명히 그런 게 존재한다
고, 내 말 듣고 있는 거야?" (60쪽)

'나'는 에스테르가 사람들의 슬픔을 이야기하며 인생의 의미에 대해 고
뇌하던 말을 생각한다. 그리고 그녀가 종군 기자가 되어 전쟁터로 가겠다
고 할 때 나누었던 대화를 생각하게 된다.

"산티아고 가는 길이라는 주제로 책을 썼을 때, 당신 역시 같은 결론에
도달했어. 그렇잖아? 전에 당신은 마법의 상징들이 의미하는 바를 이해하
는 건 오직 선택받은 소수의 집단뿐이라고 생각했어. 하지만 이제는 모든
사람들이 그 의미를 이해한다는 것을 알고 있어. 다만 사람들이 잊고 있을
뿐이라는 걸 말야."

"사람들이 그 의미를 안다고 해도 달라지는 건 아무것도 없어. 그들은
그것을 생각하지 않으려고, 자신 안에 있는 마법과 같은 거대한 잠재력을
받아들이지 않으려고 갖은 애를 쓰고 있거든. 그러지 않으면 아담하게 잘
짜인 그들 우주의 균형이 깨질지도 모르니까." (68쪽)

여기까지 『오 자히르』를 읽은 독자는 아내가 사라져 당황하고 좌절하
는 '나'의 마음의 소리를 듣게 된다. 아내가 사라지기 전에 나누었던 대
화를 차근차근 음미하는 과정에서 작가인 '나'와 기자인 에스테르, 이들
부부의 질문을 알게 된다. 독자가 보기에도 '나'보다는 에스테르가 더욱
강한 의지로 삶의 진정한 의미를 찾아 나아가고 있다는 것을 느낄 수 있
다. '나'는 자신이 안고 있는 문제가 무엇인지도 모른 채 살고 있다가 에
스테르로 인해 점차 깨어나게 되는 것을 확인한다. 독자가 느낄 수 있는
또 한 가지는 이들이 현대를 살아가는 대부분의 사람들의 삶에 대해 말
하고 있다는 점이다. 작가와 기자인 이들의 대화는 자신 개인을 포함하
여 인간이 안고 있는 문제를 이야기한다. 그래서 독자는 이들이 고뇌하
는 '인간 삶의 문제' 앞에서 저절로 자신의 삶을 생각하고 들여다보게
된다.

아내 에스테르와의 대화를 곰곰이 생각하면서도 여전히 아내가 젊은
남자와 함께 떠나버렸다고 의심하는 '나'는 저서 사인회에서 아내의 젊은
남자라고 생각했던 미하일을 만난다. 그는 아르메니아 식당에서 모임을
주재하는 일을 한다. '나'는 그를 통해 에스테르가 어디에 있는지 알고 싶
어서 접근한다. 식당의 모임에 여러 번 참석하고 미하일을 만나면서 인간
의 본성과 사랑과 진정한 자신에 대한 대화에 빠져들게 된다. '나'는 함께
사는 마리에게 이렇게 말한다.

"오늘 저녁 당신과 함께 아르메니아 식당에 가고 싶어졌어. 당신은 그곳
에서 중요한 세 가지를 발견하거나 의식하게 될 거요. 첫째는 어떤 문제에
맞서겠다고 결심한 그 순간 우린 생각했던 것보다 훨씬 많은 능력을 가지
고 있다는 걸 깨닫게 된다는 것. 둘째는, 모든 에너지와 지혜는 알려지지
않은 동일한 근원으로부터 연유한다는 것, 보통 그걸 신(神)이라고 부르지.
이게 내 길이구나 생각한 걸 따라가기 시작한 이래, 난 그 에너지에 경의
를 표하고, 그 에너지에 나 자신을 연결시키려고 매일같이 노력하며 살아
왔어. 표지들이 이끄는 대로 따라가려고, 뭔가 하겠다고 생각하면서 배우
는 게 아니라 실제로 그걸 실행에 옮기면서 배우려고 노력해온 거요.
　그리고 셋째는, 고난을 당할 때 우린 결코 혼자가 아니라는 것, 좀더 깊
이 생각하는 사람, 우리와 똑같이 기뻐하고 고통 받는 누군가가 항상 존재
한다는 거요. 그는 우리가 역경에 더 잘 맞설 수 있도록 힘을 주는 존재
야." (172쪽)

미하일은 아내 에스테르가 삶의 의미를 찾아 나선 곳에서 만난 카자흐
스탄 청년이다. 그는 파리의 한 식당에서 여러 사람들과 함께 삶에 대해
대화를 나누는 일을 한다. '나'는 표지의 '목소리'를 듣는다는 신비한 예
지력의 소유자인 청년 미하일에게서 에스테르가 있는 곳을 알아내고자
한다. 그 과정에서 '나'는 사고를 당한다. 그 사고로 인하여 '나'는 미하일
이 말하는 표지에 대한 믿음을 확고히 하게 된다.

　내가 운명을 받아들이고, 나 자신보다 우월한 힘에 이끌려감에 따라 자
히르는 그 힘을 잃어가고 있었다. (225쪽)

　그때까지도 내게 끝없는 지옥과도 같았던 지난 이 년여 시간들의 진정
한 의미를 마침내 나는 엿보기 시작했다.
　그리고 그 의미는 내 결혼생활을 넘어서는 곳에 있었다. 모든 남자와
여자는 사랑이라는, 우주를 만든 최초의 질료인 그 에너지와 연결되어 있

다. 이 에너지는 조작될 수 없고, 우리를 부드럽게 이끌어가고, 우리가 삶
에서 배워야 할 모든 것을 담고 있다. 그 에너지의 방향을 우리가 원하는
쪽으로 바꾸려고 하면, 우리는 끝내 절망하고, 낙담하고, 환멸을 느끼게
된다. 그 에너지는 자유롭고 길들지 않은 야성이기 때문이다. 우리는 그
렇고 그런 사람이나 사물을 사랑한다고 말하면서 여생을 보낼 수 있을
것이다. 실상은 사랑이라는 에너지를 받아들이는 대신, 우리가 그럴 거라
고 상상하는 세상에 끼워 맞추려고 그 에너지를 소진해가며 고통스러운
데도 말이다.

깊이 생각하면 할수록 자히르는 점점 힘을 잃어갔고, 나는 나 자신에게
더 가까워졌다. (227-228쪽)

'나'는 점점 자신을 찾아갔지만 에스테르를 찾아 나서지는 못했다. '나
는 내 얼굴을 그녀의 얼굴처럼 정갈하게 씻어야 했다. 그녀를 만나기 전
에, 먼저 나 자신을 만나야'(238쪽)했기 때문이다. '나'는 신비한 목소리를
듣는 미하일을 만난 것을 감사한다. 아내를 찾기 위해 그를 만났지만, 그
를 만나 대화를 하는 동안 자신이 진정한 자신의 삶을 산 것이 아니라
'내가 나 자신의 희미한 그림자가 되어 있음'을 깨달았기 때문이다.

'참된 사랑의 에너지가 당신 영혼 속으로 깊이 스며들게 하려면, 당신
영혼은 갓 태어난 아기와 같아야만 하오. 사람들이 왜 불행한지 물었소?
그들이 그 에너지를 가둬두려 하기 때문이오. 그건 애초에 불가능한 일이
거든. 개인의 역사를 잊어버린다는 건 그 에너지가 언제든 자유롭게 그 모
습을 드러내고 당신을 이끌고 원하는 곳으로 흘러갈 수 있도록 통로들을
깨끗이 비워두는 것을 뜻하오.'

'굉장히 낭만적으로 들리지만 결코 쉽지 않은 얘기예요. 그 에너지는 항
상 다른 많은 것들에 얽매여 있으니까요. 약속과 자식들과 사회적 의무
들……'

'……그리고 어느 정도 시간이 흐르면 절망과 두려움과 고독과 통제할

수 없는 것을 통제하려는 시도들에 얽매이게 되지요. 스텝의 전통인 탱그리에 따르면, 온전함에 이르기 위해서는 끊임없는 움직임 속에 있어야 하오. 그러면 매일매일이 달라지니까. 도시를 지나갈 때면 유목민들은 이렇게 생각합니다. 여기 사는 사람들은 불쌍하군. 이 사람들에겐 모든 것이 늘 똑같잖아, 라고요. 아마도 도시 주민들은 유목민들을 보며, 집도 없다니 참 불쌍한 사람들이야 하고 생각하겠지요. 그러나 유목민들에겐 과거가 없습니다. 오직 현재뿐이지요. 그들이 늘 행복한 이유는 바로 그것입니다. (275-276쪽)

미하일과 여러 사람들과의 만남을 더해 갈수록 '나'는 점점 자신을 찾아가게 된다. '진정한 자기 자신을 찾기 위해서는 우리가 자신이라고 믿고 있는 것들을 버려야'(388쪽)함을 알게 된다. 그 이후 '나'는 미하일과 함께 카자흐스탄에 있는 에스테르를 만나러 간다. 그 길에서 자신의 인생을 찾기 위해 순례의 길을 떠나온 순례자를 만나고 끝없이 펼쳐진 스텝에 들어선다.

언뜻 보면 사막과 비슷하지만, 덤불로 이루어진 초지에는 들끓는 생명이 숨어 있었다. 나는 끝 간 데 없이 뻗어 있는 지평선을, 무한한 빈 공간을 보았다. 그리고 말발굽 소리와, 고요한 바람 소리를 들었다. 우리 주위에는 아무것도, 절대적으로 아무것도 없었다. 그곳은 세상이 자신의 광활함을, 단순함과 복잡성을 동시에 펼쳐 보이기 위해 선택한 장소였다. 우리가 스텝처럼 텅 비고 무한한 동시에 생명으로 가득 찰 수 있다고, 그래야만 한다고 말하기 위해. (409쪽)

'나'는 스텝에서 '온전히 그곳에 존재'하는 깨달음을 얻는다. 그리고 그곳에서 에스테르를 진정으로 사랑할 수 있는 신의 은총을 만난다. 진정한 자신을 되찾은 자만이 진정으로 살게 되고 참 사랑을 알아보고 사랑할 수 있게 된다. 진정한 삶과 사랑을 갈망하는 에스테르는 자신의 삶의 의미를 찾아 나섬으로써 '나'에게도 사랑의 의미를 알도록 이끌었던 셈이다.

나) 나를 알아채기

독자는 '나'가 아내와 나눈 대화, '나'와 미하일과 여러 사람의 대화를 보면서 자신을 들여다보게 된다. 자신의 문제가 무엇인지도 모른 채로 살아가고 있던 '나'를 보면서 독자 자신도 '나'와 다르지 않다는 것을 느낄 수도 있다.

'나'가 자신의 자유를 위해 투쟁하면 할수록 '부모의 욕망의 노예, 타인과 '여생을' 함께 하기로 약속한 결혼생활의 노예, 체중계의 노예, 정치체제의 노예, 금방 포기하게 될 무수한 결심들의 노예'가 되었다는 말을 들으며 독자도 자신을 들여다보게 된다. 독자 스스로는 '부모의 욕망의 노예로 살아오지는 않았나? 다른 사람이 가치 있는 삶이라고 말하기 때문에 내가 그 삶을 살려고 애쓰고 있지는 않나? 들여다보지 않을 수 없다.

자신의 삶에 대해 아무런 의식이 없이 그저 주어진 상황에서 최선을 다하며 살아가고 있던 독자라면 한 번 멈추어 서서 스스로의 삶을 바라보게 된다. 『오 자히르』의 '나'처럼 살고 있었던 것이 아닌가 생각해보게 된다. 다른 사람들이 가치있다고 해서 그것을 따르느라 온 힘을 소진하며 살고 있지 않은지 생각하게 된다.

주인공 '나'는 '신'의 에너지에 자신을 점점 맡겨가면서 '자히르'가 힘을 잃어간다는 것을 느낀다. 스스로의 힘으로 무언가를 하려고 노력하면 할수록 강해지던 '자히르' 때문에 아무것도 할 수가 없던 '나'는 '신'이라고 불리는 에너지를 그대로 받아들이는 데에서 '자히르'의 힘이 약해짐을 느낀다. 일반 독자가 이해하기 어려울 수 있는 부분이지만, 신에 대해서 조금이라도 생각해본 적이 있다면 '내려놓음'의 의미를 알 수 있다. 독자 자신의 에고(ego)를 내려놓는 일이 신의 에너지를 그대로 받아들이는 일이면서 진정한 자신(Self)을 사는 일임을 생각해 볼 기회를 맞는다.

신에 대해 전혀 생각하지 않았거나 신을 믿지 않는 독자라면 『오 자히르』는 신을 생각해보게 만드는 이야기가 될 터이다. 독자가 신의 존재에 대해 의문을 가지면서도 유명한 작가의 소설 속에서 만나는 신을 어떻게 생각할 것인지 고민하는 것은 결국 자신을 들여다보는 일이다.

『오 자히르』에서 '나'는 에스테르의 노력에도 그녀가 사라지기 전까지는 제대로 자신의 삶에 대해 깊이 생각해보지 않는다. 그러다가 에스테르가 사라진 뒤에서야, 자신에게 아픈 일이 생기고 나서야 그녀와의 대화를 곱씹으며 자신을 들여다보고 있다. 독자는 '나'와 에스테르의 이러한 관계에서 자신과 주변 인물과의 관계나 대화에 대해 다시 한 번 더 들여다볼 수 있다. 주변 인물의 '사랑'을 자신이 제대로 쳐다보고 있는지, 그들의 말을 충분히 있는 그대로 바라보면서 듣고 있는지, 주변인과의 관계가 진정한 삶으로 이어져 있는지 생각하게 된다.

다) 삶에 비치는 『오 자히르』

독자는 『오 자히르』를 읽으며 한 사람의 삶 속에 충만한 사랑이 그와 가까운 사람들에게 번져가는 아름다운 모습을 보게 된다. 독자의 삶 속에서도 그런 아름다운 사랑의 넘쳐흘러감이 포착될 수 있다. 또 그와 반대로 한 사람의 삶 속에 잘못된 사랑이 어떻게 가까운 사람의 삶에 잘못된 기운을 불어넣는가를 확인할 수도 있다. 한 가지 사례를 보기로 하자.

이십대 후반의 여교사 이야기이다. 그녀는 교대를 졸업하고 임용고시에 합격하여 초등학교에 발령을 받았다. 그런데 그녀는 너무나 우울하여 아무 일도 할 수가 없다. 매일 아침 잠자리에서 일어나고 출근을 하지만 삶의 의미라곤 전혀 찾을 수 없으며, 자신이 왜 사는지 전혀 알 수 없으니 아이들을 가르치는 일에서도 아무런 보람도 기쁨도 느낄 수가 없다. 애써 삶의 의미를 찾아보려 했던 그녀는 결국 휴직을 하였다.

힘들고 견딜 수 없어서 다른 이에게 하소연을 하여도 그 누구도 그녀를 이해하지 못하였다. 그녀가 왜 삶의 의미를 느끼지 못하는지 알지 못하니 도움을 줄 수도 없었다. 그렇게 힘들어하던 중 늘 따뜻하게 대하던 동료 교사와 결혼을 하게 되었다. 결혼을 하면 좀 나아질 수도 있을까 싶었지만 결코 그렇지 않았다. 결혼한 지 한두 달 밖에 되지 않았는데, 그녀는 오직 죽고 싶은 마음에 사로잡혀 겨우 살아 있었다. 죽고 싶은 마음을 견디지 못하고 헤매다가 우여곡절 끝에 대화를 나눌 한 사람을 만났다. 처음 만났는데도 그는 자신의 이야기를 했다. 자신이 아버지의 네 번째 부인인 어머니에게서 태어나 항상 얼마나 힘들게 지냈는지 그 아픔 때문에 무엇을 하게 되었는지 이야기를 듣게 되었다. 그래서 그녀도 자신의 이야기를 편안하게 털어놓았다.

그녀는 어릴 때부터 지금까지 한 번도 자신의 생각대로 무언가를 해 본 적이 없었다. 언제나 무슨 일을 하건 간에 부모님께 꾸중만을 들었다. 어릴 때부터 방청소도 못한다고 지적을 받고 꾸중을 들었고, 머리도 제대로 못 감는다고 꾸중을 들었다. 단 한 번도 칭찬을 받은 적이 없는 그녀는 진학을 하건 무슨 일을 결정하건 오직 부모님이 시키는 방향으로만 살아왔다. 그녀의 적성 따위는 안중에도 없는 부모님은 그녀가 서울에 있는 대학에 가면 혼자 가서 살도록 해주겠다고 했다. 그녀는 간절히 부모님을 떠나고 싶었지만 그것도 마음대로 되지 않았다. 한 번도 자신의 의지로 살아보지 못한 그녀는 무엇이건 제대로 하는 것이 없는 자신이 너무나 밉고 또 미웠다. 그 부족한 자신을 이해하거나 공감하는 사람이 이 세상에 단 한 사람도 없다는 생각에 사무치게 힘들었다. 결국 이제 결혼을 하고 부모님 곁은 떠나 사회인이 되었는데, 그녀는 아무 일도 하기 싫었다. 집안이 엉망인데도 치우고 싶지 않았다. 학교에도 나가고 싶지 않았고, 그저 아무 일도 하고 싶지 않아서 그런 자신이 너무나 싫고 미웠다.

그녀의 말을 다 들은 그는 말했다. 그동안 너무나 수고가 많았다고. 어 떻게 한 번도 칭찬을 하지 않고 꾸중만 하는 부모님 밑에서 이만큼 살 수 있었는지 대단하다고 말했다. 아무 일도 하고 싶지 않으면 하지 않아도 된 다고 말했다. 그리고 자신이 아무 것도 못한다고 미워하지 말라고. 그동안 외롭고 힘들게 견뎌온 자신인데 스스로가 미워한다면 누가 자신을 안아줄 수 있겠느냐고 말했다. 이제 자신이 하기 싫은 일을 억지로 하지 말고 자 신을 스스로 수고 많았다고 칭찬해주면서 지내보라고 말했다. 그녀는 처 음으로 그렇게 해 보기로 했다.

『오 자히르』의 두 주인공보다 삶의 의미를 찾지 못해 더 많이 아파보 이는 사람의 이야기다. 일상생활도 제대로 이어가지 못하는 상황이다. 그 녀는 서른이 다 되도록 부모님에게서 끊임없이 이어지는 지적만을 받으 며 살아왔다. 그래서 그 이후로 이제는 자동적으로 스스로 자신을 지적하 고 힘들게 만든다. 자신을 사랑하는 방법을 알지 못하는 아픔이 얼마나 큰지. 무엇이 자신의 문제인지도 모른 채로 우울증에 걸려 살아갈 이유를 찾지 못해 안타까운 삶을 이어가고 있다. 결국 그녀의 문제는 자신을 사 랑하지 못한 것이다. 자신을 사랑하지 못하는 사람은 다른 이도 사랑할 수 없다.

그녀에게 자신을 사랑하는 것이 필요하다는 말을 해줄 사람을 찾는 데 거의 30년이 걸렸다. 아직 그녀가 완전히 회복되었는지 알 수 없다. 하지 만 죽고 싶은 유혹에 몸부림치며 힘들어하다가 '힘들어 하는 자신을 있는 그대로 보듬어 주라'는 말을 들은 후에 잠잠하게 지내고 있다. 그녀에게 자신을 있는 그대로 사랑하라고, 일이 하기 싫으면 하지 않아도 아무 문 제가 없다는 말을 해주는 사람이 생겼기 때문이다. 물론 그 말을 해준 그 사람은 자신을 참으로 사랑하기에 다른 이를 사랑할 수 있는 힘이 있는 사람이다. 에스테르가 찾아낸 사랑이 그녀의 남편에게 진정한 삶의 의미와 사랑을 가져다주듯이, 그가 찾아낸 사랑이 주변에서 좌절하고 있는 이들에게 진정한 사랑을 일깨워주는 힘으로 넘쳐흐른다.

라) 『오 자히르』 문학체험 도와주기

(1) 『오 자히르』와 독자가 하나 되도록 돕기

『오 자히르』의 독자가 온전히 몰입할 수 있기 위해서는 인간의 영혼이나 마음에 대한 관심이 필요하다. 『오 자히르』의 주인공 '나'는 성공한 작가이고 에스테르는 기자이다. 이들의 삶에는 겉으로 보아서는 전혀 문제가 될 것이 없어 보인다. 병에 걸리거나 가난하거나 부족한 것이 많아서 문제적 사건이 일어나는 것이 아니다. 이들의 문제는 바로 마음, 영혼의 문제이다. 소설 『오 자히르』는 인간의 삶의 문제 가운데 인간의 마음의 문제를 다루고 있기 때문에 여기에 대해 독자가 제대로 이해하지 못하거나 전혀 관심이 없거나 중요하지 않다고 생각한다면 끝까지 읽기가 어려울 수 있다.

기독교나 불교, 유교 등 종교에 대한 이해가 있다면 『오 자히르』를 읽기가 더 쉬울 수 있다. 혹은 『오 자히르』라는 말을 낳은 이슬람 전통에 대한 이해가 소설 『오 자히르』와 독자가 하나가 되도록 도울 수 있다. '자히르'는 '아랍어로 눈에 보이며, 실제로 존재하고, 느낄 수 있는 사물이나 사람으로 일단 그것과 접하게 되면 우리의 사고를 점령해 결국 다른 무엇에도 집중할 수 없게 만들어버리는 것'(10쪽)을 말한다. 이런 사전적인 의미보다는 인간이 이 세상의 욕심에 사로잡혀 진정한 자신의 마음을 잃어버리고 살아가는 상황을 이해할 수 있다면 소설 『오 자히르』 읽기에 성공할 가능성이 높다.

기독교에서 바울이 말하는 겉사람과 속사람, 불교에서 떨쳐 버리기를 간절히 소망하고 깨어나기를 바라는 마음에서 수행하는 '아상소멸(我相消

滅)'의 길, 중용에서 말하는 욕심을 버리고 본심을 되찾는 것 등은 모두 에고(ego)가 아닌 참자아(Self)를 되찾는 것을 의미한다. 『오 자히르』의 독자가 이런 의미를 이해할 수 있다면 소설과 하나가 되는 데에 도움이 된다. 소설 『오 자히르』를 읽고 나서 인간의 마음(영혼)이 자히르에 사로잡혀 있다가 점차 깨어나서 진정한 사랑을 되찾는 것을 이해할 수도 있다. 그래서 인간의 마음에 관심을 갖게 될 수도 있다.

(2) 『오 자히르』와 삶을 서로 비추도록 돕기

소설 『오 자히르』를 여러 가지 각도에서 독자 자신의 삶과 비추어가며 읽을 수 있도록 도와 줄 수 있다. 『오 자히르』는 등장인물의 대화가 소설을 이끌어가는 힘으로 작용하고 있기 때문에 그들의 대화에 독자가 참여하면서 자신이 살아온 이야기나 자신의 관점을 비추어볼 수 있다. 특히 '나'가 자히르에 얽매여 있다가 점차 자신의 사랑을 되찾아가는 과정을 보여주는 내면 심리를 보며 독자 자신의 삶이나 자신의 생각과 견주어보도록 할 필요가 있다.

'나'는 자히르에 얽매여 끌려 다닌다. 진정한 자신을 살지 못하다가 자신의 운명을 받아들이니 그 힘을 잃어간다. 자히르가 힘을 잃어갈수록 '나'는 자신에게 가까워진다. 『오 자히르』의 독자는 자신의 자히르가 무엇인지 생각해볼 수밖에 없다. 독자는 지금 자신을 괴롭히고 있는 일이 무엇인지 생각해보면서 '나'가 변화되어 가는 길을 마음으로나마 따라갈 수 있다. 독자 자신을 괴롭히는 무거운 짐이 무엇인지, '나'가 그렇게 한 것처럼 그것을 절대적 에너지에 맡길 수 있는지, 그것을 맡긴다는 것이 구체적으로 무엇을 의미하는 것인지 생각해보기를 권한다. 다음은 한 여인에 대한 이야기이다.

아이를 낳지 못해서 많이 힘든 한 여인을 만난 적이 있다. 그녀는 얼굴이 검었고 다크 써클이 깊이 내려와 있었다. 피부색이 검다기보다는 힘든 한 가지 일에 오래 골몰하다보니 피로가 겹쳐서 얼굴빛이 거무튀튀해져 있었다. 여럿이 모여 시 몇 편 읽고 이야기를 나누는 일을 진행하고 있던 초면인 나에게 쉬는 시간에 다가와 자신이 자살하려고 했던 이야기를 들려주었다. 남편이 아이를 원하는데 자신이 결혼 10년이 넘도록 아이를 낳지 못해서 온갖 노력을 다 했지만 실패했다고 했다. 그래서 어디 외국에 놀러 가서 혼자 자살하려 했다는 말까지 했다. 매우 힘들어보였고 위로해줄 말이 생각나지 않았다. 그의 모습을 보니 쉽게 위로할 내용이 아니라고 생각되었다.

그렇지만 마음속으로 생각했다. '당신은 정말 많은 것을 제대로 보지도 누리지도 못한 채 살아가고 있네요. 아이를 낳아야 한다는 바로 그 생각에만 사로잡혀서 그것이 아닌 일은 아무런 의미도 없나보네요. 당신에게 신이 준 많은 것들이 있는데, 그것을 거들떠보지도 않고 전혀 느끼지도 못하면서 한 가지 바라는 일에 골몰하며 사로잡혀 있어서 정말 안타깝네요. 아이를 반드시 낳아야 한다는 생각 때문에 꽃이 피어도 아름답지 않고, 맛있는 음식을 먹어도 맛이 없나보네요. 그 생각을 내려놓고 그저 신에게 맡기기만 한다면 다른 많은 것들이 당신을 얼마나 따뜻하고 행복하게 해주는지 알 수 있을 텐데…….'라고.

그녀에게 '아이를 낳는 일에 골몰함'이 바로 '자히르'가 아닐까? 다른 아무 일도 생각도 하지도 못하게 만드는 것. 오랜 시간 한 가지일 때문에 골몰하고 아파했던 경험은 나에게도 있다. 그 외의 다른 아무 것도 삶의 의미가 되지 못한다는 것을 잘 알고 있다. 아무 것도 하고 싶지도 할 수도 없던 시간이 있었다. 그런 것이 '자히르'일 것이다. 자히르가 약해진 어느 날 언젠가부터 하루가 시작될 때 감사 기도를 하게 된다. 오늘 하루를 허락해주신 신에게 오늘 신이 주신 모든 것을 잘 누릴 수 있게 해주어서 감사하다고 기도하게 되었다. 오늘 하루의 할 일에 대해서만 신의 뜻대로 살 수 있도록 기도하게 되었다. 내일 일은 전혀 생각하지도 않고, 과거의 일도 잊어버린 채로. 나에게서 '자히르'가 힘을 잃었다. 그래서 마냥 감사하고 행복하다.

독자가 자신의 '자히르'에 해당하는 것이 무엇인지, 자신이 어떤 상황에 놓여 있는지를 스스로 파악할 수만 있다면 그것은 진정한 삶으로 가는 깨어남이다. 대부분의 사람들은 자신이 자히르에 얽매여 있다는 사실을 알지 못하기 때문이다. '나'가 스스로 알지 못하고 아내 에스테르의 충격에도 제대로 깨어나지 못했던 것처럼.

제3장

전일체적 세계 경험 : 세계와 하나 되는 문학체험 교육

1. 분열과 대립의 문제와 문학체험

피부 경계선을 중심으로 그 안쪽만이 '나'라는 생각이 일반적이다. 이 생각은 피부 밑 자아(skin-encapsuled ego)가 인간을 사로잡는 가장 중요한 에너지이다. 인간의 에고는 피부를 경계로 해서 그 안쪽만을 '나'라고 본다. 그래서 피부 바깥에 있는 공기와 물과 동물과 식물과 다른 모든 사람이나 사물을 '나'가 아니라고 배타적으로 대하며 대립과 경쟁의 상대로 본다. 이러한 '나'는 '나'가 아니라고 생각되는 사람이나 생물・사물에 대립하여 자신의 우월성을 드러내려 한다. 이것이 에고의 본질이다. 에고만이 나의 전부라고 여기며 살아가는 '나'는 더 안락하고 더 편안하게 더 오래 살아야 하고, 더 똑똑해야 하고, 더 우아하고 더 많은 것을 가져야 하며, 심지어 더 선하고 더 겸손한 존재여야만 한다.

인간은 더 안락하고 편안하게 살기 위해서 애쓰며 남보다 더 똑똑해지

기 위해서 노력하고 더 많은 것을 가지기 위해서 경쟁의 대열에서 무차별
적으로 나아간다. 또 남보다 더 선하고 겸손하여 다른 이의 존경을 받는
것도 마치 경쟁에서 이기는 것과 다를 바 없이 쟁취하려고 한다. 이러한
일들에 제대로 미치지 못하는 자신을 발견할 때 자책하고 스스로를 미워
하기까지 한다.

인간 세계의 모든 분열과 대립은 바로 인간이 '피부 밑 자아'에만 사로잡
혀 있을 때에 발생한다. 개개인 간의 원한과 대립과 시기와 모략은 바로
'피부 밑 자아'의 에너지가 만들어내는 대립이다. 국가나 지역 간의 분쟁
이나 전쟁도 결국 에고에 얽매인 인간의 욕심에서 비롯된 일이다. 인간이
아닌 다른 생명이나 자연을 하찮게 여기며 파괴하거나 함부로 하는 일들
또한 '피부 밑 자아'의 생각에 사로잡힌 결과이다. 오늘날 전 세계적 환경
파괴의 문제는 결과적으로 인간의 욕심이 만들어낸 일이다.

이렇듯 에고에만 사로잡혀 발생한 생명의 분열과 대립은 개인 간에만
일어나는 일이 아니다. 개인 내에서의 분열이나 대립도 결국 '피부 밑 자
아'인 에고에 사로잡힌 자에게서 격하게 일어난다. 에고는 자신이 더 안
락하고 더 명예로우며 더 많은 것을 가져야 한다는 마음에서 그렇지 못한
자신을 미워한다. 이를테면 부모님께 늘 꾸중만 들으며 자라나서 자기 자
신을 사랑할 수 없는 사람의 에고는 극도로 억압당한다. 본인은 결코 의
식하지 못하겠지만 더 잘하고 싶고 더 명예롭고 싶은 마음이 늘 상처 받
아 왔고 자신을 괴롭혔을 것이다. 그 결과 그렇게 무능한 자신을 스스로
미워하게 된 경우로 볼 수 있다. 자신이 오로지 에고에만 사로잡혀 스스
로를 미워하고 있다는 것을 깨닫는다면 그는 아픔에서 헤어날 수 있다.
진정한 자신은 그런 꾸중이나 칭찬에 의해서 그 가치가 달라지지 않는 고
귀한 생명체이며 우주라는 것을 안다면 자신을 있는 그대로 사랑할 수 있
게 될 터이다.

조금만 깊이 생각해보아도 피부를 경계로 하여 안쪽만이 '나'가 아님을 확인할 수 있다. 인간이 살아간다는 것은 매 순간을 산다는 의미이다. 매 순간의 내 삶이란 나와 대상이 분리된 채로 내가 대상을 보거나 느끼는 것이 아니라, 보고 느끼고 경험하는 것 전체로서 현상이다. '나'는 매 순간 온 우주이며 매 순간 보고 느끼고 경험하는 것 전체이다. 이 전체적 한 순간은 곧 영원이다.

또 인간이 먹는 음식물은 인간의 피부 안쪽 한 가운데를 통과하여 장 속에서 흡수된다. 밥과 반찬과 과일과 고기 등 음식물은 모두 피부 바깥에서 들어와 장을 통과하면서 나의 몸을 이루고 에너지가 된다. 인간이 한 순간도 마시지 않을 수 없는 공기나 물도 모두 피부 바깥에서 들어와 나를 이룬다. 피부 바깥의 공기나 물이 내가 아니라고 말하기 어렵다. 장회익은 풀 한 포기, 개미 한 마리 같은 낱생명(individual life)이 살아갈 수 있는 최소한의 조건을 '온생명(global life)'이라고 하였다. 개미 한 마리가 살아가기 위해서는 무엇이 필요할까? 공기, 물, 흙, 햇빛, 먹을 것 등등 온 우주가 필요하다. 모든 낱생명은 우주적 존재이다.

분리된 '나'로 인식하는 마음은 세상의 모든 것을 이원적으로 분리하여 바라보는 습관을 갖게 된다. 이익과 손해, 좋음과 나쁨, 우월함과 열등함, 아름다움과 추함, 주인과 종, 선과 악, 삶과 죽음, 승리와 패배로만 세상을 바라본다. 그래서 이익과 좋음과 우월함을 추구하고, 자신이 선이어야 하고, 자신이 살아야만 하며, 자신이 이겨야만 한다고 생각한다. 그렇지 못하다면 그것이 본인 스스로일지라도 무시하고 학대하거나 숨기고 억누르게 된다.

인간의 참자아(Self)는 온 우주를 하나로 느끼며 호흡한다. 나와 남은 하나이니—애초에 나와 남의 구분이 없다.—이기고 짐이 뚜렷이 구별되지 않는다. 그저 하나의 삶의 상황이 있을 뿐이다. '나'가 아닌 온생명 하나를 온전히 누리고 느끼며 살아가는 삶은 햇살이 나이고, 바람이 나이며, 굴러다니는 돌덩이나 흐르는 물이 나이며, 풀 한포기 나무 한 그루가 모두 나이다. 아니 그 '나'라는 생각 자체가 없다. 호흡하는 순간마다 온 우주가 생생하게 호흡 속에 드나들며 온전한 기쁨을 누리는 삶을 산다.

문학은 인간이 우주만물과 어우러져 살아가는 모습을 있는 그대로 담는다. 아무리 짧은 문학이라도 우주 속의 인간 삶을 구체적인 모든 것이 서로 얽혀진 세계, 그 하나의 세계로 그려낼 수밖에 없다. 교과목처럼 구별하거나 분절하여 그려내지 않는다. 인간의 행복과 불행과 아픔과 사랑이 하나의 세계 온생명의 모습으로 형상화된다. 문학은 이원론적 세계관이 아닌 일원론적 세계관으로 전일체적 세계의 모습을 지향한다1). 문학에 드러난 전일체적 세계는 부분과 부분을 분절적 기계적으로 바라보는 이원론적 사고의 문제를 극복하게 한다. 문학에 그려진 숱한 이원론적 세계의 문제점과 사건들은 모두 전일체적 세계인 낙원의 회복으로 극복된다.

2. 세계와 하나 되는 문학체험 교육

가. 삶의 총체성을 실감하도록 돕기

분절적 언어로 단편화된 사고로 삶을 살아가는 데에 익숙한 인간에게 문학은 일상생활에서 경험하지 못하는 삶의 총체성을 경험하도록 한다는 점에서 언어 중에서는 가장 신적 소통 도구에 근접해 있다. 문학은 인간의 사고 언어가 갖는 분절성을 극복하고 삶을 있는 그대로 살아있는 경험

---

1) 진선희(2011), 「1970년대 이후 동시의 생태학적 상상력」, 『한국아동문학연구』 제21집, 한국아동문학학회, 69쪽.

으로 독자에게 제공할 수 있다. 그 가운데에서도 특별히 『나미야 잡화점의 기적』은 시공간을 초월하여 여러 인간의 삶이 서로 얽혀서 이루어짐을 체험할 수 있다는 데에 작가의 의도적 기획이 돋보이는 소설이다.

1) 『나미야 잡화점의 기적』 체험의 다양성

『나미야 잡화점의 기적』은 다양한 독자층이 읽을 수 있는 소설이다. 읽기 능력이 있다면 중등학생에서 성인에 이르기까지 다양한 연령층에서 다양한 의미 구성을 하며 읽을 수 있다. 매우 평이한 일상적 언어로 쓰인 소설이라 어떤 연령층에서 읽어도 그리 어렵다고 느끼지 않을 수 있다. 주로 추리 소설을 많이 쓴 일본 작가 히가시노 게이고의 소설인데 쉽고도 재미있게 철학과 우주적 진리를 담아낼 수 있었다는 점에서 매우 성공적인 작품으로 판단된다.

『나미야 잡화점의 기적』에는 여러 개의 에피소드가 따로 인 듯 겹쳐지면서 펼쳐진다. 여러 층의 독자들은 나름대로 의미구성을 하며 『나미야 잡화점의 기적』을 체험하겠지만, 어떤 부분에서 감동을 느끼고 자신의 삶과 비추어가며 읽느냐는 저마다 다를 수 있다. 이를테면 표면적으로 드러나는 각 에피소드는 고민거리가 생긴 사람이 보낸 편지와 그에 대한 답장이라는 점에서 각각의 사연마다 우리 삶의 문제와 그에 대응하는 인간의 방식을 담고 있다. 삶이 문제를 맞이하고 해결해 나가는 형식으로 이루어져 있다는 점에서 독자의 삶과 문제에 직접적으로 연관이 될 수 있다.

하지만 각각의 에피소드나 사연에 담긴 관점보다 더 중요한 『나미야 잡화점의 기적』 체험은 바로 모든 등장인물이 시공간을 초월하여 서로 연결되고 얽혀 있으며 이들이 맞이하는 삶 속의 사건과 그 해결 과정이 서로 얽혀서 이루어진다는 점을 경험하는 데에 있다. 『나미야 잡화점의 기적』을 읽은 독자가 독서를 진행해 감에 따라 점점 느끼게 되는 것은 개인의 우연적이고 동떨어져 보이는 말, 생각, 경험, 삶이 시공간을 초월한 다른 이의 말, 생각, 경험, 삶과 필연적인 연관성 혹은 영향을 주고받는다는 점이다. 그저 언어로 기술된 연관성에 대한 개념적 진술이 아니라 일어나는 일들과 삶을 그대로 경험하면서 그것이 다른 이의 삶과 다른 시공간의 삶에 어떻게 영향을 주거나 받게 되는지를 경험할 수 있다.

물론 독자마다 더 중요하게 경험하는 부분이 다를 수 있다. 『나미야 잡화점의 기적』은 판타지적 공간을 마련하여 독자로 하여금 무한한 우주 속에서 생명체가 갖는 '인드라망'의 모습을 보게 하면서 시공간을 초월하는 '평행우주'를 경험하도록 한다. '나미야 잡화점'이라는 공간은 과거와 현재와 미래를 넘나드는 무시간의 공간이고, '환광원'이라는 아동복지시설과 특별한 인연의 끈을 선명하게 보여준다. 일상생활에서 모두 따로따로 떨어져 분리되어 있는 존재만을 느끼며 사는 독자일지라도 문학체험이라는 특수한 상황을 통해 일체감을 경험할 수 있다. 인간의 삶이 다른 이와 다른 시공간과 어떻게 얽혀있는지 어떤 인연이 어떤 일을 만들어주는 지를 『나미야 잡화점의 기적』을 통해 경험하게 된다.

2) 『나미야 잡화점의 기적』과 한 호흡으로 살기

가) 『나미야 잡화점의 기적』 만나며 나를 느끼기

『나미야 잡화점의 기적』에는 크게는 4개의 에피소드가 제목을 달리하여 마치 별개의 이야기처럼 전개된다. 하지만 전체 이야기는 구획이나 구분이 필요 없을 정도로 서로 긴밀하다. 등장인물들은 저마다 다른 시간대를 살아갈지라도 영향을 주고받으며 얽힌 삶의 모습을 보이게 된다.

『나미야 잡화점의 기적』은 아동복지시설 환광원 출신 아쓰야, 고헤이,

쇼타 세 청년 백수가 빈집털이를 하고 도망치다가 나미야 잡화점이라는 간판이 붙은 건물에 숨어들어가는 데서 시작한다.

첫 번째 에피소드는 세 청년 백수가 나미야 잡화점에 숨어 있을 때 '달토끼'라는 이름으로 보내온 편지를 읽고 답신을 보내주는 형식으로 이어진다. 달토끼는 올림픽에 출전하고픈 꿈을 가진 현역 선수인데 연인이 암에 걸려 간병을 해야 할지 계속 올림픽 준비를 해야 할지 고민을 한다. 편지를 주고받는 동안에 세 청년은 이상한 점을 발견하는데, 달토끼는 그들과 같은 시간대를 살아가는 사람이 아니라는 점이다. 결국 달토끼는 1979년을 살고 있고(세 청년은 2012년 이후를 살고 있는 인물이다), 1980년 올림픽에 가기 위한 준비를 하고 있다는 점을 알게 된다. 나미야 잡화점은 뒷문을 닫아두면 시간이 흐르지 않고 뒷문을 열어두면 과거와의 연결이 끊어지는 신비로운 일이 발생하는 공간이라는 것도 발견한다. 상담이라는 것을 처음해보면서도 세 청년 백수는 나미야 잡화점의 주인 '나미야'가 되어 답장을 보낸다. 그 과정에서 세 청년의 의식은 이런 상황을 받아들이지 못해 당황하기도 한다.

> 설령 쇼타의 설명이 맞는다고 해도 그런 이상한 세계와는 엮이지 않는 게 낫다. 혹시 무슨 일이 생기더라도 어느 누구도 구해주지 않을 것이다. 우리는 제 몸은 제 스스로 지켜야 하는 처지다. 지금까지 줄곧 그렇게 살아왔다. 필요 이상으로 타인과 섞여봤자 좋은 일이라고는 하나도 없다. 더구나 상대는 과거의 사람이다. 지금 우리에게 뭔가 도움을 줄 리도 없다.[2]

독자가 여기까지 읽었을 때 이 세 청년의 생각을 읽어가면서 자신을 만

---

2) 히가시노 게이고/양윤옥 옮김(2012), 『나미야 잡화점의 기적』, 현대문학, 52-53쪽. 이하 이 작품을 인용 시 인용 면의 쪽수만 ( )안에 제시함.

나게 된다. 현대를 살아가는 우리는 피부 밑 자아에 갇혀 있기 때문에 위와 같은 생각을 하며 지내왔음에 공감하지 않을 수 없기 때문이다. 이러한 '필요 이상'으로 다른 사람과 엮이는 것을 싫어하는 심리는 요즘 어느 아파트에서건 이웃 간의 관계가 그야말로 '필요 이상' 가깝지는 않음이 단적으로 드러내어 보여준다. 이런 갈등 가운데에서 세 청년이 점차 나미야 잡화점이라는 신비로운 시공간에 적응해나가듯 독자도 소설 속 판타지 세계에 점차 빠져들게 된다.

두 번째 에피소드는 생선가게 뮤지션인 가쓰로의 이야기이다. 그는 고등학교를 졸업하고 도쿄에 있는 대학으로 진학하지만 기타를 치며 노래를 만들고 부르는 뮤지션이 되기를 꿈꾼다. 하지만 가업인 생선가게를 이어가야 하는데, 아버지의 건강이 점차 나빠지고 뮤지션으로서 뚜렷한 업적을 남기지도 못한 채 꿈을 포기할 것인지 이어갈 것인지 갈등에 빠진다. 마침 나미야 잡화점의 추억을 기억해내고 그 근처에 갔다가, 그곳에서 상담을 받고 감사편지를 보낸다는 여자(달토끼)를 만난다. 가쓰로도 자신의 고민을 말할 곳이 없던 터라 나미야 할아버지께 편지를 보내는데 이 편지를 받는 것도 역시 숨어 있던 세 청년이다. 세 청년은 인터넷으로 검색하여 그가 작곡한 노래가 널리 유행하게 되는 것을 확인하고는 답장을 보낸다.

> 당신이 음악 외길을 걸어간 것은 절대로 쓸모없는 일이 되지는 않습니다. 당신의 노래에 구원을 받는 사람이 있어요. 그리고 당신이 만들어낸 음악은 틀림없이 오래오래 남습니다.
> 어떻게 이런 말을 할 수 있느냐고 묻는다면 대답하기가 곤란하지만, 아무튼 틀림없는 얘기예요. 마지막까지 꼭 그걸 믿어주세요. 마지막의 마지막 순간까지 믿어야 합니다. 나미야 잡화점 드림 (142-143쪽)

가쓰로는 이 편지를 받고 힘을 내어 다시 뮤지션의 꿈을 키운다. 그러다가 환광원이라는 아동복지 시설에 가서 위문공연을 하고 그곳에서 잠을 자던 날 저녁, 1988년 12월 24일 밤에 화재가 난다. 가쓰로는 그곳에 살고 있는 세리라는 여자아이의 남동생을 화마에서 구하느라 목숨을 잃게 된다. 세리는 자라서 유명한 가수가 된다. 그녀는 어린 시절 환광원에 위문 공연 왔던 뮤지션이 불러준 곡, 자신의 남동생을 구해준 그 뮤지션의 자작곡이었던 그 곡을 어느 곳에서나 불렀고 그 곡은 유명해졌다.

독자가 두 번째 에피소드를 읽어나갈 때까지도 가업과 새로운 꿈 사이에서 갈등하는 청년의 모습을 보며 함께 고민할 수도 있다. 나이가 청년기 이하의 독자라면 더욱 갈등에 공감할 수도 있다. 하지만 두 번째 이야기에서도 독자는 작가가 나미야 잡화점과 환광원과 관련된 여러 사람들을 통해 무슨 이야기를 하려고 하는지 명확히 알지는 못한다.

이어지는 이야기는 나미야 잡화점의 주인인 나미야의 삶이다. 나미야는 아내가 죽고 나서도 혼자 잡화점에서 상담편지를 쓰며 살아간다. 나미야가 암으로 세상을 떠나기 1년 전 쯤에 아들 다카유키에게 자신의 33주기 기일(2012년 9월 13일)을 맞이할 때 나미야 잡화점의 상담 창구가 하루 동안 부활한다고 널리 알려달라고 말한다. 나미야는 잡화점에 신비한 일이 일어난다는 것을 알고 33년 뒤에 그동안 상담을 받았던 사람들이 어떻게 자신의 고민을 해결했는지를 적어 보내면 그것을 미리 받아보고 싶었기 때문이다. 결국 아들 다카유키와 함께 아픈 몸으로 잡화점에 가서 33년 뒤 미래 사람들이 보낸 답장들을 받아 읽는다. 그리고 처자식이 있는 남자의 아이를 가졌다는 새로운 상담 편지를 받고 그녀에게 상담을 한다. 그녀의 딸이 33년 뒤에 어머니에게 상담해주어 감사하다는 답장을 보낸 것을 받고는 그녀가 어떻게 문제를 해결하였는지를 확인한다. 그녀의 딸은 환광원에 살면서 알게 된 친구인 세리의 매니저로 일하고 있다.

이쯤에서 독자는 아무런 관계도 없는 사람들의 일이 얼마나 겹쳐지고 연결되어 있는지 확인하기 시작한다. 물론 상담편지를 보내는 사람들의 사연에 대해 이런 저런 고민을 함께 하며 자신의 경험과 비추어 소설을 읽기도 하지만, 더욱 놀라운 것은 나미야 잡화점과 환광원을 중심으로 등장인물들이 서로 다른 시간대를 살고 있지만 서로의 삶에 영향을 주고받고 있다는 점을 깨달으며 놀라움을 갖게 된다. 인간이 과거와 미래가 어떻게 연결되어 있는지 잘 보지 못하기 때문에 사람들이 서로 연결되어 있는 것을 알지 못하는 것이 아닌가 하는 놀라움에 휩싸이게 된다.

이후 '길 잃은 강아지'라는 이름으로 돈을 벌기 위해 호스티스가 되려고 하는 무토 하루미의 상담 편지에 대해서 세 청년이 상담을 하게 된다. 또 고스케라는 아이가 야반도주를 하려는 부모님 때문에 편지를 보내는데 이 또한 세 청년이 상담을 하게 된다. 결국에는 세 청년이 시골에 있는 별장에서 훔쳐낸 가방과 돈과 차는 '길 잃은 강아지'라는 이름으로 편지했던 무토 하루미의 것이었다. 세 청년의 충고대로 사업을 하여 크게 성공한 후에 그녀가 별장에 갔다가 세 청년 도둑을 만나 돈과 차를 뺏긴 것이다.

『나미야 잡화점의 기적』을 다 읽고 나면 독자는 모든 등장인물이 나미야 잡화점과 환광원을 중심으로 과거와 미래가 서로 복잡하게 얽혀져 있음을 경험할 수 있다. 나미야 할아버지의 33주기에 맞추어 보낸 감사편지를 할아버지가 읽을 수 있는 것은 증손자인 슌고가 인터넷에 광고를 했기 때문이다. 그러나 슌고는 나미야 잡화점으로 온 감사편지를 보지는 못한다. 할아버지가 살아계실 때 이미 보았는데 말이다. 세 청년도 성심껏 여러 사람의 편지에 답장을 하지만, 자신들이 훔친 돈이 '길 잃은 강아지'가 성공하여 이룬 것인지는 알지 못하다가 마지막에 그 사실을 알게 되어 다시는 다른 이의 것을 훔치지 않기로 한다. 생선가게 뮤지션은 환광원의 세리와 남동생을 구하고, 처자식 있는 자의 아이를 낳을지 고민하던 여자의 딸은 환광원에서 세리와 함께 자라 세리의 매니저가 되어 생선가게 뮤지션의 노래를 알리는 데에 일조한다. '폴 레논'이라는 이름으로 야반도주하는 부모님 때문에 상담하였던 고스케는 '길 잃은 강아지'와 함께 환광원에 살았었고, 올림픽 꿈과 연인의 간병 때문에 고민하던 '달토끼'도 '길 잃은 강아지'의 이웃 언니이다. 환광원의 설립자인 미나즈키 관장의 누나는 나미야 할아버지와 못다 이룬 사랑을 나눈 사이였다.

독자는 이토록 복잡하게 얽힌 여러 세대의 등장인물의 관계를 보면서 마치 온 세상 사람이 모두 연결되어 있다는 느낌을 받는다. 과거나 미래를 알기만 한다면 온 세상 사람이 어떻게 연결되었는지 그 선을 그어볼 수 있을 정도이다. 과거나 미래와 단절된 채, 다른 사람들과도 거리를 두고 마치 전혀 관계가 없는 것처럼 하루하루 자기 일에만 몰두하며 살아온 독자라면 더욱 놀라우리라. 특히 과거와 미래가 서로 얽혀서 서로의 삶에 변화의 힘을 주는 것을 체험하면서 자신도 과거와 미래의 사람들과 여러 다른 사람들 사이에서 눈에 보이지 않지만 깊은 연관성을 가지고 살아가고 있다는 느낌을 갖지 않을 수 없다. 물리학이나 평행우주론에 조금 관심을 가지고 있는 독자라면 나미야 잡화점에서 일어난 일은 소설이나 기적이 아니라 사실이라고 생각할 수도 있다.

나) 삶에 비치는『나미야 잡화점의 기적』

『나미야 잡화점의 기적』을 읽는 동안 독자 자신이 얼마나 깊이 피부 밑 자아에만 사로잡혀 살아가고 있는지 느낄 수 있게 된다면 놀라움으로 자신을 되돌아보게 된다. '나'는 다른 사람들과 어떤 형태로건 얽혀있다. 단순히 주변에 있는 사람들만이 아니라 과거와 미래의 여러 사람들과 연결되어 있지만 그것이 눈에 보이지 않을 뿐이다.

독자가 불교에서 말하는 '인드라망'을 이해한다면『나미야 잡화점의 기적』을 읽는 동안 그 구체적 모습을 잠시나마 본 것으로 생각하게 된다. 인드라망은 불교에서 제시하는 세계관으로 우주 만물은 넓은 그물의 코마다 구슬이 달려 있는 형국을 하고 있고, 한 구슬은 다른 모든 구슬을 서로 비추고 있는 형상으로 하나의 전체를 이루고 있음을 의미한다. 우주의 모든 생명체가 서로 연결되어 있고 '나'를 통해 다른 모든 것을 비추고 있다는 것은 어떤 생명체라도 따로 고립되어 떨어진 존재는 없다는 이야기이다.

사실 '나'라는 낱생명이 존재하기 위해 눈에 보이는 것만으로도 얼마나 많은 다른 생명이 필요한가? 온갖 다른 생명의 에너지가 끊임없이 '나'를 지탱하고 있는 것이 아닌가? 하물며 눈에 보이지 않는 과거와 미래의 에너지까지 모두 '나'와 얽혀 있다니 '나'는 우주 전체와 맞먹는 존재이다. 그래서 참으로 있는 그대로 귀하며, 있는 그대로 다른 모든 생명체와 동등할 뿐이다.

인간이 무분별하게 함부로 파괴하고 무너뜨리는 자연의 생명력이 인간에게 고통으로 돌아오는 것은 현저하게 눈에 보인다. 지구의 사막화로 인한 기후 변화는 인간의 호흡기를 위협하여 수명을 단축하고 있다. 기후 변화로 인한 생태계 파괴는 식량과 물과 공기 등 생명 유지에 필수적인 모든 것을 앗아가 버렸다. 결국 서로 연결되어 있는 것을 알지 못한 채 다른 구슬을 파괴하고 그물을 찢음으로써 모든 구슬이 서로 빛을 비추지 못하고 어두워지는 형국이다.

물론 전일체적 세계로서 거대한 생태계만이 그러한 것은 아니다. 개인의 일상 차원에서도 주변의 미운 사람조차도 심하게 파괴하는 것은 자신의 에너지를 잃는 일임을 보여주는 사례는 많다. 다음은 한 남자와 한 여자의 이야기다.

두 사람은 한때 연인이었다. 그렇지만 우여곡절 끝에 결혼하지 못한다는 사실을 확인한 여인은 다른 결혼 상대를 만난다. 그 사실을 알고 남자는 여자를 달래고 설득하며 헤어질 수 없다고 애원한다. 그래도 돌아오지 않자 협박하며 윽박지른다. 협박을 받은 여자는 두렵고도 원망스러운 마음이 든다. 어느 날 여자와 결혼하기로 한 새 남자친구가 모든 사실을 알게 된다. 결국 여자는 옛 남자친구를 고소하여 구치소에 가둔다. 법정 다툼 끝에 옛 남자친구는 직장까지 잃고 회복하기 어려운 상황에 놓인다. 이후 여자는 새 남자친구와 결혼하였다. 하지만 옛 남자친구와 그의 가족은 견딜 수 없는 슬픔 속에서 여자를 맞고소한다. 두 사람은 계속해서 법정을 드나들며 실랑이를 하게 된다.

아주 큰 원한이 있는 상대라도 그를 파괴하는 일은 나를 파괴하는 일이다. 그래서 벌을 주거나 원수를 갚는 일은 '하늘에 맡겨야'하는 일이라고들 한다. 다시는 보고 싶지 않은 이라도 다시 일어설 수 없도록 주저앉히는 일은 나를 파괴하는 일이 된다. 다시는 안보면 되는 원수라도 나와 연결되어 있는 사람이기 때문이다. 다음은 어느 중년 남자의 이야기이다.

몇 년간 결혼 생활을 하고 이혼한 부부의 이야기다. 부인이 바람이 났는지 확실치 않지만 오랜 시간 별거 끝에 법원을 통해 남편과 이혼 절차를 밟도록 서류를 보냈다. 남자는 헤어지고 싶어 하지 않았고, 자녀에 대한 사랑 때문에 더욱 이혼을 원치 않았다. 그래도 같이 살고 싶지 않다는 부인에게 이길 수 없어 이혼하게 되었다. 일 년 쯤 뒤에 남편은 전부인이 원하던 좋은 직장을 얻고 잘나간다는 소식을 듣고는 복잡하고 미묘한 심정이었다고 선배에게 고백한다. 그 고백을 들은 한 선배는 그럴 수 있다고 공감했다. 그래도 전부인이 좋은 직장을 잡게 되어서 본인에게도 좋은 일이 틀림없다는 말을 해주었다고 한다. 한때 부부였고 이혼하였지만 결코 끊어지지 않기 때문이라고. 당장 엄마와 함께 있는 아이에게 좋은 일이고, 그것만으로도 본인에게는 아주 좋은 일이니 축하한다고 말했다고 한다.

삶에서 미움이나 원망으로 얼룩진 관계일지라도 상대를 파괴하는 일은 나를 파괴하는 일이다. 또 나를 파괴하는 일도 우리 모두를 파괴하는 일이다. 미운이나 고운이나 모두가 다 한 그물에 얽혀있으며 나 아닌 모든 다른 이의 빛으로 내 빛을 밝히는 구슬로서 서로 빛을 잃게 되기 때문이다.

『나미야 잡화점의 기적』을 읽음으로써 다시 한 번 더 인간과 인간이, 우주의 생명체들이, 과거와 미래의 모든 생명체들도 서로서로 빛을 주고받으며 하나로 연결되어 산다는 것을 다시금 느끼게 된다. 일상의 작은 선택과 결정들이 모두 '나'만이 아니라 온 우주의 선택이고 결정이 된다니 참으로 소중하지 않은가.

다)『나미야 잡화점의 기적』문학체험 도와주기

(1)『나미야 잡화점의 기적』과 독자가 하나 되도록 돕기

『나미야 잡화점의 기적』읽기에서 독자로 하여금 문학체험의 질을 높이도록 돕는 것은 다른 작품과 마찬가지로 온전히 몰입하도록 돕는 일에서 시작된다. 이는 물론『나미야 잡화점의 기적』작품 자체가 가지고 있는 추리소설적 특징인 치밀한 구성과 독자의 호기심을 유발하는 사건 전개 등을 느낄 수 있도록 독서 상황을 조성하는 일이다. 중학생 이상 어떤 독자라도 쉽게 이해할 수 있는 일상적 언어로 씌어 있다는 점은 이 소설의 독자 몰입도를 높게 한다.

하지만 인생의 경륜이 많지 않은 독자라면 이러한 치밀한 구성 자체가 내용을 넘어서 작가가 제시하고자 하는 의미를 담고 있다는 점을 쉽게 눈치 채지 못할 수도 있다. 스스로 자신을 돕고자 하는 독자라면 소설을 읽으며 인물들과 사건들이 어떤 관계로 연결되는지 '인물·사건 및 시공간의 관련도'를 그림으로 그리면서 읽는 것도 도움이 된다. 그림을 그려보

면 인물과 사건 간의 복잡하게 얽힌 선을 볼 수 있게 된다. 물론 눈으로
보지 않아도 인물 간의 복잡한 얽힘은 소설을 읽는 것만으로도 그 느낌이
강하지만 삶의 경륜이 어린 독자에게 다양한 사람들의 삶이 서로 연관되
고 연결되어 있다는 것을 눈으로 보는 것은 도움이 된다.

또 한 가지는 판타지적 세계에 충분히 빠져들 수 있다면 『나미야 잡화
점의 기적』체험에 더 깊이 참여할 수 있다. 나미야 잡화점의 시공간적
신비성을 한낱 소설이나 허구적 상상에 불과하다고 여긴다면 단순한 흥
미에만 그칠 것이다. 소설에서 나미야 잡화점이라는 신비한 공간의 장치
가 우리가 실제로 눈으로 볼 수 없는 과거와 미래 인물 간의 영향 관계를
눈으로 볼 수 있도록 구체적 형태로 제시한다. 그것은 현실에서 우리 눈
에 보이지 않지만 실제로 존재하는 과거와 미래 인물 간의 삶의 영향 관
계조차도 허구로 보아서는 안된다는 점을 생각하도록 한다.

양자역학에서 말하는 평행우주론이나 불교에서 말하는 인드라망에 대
한 이해는 이 소설을 이해하는 데에 도움이 된다. 『나미야 잡화점의 기적』
을 읽으며 이런 이론이나 종교적 세계관에 대해 함께 공부하고 이해한다
면 독자의 실제 삶은 훨씬 더 '하나인 세계'를 체감할 수 있다.

(2) 『나미야 잡화점의 기적』과 삶을 되비추도록 돕기

독자에게 『나미야 잡화점의 기적』을 읽고 무엇을 체험하였느냐고 물으
면 다양한 대답이 나올 수 있다. 대부분의 독자는 여러 인물이 서로 연관
이 있는 사람이고, 각자가 서로의 연관성을 잘 알지 못하고 살아가고 있
다는 점을 말하게 된다. 『나미야 잡화점의 기적』의 소설적 구성이나 등장
인물에 대한 이야기, 인물과 인물의 관련성 등을 이야기하면서 독자 자신
의 삶에서는 그런 인물이나 사건들이 없는지, 눈에 보이지 않지만 연관을

드러낼 일들이 없는지 생각해보도록 도와야 한다.

『나미야 잡화점의 기적』체험에서 느꼈던 놀라움이 무엇을 새롭게 보게 만드는지 이야기할 필요가 있다. 독자가 자신의 일상과 인간 사회의 일들에서 보지 못한 것 가운데 새롭게 볼 수 있게 된 것이 무엇인지 표현할 수 있는 기회를 주어야 한다. 대부분의 생각 기회는 말하기나 쓰기 활동으로 표현될 수 있다.

문학체험에 대한 독자 자신의 자발적 활동이 무엇보다 중요하다. 이를 위해서 문학이 우리 삶을 비추어보기 위한 '거울'이라는 점을 독자 스스로 소중하게 여기도록 할 필요가 있다. 문학체험에 삶을 비추어 보며 얻는 것이 삶의 질에 크게 영향을 주며 성숙으로 나아가는 지름길이 된다는 점을 인정하도록 해야 한다. 독자는 문학과 더불어 삶의 성숙을 추구하는 활동을 즐기는 성향을 길러갈 수 있다. 진정한 삶으로 나아가기 위한 의미 있는 활동으로 문학체험을 소중하게 여기는 태도를 갖게 된다.

『나미야 잡화점의 기적』의 일부나 전체 내용에 맞추어 자신의 일상을 들여다보도록 안내할 수 있다. '나'와 다른 이들이 연결되어 있다는 것을 언제, 어떻게 느낄 수 있었나? 구체적인 사례를 생각하고 관련지어 표현해보라. '나' 혹은 '나 아닌 다른 것'에 대한 파괴 행위가 '나'에게 혹은 다른 이들에게 어떤 관련성을 가지게 되는지 예를 들어 표현해보라.『나미야 잡화점의 기적』처럼 우리가 서로 연관된 하나를 이루고 살아가고 있다는 점을 표현하는 다른 작품을 찾아 이야기해보는 활동도 도움이 된다.

나. 전일체적 세계를 경험하도록 돕기

전일체적 세계는 인간의 본심(本心)이 갖는 세계관이다. 본심은 인간이 세상에 태어나 학습하고 살아가면서 흐려진 마음인 욕심(欲心)에 의해서 갖게 된 이원론적 세계관을 극복하여야만 얻을 수 있게 된다. 본심과 욕심은 유가(儒家)의 표현인데 '중용(中庸)'이란 바로 본심으로 세계를 바라보는 것을 의미한다. 불가(佛家)의 용어로는 '깨달음', '진아(眞我)'를 회복한 세계관으로 세계를 누릴 때 전일체적 세계를 경험할 수 있다. 기독교에서는 하나님의 성령이 충만한 상태의 삶, 천국을 누리는 자의 세계관이 전일체적 세계관이다. 이들 본심, 진아의 마음, 성령 충만한 마음은 모두 인간의 진정한 자아(Self)를 의미한다.

전일체적 경험은 본래 낙원에서 인간이 갖고 있던 세계관에 터하여 삶을 누리는 것으로 전체적이고 생명 지향적이며 유기체적 일원론의 세계 경험이다. 이는 인간이 선과 악, 주체와 대상, 호와 불호, 기쁨과 슬픔, 행과 불행 등으로 세계를 구분하고 가르는 방식의 세계관인 이원론에서 벗어나서 전체로서 조화와 균형의 세계를 경험하도록 한다. 우주만물이 전체로서 하나를 이루고 조화와 평등의 관계 속에서 어우러져 살아가는 세계의 경험이다.

우리 인간들은 기계론적, 분절적 분별심에 사로잡힌 이원론의 세계에 갇혀 있다. 문학은 독자에게 전일체적 세계 경험을 제공한다. 특히 동심(童心)을 담고 있는 문학이 전일체적 세계의 경험을 강하게 드러낸다. 동심은 옛 선비의 공부 목적이기도 하였다. 선비가 공부하는 목적은 '복기초', 즉 동심을 회복하는 데에 있었다. 어린아이의 마음은 분별심이 없고, 정(精)이 충만하고 지극하며, 조화로운 기운으로 가득하다고 한다. 분별하고 판단하는 마음, 의도하고 기필(期必)하는 마음은 동심을 가려서 흐리게 하고 본심으로 돌아가지 못하도록 한다.

1) 문학체험의 다양성 살펴보기

조급한 독자는 『버드나무에 부는 바람』을 제대로 체험하지 못할 수 있다. 『버드나무에 부는 바람』은 '동화'인데 상상력이 뛰어난 독자만이 그 맛을 제대로 누릴 수 있다. 이야기의 줄거리만 기억하려 하거나, 일어난 사건만 연결하여 무언가를 찾아내려는 독자는 이 동화를 제대로 음미하지 못하게 된다. 『버드나무에 부는 바람』에서 독자는 우주와 자연과 인간과 동물이 얼마나 어떻게 아름다운지, 얼마나 조화롭게 어우러지는지를 마치 생전 처음으로 세상을 보듯 신기하고 선명하게 만날 수 있다.

동화 『버드나무에 부는 바람』은 작가 케네스 그레이엄이 아들을 위해 들려준 이야기이다. 하지만 어린 아이만이 아니라 성인 누구라도 이 책의 독자가 될 수 있다. 『버드나무에 부는 바람』을 읽는 동안 우주와 자연과 동식물과 숱한 생명의 조화로운 어우러짐을 체험하며 신비한 전일체적 세계를 경험할 수 있다. 현대 사회가 추구하는 기계적이고 분절적인 인식에 사로잡힌 자, 자신을 피부 밑 자아(skin-encapsuled ego)로만 인식하는 자는 현실의 자연 속에서도 그 아름답고 경이로운 생명의 세계를 제대로 느낄 수 없다. 현실 삶에서 자연에 대하여 자신을 분리시키고 무심코 지나치며 제대로 바라보지도 누리지도 못하는 눈먼 삶을 사는 자라도, 이 동화 속에 묘사된 아름다운 우주에 몰입할 수만 있다면 신비하고 아름다운 장면들을 상상하며 온 우주 만물의 조화로운 생명력과 진정한 가치를 생생하게 체험할 수 있다.

어린 아이들을 위한 동화이기 때문에 신비한 자연의 모습이 생생하게 묘사되어 있다. 어린이의 마음으로 접근하는 독자라면 그 장면을 상상하며 풍부한 감수성을 발휘할 것이고 거기에 흠뻑 빠질 수 있다. 또한 동물들의 모험과 재치와 진정한 우정이 담긴 사건에도 흥미진진하게 참여할 수 있다. 『버드나무에 부는 바람』의 특징은 동물과 인간이 함께 동등한 등장인물로 형상화 되었고 소통하고 왕래한다는 점이다. 물론 주인공은 동물이지만 결코 인간을 대신하는 캐릭터이기만 한 것은 아니다. 동물과 인간이 소통하고 주인공 네 동물의 눈으로 보여주는 강마을과 와일드 우드의 모습 등은 인간의 깊은 내면에 살아있는 본성적 생명력을 자극한다.

성인 독자도 『버드나무에 부는 바람』을 읽는 동안 편안하고 아늑한 품속을 느낄 수 있다. 현실의 이해관계를 모두 떠나서 청량감 넘치는 호흡을 하며 진정한 전일체적 세계를 경험하게 된다. 물론 독자가 피부 밑 자아에 깊이 사로잡혀서 자신의 이익과 시간을 계산하며 조급하게 접근한다면 이 책에서 아무 것도 얻을 수 없다. 인간과 동물과 식물과 우주 전체가 한 호흡 속에서 삶을 이루어간다는 믿음을 가지고 이 책을 읽어야 한다는 점이 특히 성인 독자가 갖추어야 할 조건이다.

2)『버드나무에 부는 바람』과 한 호흡으로 살기

가)『버드나무에 부는 바람』만나며 나를 누리기

『버드나무에 부는 바람』의 주인공은 모두 동물이다. 지혜롭고 덕이 많은 두더지 모울, 강마을에서 시인의 삶을 사는 의리 있는 쥐 워터 래트, 토드 홀 저택에서 살면서 우쭐대기를 좋아하지만 착한 모험가인 두꺼비 토드, '비록 남들과 잘 어울리지는 않지만 아이들을 무척이나 좋아하는 아저씨' 오소리 배저 아저씨가 강마을에서 살아가는 이야기이다. 하지만 이 이야기는 결코 인간을 대신해 등장하는 동물이야기가 아니다. 동물과 인간이 자연 속에서 어우러져 동등하게 살아가는 삶을 그리고 있다. 특히 분별심으로 가득 찬 인간이 알지 못하는 자연과 동물의 마음과 삶을 그리고 있기 때문이다.

따뜻한 봄 날 두더지 모울은 자신이 살고 있는 땅 속 집을 청소하다가 땅 위 들판으로 올라온다. 들판에 내리쬐는 봄 햇볕과 산들바람과 온갖 풍광을 보며 모울은 살아있는 기쁨을 온몸으로 느끼며 멀리 나가게 되는데, 생전 처음으로 강을 만난다.

모울은 발 닿는 대로 어슬렁거리다가 강물이 불어난 강기슭에서 우뚝 걸음을 멈추었다. 그리고 이제 행복이 완성되었다고 생각했다. 모울은 태어나서 한 번도 강을 본 적이 없었다. 강은 매끄럽고, 구불구불하고, 통통한 동물 같았다. 이 동물은 꼴꼴거리며 무언가를 쫓아가서 콸콸거리면서 붙잡았다가 쏴쏴거리면서 놓아주었다. 그리고 벗어나려고 버둥거리는 새 친구들의 뒤를 다시 덮쳤다. 강의 새 친구들은 붙잡혔다가 놓여나기를 되풀이 했다. 이 동물은 반짝거리면서 번쩍거리면서 팟팟거리면서 찰찰대면서 윙윙대면서 졸졸거리면서 보글거리면서 몸서리를 쳐 댔다.

모울은 그 동물한테 반해서 얼이 나가고 넋이 빠졌다. 모울은 마치 신나는 이야기를 들려주는 이야기꾼 곁을 떠나지 못하는 어린애처럼 종종걸음을 치며 강가를 오락가락했다. 그러다 마침내 지쳐서 강둑에 주저앉았다. 강은 여전히 졸졸거리면서 세상에서 가장 멋진 이야기들을 쉴새없이 재잘거렸다. 지구 한 가운데에서 시작되어서 끝내는 탐욕스러운 바다에까지 전해지고 있는 이야기들을.[3]

독자가 이런 부분을 읽을 때에 강의 모습을 상상한다면 실제 자신이 현실에서 보던 강보다 더 생명이 넘치는 모습일 것이다. 우리 가운데 강을 생전 처음 본 것처럼 새롭게 바라보는 사람은 많지 않다. 두더지 모울이 보는 강의 모습과 소리와 풍광은 모울의 시선을 따라가는 독자에게도 강을 새롭게 체험하게 한다. 『버드나무에 부는 바람』의 많은 묘사들이 살아

---

[3] 케네스 그레이엄/어니스트 하워드 쉐퍼드 그림/신수진 옮김(2003), 『버드나무에 부는 바람』, 시공주니어, 12-13쪽. 이하 이 작품을 인용 시 ( ) 속에 인용면의 쪽수만 기록함.

숨 쉬는 생명체의 호흡을 독자에게 함께 느끼도록 만든다.

두더쥐 모울은 워터 래트를 만나서 친해진다. 래트는 강에서 사는 쥐인데도 모울에게 강은 결코 지겹지 않다고 말한다.

> "난 강 옆에서 살아. 강과 함께. 강 위에서, 강 속에서 살아. 나한테 강
> 은 형이자 누이이자 숙모이자 친구이자 음식이고, 술이자 목욕탕이기도
> 해. 강이 내 세상이고, 다른 건 하나도 없어. 강이 갖고 있지 않은 건 가질
> 필요도 없고, 강이 모르는 건 알 필요도 없어. 신이여, 우리는 늘 함께 했
> 나이다! 여긴 봄, 여름, 가을, 겨울을 가릴 것 없이 철철이 재미있고 짜릿
> 한 일을 찾을 수 있는 곳이지. 2월이 되어 홍수가 나면 우리 집 지하실과
> 창고는 나한테는 아무 쓸모없는 술로 가득 차고, 흙탕물이 멋진 내 침실
> 창문까지 차 올라와. 그리고 다시 물이 모두 빠지면서 건포도 케이크 냄새
> 가 나는 진흙이 여기저기 드러나고, 골풀과 잡초가 물길을 막으면 발을 적
> 시지 않고도 강바닥을 누비고 돌아다니면서 신선한 음식을 찾을 수 있지.
> 덤벙대는 인간들이 배에서 떨어뜨린 음식들이 있거든." (20쪽)

이들은 매순간마다 새로운 삶을 산다. 자신이 살고 있는 강도 매순간 새롭게 바라보고 처음처럼 느끼며 산다. 전일체적 세계는 모두가 하나로 연결되어 있으면서 모든 것이 생생하고 새롭게 빛나는 천국이다. 모울은 래트의 집에 함께 지내면서 강에서의 삶을 즐기며 배운다. 모울과 래트가 토드를 만나러 간다. 토드는 천방지축으로 우쭐대고 철없는 짓을 잘 하지만 선한 두꺼비다. 셋이 이야기를 하며 걷고 있을 때 나타나는 자동차에 대한 묘사는 동물들에 대한 것과는 대조적이다.

> 엄청난 에너지를 가진 검은 물체가 작은 먼지 구름을 일으키며 믿을 수
> 없을 만큼 빠른 속도로 동물들을 향해 돌진해 오고 있었다. 동물이 고통을
> 당했을 때 내지르는 비명 같은 소리가 "빵빵!"하고 났다. 동물들은 그 소

리를 아주 무시할 수는 없었지만 다시 하던 얘기를 계속하며 걸어갔다.

평화롭던 광경이 눈 깜짝할 사이에 바뀌었다. 바람이 거세게 일고 굉음이 나서 모두 가까운 도랑으로 뛰어들어야 했던 것이다. 그것이 동물들을 덮치려고 하고 있었다. "빵빵!"하는 금속성 소리가 귀를 울리고, 번쩍이는 유리창과 값비싼 염소 가죽 덮개가 순식간에 눈앞에 나타났다 사라졌다. 엄청나게 커다랗고, 숨이 턱 막힐 만큼 휘황찬란하고, 사납기 짝이 없는 그 기막힌 자동차는 잔뜩 긴장해서 운전대를 움켜쥐고 있는 운전사를 태우고 땅과 공기를 순식간에 가르고 지나갔다. (53-54쪽)

『버드나무에 부는 바람』에는 강마을에 사는 네 동물의 삶을 중심으로 그리고 있지만, 인간의 삶이 함께 공존한다. 『버드나무에 부는 바람』의 화자는 인간에 대해 거의 무관심한데, 인간이 만든 자동차에 대해서 휘황찬란하지만 사납고 금속성인 부정적 존재로 그리고 있다. 독자는 네 동물이 느끼는 자연의 아름다움과 황홀함에 몰입하다가 확연히 대비되는 자동차와 인간에 대한 묘사를 보며 인간 문명의 보잘 것 없음을 느낄 수도 있다.

모험을 좋아하는 허풍장이 두꺼비 토드는 자동차에 홀려서 결국 지하 감옥에 갇히고 탈옥을 하여 힘겹게 토드홀로 돌아오지만 족제비들이 토드의 집을 차지하고 있다. 이어 진정한 우정을 나눈 네 동물이 힘과 기지를 모아 토드홀을 되찾는 과정이 흥미롭게 펼쳐진다.

하지만 독자는 이런 사건에 깊이 휘말려 들지는 못한다. 『버드나무에 부는 바람』은 그 어떤 상황이건 간에 강 마을과 와일드 우드의 계절 변화와 그 안에서 살아가는 자연의 삶을 그림처럼 펼쳐내기 때문이다. 토드의 모험이나 워터 래트를 찾아온 바다 래트의 넓은 세상 이야기, 모울의 집 이야기 등 독자가 느끼는 평온하고 생생한 느낌은 감옥이나 탈옥 같은 긴박한 사건도 한낱 재미있는 이야기처럼 들리게 만든다.

모울은 와일드 우드에 호기심을 갖고 혼자서 그곳으로 갔다가 위험에 처한다. 모울을 찾아온 래트와 함께 배저 아저씨 댁을 발견하여 그곳에서 휴식을 취하고 돌아올 때 눈이 내린다.

세상에, 붉은 태양이 떠올라서 까만 나무 줄기를 비추는데 그 눈길을 걸 어오는 기분이라니! 고요한 길을 따라서 걸어오는데, 이따금씩 눈덩이들이 미끄러져 내리면서 가지가 뚝 부러지는 거야. 그러면 펄쩍 뛰어 숨을 곳을 찾게 되지. 밤에는 눈 궁전이나 눈 동굴 같은 것들이 불쑥불쑥 나타나잖 아. 눈 다리, 눈 테라스, 눈 성벽도 마찬가지고. 거기에서 몇 시간이라도 놀 수 있을 것 같더라니까. 눈이 하도 많이 쌓여서 여기저기 커다란 나뭇 가지들이 순전히 눈 무게로 부러져 있었어. 울새들은 나뭇가지에 앉아 깡 충거리면서 자기들이 부러뜨리기라도 했다는 듯이 의기양양하게 우쭐대고 있더라니까. 회색 기러기들은 먼 회색빛 하늘 위를 줄지어 날아가고, 떼까 마귀들은 순찰하듯이 나무 위를 빙빙 돌더니 불쾌한 표정으로 날개를 치 면서 집으로 돌아가더군. 하지만 무슨 소식이 있는지 물어 볼만한 녀석을 하나도 만나지 못했어. (96쪽)

『버드나무에 부는 바람』의 화자는 마치 모울과 래트인 것처럼 그들의 마음을 그대로 언어화하고 있다. 독자는 모울과 래트가 되어 와일드 우드 의 눈길을 걷는 것 같은 감각을 느끼게 된다. 눈과 태양과 나무들의 모습 과 소리와 새들의 표정까지 생생하게 들리고 보인다.

하지만 『버드나무에 부는 바람』의 화자가 인간이라는 점을 드러내는 한 부분이 특이하게 눈에 도드라진다. 이 부분은 화자가 자신의 표현이 강마을 동물의 삶을 충분히 표현하지 못할 것이고 인간이 다 경험하지 못 할 부분이라는 것을 염려한 내용으로 보인다.

<u>우리 인간들은</u> 이미 오래 전에 몸으로 느낄 수 있는 아주 예민한 감각

을 잃어버린 터라, 동물들이 주변 환경이나 그 밖의 생물들과 서로 주고받는 신호를 일컬을 적절한 말을 가지고 있지 않다. 예를 들면, 동물들은 콧구멍의 섬세한 떨림으로 여러 가지 의사를 표현할 수 있는데, 이를테면 부르는 소리, 경고하는 소리, 격려하는 소리, 불쾌해하는 소리 들이 그것이다. 하지만 우리 인간은 그저 '냄새 맡는다.'라는 단 한 마디로 그것을 아울러 표현한다. (111쪽)

모울의 고향 집에서 보내는 신호는 호소하고, 속삭이고, 애원하다가 마침내는 절박하게 모울을 불러댔다. 모울은 도저히 그 마법의 테두리 안에서 더 꾸물거릴 수가 없었다. 가슴이 찢어지는 것 같은 슬픔이 밀려 왔지만, 모울은 고개를 숙이고 고분고분하게 래트의 뒤를 쫓아갔다. 그러는 동안에도 모울을 부르는 희미한 냄새는 발길을 돌리는 모울의 코에 그대로 남아서 래트에 대한 모울의 우정과 무심한 건망증을 탓하고 있었다. (114쪽)

독자는 모울이 고향 집 근처를 지나다가 자신의 집과 교감을 나누는 이 장면에서 마치 자신이 모울이 된 것처럼 안타까운 마음을 느낀다. 그와 동시에 집의 부름과 호소를 들을 수 있는 모울을 부러워하게 된다. 인간도 누구나 자신의 집이 주는 안락함과 편안함을 알고 있다. 그래서 『버드나무에 부는 바람』을 읽는 동안에는 모울이 집과 나누는 마법 같은 교감이 자신의 것으로 느껴지기도 한다. 그렇지만 독자 자신이 스스로의 집과 교감을 나눈 적이 별로 없다는 점도 인정하지 않을 수 없다.

래트의 친구 수달 오터의 아이인 포틀리가 사라져서 모울과 래트가 찾아나선다. 그 둘은 천상의 신비스러운 소리에 이끌려 강물 위로 나아갔다. 그 소리는 모울과 래트를 사로잡았고 그 소리가 끝나는 부분에서 목신을 만나게 된다.

장미들이 그렇게 선명하게 보인 것도 처음이었고, 부처꽃이 그렇게 현란하게 보인 것도 처음이었고, 조팝나무 향기가 그렇게 향기롭게 느껴진 것도 처음이었다. 댐으로 다가오는 술렁거림 속에도 곡조가 들어있었다. 그것이 무엇이든지 간에 래트와 모울은 끝이 가까워 오고 있음을 알 수 있었다. 이제 그들의 원정이 끝나가고 있음이 분명했다. (170쪽)

이제는 피리 소리도 잠잠해졌는데, 모울을 부르는 그 소리는 여전히 크고 강렬하고 당당했다. 죽음이 바로 코앞에 와 있다고 해도 도저히 거부할 수 없을 것 같은 소리였다. 그 강렬한 명령이 없었다면 아마 모울은 감히 고개를 들지도 못했을 것이다.

모울은 떨면서 명령대로 겸손하게 고개를 들었다. 그러자 동트기 직전의 투명함 속으로 믿을 수 없는 색깔이 확 밀려들었다. 대자연도 숨을 죽이고 있는 것 같았다. 모울은 우정의 눈길로, 복종의 눈길로 그것을 바라보았다.

이마 양쪽에 난 뒤로 구부러진 뿔이 새벽빛을 받아 반짝이고 있는 것이 한 눈에 들어왔다. 두 동물을 익살스럽게 바라보는 착한 눈동자 사이에는 갈고리 모양의 코가 달려 있었고, 수염 난 입가에는 희미한 미소를 머금고 있었다. 넓은 가슴에서 팔까지 근육이 출렁거리고, 길고 유연한 손가락에는 막 입에서 뗀 파이프가 들려있었다. 그것은 털이 북슬북슬한 다리를 우아하게 꼬고 잔디 위에 편안하고 당당하게 앉아 있었다. 그리고 그것의 두 발굽 사이에 자리를 잡고 완벽하게 평화롭고 만족스러운 표정으로 깊이 잠들어 있는 동물이 보였다. 그 동물은 작고 동그랗고 땅딸만하고 어린애 같은 새끼 수달이었다. (172쪽)

모울과 래트는 목신의 부름에 이끌려 새끼 수달 포틀리를 찾아낸다. 그들은 목신을 보았지만 금방 망각하고 만다. 목신이 그들의 행복을 위해 망각의 선물을 내렸기 때문이다. 독자는 이 부분을 읽을 때도 강을 따라 탐험을 떠나가면서 래트와 모울이 경험하는 전일체적 세계를 함께 경험

하게 된다. 독자가 현실 세계에서도 자연의 신비로움에 빠져본 적이 있는
자라면 더욱더 감동적으로 경험하게 된다. 독자 자신의 눈에 어느 순간보
다도 강렬하고 선명하게 보이는 나무와 꽃과 숲과 하늘을 보았던 기억을
떠올릴 수 있을 것이기 때문이다. 목신을 만나도 금방 잊어버릴 수밖에
없는 모울과 래트처럼 독자 자신도 언젠가 아침 숲속에서 정령을 만난 것
을 기억하고 있지 못하는 것이 아닌지 생각할 정도이다.

한편 두꺼비 토드가 감옥을 탈출하는 등 모험을 하는 동안 워터 래트는
강마을의 이별과 만남을 경험한다.

> 떠나는 동물들은 미소를 짓고 고개를 끄덕이며 떠나간다. 그러면 남은
> 동물들은 떠나간 친구들을 그리워하며 화를 내기도 한다. (210쪽)

> 래트는 간절하게 제안했다.
> "올해만 여기 머물러 있으면 안될까? 우리들이 최선을 다해서 편안하게
> 지낼 수 있도록 해줄게. 너희들이 멀리 떠나 있는 동안 우리가 얼마나 즐
> 겁게 지내는지 너희들은 모를 거야."
> 그러자 또 다른 제비가 말했다.
> "나도 어느 해엔가 머물러 있으려고 했던 적이 있었어. 여기가 너무나
> 좋아서 때가 됐는데도 망설이면서 다른 친구들한테 나를 그냥 두고 떠나
> 라고 했지. 처음 몇 주 동안은 모든 게 아주 좋았어. 하지만 그 다음부터
> 는, 아, 밤이 얼마나 지겹도록 길게 느껴지던지! 몸은 떨리는데 햇볕도 없
> 는 날이라니! 공기는 말도 못하게 축축하고 차가운 데다가, 주변에는 벌레
> 한 마리 없더라고! 아! 정말이지 끔찍했어. (중략) 하지만 항상 그 부름에
> 는 주의를 기울였어! 아니 지난날을 교훈 삼아 다시는 그 부름의 소리를
> 어길 생각조차 하지 않는다고." (214-215쪽)

독자는 우주 만물이 하나가 되어 움직이는 전체에는 좋음과 나쁨이 따

로 있는 것이 아니라는 것을 느낀다. 이별이 싫어서 부름의 소리를 어기는 것이 결코 좋은 것이 아니고 이별하게 되는 것이 결코 나쁜 것도 아니다. 부름의 소리에 맞추어 자연스럽게 흐르는 삶이 전일체적 세계의 삶이다.

래트가 가보지 못한 남쪽나라의 이야기를 제비에게서 들으며 상상의 나래를 펼치고, 바다 래트를 만나서 항해 이야기를 듣는다. 모울과 래트는 우정을 나누며 살아간다. 토드가 토드월로 돌아와서 자동차에 홀려 떠났던 자신을 완전히 벗어던지고 새로운 미스터 토드가 된다. 독자는 강마을 동물의 삶에서 전일체적 세계를 경험할 수 있다. 인간 세계에 살면서도 인간은 온 우주의 일원으로서 엮여진 한 부분이어서 동물 주인공들의 마음을 잘 떠올릴 수 있다. 사실 우리 인간에게도 잘 드러나지는 않지만 깊은 마음속에 감추어져 있던 전일체적 존재로서 진정한 자아가 살아 있기 때문이다. 『버드나무에 부는 바람』이 피부 밑 자아의 욕심에 힘들어하는 독자를 전일체적 낙원의 경험 속으로 안내한다.

나) 삶에 비치는 『버드나무에 부는 바람』

『버드나무에 부는 바람』은 사건을 중심으로 이루어진 이야기가 아니다. 물론 토드와 모울과 래트와 배저아저씨를 중심으로 사건이 있긴 하다. 살아있는 동물의 모험과 사랑과 탐험이 어우러진 이야기이다. 『버드나무에 부는 바람』에서 가장 중요한 작품성은 아름답게 묘사되는 강마을과 와일드 우드와 그 안에서 살아가는 동식물과 우주만물의 교감이다. 온 우주가 하나로 연결된 온생명(global life)이며 모든 생명과 삶은 전일체적이라는 점을 이 훌륭한 이야기가 독자에게 느끼도록 만든다. 사실, 대부분의 독자로서 우리는 현대사회를 살아가면서 오랫동안 분별심을 키우며 살 수밖에 없다. 그런데 『버드나무에 부는 바람』를 읽는 동안만큼은 자신이 무심코 경험해오던 자연과 우주의 삶이 어떻게 말하고 어떻게 소리내고 어떻게 호소하는지를 경험한다. 자신이 또렷이 인식하지 못했던 전체를 『버드나무에 부는 바람』의 화자가 언어로 표현하고 있어서 그때마다 놀라움과 기쁨과 열정에 사로잡히게 된다. 충분히 제대로 상상하면서 읽는다면.

『버드나무에 부는 바람』의 부분이나 전체를 읽고 나서 느끼는 마음을 삶에서 똑같이 경험하기 쉽지 않다. 그렇지만 모울이나 래트 등 동물 주인공이 느끼는 감각과 마음과 흡사한 경험을 한 것들은 떠오른다. 독자가 살아가면서 어떤 순간에 느꼈던 감각이나 마음 등 내면적 삶이 비추어지는 경우가 더 많다.

아름다움 풍광에 취하여 환호하였던 놀라움, 그것은 모울이 강을 보면서 놀라는 장면에서 거의 모든 독자가 함께 느낄 수 있다. 처음으로 바다를 보고서 놀라는 아이 같은 마음의 순간이 독자에게 있을 것이다. 신비한 자연의 풍광에 대한 놀라움은 우리 인간에게는 대부분 처음 본 자연 앞에서 느끼곤 했던 일이다. 중국의 장가계에서 경이로운 자연의 모습에 놀랐던 기억, 미국의 그랜드 캐니언의 장엄함에 숨이 멎을 것 같던 마음도 환호하는 놀라움에 가까울 것이다. 하지만 그 놀라움의 깊이가 사람마다 다르다. 영적으로 더 예민한 사람들은 장엄하고 신비한 풍광 앞에서 거대한 우주의 숨소리를 들을 수 있다. 무언가 우주가 전하는 메시지를 받은 느낌으로 홀린 듯이 그 앞에 서 있을 수 있다. 거기에 비해 놀라움에 동의하면서도 온갖 현실적 문제에 마음을 빼앗긴 채 참자아의 목소리를 듣지 못하는 독자도 있다.

하지만 새로운 풍광이 아니어도 전일체적 경험은 가능하다. 날마다 같은 강마을에 사는 래트는 여전히 새로운 강마을에 감격하고 기뻐하며 행복하다. 새로운 풍광이 아니라 익숙한 풍광인데도 여전히 아름다운 새소리, 새롭게 들리는 강물소리, 새로운 풀과 나무들과 동물들을 볼 줄 알기 때문이다. 독자로서 우리는 매일 같은 삶을 살면서 새로움을 못느끼는가 매일 같은 듯 새로운 삶을 살고 있는가 생각해볼 일이다.

집 주변의 야산에서도 자연의 숨소리와 교감을 나누는 자가 있고 그렇지 못한 삶이 있다. 전일체적 경험은 독자가 어떤 영혼을 가지고 있는가에 따라서 그 질의 차이가 크다. 보도 블럭 사이에 핀 작은 꽃들과도 대화가 가능하고, 길 가던 고양이에게도 눈을 맞추며 인사를 나누는 일이 가능하다. 매일 달라지는 나뭇잎의 크기와 색깔이 뚜렷하게 보이는 사람이 있고, 나뭇잎이 자라나고 떨어지는 것만 겨우 보이는 사람이 있고, 매일 보는 나무나 자연과 햇살에 대해 거의 무감각하게 흘러가며 사는 사람도 있다. 고속도로 가에 핀 금계국과 짧은 만남에도 윙크를 할 수 있고, 지천으로 피어있는 쑥부쟁이와 구절초 꽃길을 걸어도 제대로 말을 걸어 보지도 못한 채 어제나 미래에 매몰되어 걸어가는 사람이 있다. 독자가 어떤 삶을 살아왔느냐에 따라 삶에 비추어지는 『버드나무에 부는 바람』은 매우 다르다.

일반적으로 길을 걸으며 꽃과 나무와 길고양이와 작은 새들과 인사를 나누며 햇살과 바람을 느끼는 사람은 '지금 여기'에 충만한 '지금 이대로 완전한 삶'을 살 줄 아는 사람일 가능성이 크다. 힘들거나 바쁜 일이 있어도 그 일과 관련한 당면한 일을 할 때만 거기에 충실할 뿐 길을 걷거나 밥을 먹거나 다른 일을 할 때도 걱정거리에만 매달리며 걱정하느라 지금 여기에 있지 못하는 사람은 자신의 전일체적 삶의 온전한 체험에 가까이 가지 못할 가능성이 크다. 전일체적 삶은 주어진 지금 여기의 상황에 충만한 감사를 느낄 수 있는 사람이 누릴 수 있다. 걱정거리나 바쁜 일이 있어도 고통스러운 일이 있어도 그 안에서 고통을 온전히 누리며(?) 고통마저도 감사하며 그 안에서 기쁨을 찾아내고 누릴 수 있는 경지이다. 쉬운 일은 아니다. 독자가 『버드나무에 부는 바람』을 읽으며 그 아름다움에 탄성을 지를 수 있다면 조금은 전일체적 경험을 하고 있는 셈이다.

일상생활에서 전일체적 삶의 경험이 의식 속에 전혀 없다고 스스로 느낄지라도 때에 따라서는 온전한 세계에 충만한 경험은 누구에게나 있다. 그것은 인간이 가진 참자아는 허상인 에고에 가리어 있을지라도 깊은 내면에 온전히 자리 잡고 있기 때문이다. 『버드나무에 부는 바람』 체험 과정에서 삶의 전일체적 경험이 더 표면화될 수 있다. 책 읽기를 마친 후에 현실로 돌아와 생활하면서 좀더 삶의 지금 여기에 충만하고 완전하게 매 순간을 '삶'으로 살아갈 수 있는 힘을 얻을 수 있다.

다) 『버드나무에 부는 바람』 문학체험 도와주기

(1) 『버드나무에 부는 바람』과 독자가 하나 되도록 돕기

어떤 문학체험도 마찬가지이지만 『버드나무에 부는 바람』 체험에서 가장 중요한 것은 우선 '몰입'하는 힘이다. '몰입'의 힘은 『버드나무에 부는 바람』에서 얻는 것이면서 독자로서 우리 자신의 삶에서 가져오는 것이기도 하다. 독자는 『버드나무에 부는 바람』과 만나서 읽으며 체험하는 가운데 텍스트 내용을 상상하는 과정에서 자신의 삶을 가져올 수밖에 없다. 상상을 한다는 것은 독자 자신의 삶의 경험으로부터 그리고 판단하고 유추하고 추론하고 종합하며 느끼고 환호하며 대화하는 등의 정신 작용을 해야 하기 때문이다.

『버드나무에 부는 바람』 체험에서 상상은 자연과 우주만물과의 교감을 낳는다. 독자가 『버드나무에 부는 바람』에 등장하는 동물이나 식물 대부분을 전혀 알지 못하거나 본 적도 없다면 '몰입'을 유지하기 어렵다. 독자가 강마을의 풍광을 상상하며 감각하며 느끼기 힘들다거나 『버드나무에 부는 바람』에 묘사된 아침이나 저녁 어스름 강마을의 아름다움을 바라보

기 힘들다면『버드나무에 부는 바람』은 제대로 체험되지 못한다. 독자가
『버드나무에 부는 바람』과 하나가 되도록 하기 위해서 독자 자신의 강과
풀과 나무와 동물과 햇살과 바람에 대한 감각 경험이 필수적이다. 땅 냄
새, 바람 냄새, 꽃과 나뭇가지와 이파리의 색깔과 모양과 향기, 강바람과
수풀의 소리와 감촉을 제대로 상상하도록 하고 그 경험을 떠올려내도록
할 필요가 있다. 물론 독자 스스로 자신의 전일체적 경험이 자동적으로
떠오른다면 더할 나위 없이 좋지만, 그렇지 못하다면 의도적으로 관심을
갖고 경험하도록 안내하는 것이 좋다.

　『버드나무에 부는 바람』에 등장하는 두더지 모울과 래트와 토드와 배
저 아저씨와 그들이 사는 집 등 각 인물의 삶은 동물의 특징을 반영하고
있지만 인간의 삶과 마음과도 닮아있다. 독자가 자신의 집과 일상생활을
상상하며 읽기에 알맞다. 이야기 속 동물 주인공이 동물이면서 인물로, 동
물이면서 인간과 동등하게 대화하고 같은 삶을 살아가는 것에서도 의미
를 찾아보는 기회를 주어야 한다.

　『버드나무에 부는 바람』 체험에서 독자는 자연과 우주만물이 하나 된
생명력과 교감을 느낄 수 있는 힘을 얻는 경험을 할 수 있다. 단순히 글
자를 읽는 것을 넘어서서 독자 자신의 자연과의 교감 경험을 떠올리거나
자연에 대한 자신의 태도 변화를 지켜보는 마음이 필요하다. 이를 위해서
상상한 것을 그림으로 시각화하거나 상상하며 들은 것을 청각적 표현으
로 바꾸어보거나 촉각으로 느껴보는 등의 경험 감각의 표현 기회를 가지
는 것도 도움이 된다.『버드나무에 부는 바람』은 사건의 전개 과정을 따
라 빠르게 전개되는 이야기가 아니다. 여유롭게 음미하고 감각하며 읽어
야 하는 문학체험이다.

　사실 독자의 개성에 따라서『버드나무에 부는 바람』에 대한 반응은 꽤
다를 수 있다. 어떤 독자는 이러한 환상적이고 신비한 모험 세계와 현실

세계가 묘하게 뒤섞인 채 섬세하고 생생하게 묘사된 시적 문체는 박진감 넘치는 추리소설은 결코 아니라고 느낄 수 있다. 독자가 스스로 전일체적 세계 경험, 영감의 경험을 즐기지 않는다면 재미를 느끼지 못할 수도 있다. 독자 스스로 인간의 영감과 시적 상상력이 삶에 주는 아름다움과 기쁨을 누리려는 마음의 준비가 필요하다. 대부분의 어린이는 『버드나무에 부는 바람』을 기쁘게 즐길 수 있을 것이다. 하지만 오히려 성인 독자가 동화 세계이지만 엄연히 인간의 진정한 삶이 추구해야 할 방향임을 인정하고 참여하여야 한다.

(2) 『버드나무에 부는 바람』과 삶을 되비추도록 돕기

『버드나무에 부는 바람』 체험은 독자의 기존 경험 가운데에서 우주적 자연적 생명의 교감과 환희의 경험을 깨워 일으켜 완성된다. 뿐만 아니라 『버드나무에 부는 바람』 체험은 그 자체로 독자가 지금, 그리고 앞으로의 삶에서 전일체적으로 세계를 바라보는 기쁨을 누리도록 안내하는 경험이기도 하다. 앞에서도 언급하였듯이 우리 인간은 누구나 참자아(Self)를 깊숙이 간직한 채로 세상을 누리고 바라보며 느끼며 살아간다. 그런데 인간을 사로잡고 있는 피부 밑 자아(skin-encapsuled ego)의 환영 때문에 진정한 자아의 삶을 잃게 된다. 우리들 대부분은 분별심에 사로잡혀 있으며, 괴로움과 힘듦은 철저하게 싫어하고 회피하고자 하고 기쁨과 환락만을 추구하려고 한다. 이 거짓 자아가 긍정하는 것만을 추구하며 부정하는 상황을 맞을 때는 자살까지 감행하는 것이 바로 우리 인간이다. 전일체적 삶을 사는 이들은 긍정과 부정이 크게 의미가 없다. 어떤 상황에서건 있는 그대로 충만한 새로운 삶을 살기 때문이다.

『버드나무에 부는 바람』의 독자가 현실 삶과 되비추도록 돕는 방법은

『버드나무에 부는 바람』체험을 현실의 것과 되비추는 사례를 많이 제공하는 것이다. 이를 위하여『버드나무에 부는 바람』의 여러 독자들이 함께 이야기를 나누거나 서로의 감동을 공유하는 활동을 다양한 방법으로 할 필요가 있다. 특히 일상에서 자신이『버드나무에 부는 바람』속 세계의 주인공처럼 살고 있는 경험이나 그와 다른 삶을 살고 있다고 판단되는 부분에 대해 표현할 수 있는 기회가 주어지는 것이 좋다.

『버드나무에 부는 바람』의 체험 과정에서 자신의 일상을 반추하는 일이 저절로 일어난다. 자신이 얼마나 감탄을 하며 살았었는지, 자신이 주변의 자연과 하늘과 햇빛과 바람을 언제 제대로 느껴보았는지, 자신이 친구들과 다정하게 삶을 나누는 시간을 얼마나 가지고 있는지.

주인공 두더지 모울은 강과 강마을의 모든 자연과 우주에 감탄하고 감사한다. 독자는 자신이 감탄하고 놀라워하던 기억을 떠올리며 모울과 공감하게 된다. 하지만 이내 현대인으로서 살아가는 우리들 대부분이 경험하는 무력감도 함께 떠오른다. 매일매일 같은 시공간에서 바쁘게 살아가면서 무기력을 느끼게 된다. 그들에게 모울처럼 감탄하고 기뻐하며 매일을 새롭게 사는 힘이 드러날 리가 없다.

우울증이 언제부터 왔는지 명확하지는 않지만 수 년 동안 살고 싶지가 않다. 마음대로 되지 않는 일이 많다. 오랜 시간 기다리고 추구하던 일은 닭 쫓던 개 지붕쳐다 보듯 무너지고 말았다. 우울은 극에 달했다. 사는 일이 너무나 힘겹다. 아침에 눈을 뜰 때는 오늘 하루를 또 어떻게 견뎌야할지 두려워서 차라리 계속 잠을 잤으면 좋겠다. 저녁 무렵에는 삶의 의미를 아무리 찾아보아도 찾아낼 수가 없는 채로 두렵고 무서워 힘들었다. 그냥 죽어버리면 편할 거라는 생각에 유서를 써보기도 한다.

시간이 몇 년간 흐른 뒤 어느 날 조금씩 덜 힘들다. 억지로 하는 일이지만 아무 의미가 없더라도 생각 없이 그저 나무토막처럼 있기만 하자며 참

왔던 시간은 마른 나무토막에서 싹을 피웠다. 어느 결엔가 할 일 한 가지
에만 열중하며 우울을 잊었다 싶었다.

어느 봄날 아침 길거리 가로수가 보인다. 길게 늘어선 가로수가 언제부
터 거기에 있었나 싶다. 하늘과 어우러진 그 모습이 얼마나 생생한지 절로
탄성이 나온다. 마치 그전에는 한 번도 본 적이 없는 것처럼, 생생하고 선
명하게 여린 잎 하나하나가 말을 거는 듯싶다. 하늘도 곱다. 우울할 때는
하늘을 본 기억이 없다. 처음 본 하늘이다. 아! 이렇게 아름답다니. 가는
곳마다 밝고 생생해서 놀랍다. 이렇게 아름답고 고운 하늘을 본다는 것만
으로도 얼마나 황홀한가. 그렇게 찾아대던 삶의 의미란 무엇이란 말인가?

우울증으로 고생하던 이가 수렁에서 빠져 나온 후의 이야기다. 온 세상
이 생생하게 보여서 감탄하고 놀라워한다. 사실 전일체적 삶의 경험은 성
인들 가운데서는 깊은 고통을 뚫고 나온 자에게서 더 깊이 경험된다. 깊
은 수렁에서 살아남은 자는 자신이 아무 것도 아니며 무슨 일이든 자신의
힘으로 해내는 것이 아니라는 것을 알기 때문이다. 이때 자기 자신은 피
부 밑 자아(skin-encapsuled ego)를 의미한다. 불가의 용어로는 아상(我相)이다.
아상이 소멸된 사람은 진정한 자아로 세계를 경험한다. 자신의 힘으로 무
언가를 억지로 하려고 하며 사는 것이 아니라 삶이 살아지는 그대로 온전
히 충만한 삶을 살게 된다. '나'를 내려놓고 내어 맡기는 삶을 살 줄 알게
된다.

참고문헌

1. 자료

E.L. 코닌스버그 글/그림(2000), 『클로디아의 비밀』, 비룡소.
고정희, 「상한 영혼을 위하여」.
구병모(2009), 『위저드 베이커리』, 창작과비평사.
기욤 뮈소/양영란 옮김(2015), 『지금 이 순간』, 밝은세상.
너새니얼 호손/김욱동 옮김(2015), 『주홍글자』, 민음사.
로버트 코마이어/안인희 옮김(2004), 『초콜릿 전쟁』, 비룡소.
루시모드 몽고메리 글/조디 리 그림(2015), 『빨간 머리 앤』, 시공주니어.
뮈리엘 바르베리/류재화 옮김(2015), 『고슴도치의 우아함』, 문학동네.
미하엘 엔데/이병서 옮김(2005), 「미스라임의 동굴」, 『자유의 감옥』, ㈜푸른책들.
미하엘 엔데/이병서 옮김(2005), 「자유의 감옥」, 『자유의 감옥』, ㈜푸른책들.
성서유니온(2016, 1-2월호), 『Daily Bible』.
아스트리드 린드그렌 글/롤프 레티시 그림(2000), 『내 이름은 삐삐 롱스타킹』, 시공주니어.
앙투안 드 생텍쥐페리/황현산 옮김(2015), 『어린왕자』, ㈜열린책들.
영화 <베테랑> (류승완 감독).
영화 <하울의 움직이는 성> (미야자키 하야오 감독).
영화 <쿵푸 팬더3> (여인영, 알렉산드로 칼로니 감독).
영화 <혹성탈출 : 반격의 서막> (맷 리브스 감독).
오규원(2016), 「죽고 난 뒤의 팬티」, 『이 땅에 쓰여지는 서정시』, 문학과지성.
유하(2007), 「참새와 함께 걷는 숲길에서」, 『세상의 모든 저녁』, 민음사.
유홍준(2006), 「백년 정거장」, 『나는, 웃는다』, 창작과비평사.
이장욱(2013), 「소규모 인생계획」, 『생년월일』, 창작과비평사.
이진명(2018), 「춤」, 『세워진 사람』, 창작과비평사.
장강명(2015), 『그믐』, 문학동네.
정현종(2015), 『그림자에 불타다』, 문학과지성.
조디 피코/곽영미 옮김(2015), 『코끼리의 무덤은 없다』, ㈜현대문학.
케네스 그레이엄/신수진 옮김(2003), 『버드나무에 부는 바람』, 시공주니어.
팀 보울러/정해영 역(2007), 『리버보이』, 놀.
파울로 코엘료/최정수 옮김(2005), 『오 자히르』, 문학동네.
파울로 코엘료/최정수 옮김(2001), 『연금술사』, 문학동네.
파울로 코엘료/민은영 옮김(2014), 『불륜』, 문학동네.

팔파 폭스/김옥수 옮김(1998), 『춤추는 노예들』, 사계절.
패트릭 네스 글/시본 도우드 구상(홍한별 옮김(2012), 『몬스터 콜스』, ㈜웅진씽크빅.
프레드릭 베크만/최민우 옮김(2015), 『오베라는 남자』, 다산책방.
필리파 피어스/햇살과 나무꾼 옮김(2016), 『세이 강에서 보낸 여름』, 논장.
필립 K. 딕/조호근 옮김(2015), '단기 체류자의 행성', 『현대문학』 제61권 제9호, ㈜현대문학.
하퍼 리/김욱동 옮김(2015), 『앵무새 죽이기(To Kill A Mockingbird)』, 열린책들.
헤르만 헤세/안인희 옮김(2013), 『데미안』, 문학동네.
히가시노 게이고/양윤옥 옮김(2012), 『나미야 잡화점의 기적』, 현대문학.

『論語』.
『大學』.
『孟子』.
『성경』
『中庸』.

2. 도서 및 논문

강영안(2005), 『타인의 얼굴』, 문학과 지성사.
교육부 교시 제 2015-74호 [별책5], 국어과 교육과정.
구인환 외(2007), 『문학교육론』, 삼지원.
기시미 이치로 · 고가 후미타케 지음/전경아 옮김(2014), 『미움 받을 용기』, 인플루엔셜.
길희성(2003), 『마이스터 엑카르트의 영성 사상』, 분도출판사, 161-162.
김기태(2015), 『무분별의 지혜—삶의 갈림길에서 읽는 신심명 강의』, 판미동.
김대행 외(2002), 『문학교육원론』, 서울대학교출판부.
김대행(2000), 『문학교육 틀짜기』, 역락.
김용규(2011), 『철학카페에서 시 읽기』, 웅진지식하우스.
김용옥(2011), 『중용 인간의 맛』, 통나무.
김창원(2011), 『문학교육론—제도화와 탈제도화』, 한국문화사.
김태완 역주(2008), 『깨달음의 노래』, 무사인.
김태형(2014), 『싸우는 심리학』, 서해문집.
김형효(2011), 『마음혁명』, 살림출판사.
까르마 C, C. 츠앙(Garma C.C.Chang)/이찬수 역(1990), 『화엄철학』, 경서원.
닐 도널드 월시/이현정 · 조경숙 옮김(2001), 『신과 나눈 교감』, 한문화.
대한불교조계종역경위원회(2001), 『화엄오교장』, 조계종출판사.
대혜종고/김태완 옮김(2012), 『대혜보각선사어록』, 소명출판사, 62-63.
데이비드 실즈/김명남 옮김(2014), 『문학은 어떻게 내 삶을 구했는가』, 책세상.
데이비드 호킨스/문진희 옮김(2001), 『나의 눈』, 한문화.

데이비드 호킨스/박찬준 옮김(2013), 『놓아버림』, 판미동.

데이비드 호킨스/이종수 역(1997), 『의식혁명』, 한문화.

데이비드호킨스/백영미 역(2008), 『내안의 참나를 만나다』, 판미동.

동국대학교생태환경연구센터 편(2011), 『생명의 이해』, 동국대학교출판부.

디팩 초프라/구승준 옮김(2016), 『완전한 삶』, 한문화.

디팩 초프라/이현주 옮김(2013), 『우주의 리듬을 타라』, 샨티.

라마나 마하리쉬/이호준 옮김(2005), 『나는 누구인가』, 청하.

레너드 제이콥슨/김상환 · 김윤 옮김(2010), 『현존』, 침묵의향기.

레오 톨스토이/박병덕 옮김(2012), 『톨스토이 인생론, 참회록』, 육문사.

레오 톨스토이/유상우 옮김(2012), 『톨스토이 인생론』, 홍신문화사.

레오 톨스토이/이철 옮김(1998), 『예술이란 무엇인가』, 범우사.

로먼 크르즈나릭/김병화 역(2014), 『공감하는 능력』, 더퀘스트.

롤프 메르클레/유영미 옮김(2014), 『나는 왜 나를 사랑하지 못할까』, 생각의날개.

루미/이현주 역(2005), 『사랑 안에서 길을 잃어라』, 샨티.

루미/이현주 옮김(2010), 『루미의 우화모음집』, 아침이슬.

루이스 엠 로젠블렛/김혜리 · 엄해영 역(2008), 『독자, 텍스트, 시』, 한국문화사.

류시화(2003), 『나는 왜 너가 아니고 나인가』, 김영사.

마거릿 해퍼넌/김성훈 옮김(2014), 『경쟁의 배신』, RHK.

마울라나 젤랄렛딘 루미/이현주 옮김(2014), 『루미시초』, 늘봄.

미하일 바흐젠/최건영 역(2011), 『예술과 책임』, 뿔.

바바라 헤거티/홍지수 옮김(2013), 『신의 흔적을 찾아서』, 김영사.

바이런 케이티/김윤 옮김(2014), 『기쁨의 천 가지 이름』, 침묵의향기.

바이런 케이티/유영일 편역(2014), 『나는 지금 누구를 사랑하는가』, 쌤엔파커스.

박이문(1998), 『자연, 인간, 언어』, 철학과 현실사.

박이문(1998), 『문명의 미래와 생태학적 세계관』, 당대.

박이문(2004), 『노장사상』, 문학과 지성사.

박인기(2017), 「국어교육의 사회적 책무─ 국어교육과 사회변동의 상호성」, 한국어교육학회 학술발표회자료집. 3-30.

박인기 외(2005), 『문학을 통한 교육』, 삼지원.

박인기 외(2011), 『교과교육과 문화, 어떻게 소통할 것인가』, 지식과교양.

박중환(2014), 『식물의 인문학』, 한길사.

볼프강 카이저/김윤성 역(1999), 『언어예술작품론』, 예림기획.

성백효 역주(1996), 『論語集註』, 전통문화연구회.

성백효 역주(1996), 『大學中庸集註』, 전통문화연구회.

성백효 역주(1996), 『孟子集註』, 전통문화연구회.

수잔 제퍼스/최권행 옮김(2015), 『시애틀 추장』, 한마당.

신헌재 · 진선희(2006), 『학습자중심시교육론』, 박이정.

아디야 샨티/심성일 옮김(2015), 『완전한 깨달음』, 침묵의 향기.
아디야 샨티/심성일 옮김(2016), 『아디야 샨티의 참된 명상』, 침묵의 향기.
아디야 샨티/정성채 옮김(2015), 『깨어남에서 깨달음까지』, 정신세계사.
아브라함 요수아 헤셸/이현주 옮김(2008), 『어둠 속에 갇힌 불꽃』, 한국기독교연구소.
아잔 브라흐마/김훈 옮김(2012), 『성난 물소 놓아주기』, 공감의기쁨.
아잔 브라흐마/류시화 옮김(2013), 『술 취한 코끼리 길들이기』, 연금술사.
안동림 역주(1993), 『莊子』, 현암사.
안셀름 그륀/윤선아 옮김(2014), 『황혼의 미학』, 분도출판사.
안셀름 그륀·마인라드 두프너/전현호 역(1999), 『아래로부터의 영성』, 분도출판사.
안셀름 그륀/이종환 옮김(2013), 『사랑, 언제까지나 스러지지 않는』, 분도출판사.
안셀름 그륀/한연희 옮김(2008), 『너 자신을 아프게 하지 말라』, 성서와함께.
안셀름 그륀·얀 우베 로게/장혜경 옮김(2012), 『아이들이 신에 대해 묻다』, 로도스.
알마스/박인수 옮김(2015), 『늘 펼쳐지는 지금』, 김영사.
앤소니 드 멜로/김상준 옮김(2005), 『깨어나십시오』, 분도출판사.
앤소니 드 멜로/최문희 옮김(2014), 『벗어나십시오』, 분도출판사.
에드가 모랭(Edgar Morin)/고영림 역(2006), 『미래의 교육에서 반드시 필요한 7가지 원칙』, 당대.
에리히 프롬/권오석 옮김(2012), 『사랑의 기술』, 홍신문화사.
에리히 프롬/김병익 옮김(1994), 『건전한 사회』, 범우사.
에리히 프롬/원창화 옮김(2014), 『자유로부터의 도피』, 홍신문화사.
에리히 프롬/이종훈 옮김(2013), 『너희도 신처럼 되리라』, 휴.
에리히 프롬/이철범 옮김(2011), 『소유냐 존재냐』, 동서문화사.
에리히 프롬/최혁순 옮김(1999), 『소유냐 존재냐』, 범우사
에리히 프롬/황문수 옮김(2014), 『인간의 마음』, 문예출판사.
에마뉘엘 레비나스/서동욱 옮김(2003), 『존재에서 존재자로』, 민음사.
에크하르트 톨레(Eckhart Tolle)/진우기 옮김(2011), 『고요함의 지혜』, 김영사.
에크하르트 톨레/노혜숙·유영일 옮김(2008), 『지금 이 순간을 살아라』, ㈜양문.
에크하르트 톨레/류시화 옮김(2013), 『삶으로 다시 떠오르기』, 연금술사.
에크하르트 톨레/류시화 옮김(2012), 『NOW』, 조화로운삶.
엔리케 바리오스/황성식 옮김,(1991), 『별을 찾아 떠난 여행』, 나무심는사람.
엔소니 드 멜로/이미림 옮김(2012), 『개구리의 기도 1』, 분도출판사.
엔소니 드 멜로/이현주 옮김(2013), 『행복하기란 얼마나 쉬운가』, 샨티.
요한 크리스토프 아놀드/원마루 옮김(2014), 『아이들의 이름은 오늘입니다』, 포이에마.
우치다 타루츠/이수정 옮김(2013), 『레비나스와 사랑의 현상학』, 갈라파고스.
우한용 외(2017), 『문학교육론』, 삼지원
웬델 베리/박경미 옮김(2006), 『삶은 기적이다』, 녹색평론사.
유발 하라리/김영주 옮김(2017), 『호모데우스』, 김영사.
유발 하라리/조현욱 옮김(2015), 『사피엔스』, 김영사.

이기동 옮김(2006), 『대학·중용 강설』, 성균관대학교출판부.

이득재(2003), 『바흐쩐 읽기－바흐쩐의 사상, 언어, 문학』, 문화과학사.

이아무개(2004), 『장자 산책』, 삼인.

이아무개(2012), 『무위당 장일순의 노자이야기』, 삼인.

이오덕동요제를 만드는 사람들 엮음(2014), 『복숭아 한번 실컷 먹고 싶다』, 보리.

이용규(2010), 『더 내려놓음』, 규장.

이즈쓰 도시히코/이종철 옮김(2004), 『의미의 깊이』, 민음사.

이진경(2016), 『불교를 철학하다』, 한겨레출판(주).

이현주(2006), 『기독교인이 읽는 금강경』, 샨티.

이현주(2008), 『이현주의 생각대로 성경읽기』, 자리(내일을 여는 책).

이현주(2010), 『쉽게 풀어 읽는 바가바드기타』, 삼인.

이황/이광호 옮김(2001), 『성학십도』, 홍익출판사.

장 바니에/제병영 옮김(2010), 『인간되기』, 다른우리.

장아메리/김희상 옮김(2014), 『늙어감에 대하여－저항과 체념 사이에서』, 철학자의 돌.

장일순(2009), 『나락 한알 속의 우주』, 녹색평론사.

장정렬(2000), 『생태주의 시학』, 한국문화사.

장회익 외/한국교회환경연구소 엮음(2011).『생태적 삶을 추구하는 영성』, 동연.

장회익(2014), 『삶과 온생명』, 현암사.

잭 런던/고정아 옮김(2015) 「배교자」, 『현대문학』, 미래엔, 2015년 3월호(723권).

잭 콘필드/이균형 옮김(2011), 『깨달음 이후의 빨랫감』, 한문화.

잭 콘필드/이현주 옮김(2011), 『붓다의 가르침』, 아침이슬.

정인석(2009), 『트랜스퍼스널 심리학』, 대왕사.

정재걸 외(2014), 『동양사상과 마음교육』, 살림터.

정재걸 외(2015), 『공자 혁명』, 글항아리.

정재걸(2002),「전통교육, 근대교육, 탈근대교육」, 『동양사회사상』 제6집, 동양사회사상학회.

정재걸(2003), 「탈근대교육으로서의 전통교육」, 『도덕윤리교육연구』 제3집, 청람도덕윤리교육학회.

정재걸(2010), 『삶의 완성을 위한 죽음교육』, 방송통신대출판부.

정재걸(2010), 『오래된 미래교육』, 살림터.

정재걸·이현지(2014), 「유학의 본성과 탈현대 교육」, 『초등도덕교육』 제44집, 한국초등도덕
　　　　교육학회, 407－432.

제레드 다이아몬드(Jared Diamond)/강주현 역(2011), 『문명의 붕괴』, 김영사

제레드 다이아몬드/강주현 옮김(2013), 『어제까지의 사회』, 김영사.

제레미 리프킨(Jeremy Rifkin)/이경남 옮김(2010), 『공감의 시대』, 민음사.

제레미 리프킨/안진환 옮김(2014), 『한계비용 제로 사회－협력적 공유사회』, 민음사.

제프 포스터/심성일 옮김(2016), 『경이로운 부재』, 침묵의 향기.

조엘 스프링/조종인·김희용 옮김(2001), 『머리속의 수레바퀴』, 양서원.

줄리아 크리스테바/김인환 옮김(2000), 『시적 언어의 혁명』, 동문선.

진선희(2006), 『문학체험연구』, 박이정.
진선희(2006), 「독서 성향면에서 본 어린이 독자」, 『독서연구』 제16호, 한국독서학회, 113-161.
진선희(2008), 「문학 소통 '맥락'의 교육적 탐색」, 『문학교육학』 제26호, 한국문학교육학회, 219-253.
진선희(2011), 「1970년대 이후 동시의 생태학적 상상력」, 『한국아동문학연구』 제21호, 한국아
　　　　동문학학회, pp. 65-109.
진선희(2013), 『그림책을 읽다 - 그림책에서 만난 열다섯 개의 철학 에세이』, 한우리문학.
진선희(2015), 「아동문학과 인성교육의 방향」, 『청람어문교육연구』 제55호, 청람어문교육학회,
최승호(2002), 『서정시의 이데올로기와 수사학』, 국학자료원.
최영인(2018), 『주기도문』, 예사람.
최지현(2006), 『문학교육과정론』, 역락.
카터 픕스/이진영 옮김(2016), 『인간은 무엇이 되려 하는가』, 김영사.
캔 윌버/김철수·조옥경 옮김(2016), 『캔 윌버의 신』, 김영사.
타라 브랙/김선주·김정호 옮김(2013), 『받아들임』, 불광출판사.
타라 브랙/윤서인 옮김(2014), 『삶에서 깨어나기』, 불광출판사.
테리 이글턴/김명환 외 역(2001), 『문학이론입문』, 창작과 비평사.
트리나 폴러스 글·그림/김석희 옮김(2001), 『꽃들에게 희망을』, 시공주니어.
티머시 켈러/이미정 옮김(2012), 『거짓 신들의 세상』, 베가북스.
틱낫한/박윤정 옮김(2005), 『틱낫한 스님이 읽어주는 법화경』, 명진출판.
틱낫한/박혜수 옮김(2003), 『틱낫한의 사랑의 가르침』, 열림원.
파드마 삼바바/류시화 역(1995), 『티벳사자의 서』, 정신세계사.
파멜라 메츠/이현주 옮김(2004), 『배움의 도 - 가르치는 이와 배우는 이를 위한 노자의 도덕경』,
　　　　민들레.
파커 팔머/이종태 역(2006), 『가르침과 배움의 영성』, IVP.
폴 보가드/노태복 옮김(2014), 『잃어버린 밤을 찾아서』, 뿌리와이파리.
프란츠 알트(Franz Alt)/손성현 역(2003). 『생태주의자 예수』, 나무심는사람.
프리츠 리만/조경수 옮김(2008), 『사랑하는 능력』, 북폴리오.
피르빌라야트 이나야트/이현주 옮김(2004), 『숨겨진 보물을 찾아서 - 삶과 죽음의 연금술 수피
　　　　즘』, 삼인.
하비 콕스(Harvey Cox)/이상률 옮김(2010), 『세속도시』, 문예출판사.
하비 콕스/김창락 옮김(2010), 『종교의 미래』, 문예출판사.
한명희 외(2007), 『종교성, 미래교육의 새로운 패러다임』, 학지사.
한병철/김태환 옮김(2014), 『시간의 향기』, 문학과지성사.
한병철/김태환 옮김(2014), 『피로사회』, 문학과지성사.
한병철/김태환 옮김(2015), 『심리정치』, 문학과지성사.
헤르만 헤세/오희천 옮김(2009), 『행복』, 종문화사.
헤르만 헤세/폴커 미헬스 엮음/이재원 옮김(2012), 『헤세의 예술』, 그책.
헨리 나우웬/김명희 옮김(1995), 『이는 내 사랑하는 자요』, 한국기독학생회출판부.

헨리 나우웬/윤종석 옮김(2013), 『삶의 영성』, 두란노

헨리 나우웬/최종훈 옮김(2009), 『탕자의 귀향』, 포이에마.

헬레나 노르베리 — 호지(Helena Norberg-Hodge)/김종철 · 김태언 역(1996), 『오래된 미래』, 녹
  색평론사.

헬레나 노르베리 — 호지/김영욱 · 홍승아 옮김(2012), 『행복의 경제학』, 중앙Books.

홍승표(2010), 『동양사상과 새로운 유토피아』, 계명대학교출판부.

휴버트 드레이프스 · 숀 켈리/김동규 옮김(2013), 『모든 것은 빛난다』, 사월의책.

Albert Bandura/변창진 · 김경린 공역(2003), 『사회적 학습 이론』, 한국학술정보(주)

Fritjof Capra, 1992, 『The Turning Point』, N.Y. : Simon & Schuster.

찾아보기

‖ ㄱ ‖

가능 유일의 세계 132
가다머 133
가브리엘 마르셀 89
간디 148
감각의 표현 기회 481
감정노동(Emotional Labor) 38
감정이입 274, 340
강도 만난 자 99
『거울 속의 거울』 17
거울과 유리창 143
겉사람 426, 447
겸손 106
경쟁 51
계획적 일탈 129
고(苦) 87
고린도전서 89, 93, 99
『고슴도치의 우아함』 277, 401, 402,
    414, 419, 421
고정희 428
고통 15, 274, 285, 429
공(空) 96
공감(empathy) 140, 141, 142, 152
공자(孔子) 100, 148
공즉시색(空即是色) 105
과잉 감정 41
과학주의 419
관계 397, 410, 416, 426

괴테 114
교신 293
교환가치 37, 48
구병모 274
권위 36
권위주의 49, 52, 55, 424
그림자 244
「그믐, 또는 당신이 세계를 기억하는 방
    식」 203
기계화 424
「기도」 55
기억전달자 106
기욤 뮈소 312
기필(期必) 467
김인수 98
김형효 108
깨달음 99, 467
깨어있는 삶 66, 103
『꽃들에게 희망을』 50

‖ ㄴ ‖

나르키소스 259
나를 알아채기 377
『나미야 잡화점의 기적』 306, 455, 461
『Now(A New Earth)』 60
낙오자 51
낯설게 바라보기 151
낯설게 하기 129, 139
낱생명(individual life) 453, 462
『내 이름은 삐삐 롱스타킹』 267, 272
내려놓음 81, 94
내적 능동성 135, 136

내적 인간 79
내적 자유 84
너새니얼 호손 225, 233
노자 43, 62, 75, 83, 88, 114, 129
『논어』 90
누가복음 67
「뉘른베르크 여행」 38
뉴베리 상 285

‖ ㄷ ‖

다윈(Charles Darwin) 40
「단기 체류자의 행성」 196
대붕(大鵬) 180
대상화 383
『데미안』 244
도구화 34
『도덕경』 62, 83, 89, 105, 114
도덕의지 113
『도덕형이상학의 기초』 108
도와주기 360
독자 358, 392, 429
돈오점수(頓悟漸修) 80
동물적 지각 61, 79
동심(童心) 272, 467
동일성 48, 72, 253, 274
동일시 165, 425
동화 267, 468
두려움 333, 335
두카(dukkah) 56
따돌림 25

‖ ㄹ ‖

레비나스 141, 142, 273
루미 64
루시 모드 몽고머리 320
『리버보이(River-boy)』 253, 272

‖ ㅁ ‖

마비(痲痺) 144
마야(환상) 56
마음의 모순 349
마태복음 77, 115
만나기 352, 366, 437
맛을 아는(sapere) 101
망심(妄心) 80
매슬로우 118
매트릭스 106
맷 리브스 212
맹자 142
멜로 70
목소리 433
『몬스터 콜스』 161, 337, 350
무념(無念) 80
무목적성 107
무상(無常) 80
무소유 49
무심(無心) 80
무아(無我) 83
무외시(無畏施) 71, 334
무위(無爲) 94, 114, 398, 399
무의식 269
문학 독서 354
문학 언어 128, 129

문학 향유하기 137
문학교육 147, 337
문학체험 127, 133, 143, 196, 274,
  305, 333, 336, 337, 351, 397, 480
뮈리엘 바르베리 277
미래사회의 문학교육 137, 138
「미스라임의 동굴」 167
미야자키 하야오 269
미하엘 엔데 17, 167, 173, 178
미하일 바흐찐 121, 128
「민지의 꽃」 85
믿음 218, 429

‖ ㅂ ‖
바리새인 130
바알 46
바울 79, 80, 82, 89, 93, 99, 102, 447
바이런 케이티 105
박재삼 329
반두라(Albert Bandura) 154
「배교자」 34
「백년 정거장」 188
『버드나무에 부는 바람』 317, 468, 477
베른하르트 벨테 89
<베테랑> 210
『별을 찾아 떠난 여행』 58
「병후에」 329
보상(atonement) 87
보시 71
본성(本性) 59, 78, 109, 137
본심(本心) 466
볼테르 108

부처 66
부켄탈 103
분별 87
분별심 70, 161, 163, 178, 334, 335,
  343, 345, 467, 477
분별지(分別智) 88
분업화 32
『불륜』 297
불성(佛性) 78, 80
불언지교(不言之敎) 129
불인(不仁) 144
빌립보서 102
『빨간 머리 앤』 320

‖ ㅅ ‖
사랑 61, 63, 64, 71, 75, 78, 93, 218
사랑교육 106, 107, 109, 110, 111
사랑을 가리키는 손가락 130
사랑의 무목적성 91
사랑의 수동적 적극성 76
사랑의 전체성 85, 88
사랑의 충만성 97, 101, 105
사막화 462
사무엘상 394
사용가치 37, 48
4차원 289, 291, 292
4차 산업혁명 137, 138
사회적 학습이론 154
살아있음 67
삶 256
삶에 비추어보기 362
삶에 비치는 이야기 358

삶의 총체성 33, 161, 454
3차원 28, 288, 289, 291, 292, 293
상상력 139, 147, 468
「상한 영혼을 위하여」 428
「새벽의 길 위에서」 98
색즉시공(色卽是空) 105
생각이나 감정의 감옥 170
생텍쥐페리 198
샤르트르 60
석가모니 49
선(禪) 78
선악과 218
선의지 107, 113
선한 사마리아인 99
<설국열차> 106
성 베네딕도 106
성경 62, 66, 78, 80, 86, 102, 215
성과사회 52
성령 359, 467
성찰 143
세속성 70
『세이 강에서 보낸 여름』 190
「소규모 인생계획」 23
소설과 현실의 경계 317
소유 지향 43, 46
소유 89
『소유냐 존재냐』 25, 46
소유양식 45, 47
소유지향 25, 48, 55, 65
속사람 447
수동적 적극성 82, 83
수르두스(Surdus) 112
수용미학 133

수행(修行) 110, 378, 394
순수 존재 424, 426
승찬(僧璨) 70
시각화 481
「시애틀 추장」 44, 45
시장적 성격 37
시적화자 182, 433
시편 66
신비한 합일 411
신성(神性) 57, 70, 215
『신심명(信心銘)』 70
신의 나라 127
신의 차원 28
신적 인식 61, 79
신화 259
실업 24
실재 129
심미적 정서 147

‖ ㅇ ‖
아니마 244
아니무스 244
아래로부터의 영성 72
아상(我相) 소멸(消滅) 99, 447, 484
아스트리드 린드그렌 267
안젤름 그륀 63, 72, 79, 82, 84, 88,
  89, 93, 94, 101, 118, 144
안회(顔回) 100
알곡과 가라지 94
알레테이아(aletheia) 90
알베르트 슈바이처 18
알아채기 355, 414, 443

『앵무새 죽이기』 182

「어디 우산 놓고 오듯」 385, 386, 389, 392, 393

『어린왕자』 198

언어의 상투성 146

에고(ego) 56, 65, 117, 119, 202, 206, 244

에덴동산 86

에리히 프롬 25, 30, 36, 40, 44, 45, 47, 48, 51, 71, 78, 80, 94, 120, 135, 149

에밀 싱클레어 244

에바그리우스 폰티쿠스 72

에픽테토스 117

엑카르트 42, 61, 70, 79, 83, 95, 104

엔소니 드 멜로 67, 111

「여덟 살의 꿈」 24

「여인숙」 64

『연금술사』 259, 266, 272

연작(燕雀) 180

영성 58, 59, 61, 72

영적 세계 28

영혼 72, 258, 274, 288, 290, 347

영혼의 근저 72, 258, 274, 288, 290, 347

영혼의 세계 343

예(禮) 100

예수 49, 66, 67, 79, 92, 94, 99, 103, 115, 118, 217

「예술론」 127

『오 자히르』 299, 436, 446

온생명(global life) 453, 477

완전한 사랑(caritas perfecta) 84, 106

외적 인간 79

요제프 베른하르트 랑 244

요한복음 66

우 조티카 85

원자화 29

위기지학(爲己之學) 47

위인지학(爲人之學) 47

『위저드 베이커리』 274

유리창 143

유아독존(唯我獨尊) 399

유일자 121

유토피아 125, 126

유하 179

유홍준 188

융 72, 244

이가관가(以家觀家) 44

이분법적 분별심 166, 218

이성 편향 38, 42, 55

이성 편향의 교육 41

이신관신(以身觀身) 44

이원론 467

이원론적 가치관 108, 424

이원론적 대립 125

이원론적 사고 86

이원론적 세계 391

이원론적 세계관 454

이장욱 23

이저(Wolfgang Iser) 133

이진명 91

익명의 권위 52, 70

인(仁) 100

인(仁)의 샘물론 140

인간 본성 107

인간의 고통 424
인드라망 462, 465
인물 401
인샬라 176
인성교육 107
<인터스텔라> 28
일원론 467
일원론적 세계 252
일원론적 세계관 454
잉카, 아즈택 문명 29

‖ ㅈ ‖
자기(Self) 48
자기교육 360
자기실현의 욕구(self-actualization
　needs) 119
자기초월(self-transcendence) 59
자동순응성 51
자동인형 51
자득(自得) 102
자발성 149
자살 18, 20, 48, 333, 414
자신(Self) 63, 244
자아(ego) 39, 48, 55
자연과의 교감 481
자유 167
『자유로부터의 도피』 45, 51
『자유의 감옥』 167, 173
작위(作爲) 114
장강명 203
장일순 105, 114
장자 87

『장자』 60
잭 런던 34
적극성 82
전문가 32
전일체적 삶 479, 482
전일체적 세계 451, 454, 462, 466,
　469, 477
전일체적 세계관 252, 343
전일체적 전체성 391
정현종 385
정희성 85
조건화 53, 179, 182
조디 피코 288
조지 고든(George Gordon) 131
존재 45, 88, 102
존재로서의 삶 135
존재양식 44, 45, 47
존재지향 64, 65
종교성 59
죄 225, 229
주피터 어센딩 106
『주홍글자』 225, 233, 234
죽음 256
지각 61
지금 여기 90, 139, 145, 426, 479
지금 여기의 삶 124
『지금 이 순간(L'instant Present)』 312
지성 61
지성적 인식 61, 79
지평 133, 146
지향구조(frame of orientation) 121
지혜로운(sapiens) 101
직관적 지성 61

진실 90
진심(眞心) 80
진아(眞我) 359, 467
진정한 자아(Self) 119, 167, 221, 254, 271, 327, 400

‖ ㅊ ‖
참 삶 244
참나(眞我) 137, 138
참마음(眞心) 78
「참새와 함께 걷는 숲길에서」 179
참자아(Self) 39, 55, 57, 65, 95, 115, 117, 119, 120, 202, 206, 242, 259, 272, 273, 294, 334, 453, 482
<참회록> 42
창세기 72
창의성 교육 107
창조적 행위 134, 135
체험 133, 137, 139
초월 141
초월적 나 198
초자아(super ego) 52
『초콜릿 전쟁』 206, 210, 212, 365, 377, 381
초탈 81, 95, 108
총체성 126
총체적 삶의 이해 147
총체적인 체험 140
추리소설 464
출구 없는 방(no exit) 60
출산율 30
「춤」 91

『춤추는 노예들』 285
충만성 107
치유 114, 277, 401
78만원세대 21

‖ ㅋ ‖
카르마 81
카타르시스 211
카타콤베 167
칸트 108
케네스 그레이엄 317, 468
『코끼리의 무덤은 없다』 288
<쿵푸팬더 3> 242
크로노토프(chronotope) 121, 132, 146
크리스토프 슈렘프에게 보낸 편지 124
『클로디아의 비밀』 235
킵 손 28

‖ ㅌ ‖
타인의 얼굴 273, 274, 294, 295
타자의 얼굴 141
태도 150
톨레 60
톨스토이 20, 40, 42, 127, 142
통찰 126
팀 보울러 253

‖ ㅍ ‖
파울로 코엘료 259, 295
판타지 465
팔라 폭스 285

88만원 세대 22
평생교육 148
평행우주 456, 465
포미족 397
폭력 333
표피적 자아(ego) 82
프로이드 52
프리츠 리만 103, 116
『피로사회』 52
피부 밑 자아(skin-encapsuled ego) 56, 274,
　　306, 451, 452, 468, 482, 484

‖ ㅎ ‖
<하울의 움직이는 성> 272
하이데거 134
하퍼 리 182
학교 문학교육 147, 148
한병철 52
합일의식 165

항상 깨어있음(常惺惺) 66
해탈(解脫) 394, 499
허구적 자아 160, 426
헤르만 헤세 38, 55, 124, 134, 140,
　　244, 252
헨리 나우웬 104, 112
헬무트 베첼 110
현존 411
호킨스 81
혹성탈출 106
<혹성탈출−반격의 서막> 212, 214
혼령 293
혼밥 30, 397
혼술 397
혼족 21, 22
환경 파괴 26
『희망의 철학』 89
히가시노 게이고 306, 455
히키코모리 397
히포메네인(hypomenein) 100

진선희

대구교육대학교를 졸업하고 한국교원대학교대학원에서 석·박사 학위를 받았다.
현재, 대구교육대학교 국어교육과 교수로 재직 중이다.

저서:
『문학체험연구』(2006), 『그림책을 읽다-그림책에서 만난 열다섯 개의 철학 에세이』(2013)
『통일시대 국어과 교과서를 위한 남북한 전래동요 연구』(2018)

공저:
『학습자중심 시 교육론』(공저, 2006), 『언어문학 영재교육의 가능성 탐구』(공저, 2010)
『초등문학교육론』(공저, 2015), 『초등 국어교육의 이론과 실제』(공저, 2017) 외 다수

논문:
「학습독자의 시적체험 특성에 따른 시 읽기 교육 내용 연구」(2006)
「1970년대 이후 동시의 생태학적 상상력」(2011), 「아동문학과 인성교육의 방향」(2015)
「평생학습 시대 초등 문학능력과 평가의 기능」(2018) 외 다수

**인간의 영성을 일깨우는
문학과 사랑의 교육학**

초판 1쇄 발행 2018년 6월 30일
초판 2쇄 발행 2019년 1월 4일

지은이 진선희
펴낸이 이대현
편 집 홍혜정
디자인 홍성권
펴낸곳 도서출판 역락
서울시 서초구 동광로 46길 6-6(반포4동 577-25) 문창빌딩 2층
전화 02-3409-2058(영업부), 2060(편집부)
팩시밀리 02-3409-2059
이메일 youkrack@hanmail.net
홈페이지 http://www.youkrackbooks.com
역락블로그 http://blog.naver.com/youkrack3888
등록 1999년 4월 19일 제303-2002-000014호

ISBN 979-11-6244-253-1 93370

* 책값은 표지에 있습니다.
* 파본은 구입처에서 교환해 드립니다.

이 도서의 국립중앙도서관 출판예정도서목록(CIP)은 서지정보유통지원시스템 홈페이지(http://seoji.nl.go.kr)와
국가자료공동목록시스템(http://www.nl.go.kr/kolisnet)에서 이용하실 수 있습니다.(CIP제어번호: CIP2018016798)